U0746656

内容简介

新时代以来，随着思想政治教育进入内涵式、高质量发展阶段，内生动力成为支撑思想政治教育守正创新的关键力量，在动力系统中越发受到关注和探讨。本书以习近平总书记关于思想政治教育相关重要论述为指导，聚焦新时代思想政治教育发展历程，在把握时代特征和价值导向的基础上，基于对思想政治教育内生动力理论蕴涵的揭示把握，从理念层面、要素层面、合力层面阐释新时代思想政治教育内生动力的系统构成，着力探讨内生动力推动新时代思想政治教育创新发展的路径方式，在理论探究和实践把握中形成新时代思想政治教育内生动力的系统研究。本书对于推动新时代思想政治教育可持续发展具有重要意义。

新时代思想政治教育名家文库

新时代思想政治教育内生动力研究

冯　刚◎著

安徽师范大学出版社
ANHUI NORMAL UNIVERSITY PRESS
·芜湖·

图书在版编目(CIP)数据

新时代思想政治教育内生动力研究 / 冯刚著. 芜湖 : 安徽师范大学出版社, 2025. 5. -- (新时代思想政治教育名家文库 / 王习胜主编). -- ISBN 978-7-5676-7316-8

Ⅰ. D64

中国国家版本馆CIP数据核字第2025E0W807号

新时代思想政治教育内生动力研究 冯 刚◎著

XINSHIDAI SIXIANG ZHENGZHI JIAOYU NEISHENG DONGLI YANJIU

责任编辑:陈 艳 责任校对:阎 娟

装帧设计:王晴晴 冯君君 责任印制:桑国磊

出版发行:安徽师范大学出版社

芜湖市北京中路2号安徽师范大学赭山校区

网 址:https://press.ahnu.edu.cn/

发 行 部:0553-3883578 5910327 5910310(传真)

印 刷:安徽联众印刷有限公司

版 次:2025年5月第1版

印 次:2025年5月第1次印刷

规 格:700 mm × 1000 mm 1/16

印 张:31.25 插 页:1

字 数:453千字

书 号:978-7-5676-7316-8

定 价:96.00元

作者简介

冯刚，北京科技大学思想政
院长，二级教授、博士生导师，
府特殊津贴。兼任中国教育发展
长、思想道德建设专业委员会理
北京大学哲学系，曾任教育部高
学发展研究中心主任、教育部思
司长等职。主持国家社科基金重
部社科重大委托研究项目多项，
大项目“高校青年师生思想政
究”首席专家。参与起草中发
件《关于进一步加强和改进大
育的意见》及其配套文件、中
文件《关于加强和改进新形势
工作的意见》。先后在《人民
《马克思主义研究》《思想理论
要报刊发表文章百余篇，其中
摘》《人大复印报刊资料》转
和北京市人文社科成果奖多项

总 序

历经40多年的拼搏与磨砺，思想政治教育在学科体系、学术体系和话语体系的建构方面取得了不容置疑的成就，作为一门中国特色的新兴人文学科，其知识体系的大厦已经初步建成。在这座学科大厦中，基础理论研究居于基石性地位，发挥着支柱性作用。它既是学科理论领域的主干，又是学科状况的展现窗口，反映着学界的理论追求和素养，表征着学科发展的视域与边界。在学科发展值得隆重纪念的时间节点上，集中展现学界的代表性成果，深刻检视基础理论研究中的问题，对于明确思想政治教育理论研究的时代要求，探索其未来发展的致思路向，进而推动本学科理论与实践的整体发展具有重要的理论价值与实践意义。

一

思想政治教育基础理论需要研究的问题很多。"思想政治教育"的界域便是其前提性问题之一。"思想政治教育"是一个多义词，人们对其使用具有较大的灵活性和随意性。这种灵活性和随意性投射到"思想政治教育"理论与实践领域极易造成其所表达的概念界域的泛化，而概念界域的泛化又必然导致其内涵的虚化、主旨的淡化和功能的弱化。这与"思想政治教育是一门科学"，是向教育对象传授"科学的思想观念、正确的政治观点"的判断，乃至与加强和改进思想政治教育的理论研究和实践工作的要求都是相背离的。

我们知道，概念需要通过语词表达，多义的语词可以表达多个概念。就“思想政治教育”一词而言，至少在三个层面表达着不同的概念：一是“研究领域”，二是“学科类别”，三是“实践活动”。作为“研究领域”，当然可以思考无边界、研究“无禁区”，可以在时间上无限追溯，在空间上无限推想。作为实践活动，因其在“古今中外、概莫能外”地存在过类似现象，描述这些各具形态的相似现象似乎也可以不受界域限制。但是，作为“在改革开放过程中产生的一门具有鲜明中国特色的新兴学科”[①]，作为由马克思和恩格斯在《共产主义者同盟章程》中提出“具有革命毅力和宣传热情”[②]而具备概念生成的最初形态，作为中国共产党领导中国人民进行社会主义革命和建设中的“生命线”和“中心环节”，在这样的语境中指认的“思想政治教育”应该有明确而且有限的界域，相应地，过度地泛化其界域必将带来一系列严重的后果。

“思想政治教育”界域泛化有多方面与多层面的表现。比如，有学者认为，“思想政治教育是人类的一种社会实践活动方式，甚至是一种生存方式。它在人类的发展上是普遍存在的”[③]。也有学者认为，思想政治教育“作为人类的育德活动，是普遍存在的，只不过在不同时期、不同民族、不同国家概念不同而已”[④]。由于将“思想政治教育”视为人类的一种社会实践活动、一种生存方式，当作人类社会普遍存在的育德活动，有的学者就不难得出这样的结论，即“今天所谓‘思想政治教育学’的概念，所指称的则是人类自进入文明时代以来各个民族和国家

① 刘建军.《新编思想政治教育学原理》的突破性探索［J］.思想教育研究，2022（8）：158.

② 共产党宣言［M］.北京：人民出版社，2014：138.

③ 赖雄麟，葛蕊萌.思想政治教育何以可能？——马克思《人类学笔记》恩格斯《家庭、私有制和国家的起源》揭示的奥秘［J］.思想教育研究，2020（12）：51.

④ 张耀灿，郑永廷，吴潜涛，等.现代思想政治教育学［M］.北京：人民出版社，2006：102.

共有的一种社会现象”[①]。由于这种社会现象是人类共有的，是“古今中外、概莫能外”的，因此，必然有原始社会、夏商、西周、春秋战国、秦汉、魏晋南北朝、隋唐、宋元、明清等不同历史时期的思想政治教育，[②]在这种界域的思路中，肯定少不了近现代资本主义社会、社会主义社会的思想政治教育，[③]这样的思想政治教育理所当然地是全人类、全过程、全社会形态都有的，是无时不有、无处不在的。

将思想政治教育视为人类共有的一种普遍的社会现象，这并不仅仅是一个致思的视域问题，在以常识普及同时又以严肃的面相出现的思想政治教育教科书中也有类似的指认。笔者发现，教科书中“思想政治教育”的界定是受到苏联相关论述的影响的。在苏联的相关论述中，以时居要职的米·伊·加里宁及其所著的《论共产主义教育和教学》的影响为深。收集在《论共产主义教育和教学》书中的《论共产主义教育》一文，是加里宁1940年10月2日在莫斯科市党的积极分子会议上所作的报告，在论及共产主义教育时所界定的“教育”是：“对于受教育者心理上所施行的一种确定的、有目的的和有系统的感化作用，以便在受教育者的心身上，养成教育者所希望的品质。”[④]我国较早以学术范式界定“思想政治教育”的是1985年出版的《中国大百科全书·教育》，其所给的定义是：“教育者按照一定社会或阶级的要求，有目的、有计划、有组织地对受教育者施加系统的影响，把一定的社会思想和道德转化为

① 武东生，徐曼，余一凡，等.中国古代思想政治教育史［M］.天津：南开大学出版社，2013：1.

② 武东生，徐曼，余一凡，等.中国古代思想政治教育史［M］.天津：南开大学出版社，2013：5-230.

③ 《思想政治教育学原理》编写组.思想政治教育学原理［M］.2版.北京：高等教育出版社，2018：46-51.

④ 米·伊·加里宁.论共产主义教育和教学：1924—1945年论文和讲演集［M］.陈昌浩，沈颖，译.北京：人民教育出版社，1957：56-57.

个体的思想意识和道德品质的教育。”[①]这个界定被学界广泛遵从，此后编写的思想政治教育教材争相仿效。比如，较早出版的陆庆壬主编的《思想政治教育学原理》对“思想政治教育”的界定是：“这一社会实践活动，就是一定的阶级或政治集团，为实现一定的政治目标，有目的地对人们施加意识形态的影响，以期转变人们的思想，进而指导人们行动的社会行为。”[②]数十年以来，学界但凡是界定“思想政治教育”的文本，基本上都是以此为蓝本，甚至形成了某种思维定势，鲜有实质性的变化与根本性的突破。由于这个界定采用了“一定社会或阶级”的模糊的指代方式，试图涵盖人类社会的所有过程，以便在更大外延上包含人类相关的所有“社会实践活动”，以显示其为普遍的现象，而没有具体地确认究竟是指哪个社会、哪个阶级、哪段社会历史，这就为思想政治教育界域的泛化指认留下了无限的想象空间。于是，有学者从国民党蒋介石集团所代表的大地主、大资产阶级的角度出发，认为他们对无产阶级、农民阶级、小资产阶级、民族资产阶级等被统治阶级及对本阶级下层开展的社会教化活动是“下行思想政治教育”，而康有为、梁启超等所代表的被统治的资产阶级改良派对封建统治阶级进行变革的谏言，是“上行思想政治教育”。此外，还有所谓的一定阶级统治的民族国家对本国之外的本阶级和其他阶级开展的“国际思想政治教育”，有在世界范围内对同一个阶级乃至一切阶级进行的“世界思想政治教育”[③]，如此等等，可以说，只要存在思想的、政治的或社会教化方面的沟通、交流、论争与对抗，就是在进行“思想政治教育”，因而也就是“思想政治教育”。这样的思想政治教育在其存在的时间与延续的空间上、在其

① 中国大百科全书总编辑委员会《教育》编辑委员会，中国大百科全书出版社编辑部.中国大百科全书·教育［M］.北京：中国大百科全书出版社，1985：59.

② 陆庆壬.思想政治教育学原理［M］.上海：复旦大学出版社，1986：4.

③ 阮云志，武端利.思想政治教育内涵和外延的重新审视［J］.求实，2012（5）：80.

教育者与受教育者的对象范围上、在其教育的内容和手段上、在其应然的功能和实际的作用上，几乎都是可以无限延伸，或者说有着无穷边界。

从概念的内涵与外延的逻辑关系上说，无限大的外延必然导致无限小的内涵，而无限小的内涵在其存在的现实性上也就近乎“无”。换句话说，如果一个概念所反映的现实对象近乎“无”，它就接近于是空概念，或者是虚概念，其内涵属性难以在现实中得到确实的对象化。如果“思想政治教育”的域界是无限的，就从存在性的角度彻底抽空了它的内涵，从现实性的角度彻底否定了它的内在规定由外化而实现其对象化的必要性和可能性。因此，大凡是将“思想政治教育”的“基本内容”归置为“科学思想观念、正确政治观点……”[①]的，基本上都是将奴隶主阶级、封建统治阶级、买办资产阶级、敌对反动阶级开展的社会教化、奴化、愚化的社会实践活动排除在外的。

泛化思想政治教育界域，扩展了它的外延，观照了这种社会实践活动的普遍性、现象的相似性、历时的久远性，却忽视了不同历史阶段思想灌输、政治统治和道德教化的阶级本质的特殊性、相似现象背后的阶级利益及其立场的差异性、概念生成和演进过程中所发生的质变性。

其一，就思想政治教育这种社会实践活动的普遍性与特殊性、现象的相似性与阶级利益及其立场的差异性而言，作为一种带有鲜明的政治诉求的社会实践活动，“政治”是这种活动的灵魂所在，也是这种活动展开的动力和主旨之所在，而不同阶级的“政治”存在着本质性的差异，界域泛化者无视了这里的差异性。虽然每个国家和民族，乃至在不同历史阶段的每个统治阶级都有自己的政治活动和政治教育，但其政治的内涵及其阶级利益和立场却有根本性的差异。作为“中国共产党创造

① 万美容，贺钟霖.科学界定思想政治教育概念的学科基础论析［J］.思想理论教育，2023（7）：66.

的专门概念”[①]，思想政治教育中的“政治”并不是普遍而抽象的政治，它是而且只能是植根于马克思主义的科学社会主义的政治，是无产阶级及其政党的政治，是反对资本主义、封建主义乃至一切落后的和反动的统治阶级的进步和先进的政治。因此，这里的“政治”就其阶级利益与立场而言，存在着革命和反动、进步与腐朽的本质差异。再就思想政治教育中的“思想”而言，它是思想政治教育活动开展的底蕴所在。这里的“思想”也并不是哲学意义上的抽象的世界观、人生观和价值观，而是与每个时代、每个阶级利益紧密关联的具有具体内容的思想观念，并且这些内容之间存在着马克思主义与非马克思主义的本质性差异甚至是根本性对立，能够作为科学的思想政治教育之“思想”的，其核心内容应该是而且只能是马克思主义的思想。马克思主义的世界观是科学世界观，是建立在辩证唯物主义和历史唯物主义之上的，它所具有的科学性、真理性、实践性和人民性是其他任何唯物主义乃至一切唯心主义所不可能具有的；马克思主义的人生观和价值观，是建立在历史唯物主义之上的积极的人生观和进步的价值观，是以人民为中心、为人民服务的人生观，是坚持集体主义促进人类社会发展进步的价值观，它具有古今中外其他任何思想体系或各种主义与思想流派所不可能具有的进步性。思想政治教育中的“教育”本身是实现特定教育者所要传达的，包含着特定内容的思想教育、政治教育和道德教育等目的的手段与途径，是将一定的思想观念传授给受教育者的方式，带有浓厚的工具属性。但是，这里的“教育”也不是一般意义上的社会教化活动，而是在解决了“为谁培养人”和“培养什么人”的前提下解决“如何培养人”的方法和手段的问题。这里的方法和手段虽然仍有工具性，但在其实现的目的和结果上却充盈着价值性的诉求。因此，不应该将思想政治教育的“教育”视为普遍意义上的社会教育，视为技能性知识传授中的“授业、解惑”，

① 《思想政治教育学原理》编写组．思想政治教育学原理［M］.2版.北京：高等教育出版社，2018：3.

而是应该将其视为在进行社会主义意识形态教育时的“传道”，其目的是要尽最大可能地培养社会主义事业的认同者、拥护者和建设者。

其二，就思想政治教育这种社会实践活动的历时久远性与其概念生成及演进中的质变性而言，历史现象的追溯与现实概念的使用之间并不具有必然的对应关系，也就是说，当代社会现实中出现的某个概念，并不一定是在表达着历史上曾经存在过的某种现象，界域泛化者误读了这里的逻辑与历史的关系。概念是思维的概括，揭示的是其所反映的思维对象的本质属性；而历史现象的追溯是对认识对象生成的可能渊源的梳理。历史现象是复杂的，在不同的历史阶段，相似的现象之间不一定具有本质的相同性。正如有的学者在谈到人们特别熟悉的两个词——“辩证法”和“意识形态”时所指出的，它们“都因马克思而成为当代使用频率很高的词汇，尽管它们都不是马克思发明的。如果没有马克思的使用，那么在今天‘辩证法’这个概念不会有几个人知道，而‘意识形态’这个词甚至会死掉”[①]。我们今天谈论的辩证法，与黑格尔所批判的康德的那种表现在宇宙论“二律背反”中的“幻相的逻辑”根本不是一回事，而马克思又是在批判黑格尔的辩证法之后赋予了辩证法“颠倒过来”的新意涵。因此，我们不能把性质不同的“辩证法”混淆为同一个概念，正如不能把马克思的辩证法混同于康德的辩证法那样。当然，这里的辩证法毕竟只是一种方法，具有很强的工具性，加之很多人也只知道马克思的辩证法而不了解康德的辩证法，即便我们发生了认知混同，也不会产生什么严重的后果。思想政治教育则不然，它具有很强的阶级性与政治性，即便古今中外在某种程度或某些因素上存在过类似的现象，但是，那仅仅只是在某种程度上表面的相似，远不能与当代中国的“思想政治教育”相比拟，更不能直接将其视为我们为之奋斗的思想政治教育事业。这犹如心理学，它有一个漫长的过去但却只有一段短暂的历史。心理学是从哲学中分化出来的，人类的哲学思考是久远的，而

① 姚大志.什么是辩证法？[J].社会科学战线，2003（6）：15.

当代心理学却是在1874年《生理心理学原理》出现之后才诞生的，才开始了它作为现代意义的研究领域与交叉学科的发展历程。心理学是从哲学中分化出来的，人们却不会把“心理学”视为哲学，这既是心理学作为独特的研究领域和学科发展的需要，也是承认概念生成及其演进中会发生质性变化的科学态度。在人类文明的进化过程中，某些禁忌的确立、规则的制定与遵守，乃至有组织地开展某些社会教化活动，可能带有一定程度的思想教育、政治教育和道德教育的成分，但那些活动远远不能也不应该被视为当代意义的、在政治旨向与思想意涵上具有本质性差异的思想政治教育。

强调思想政治教育的普遍性而忽视其特殊性、强调其历时的悠久性而忽视其概念生成的历史语境，容易导致概念界定与内容铺展的逻辑断裂，潜藏着难以自圆其说的“休谟质疑”的风险。很多学者在认同思想政治教育泛化的界域的同时，又将思想政治教育的具体内容铺展在马克思主义思想政治教育之内，甚至在中国共产党的思想政治教育之中。这种由普遍到特殊、由一般而具体的叙事转换，中间缺省了应有的逻辑演进机制的展现，犹如休谟在《人性论》中所质疑的——他发现，所有的道德哲学体系在表述道德命题时原先都是用“‘是’与‘不是’等连系词”，但在不知不觉中连系词就变成了“应该”或“不应该”，“这个新关系如何能由完全不同的另外一些关系推出来的，也应当举出理由加以说明”①。然而，学界鲜有人注意到思想政治教育中的这种“休谟质疑”，比如，在新近问世的一项重要成果中，“章”的标题是“剥削阶级思想政治教育”，但“节”的内容却是“封建统治阶级思想专制”“资产阶级思想舆论”“宗教蒙昧主义思想控制”，而不是以“思想政治教育”统贯之。②这种有意识的区分，是笔者发现的止于目前我国思想政治教

① 休谟.人性论［M］.关文运，译，北京：商务印书馆，1997：509-510.

② 刘建军，张智.马克思主义经典作家论思想政治教育［M］.北京：人民出版社，2023：27-50.

育界最为优秀的认识，其他论著则遑论对思想政治教育的“名”与“实”问题给出合理的回应。这也从一个侧面反映出试图以客观知识范式对思想政治教育开展体系化的基础理论研究过程中存在严重的逻辑疏漏。

二

在思想政治教育建制化的持续数十年的研究中，学界对思想政治教育规律问题孜孜以求、探索不懈。随着学者们对思想政治教育规律指认的成果日渐丰硕，也出现了“成果众多而散乱、重复而缺乏关联”[①]的尴尬局面。面对日趋繁多的“规律”成果，人们首先面临的不是明确了思想政治教育规律究竟是什么，而是陷入了谁是谁非的认知迷茫。

虽然我们无法精确地给出学界究竟指认了多少条“思想政治教育规律”，但以关键词“思想政治教育”和“规律”进行检索，相关概念之多可能超出人们的想象。诸如，思想政治教育规律、思想政治教育基本规律、思想政治教育过程规律、思想政治教育过程基本规律、思想政治教育过程具体规律、思想政治教育本质地位的规律、思想政治工作规律、思想政治教育认知规律、思想政治教育管理规律、思想政治教育施教运行的规律、思想政治教育功能价值的规律、思想政治教育异化的扬弃规律、思想政治教育与社会相互作用规律，以及人的思想品德形成规律、人的思想和行为活动规律等。繁多名称之下的思想政治教育“规律”，不仅都有学者探究，而且也有不少“成果”。这些“成果”大致有两个特点：其一是不论何种名目之下的“规律”，其条目在量上都不少；其二是不论何种名目的“规律”，研究者指认它们的根据皆不尽相同。

就“规律”的条目数量而言，有学者指认思想政治教育规律有五个

① A.Visser，Semantics and the Liar Paradox［M］//D. Gabbay and F. Guenthner（eds.），Handbook of Philosophical of Logic（vol.Ⅳ），Reidel Pulishing Company, 1989：617.

方面，即“思想政治教育产生发展的规律、社会意识形态形成发展的规律、个体思想品德形成发展的规律、思想政治教育过程运行的规律、有效开展思想政治教育的规律”①。有人认为，思想政治教育过程的规律也有五个方面，即教育者的素质决定思想政治教育水平的规律，思想政治教育一定要适应受教育者思想政治品德发展状况与政治需要层次的规律，教育信息的质量必然影响思想政治教育工作效率的规律，教育方法的性质必然影响思想政治教育发展层次的规律，社会环境状况必然影响思想政治教育进程的规律。②即便是在同一个“规律”的名目之下，学者们指认它的数量也是多少不一。比如，关于思想政治教育过程的基本规律，有学者认为是“适应超越律”，即“教育者的教育活动既要适应受教育者的思想政治品德基础和发展需求，又要超越受教育者的原有基础，体现社会思想政治品德要求的规律”，这个总“规律”之下又包含了多个分“规律”，如双向互动律、内化外化律、协调控制律等③；有学者认为，思想政治教育过程的基本规律有三个，即在矛盾冲突中定向引导的规律，在教育过程中迂回曲折发展的规律，在心理和思想的层次递进中进行教育的规律④；还有学者认为是四个或五个规律，诸如，知与行的统一规律，情与理的结合规律，人、环境与教育相互影响的统一规律，教育与自我教育的统一规律⑤，或者是社会适应规律、要素协调规律、过程充足规律、人格分析规律、自我同一规律等。⑥

① 刘建军.论思想政治教育规律研究的基本任务［J］.马克思主义理论学科研究，2016（4）：115.

② 杨生平，隋淑芬.思想政治教育理论研究［M］.北京：首都师范大学出版社，2001：137-146.

③ 邱伟光，张耀灿.思想政治教育学原理［M］.北京：高等教育出版社，1999：114-120.

④ 王礼湛，余潇枫.思想政治教育学：修订版［M］.杭州：浙江大学出版社，1999：255-263.

⑤ 邱伟光.思想政治教育学概论［M］.天津：天津人民出版社，1988：190-192.

⑥ 陈秉公.思想政治教育学［M］.长春：吉林大学出版社，1992：152-178.

就指认“规律”的依据而言，虽然思想政治教育规律研究者大多没有明确交代其指认的依据，但有学者对学界研究的“规律”的路径或依据进行了这样的概括：“运用唯物辩证法的观点，从矛盾中抽象出规律；从思想政治教育活动的特点中寻找规律，提炼出特征意义上的规律；从思想政治教育的落脚点上寻找规律，归纳出目标意义上的规律；从思想政治教育活动的要素和环节上寻找规律，总结出思想政治教育各个环节的规律。”[①]这种概括仍然是从普遍意义上而言的，实际上，在研究思想政治教育规律时，人们的指认还有其他诸多依据或标准。比如，有学者从认知的角度指认思想政治教育的认知规律，将思想政治教育规律指认为“需要驱动律、阶段发展律、实践反映律、内在决定律、社会互动律和整体发展律”[②]；有学者从多维视域指认思想政治教育的多种规律，如从培养目标角度指认“教书与育人有机结合规律”，从教学理念角度指认“知识与行动有机结合规律”，从教师主体角度指认“言教与身教有机结合规律”，从授课对象角度指认“求知与修德有机结合规律”，从教学过程角度指认“动机与效果有机结合规律”，从教学内容角度指认“智育与德育有机结合规律”，从教学功能角度指认“传承与创新有机结合规律”，从教学艺术角度指认“说理与感化有机结合规律”等。[③]

按照这样的研究方式，我们完全有理由相信，随着时间的推移，学界提供的思想政治教育规律“成果”将会越来越多。但如此之多的“规律”成果，真的都揭示了思想政治教育的规律吗？众所周知，“规律性认识”之所以被人们等同地视为认识对象的“规律”，是因为这样的认识能够反映事物的本质，但是，任何事物的“本质”都不可能以如此凌

① 王易，宋健林.论新时代思想政治教育规律研究的科学化［J］.重庆大学学报（社会科学版），2018（4）：201.

② 屈陆，戴钢书.思想政治教育认知形成的基本规律［J］.思想教育研究，2017（1）：14.

③ 韩振峰，陈臣.多维视角下教书育人规律初探［J］.思想教育研究，2018（6）：18-22.

乱与杂多的方式存在。因此，学界按照这种方式指认的“规律”成果越多，越有可能导致适得其反的尴尬后果。

其一，“成果”越多，逻辑关系越乱。仅从概念逻辑角度来说，“思想政治教育规律”概念必然包含内涵和外延两个方面。概念的内涵反映的是事物的本质属性，而概念的外延反映的是事物的对象范围。目前，思想政治教育学界对“思想政治教育规律”内涵的理解并不统一，反映到对概念外延的认识上就是概念的划分标准的多重性和多样性，这使得冠之以思想政治教育“规律”之名的概念之间的逻辑关系十分混乱。没有严格的逻辑关系，随意确立的划分标准，表面上似乎在开辟理解思想政治教育规律的新路径，实际上却造成了越来越多的“规律”概念在其外延上相互交叉，严重违反了形式逻辑概念划分相互排斥的基本规则。

其二，“成果”越多，指认它们的依据的合法性和合理性越被怀疑。思想政治教育规律理论关涉思想政治教育基础理论的真理性问题。“真理性认识”不可能是怎么理解都是正确的。学界现在所指认的思想政治教育规律标准繁多而不一，不同依据随意确立，所得“规律”可以随手拈来，这样的“成果”难以体现思想政治教育基础理论的真理性和科学性。人们有理由质疑：学界指认的名目繁多的“规律”真的是思想政治教育规律吗？如果认为它们表述的都是思想政治教育规律，一门学科之中何以能够揭示出如此之多的规律？如果认为它们并不能表述思想政治教育规律，那么以这些指认构建的思想政治教育基础理论又如何具有真理性？这些质疑的根蒂在于：纷乱的“规律”指认依据是否具有合法性和合理性。如果有其合法性和合理性，那么谁的依据更具有合法性与合理性。如果思想政治教育的规律研究不能回答这样的质疑，那么，对于现在的“规律”成果之真理性问题，或将陷入无所谓对错的相对主义，或将导致思想政治教育规律研究“冗余”结论，进而否认思想政治教育规律探索的可能性与必要性。

其三，“成果”越多，越是困扰人们对思想政治教育规律的认知。

越来越“丰富”的思想政治教育规律的“成果”，它们之间的逻辑无序性、指认根据的可疑性，将思想政治教育基础理论的研习者抛入了认知困惑之中。研习者不是通过这些“成果”的学习认识并把握了思想政治教育的规律，而是在“成果”的丛林中陷入难辨真伪的苦恼与困惑之中：该信哪一种指认，该信谁的指认，该怎么看待这些指认等。这些“该如何”的认知抉择，实际上不是由“丰硕”成果带来的积极意义，而是由其消极意义造成的无措的反应。

因此，当思想政治教育规律研究的路径、方法和成果越来越多时，面对杂多与散乱的“规律”指认状况，亟待进行的是具有理据的条分缕析，对这些“成果”给予切当的归置和有效的整合，才能有效发挥“规律”及其相关研究的理论价值。

三

学科的“原理”是由系列性的概念和判断构成的具有逻辑自洽性的理论体系，它是以理论形态表述某个学科或认知领域中的具有普遍意义的、最为基本的道理。相应地，思想政治教育学原理也应该是以理论形态表述的思想政治教育中具有普遍性、根本性和稳定性的道理。目前，这个“道理”已经形成了相对稳定的框架，并且以“学”的样态存在于知识花园的百花丛中，但这并不表明，我们在探讨思想政治教育学原理创新时已经具备了无异议的前提。相反，在面对“思想政治教育学原理创新”的论题时，仍然隐含着诸多歧见，需要做必要的厘清工作，否则将妨碍我们以同一律的思维聚焦于问题的讨论。

思想政治教育学原理的初期建构有两个重要来源，一是参考哲学、教育学等相关学科内容，借鉴其相关概念和建构思路，如主体、客体、本质、规律，教育者、教育对象、过程、评价等搭建“原理”的框架。二是对思想政治工作实践进行理论的提炼和概括，将思想政治工作者的素养、队伍建设、系统管理等嵌入并充实框架体系，从而完成了思想政治教育学原理从无到有的创立工程。

1986年国内出版的首部《思想政治教育学原理》为后来的各种版本奠定了基础，它的体系架构是三个板块，分列为十二章。前四章构成一个板块，以哲学的视域探讨“思想政治教育是什么”的问题，揭示思想政治教育的本质，明确思想政治教育学的研究对象和方法，阐释其理论基础和地位作用。第五至十一章构成第二个板块，以教育学的视域聚焦思想政治教育的实施过程，试图在遵循思想政治教育规律的前提下指导思想政治教育实践，包括思想政治教育的目标、原则、方法、过程、对象、内容、评估、管理等。最后一章单独成为第三个板块，以理论与实践相结合的方式探讨“思想政治教育工作者的素质修养”①问题。此后，业界出版的“原理”不下数十种，具有里程碑性的有如下版本：一是1999年出版的《思想政治教育学原理》。它是“面向21世纪课程教材”，由教育部社会科学研究与思想政治理论工作司组编，其主体框架为理论基础、范畴、过程与规律、地位与作用、环境、对象、目标与内容、原则、方法、评估、队伍建设与领导等。二是2001年初版、2006年修订版的《现代思想政治教育学》。它是“普通高等教育‘十一五’国家级规划教材”，其框架结构在充分吸收此前版本精华的基础上，以发展论、本质论、目的论、价值论、主导论、结构论、主体论、环境论、过程论、方法论、载体论、管理论等“论”的方式呈现，在概论部分增加了范畴体系与学科体系，在涉及思想政治教育研究对象时采用了客体论的处理方式，在涉及思想政治教育过程时区分了规律的层次，但就其内容的主体而言并未对前述版本作出“质”的突破。三是2016年初版、2018年再版的《思想政治教育学原理》。它是“马克思主义理论研究和建设工程重点教材”，是在教育部实施马克思主义理论研究和建设工程领导小组领导下组织编写的，其主体框架是：思想政治教育与思想政治教育

① 陆庆壬.思想政治教育学原理［M］.上海：复旦大学出版社，1986：284.

学、基本范畴、本质和特征、地位和功能、过程和规律、目标、内容和任务、教育者和教育对象、原则和方法、载体、环境、网络思想政治教育、管理和评估、队伍建设等。从1986年到2018年，几乎每年都有新版或再版的思想政治教育学原理教材和专著出版发行，但其框架结构基本上都是研究对象、理论基础、概念范畴、地位功能、产生根源、本质、规律、过程、内容、目标、原则、方法、教育者与教育对象、评估与管理等。因此，有专家评论说："从内容体系上看，基本结构大致相同。这就难免使人们感到学科创新的气息不够浓郁。"①

面对"原理"研究的状况，沈壮海在2016年就决心"要在已有的基础上通过'古木新花'的形式打造升级版"②。2022年他主编的《新编思想政治教育学原理》面世，这本新编的"原理"除绪论之外有十一章。绪论部分主要阐释"什么是思想政治教育"，明晰思想政治教育的"学"与"学科"的关系；第一、第二章介绍思想政治教育的产生与发展，以及思想政治教育的价值；第三、第四章分别从社会发展需要和人的发展需要阐释"社会主流意识形态及其生成与发展"与"人的思想政治素质及其生成与发展"；第五章探讨了思想政治教育的形态；第六章是对思想政治教育具体展开的说明，包括思想政治教育的要素、过程与原则；第七、第八、第九章分论学校、传播媒介、制度与思想政治教育；第十章阐释了思想政治教育的时、度、效；第十一章落脚到思想政治教育者——职责与素质。较之于以前的版本，沈壮海主编的"原理"的确有不少新意，比如，凸显了"人的思想政治素质及其生成与发展"，吸收了"思想政治教育的形态""思想政治教育的时、度、效"等专题理论研究的成果，压缩了多数"原理"反复重述的"要素、过程与原

---

① 邱柏生，董雅华.思想政治教育学新论［M］.上海：复旦大学出版社，2012：56.

② 沈晔.思想政治教育学原理体系创新论坛暨《思想理论教育》杂志创刊30周年论坛综述［J］.思想理论教育，2016（3）：111.

则”的篇幅，兼顾了微观层面的“学校、传播媒介、制度”与思想政治教育的问题。刘建军评价说：“学科创立38年来，已经推出一系列规范性教材，而新近出版的……是一部具有突出探索性、创新性的教材。”[①]我们也应该看到，这本新编的“原理”仍然属于守正性创新，是对常见框架进行的补充与调整。

在保留常见框架的前提下，“原理”还可以进行何种思路的创新？有学者提出，“要突破已有格局和发展定势，贯通思想政治教育实践史和学术史，对基本概念、基本范畴、基本要素进行前提性反思和根源性探索”[②]。也有学者建议，在立足马克思主义基本原理的基础上，以三个模块重构框架——“本体论模块”着眼于解决思想政治教育“从何而来”基本问题；“价值论模块”着眼于解决思想政治教育“有何作为”基本问题；“方法论模块”着眼于解决思想政治教育“何以可能”基本问题，以完善马克思主义思想政治教育学的知识体系；等等。[③]思想政治教育学原理究竟如何改造才能使其逻辑更自洽、内容更丰富、表达更准确、体系更完美，这应该是思想政治教育基础理论研究的重要议题。

四

思想政治教育方法体系建构是思想政治教育基础理论研究的重要内容。学界在这个领域积累了较多经验也取得了系列性成果，但在研究的视域、视角和视点等方面仍然存在诸多有待深化发展的问题。

其一，思想政治教育方法体系建构的视域问题。把哪些方法纳入体

---

① 刘建军.《新编思想政治教育学原理》的突破性探索［J］.思想教育研究，2022（8）：158.

② 冯刚.深化新时代思想政治教育基础理论研究［J］.思想政治教育研究，2020（1）：3.

③ 李忠军.思想政治教育学基本原理的体系构建［J］.马克思主义理论学科研究，2024（1）：94.

系建构之中，是视域问题，而视域不仅影响着方法体系建构的内容，也影响着所建构的体系能够达成怎样的目标任务。武汉大学王玄武主编的《思想政治教育方法论》，是首先建构思想政治教育方法体系的。就其视域而言，是由四个部分构成的，即中国共产党思想政治教育方法、思想政治教育展开的过程中工作方法、思想政治教育研究方法与思想政治教育工作者自我提高的方法。而中山大学郑永廷在其主编的《思想政治教育方法论》中建构的思想政治教育方法体系，在视域上的重要特点是将前者的“中国共产党思想政治教育方法”的范围拓展到不同社会、不同时代的思想政治教育方法。北京大学祖嘉合在其所著的《思想政治教育方法教程》中建构的思想政治教育方法体系，在视域上与前者相比没有质的改变，主要是在古今中外思想政治教育方法方面做了更为系统的梳理。也就是说，在思想政治教育方法研究领域具有代表性的几个体系中，其视域基本是一致的。但从学界对思想政治教育方法的分类看，这种视域是不够宽广的。比如，有学者将思想政治教育方法论分为“世界观方法论、具体方法论、方法自身论、全面方法论、研究方法论五类”①，其中的“世界观方法论”是用世界观去指导人们认识世界和改造世界，是运用理论分析和解决问题，是“化理论为方法”的，而这类“方法”是在几种代表性的方法体系的视域之外的。再如，当代科学技术赋能思想政治教育之后生成的新方法，很多是在方法体系建构者的视域之外的。因此，要建构方法内容丰富、方法种类齐全，并因此而具有更为广泛性的普适体系，还需要建构者尽可能地拓展思想政治教育的方法视域。

其二，思想政治教育方法体系建构的视角问题。视角是看问题的角度或维度，所谓“横看成岭侧成峰，远近高低各不同”，说明视角对观察结果具有重要影响。同样，从什么角度或维度构建思想政治教育方法

① 孟婷，张澍军．思想政治教育方法论体系刍议［J］．思想教育研究，2014（9）：34.

体系不仅影响着体系的结构样态，也在一定程度上决定着它的目标任务的定位与实现。前文论及的王玄武、郑永廷、祖嘉合等学者建构的几种代表性的方法体系主要是从思想政治教育展开的过程维度架构的，而西南大学黄蓉生基于方法在思想政治教育矛盾转化中的特殊价值而构建的“当代思想政治教育方法论”体系、华中师范大学万美容基于推进思想政治教育方法现代化而建构的“思想政治教育方法发展”体系等也有其视角的独特意义。此外，还有学者建议从思想政治教育要素维度构建主体、客体、介体、环体的方法体系；从思想政治教育的主要内容维度构建人生观教育、政治观教育、道德观教育和法治观教育的方法体系等。[①]在统观思想政治教育方法体系建构的状况之后，有学者认为，“用系统思维统整思想政治教育方法论体系的建构”应该是“从过程论到认识论再到系统论发展的必然趋势”[②]。选择怎样的视角乃至建构成为何种形态的思想政治教育方法体系当然是建构者学术探索的自由。但是，相对于人们对思想政治教育方法体系建构的目标任务期待而言，视角的选择不应该是随意的，而应该充分斟酌所建构的方法体系究竟能在什么范围和程度上达成目标任务的实现。

其三，思想政治教育方法体系建构的视点问题。视点是观察者注意力的聚焦之处，思想政治教育方法体系建构中的视点是实现其主旨的着力点所在，更能凸显不同体系建构者的目标任务的差异性。王玄武领衔建构思想政治教育方法体系时就曾明确提出，思想政治教育方法论的“研究对象不涉及思想政治教育的全部问题，而是着重探讨人们如何掌握和应用思想政治教育的方法以取得最佳效果的规律，包括思想政治教育方法的形成、变化和发展，确立思想政治教育方法的依据和原则，各

---

① 郑永廷.思想政治教育方法论［M］.北京：高等教育出版社，2010：21-22.

② 邹绍清.思想政治教育方法论体系建构研究——以复杂系统论为视角［J］.思想理论教育，2016（1）：49.

种方法的特点、功能以及它们之间的联系等”[1]。他的视点落在探讨思想政治教育方法中的“规律”、确立运用的“基本原则”、揭示不同方法的“特点、功能及其联系”。也有学者认为，思想政治教育方法体系的建构应该着眼于“方法确立（制定、选择、运用）的客观依据、条件以及相关的知识理论，探索思想政治教育方法科学化有效性的规律，概括行之有效的方法特点、操作规则及多种方法之间的联系等问题”[2]。还有学者认为，在思想政治教育研究方法论、思想政治教育方法自身理论、思想政治教育具体方法论构成的方法论体系中，“思想政治教育方法本身的理论理应成为思想政治教育方法论体系的核心组成部分”[3]。可见，关于思想政治教育方法体系建构的视点究竟应该落在何处，学界并没有达成共识。没有视点上的共识，建构的方法体系越多就越是难以形成合力，也就越是难以达成人们所期待的思想政治教育方法体系建构的目标任务。

总之，思想政治教育基础理论研究不仅要持之以恒地解决艰涩的老问题，夯实思想政治教育的理论基础，还应该勇敢地肩负起思想政治教育的新任务和新使命，在充分领悟马克思主义理论创新成果的精髓，主动争取现代科技的赋能，满足不断拓展的“大思政”格局的具体实践需要，助推教育强国征程中“强大的思政引领力”的实现中拓展新格局、展现新形象。

上述思想政治教育基础理论中的界域、规律、原理和方法等议题，只是笔者的粗陋管窥，学界有更为广泛而深刻的洞见。所幸的是安徽师范大学出版社领导和政治编辑室的同志独具慧眼，以独特的学术敏锐性

① 国家教委思想政治工作司.思想政治教育方法论［M］.北京：高等教育出版社，1992：5-6.

② 罗洪铁，董娅.思想政治教育原理与方法基础理论研究［M］.北京：人民出版社，2005：365.

③ 孟婷，张澍军.思想政治教育方法论体系刍议［J］.思想教育研究，2014（9）：37.

和深厚的马克思主义理论情怀将思想政治教育基础理论研究成果纳入出版规划，策划出版“新时代思想政治教育名家文库”。出版社盛情邀请我担任文库主编，我非常愉快地接受了约请名家学者的任务，非常荣幸地得到北京科技大学冯刚教授、武汉大学项久雨教授、北京大学宇文利教授、中山大学李辉教授、西南大学王永友教授、浙江大学代玉启教授、中国社会科学院刘爱玲教授、四川大学李辽宁教授、大连理工大学杨慧民教授、首都师范大学李基礼教授等同道人的鼎力支持，正是他们大度地贡献了各自的最新研究成果，才成就了这套“新时代思想政治教育名家文库”。我由衷地期盼这套文库能够为思想政治教育基础理论的精深拓展起到应有的作用。

谨以上述文字求教于方家。

是以为序。

王习胜

2025年5月1日于江城芜湖天泽书房

前 言

思想政治工作作为党的优良传统和突出政治优势，历经百年探索，特别是思想政治教育学科历经40多年的长足发展，积累了丰富的理论和实践成果，持续发挥统一思想、凝聚共识的关键作用。新时代以来，随着思想政治教育进入内涵式、高质量发展阶段，内生动力成为支撑思想政治教育守正创新的关键力量，在动力系统中越发受到关注和探讨。聚焦新时代思想政治教育发展历程，在把握时代特征和价值导向基础上，以系统性思维着力探究蕴含其中的内生动力，对于推动思想政治教育可持续发展具有重要意义。

一、把握思想政治教育创新发展的时代特征

思想政治教育是一门与国际国内形势以及经济社会发展紧密关联的学科，时代发展、国家进步、理论创新都会对思想政治教育产生直接或间接的影响。中国特色社会主义进入新时代，思想政治教育发展面临很多新的时代特征。

思想政治教育视野从内向走向开放，在多元中立主导的自信越来越强。伴随着思想政治教育学科的快速发展，学科与学科之间、国内与国外之间的交往日益频繁，思想政治教育视野逐渐由内向转向开放，在始终坚持马克思主义指导地位的基础上因事而化、因时而进、因势而新，更加富有特色、充满活力地寻求多重视角下的创新发展。当前，思想政

治教育越来越敢于直面多元思想文化的冲击，敢于直面错误社会思潮的挑战，并在挑战中越战越勇、越辩越明，牢牢地站稳了脚跟，掌握了话语权。面对经济全球化和社会信息化不可阻挡的浪潮，“关起门来”搞思想政治教育，显然已不适合新时代的要求。如何“打开门来”搞思想政治教育，在多元的政治思想文化环境中占据主导地位，是我们面临的时代课题。

讲好中国故事的实践基础越筑越牢，思想政治教育的实效性和说服力有了实践支撑。讲好中国故事是时代使命，是思想政治教育自我表达的行为，具有深远的时代内涵与全球意义。实践是检验真理的唯一标准，是思想政治工作者升级话语体系、讲好中国故事的现实基础。新时代以来，我国经济社会快速发展，综合国力不断增强，国际地位不断提高，各领域实践的发展为思想政治教育提供了强大的自信和丰富的素材。基于此，坚持教育引导师生爱党爱国，更加坚定中国特色社会主义道路自信、理论自信、制度自信和文化自信，有了更加牢固的实践基础，推动着思想政治教育更加坚实地、更富成效地不断创新发展。

文化的影响力越来越凸显，思想政治教育的创新发展必须依靠文化的育人力量。文化是国家和民族的“根”与“魂”，文化自信是一个国家、一个民族对自身拥有的传统和价值的充分认同与肯定，是对其文化旺盛生命力所保持的坚定信心和希望。思想政治教育是具有文化底蕴、体现文化内涵的一项系统工程，体现着政治性、科学性、人文性的高度统一，表现出强烈的渗透、融入、过程性特点。理论与实践无不表明，思想政治教育每一次历史性跃进，均伴随着校园文化的传承与发展、大学精神的弘扬与升华，文化以其浸润、感染和熏陶的功能作用，越来越彰显出“入芝兰之室久而自芳”的独特优势。新时代，思想政治教育要改革创新，要展现新作为新气象，就必须坚持以习近平文化思想为指导，更加注重以文化人、以文育人，保持对自身文化理想、文化价值以及文化生命力和创造力的高度信心，积极践行和弘扬社会主义核心价值观，推动中国特色社会主义文化繁荣兴盛。

二、厘清新时代思想政治教育的价值导向

思想政治教育的价值导向，是始终贯穿思想政治教育理论研究和实践工作的一条主线，是思想政治教育区别于其他学科和工作的根本特征之一。当前，思想政治教育的价值导向，烙上了新的时代烙印，富有更强烈的时代气息。

个体层面：聚焦人的全面发展。思想政治教育在个体层面的价值导向，主要体现在价值引导和价值选择两个方面。随着意识形态领域多元化发展趋势，各种观念和思潮交汇碰撞，人们的思想和行为开始向多样化、个性化方向发展。如何引导人们从个体自我认识的发展出发，在纷繁复杂中自觉防范错误思潮和敌对势力渗透，选择正确的、健康的价值观，显得尤为重要。特别是面对当前大学生群体逐渐呈现出的价值观念多元化、价值选择现代化、价值立场个性化等时代特点，思想政治教育在大学生个体层面越来越凸显其重要性。新时代思想政治教育应当更多从微观层面的大学生本体出发，让学生通过接受理想信念教育、思想道德教育等，扣好人生第一粒扣子，建立起自己的价值观念与行为准则，并在学习与实践中不断地深化与提升，最终形成善良的道德情感、正确的道德判断、自觉的道德实践，以正确的世界观、人生观、价值观规范自身行为，自觉成长成才。

社会层面：聚焦社会和谐发展。作为国家主流政治思想和价值观念的意识形态教育，思想政治教育在人学视域之外，还必须基于特定的政治社会关系，成为社会主流意识形态构建和价值引导的积极的政治实践活动。当前，社会主义核心价值观根植于中国特色社会主义伟大实践，是新时代中国特色社会主义和当代中国精神的价值表达和集中体现，凝结着全体人民的共同价值追求。习近平总书记明确指出："构建具有强

大感召力的核心价值观，关系社会和谐稳定，关系国家长治久安。”[①]因此，新时代思想政治教育要聚焦社会和谐发展，引领主流价值，切实担负起培育和践行社会主义核心价值观的重要使命，坚持将社会主义核心价值观贯穿于教育教学和日常工作的全过程，通过制度和文化的力量将社会主义核心价值观内化于心、外化于行。

文化层面：聚焦文化传承发展。思想政治教育作为维系社会发展、满足人们社会化需要的教育实践活动，其文化价值是社会的产物，由人创造并为人服务，其反映着一定文化形态的属性蕴含在与文化的耦合互动关系当中，包含着两个方面的规定性。一方面，思想政治教育本身具有满足教育对象文化需要的功能，是用社会主导的文化理念来教育引导人们形成正确的思想和行为的过程。另一方面，思想政治教育不仅是文化价值的需求者，还是文化价值的承担者，承载着文化传承发展的重要功能，为文化发展和文化传播提供重要导向和动力作用。思想政治教育的目标指向和学科属性，决定了其必然将中国特色社会主义文化的优秀成果纳入其内容体系；思想政治教育的工作方式和实践经验，又将艺术教育、校园文化建设等自觉纳入其工作范畴。在新时代中国特色社会主义先进文化的导向性和指引力条件下，只有结合时代发展要求，坚持继承性转化、创新性发展，最大限度地彰显思想政治教育的文化价值，才能真正使以文化人、以文育人的时代任务得以实现。

三、发掘新时代思想政治教育的内生动力

思想政治教育的内生动力是推动其实现“螺旋式上升”的力量来源。只有站在为中华民族伟大复兴培养建设者和接班人的高度，时刻关注青年学生发展需求，思想政治教育才能真正抓住推动理论创新和实践发展的关键着力点，从而推动新时代思想政治教育不断迈上新的台阶。

① 习近平谈治国理政［M］.北京：外文出版社，2014：163.

逻辑起点：学生成长成才需要与思想政治教育目标的一致性。思想政治教育的对象是现实的人、具体的人。对于有血有肉的个体而言，都会有成长成才、全面发展的合理诉求。而这些合理诉求正是受教育者因具有自我意识、反省认识、价值判断等能力而形成的客体“主体性”表现，贯穿于思想政治教育前进性与曲折性相统一的发展全过程。因此，是否重视、能否回应、有无关切这些合理诉求，直接关乎思想政治教育的开展和实际效果。学生的成长发展需求与思想政治教育的基本目标不是相互脱离的“两层皮”，二者具有内在的一致性。习近平总书记在全国高校思想政治工作会议上指出，“思想政治工作从根本上说是做人的工作，必须围绕学生、关照学生、服务学生，不断提高学生思想水平、政治觉悟、道德品质、文化素养，让学生成为德才兼备、全面发展的人才”①。由此可知，思想政治教育目标是根据青年学生健康成长成才的需求制定的。正确理解二者的一致性，是我们当前及今后开展思想政治教育的重要前提和逻辑起点。

动力之源：青年学生成长成才需求与思想政治教育发展不平衡不充分之间的矛盾。新时代以来，思想政治教育发展取得了丰硕成果，例如：育人主体多元，育人场域多样，育人方式多变等。但同时，由于供给结构发生了新的变化，高校育人系统的构建出现了协同发展不够、发展不平衡不充分等问题，主要体现在三个“协同发展不够”上。一是思想政治理论课教师、辅导员、学生工作中的思政工作者等专职思想政治教育队伍内部协同发展不够；二是专职队伍和兼职队伍协同发展不够。兼职队伍大多是来自教学和学生工作的一线工作者，与学生的联系更为紧密，影响力更为显著，但同时他们较专职队伍而言，又受到专业素养的限制；三是家庭、学校、社会间的协同发展也不够，现实中由于家庭、学校、社会各自的侧重点不同，以致三者之间存在教育不平衡、不充分、不协调等问题。所有这些协同发展不够、发展不平衡不充分的问

① 习近平谈治国理政：第二卷［M］.北京：外文出版社，2017：377.

题，本质上都反映出一种需求和供给之间的矛盾，成为推动思想政治教育创新发展的动力之源。

动力机制：关照需求，持续完善思想政治教育制度设计、机制运行和质量评价。思想政治教育要持续发挥内生动力的关键作用，解决一些长期存在、想解决而没有解决或没有解决彻底的问题，就需要在科学理解学生成长发展需求的基础上，持续完善思想政治教育的制度设计、机制运行和质量评价，以系统化思维，聚力构建出具备新时代特征和积极价值导向的思想政治教育创新发展的“施工图”。首先，目标设计要关照学生成长发展需求。目标设计不能仅仅从教育主体的视角考虑，而要把学生的成长发展需求放在更加重要的位置，满足学生成长发展需求和期待，从而提升受教育者在工作机制运行中的内在驱动力。其次，运行方式要关照学生成长发展需求。在思想政治教育机制运行过程中存在多个要素，例如话语体系、组织形式、管理方式和宣传途径等，都要真正符合青年学生的成长特点，全方位、系统性关照和满足学生成长发展个性化需求。最后，评价标准和方式要关照学生成长发展需求。不仅要将是否促进了学生的成长成才、全面发展纳入思想政治教育评价体系，还要将思想政治素质等价值元素纳入一般性教育评价、人才核心素养等评价体系之中，自觉做到同向同行、双向融合。

《新时代思想政治教育内生动力研究》一书的编写，目的在于在系统把握新时代支撑思想政治教育发展内生动力的基础上，更好地总结思想政治教育发展规律。本书基于对思想政治教育内生动力理论蕴涵的揭示把握，从理念层面、要素层面、合力层面论述阐释新时代思想政治教育内生动力的系统构成，着力探讨内生动力推动新时代思想政治教育创新发展的路径方式，在理论探究和实践把握中形成新时代思想政治教育内生动力的系统研究。希望《新时代思想政治教育内生动力研究》一书的出版，能为新时代思想政治教育创新发展起到有益的促进作用。

目　录

第一章 思想政治教育内生动力的理论蕴涵

思想政治教育内生动力是适应时代发展和学科发展需要提出的重要课题。内生动力作为动力结构中深层次、基础性的要素，在思想政治教育内涵式、高质量发展阶段发挥着重要作用。思想政治教育内生动力有着深厚的理论渊源，马克思主义矛盾学说对内部矛盾决定作用的论证、需要理论对主体需要推动作用的肯定以及社会发展理论对矛盾和人的作用的强调，阐明了思想政治教育内生动力的内在合理性。立足动力的一般属性和思想政治教育的特殊性，思想政治教育内生动力是思想政治教育内部各要素之间相互作用而生发转化凝聚的，是促进其自身内涵式发展的内在推动力量。在内涵把握中，思想政治教育内生动力的价值意蕴也得以展现，其不仅是激发思想政治教育主体性的关键要素，也是深化思想政治教育理论的重要着力点，还是思想政治教育可持续发展的力量源泉。基于对思想政治教育内生动力的理论渊源探析，深刻把握思想政治教育内生动力的基本内涵和价值意蕴，为系统把握新时代思想政治教育内生动力奠定了理论基础。

第一节　思想政治教育内生动力的理论渊源

内生动力是理论统一于实践的重要命题，具有深厚的理论意蕴。从理论视角出发探究内生动力的内在合理性，对于把握思想政治教育内生动力的基本内涵和价值意蕴具有奠基作用。

一、马克思主义矛盾学说视域下的思想政治教育内生动力

唯物辩证法是马克思主义科学的世界观和方法论，强调事物发展的根本动力来源于事物内部，生成于事物内部的矛盾斗争，这为认识把握思想政治教育内生动力的合理性和科学内涵提供了理论指导。

相互作用是马克思主义考察事物变化发展的根本视角。马克思主义提出唯物辩证法这一科学的世界观和方法论，洞悉事物变化发展的根本原因，强调“相互作用是事物的真正的终极原因。我们不能比对这种相互作用的认识追溯得更远了，因为在这之后没有什么要认识的东西了”[①]。唯物辩证法主张从联系的观点看待事物，从相互作用的视角研究事物的发展，揭示了一切运动的本质原因，阐明“当我们通过思维来考察自然界或人类历史或我们自己的精神活动的时候，首先呈现在我们眼前的，是一幅由种种联系和相互作用无穷无尽地交织起来的画面，其

① 马克思恩格斯选集：第三卷［M］.北京：人民出版社，2012：920.

中没有任何东西是不动的和不变的，而是一切都在运动、变化、生成和消逝”①。马克思主义不仅阐述了事物运动是绝对的、永恒的，并从哲学上解释了事物运动变化的原因，从相互作用视角描绘了事物发展的一般过程。由此，马克思得出“整个伟大的发展过程是在相互作用的形式中进行的”②这一观点。在此基础上，推动事物运动发展的各种形式的动力，就有了哲学意义上合规律性的科学解释。聚焦思想政治教育，其发展过程也是在相互作用中进行的，这里的相互作用既包括内部各要素之间，也包括内部要素与外部要素之间的互动。而在这些复杂的要素互动中就蕴含着各种形式的、着力推动思想政治教育变化演进的多元动力。

马克思主义强调内因决定事物的变化发展。从理论本身而言，唯物辩证法在肯定“每个事物都作用于别的事物”③的同时，深刻认识到内因对事物变化发展的决定性作用，科学把握了内因和外因的辩证关系。马克思主义揭示了相互作用基础上的因果性，指出“我们不仅发现某一个运动后面跟随着另一个运动，而且我们也发现，只要我们造成某个运动在自然界中发生时所必需的那些条件，我们就能引起这个运动”④，阐明了事物发展的因果关系，以及因果关系的可控性。同时马克思主义坚持普遍联系和相互作用的观点，认为事物发展的原因是复杂多样的，具体体现在内因和外因的相互交织。其中，马克思主义突出强调了内因的重要性，同时揭示了对内因的忽视问题，指出“自然科学和哲学一样，直到今天还全然忽视人的活动对人的思维的影响；它们在一方面只知道自然界，在另一方面又只知道思想”⑤。列宁继承马克思主义的科学主张，进一步提出“自己运动”的思想，指出“自然界的（也包括精

① 马克思恩格斯选集：第三卷［M］.北京：人民出版社，2012：790.

② 马克思恩格斯选集：第四卷［M］.北京：人民出版社，2012：614.

③ 马克思恩格斯选集：第三卷［M］.北京：人民出版社，2012：996.

④ 马克思恩格斯选集：第三卷［M］.北京：人民出版社，2012：921.

⑤ 马克思恩格斯选集：第三卷［M］.北京：人民出版社，2012：922.

神的和社会的）一切现象和过程具有矛盾着的、相互排斥的、对立的倾向。要认识在‘自己运动’中、自生发展中和蓬勃生活中的世界一切过程，就要把这些过程当做对立面的统一来认识”[①]，并强调将“这个事物（或现象）的发展、它自身的运动、它自身的生命”[②]作为辩证法的要素。这就点明了事物内部的对立统一关系即内因对事物发展的决定性影响。由此看来，与教育载体和环境等外部动力因素相比，把握思想政治教育的内生动力更为关键。

在此基础上，马克思主义进一步揭示了内因的本质，即蕴含其中的矛盾是促进事物变革的根本力量。在多元的内容要素和复杂的互动联系中，马克思主义从矛盾视角剖析了事物发展的一般过程，指出事物内部“两个相互矛盾方面的共存、斗争以及融合成一个新范畴，就是辩证运动”[③]。在这一过程中，事物的辩证运动构成了事物的发展，而发展的动力则来源于矛盾双方的对立统一。正如列宁在《谈谈辩证法问题》中指出的，“发展是对立面的‘斗争’”[④]。因此，我们不仅要以辩证的思维看待事物的发展问题，还应从事物内部矛盾中寻找发展的动力。与此同时，马克思主义还强调了矛盾作为事物内部的动力，是贯穿事物发展始终的。恩格斯在《反杜林论》中多次提及这一观点，在论述无限性问题时指出，“正因为无限性是矛盾，所以它是无限的、在时间上和空间上无止境地展开的过程。如果矛盾消除了，那无限性就终结了”[⑤]；在论述生命发展时指出，“生命也是存在于物体和过程本身中的不断地自行产生并自行解决的矛盾；矛盾一停止，生命也就停止，死亡就到来”[⑥]，都阐明了“内部矛盾斗争贯穿事物发展始终”的观点。马克思

① 列宁选集：第二卷［M］.北京：人民出版社，2012：557.

② 列宁选集：第二卷［M］.北京：人民出版社，2012：411.

③ 马克思恩格斯选集：第一卷［M］.北京：人民出版社，2012：225.

④ 列宁选集：第二卷［M］.北京：人民出版社，2012：557.

⑤ 马克思恩格斯选集：第三卷［M］.北京：人民出版社，2012：427.

⑥ 马克思恩格斯选集：第三卷［M］.北京：人民出版社，2012：499.

主义深刻揭示了事物的发展本质上是自身必然的运动，事物发展的根本原因在于事物内部的矛盾性，这就是内生动力的根本体现。

在马克思主义矛盾学说指导下，思想政治教育内生动力的关键作用不言而喻，而思想政治教育的内部矛盾是推动思想政治教育改革创新的根本原因，贯穿于思想政治教育发展始终，是思想政治教育内生动力的根本构成。

二、马克思主义需要理论视域下的思想政治教育内生动力

马克思主义需要理论阐明了人的需要生成、发展及作用发挥的科学规律。马克思主义把需要视为人的本性，提出需要是人的心理结构中最根本的东西，对人的思想行为具有重要的主导作用，这对本书从主体维度研究思想政治教育内生动力具有借鉴意义。

马克思主义深刻揭示了需要作为人的本性，是人的心理结构中最根本的东西。马克思、恩格斯在《德意志意识形态》中强调："我们首先应当确定一切人类生存的第一个前提，也就是一切历史的第一个前提，这个前提是：人们为了能够'创造历史'，必须能够生活。但是为了生活，首先就需要吃喝住穿以及其他一些东西。因此第一个历史活动就是生产满足这些需要的资料，即生产物质生活本身。"[①]生存需要的满足是主体性活动的起点，人类也在满足需要的劳动过程中不断发展自身的主体力量。同时，需要作为对客观存在的主观反映，成为人类为适应生存发展而具备的本质属性。正如马克思主义强调的，人的"每一种本质活动和特性，他的每一种生活本能都会成为一种需要"[②]。因此，需要是人的本质属性，是人的心理结构中最深层、最根本的东西。在此基础上，马克思主义进一步阐明了需要作为人类的主体意识对自身行为的主

① 马克思恩格斯选集：第一卷［M］.北京：人民出版社，2012：158.

② 马克思恩格斯全集：第二卷［M］.北京：人民出版社，1957：154.

导动力作用，是人类个体和整个人类发展的原始动力。恩格斯在《自然辩证法》中强调了需要和意识的关系，“需要是反映在头脑中，是进入意识的”[①]。在意识层面，需要转化为主体行动的动机，驱动主体开展满足需要的实践。马克思主义运用反证进行了说明，“任何人如果不同时为了自己的某种需要和为了这种需要的器官而做事，他就什么也不能做”[②]。由此可见，需要作为人与生俱来的本质属性，给予了人最直接、最本真而又最强大的精神力量，为人的生存与发展提供动力支撑。

马克思主义充分肯定了需要的发展性，而发展的需要将带给人持续的内源性动力。马克思主义深刻认识到人的需要是不断发展的，“已经得到满足的第一个需要本身、满足需要的活动和已经获得的为满足需要而用的工具又引起新的需要”[③]。这不仅阐明了需要满足带来的获得感激发人们新一轮需要的欲望，而且面对满足需要活动实现的生产发展，以及自身生产能力和劳动水平的提升，人们也将提出新的更高的需要。在需要提出和满足的动态循环中，人的需要呈现螺旋式上升的发展过程。马克思在《资本论》第一卷中聚焦工人这一实际对象，对需要的发展性进行了说明，指出“工人必须有时间满足精神的和社会的需要，这种需要的范围和数量由一般的文化状况决定”[④]。这就以工人的文化水平为变量论述了需要的发展性，即工人的文化水平越高，需要的范围层次和数量要求就越高，具体体现在物质需要基础上精神的和社会的需要更加突出。在此基础上，需要的发展将带给人持续的动力，因为“推动人去从事活动的一切，都要通过人的头脑”[⑤]，其中主导的是人的需要，吃喝的行动从饥渴的需要开始，到头脑饱足而停止。在这一过程中，人

① 马克思恩格斯选集：第三卷［M］.北京：人民出版社，2012：996.

② 马克思恩格斯全集：第三卷［M］.北京：人民出版社，1960：286.

③ 马克思恩格斯选集：第一卷［M］.北京：人民出版社，2012：159.

④ 马克思恩格斯全集：第二十三卷［M］.北京：人民出版社，1972：260.

⑤ 马克思恩格斯选集：第四卷［M］.北京：人民出版社，2012：238.

的需要转化为人的动机，推动人为需要满足而行动，发展的需要也催生出持续的动力。因此，人的需要因其螺旋式上升的发展性以及自觉的能动性而成为不容忽视的内源性动力。

同时，马克思主义深刻认识到需要的凝聚作用，将主体力量凝聚成推动人类发展的整体合力。马克思主义剖析了人们之间建立在需要基础上的联系，指出“人们之间一开始就有一种物质的联系。这种联系是由需要和生产方式决定的，它和人本身有同样长久的历史；这种联系不断采取新的形式，因而就表现为‘历史’，它不需要用任何政治的或宗教的呓语特意把人们维系在一起”①。这就阐明了人们在需要基础上建立的物质的联系，发展到政治的、精神的等其他层面的新的联系，并始终将人们维系起来。同时，马克思主义从人的需要本性强调了这种联系的必然性，指出“由于他们的需要即他们的本性，以及他们求得满足的方式，把他们联系起来”②。共同的需要以及满足需要的方式将人们凝聚起来，将个体的力量凝聚成整体的合力，从而推动实践的发展。在此基础上，马克思主义强调了需要的发展性将不断推动整体合力的凝聚壮大，指出“像野蛮人为了满足自己的需要，为了维持和再生产自己的生命，必须与自然搏斗一样，文明人也必须这样做；而且在一切社会形式中，在一切可能的生产方式中，他都必须这样做。这个自然必然性的王国会随着人的发展而扩大，因为需要会扩大；但是，满足这种需要的生产力同时也会扩大”③。这就阐明了需要基础上凝聚的整体合力，将随着需要的发展性不断凝聚、融合和壮大。因此，马克思主义将需要视为人类个体和整个人类发展的原动力。

思想政治教育作为一种主体性的社会实践活动，其主体的需要是发展进步的自觉动力。已经取得的思想政治教育成果、寄托于思想政治教

① 马克思恩格斯选集：第一卷［M］.北京：人民出版社，2012：160.

② 马克思恩格斯全集：第三卷［M］.北京：人民出版社，1960：514.

③ 马克思恩格斯文集：第七卷［M］.北京：人民出版社，2009：928.

育的预期目标和现实要求、思想政治教育的现状及问题等不断催生主体新的需要。在共同需要引领下，个体的动机凝聚成集体的意志，推动思想政治教育主体在实践中将理想目标转化为真切现实。因此，思想政治教育的主体需要也是思想政治教育内生动力的重要来源。

三、马克思主义社会发展理论视域下的思想政治教育内生动力

社会发展理论科学揭示了人类历史演进变革的内在规律，阐明了社会发展的模式、动力和方向等问题。马克思主义在揭示社会发展规律时突出强调了矛盾和人在其中发挥的作用，阐明了社会发展动力的合力本质，为理解把握事物发展的内生动力提供了理论指导。

马克思主义充分阐释了矛盾在人类历史中的动力作用，并贯穿社会发展始终。马克思、恩格斯在《德意志意识形态》中首次提出“五种所有制形式”的构想，按照生产关系可以划分为部落所有制、古代公社所有制、封建主义所有制、资本主义所有制和共产主义所有制。[①]这是在系统总结社会发展历史和把握社会发展规律的基础上对社会形态的科学揭示。随着五种社会形态理论的提出，对五种社会形态之间如何实现更替发展这一问题的回答也是题中应有之义。在《〈政治经济学批判〉序言》中，马克思揭示了社会形态更替的根本动力，指出“社会的物质生产力发展到一定阶段，便同它们一直在其中运动的现存生产关系或财产关系（这只是生产关系的法律用语）发生矛盾。于是这些关系便由生产力的发展形式变成生产力的桎梏。那时社会革命的时代就到来了”[②]。这就揭示了人类历史演进过程中存在的生产力与生产关系这一对根本性矛盾，点明了生产力滞后、适应、超前于生产关系的矛盾循环过程，其中就蕴含着社会发展变革的根本力量。马克思深刻认识到生产力与生产

① 马克思恩格斯选集：第一卷［M］.北京：人民出版社，2012：148.

② 马克思恩格斯选集：第二卷［M］.北京：人民出版社，2012：2-3.

关系的矛盾运动，对于推动社会发展、实现社会形态更替的动力作用，社会发展的过程根本上是生产力与生产关系矛盾运动的过程。就思想政治教育而言，其发展过程也是思想政治教育内部矛盾的演化过程，矛盾变化的特殊性呈现出思想政治教育发展的阶段性特征，成为历史阶段划分和发展趋势预测的重要依据。

马克思主义肯定了人在社会发展中的关键作用，是创造历史的主体性动力。马克思在《政治经济学批判（1857—1858年手稿）》中提出了人类社会的三种形态，即“人的依赖关系”“以物的依赖性为基础的人的独立性”“建立在个人全面发展和他们共同的、社会的生产能力成为从属于他们的社会财富这一基础上的自由个性”[①]。马克思在把握社会关系演变和人的发展状况的内在关系基础上，充分肯定社会发展中人的发展的价值所在，这种价值不仅体现在人的发展是社会发展的根本目标，更在于人的发展对于社会发展的推动作用。此外，唯物史观充分阐释了“人们自己创造自己的历史”[②]的观点，肯定了人在历史发展进程中的主体地位，指出“并不是‘历史’把人当做手段来达到自己——仿佛历史是一个独具魅力的人——的目的。历史不过是追求着自己目的的人的活动而已”[③]。同时，马克思主义着眼社会发展，分析了人在其中发挥的主体动力作用，点明“在社会历史领域内进行活动的，是具有意识的、经过思虑或凭激情行动的、追求某种目的的人；任何事情的发生都不是没有自觉的意图，没有预期的目的的”[④]。这就点明了人具备创造历史、推动社会发展的主体性动力属性。就思想政治教育而言，其根本上是做人的工作，服务于人的成长发展是根本目的，但同时也要适应人的发展状况，契合人的阶段性特征，满足人的需求期待，在与人的成

① 马克思恩格斯文集：第八卷［M］.北京：人民出版社，2009：52.

② 马克思恩格斯选集：第四卷［M］.北京：人民出版社，2012：649.

③ 马克思恩格斯文集：第一卷［M］.北京：人民出版社，2009：295.

④ 马克思恩格斯选集：第四卷［M］.北京：人民出版社，2012：253.

长发展相匹配的过程中实现接续发展。

同时，马克思主义还深刻认识到推动社会发展的动力必然是一个合力，在多元协同中实现社会的发展变革。马克思主义论述了社会历史发展动力的合力本质，指出“无论历史的结局如何，人们总是通过每一个人追求他自己的、自觉预期的目的来创造他们的历史，而这许多按不同方向活动的愿望及其对外部世界的各种各样作用的合力，就是历史”[①]。这就阐明了人类历史演进变革合力的要素结构，突出表现为人追求自己目的的主体动力与外部作用力的有机统一。与此同时，马克思主义还聚焦主体动力，分析了社会历史发展合力的生成过程，点明“历史是这样创造的：最终的结果总是从许多单个的意志的相互冲突中产生出来的，而其中每一个意志，又是由于许多特殊的生活条件，才成为它所成为的那样。这样就有无数互相交错的力量，有无数个力的平行四边形，由此就产生出一个合力，即历史结果”[②]。这就说明主体动力本身也是一个合力，各个主体从自身意志出发发挥作用，并经过共同目标的凝聚，在冲突和协同中以合力推动社会历史发展。正如《马克思恩格斯选集》第四卷说明中总结的，“历史进程表现为社会生活各种因素间的相互作用，历史发展是各种因素的合力作用的结果”[③]。就思想政治教育而言，推动其发展的动力必然也是一个合力，在各要素的相互作用中表现为各类矛盾、主体动力等，在共同目标凝聚下指向思想政治教育内涵式发展。

在马克思主义社会发展理论指导下，思想政治教育内生动力中矛盾和人两大要素的关键地位凸显，合力的本质属性明确，把握其中的内在关系是认识思想政治教育内生动力的重点。

---

① 马克思恩格斯选集：第四卷［M］.北京：人民出版社，2012：254.

② 马克思恩格斯选集：第四卷［M］.北京：人民出版社，2012：605.

③ 马克思恩格斯选集：第四卷［M］.北京：人民出版社，2012：6.

第二节 思想政治教育内生动力的基本内涵

顾名思义，内生动力是指事物内部生成的动力，这是与其他动力相区别的本质规定性。在此基础上，结合动力的一般属性和思想政治教育的特殊性，我们可以把握思想政治教育内生动力的基本内涵。思想政治教育内生动力是思想政治教育内部各要素之间相互作用而生发转化凝聚的，是促进其自身发展的内在推动力量。

一、思想政治教育内生动力生成于思想政治教育内部各要素的相互作用

对内生动力的理解，首先聚焦在“内”和“生”上，“内”阐明了动力的来源和方向，“生”解释了动力生成的原因。以“内”和“生”为着力点和突破口，深入探究动力在思想政治教育领域中的具体表现，能够准确把握内生动力的生成来源。

一方面，“内”强调了动力来源于思想政治教育内部，动力的作用方向呈现螺旋上升的内部循环，对动力的探寻要向内求索。上述提到，对于动力方向性划分的依据，主要取决于动力因素由谁主导。动力因素作为催生动力并赋予其推动作用力的构成要素，往往是复杂的、多维的，在思想政治教育这一要素多元、运行有序的系统工程中，这种复杂性表现得尤为明显。而“事物的性质，主要地是由取得支配地位的矛盾

的主要方面所规定的”[①]，由此考察动力的性质，动力中的主导因素决定动力性质的同时赋予了其方向属性，那么内生动力就表现为内部因素主导。需要注意的是，内生动力强调内部因素的主导，同时并不否定外部因素的参与，其突出的是内部因素的主导地位和起始作用。在事物发展过程中，由内部因素主导并作为起始推动力量，外部因素参与作用而催生的动力本质上是内生动力。那么思想政治教育内生动力强调思想政治教育内部要素对动力构成的主导，吸收协同外部要素生发形成，在教育活动开展过程中由内产生推动促进效果的作用力量。此外，审视内生动力的作用方向，因其施力要素和受力要素均位于事物内部，并鉴于力的相互性这一特性，内生动力在作用方向上呈现螺旋上升的内部循环。具体而言，由内部产生的动力，聚焦思想政治教育矛盾的缓解、问题的解决，着眼思想政治教育的发展与进步，在这一过程中内部动力因素得以演进与革新，又催生和释放新的动力。因此，思想政治教育内生动力呈现螺旋上升的内部循环，对内生动力的探索要聚焦思想政治教育本身。

另一方面，“生”强调了动力的生成，是思想政治教育内部各要素之间相互作用的结果，对动力的把握要从联系的观点着手。“内”将动力因素锁定在思想政治教育内部，而动力的生成本质上源于各要素的相互作用。恩格斯强调：“相互作用是我们从现今自然科学的观点出发在整体上考察运动着的物质时首先遇到的东西。”[②]这既阐明了相互作用是事物发展的根源，也肯定了动力的相互作用本质。内生动力生发于要素之间互相联结、互相斗争、互相促进、互相制约的关联互动中，是在事物内部各要素相互作用过程中积蓄的力量。由此，结合学科的特殊性，思想政治教育内生动力则生成于思想政治教育内部各要素的相互作用，而这种相互作用有多种表现形式，比如矛盾、融合、斗争，等等。这些

① 毛泽东选集：第一卷［M］.北京：人民出版社，1991：322.

② 马克思恩格斯选集：第三卷［M］.北京：人民出版社，2012：920.

相互作用过程中产生的变革创新、提出的发展要求、凝聚的主体力量等，都融汇成促进思想政治教育创新发展的内生动力。同时，从相互作用的视角把握内生动力还要看到，内生动力也借助相互作用达到推动事物发展的效果。相互作用是事物运行的主要方式，构成其变革演进的基本过程，内生动力由事物内部要素相互作用生成后，也要依托和融入相互作用，才能将动力促进效果落实到要素发展中，贯穿于事物整体推进中。思想政治教育内部各要素的相互作用，产生亟待解决的矛盾和问题，提出亟须满足的诉求和期待，促使思想政治教育发展完善、改革创新，内生动力就在这一过程中生成并发挥作用。

聚焦思想政治教育领域，牢牢把握“内”和“生”两条主线，厘清内生动力的生成来源。思想政治教育内生动力既生成于内部各要素之间的相互作用过程中，更贯穿于相互作用的始终。“思想政治教育的运行，是一个思想政治教育系统的诸多要素相互联系、相互作用的过程”[①]，这些要素主要包括思想政治教育主体、客体、介体和环体。当这些要素实际存在并且其思想政治教育属性得以确证，即能够有效互动运行、切实发挥功能时，内生动力也在相互作用过程中相应而生。因此，内生动力于思想政治教育运行开始便存在，并伴随着可持续的互动运行贯穿相互作用始终。“在思想政治教育过程中，教育者、受教育者、教育介体紧密相连，互相制约、互相依赖，整个教育过程就是这几个要素相互作用的过程，也是不断解决这几个要素之间矛盾的无限循环过程。”[②]正是在这一动态过程中，思想政治教育内部要素相互作用、持续运行，不断催生内生动力，内生动力作用发挥又不断推进相互作用。在这种互生互促的相生关系中，内生动力生成并贯穿于内部各要素相互作用的始终。

---

① 张耀灿，郑永廷，吴潜涛，等.现代思想政治教育学［M］.北京：人民出版社，2006：411.

② 陈万柏，张耀灿.思想政治教育学原理［M］.3版.北京：高等教育出版社，2015：138.

切实从思想政治教育内部要素永无止境地相互作用出发，我们就能够充分理解和准确把握内生动力的生成缘起、运行方式和可持续性。总的来说，内生动力来源于思想政治教育内部，是内部各要素相互作用的产物，呈现内部的动力循环。

二、思想政治教育内生动力是经过生发转化凝聚形成的思想政治教育合力

内生动力作为事物发展的重要因素，其形成过程和结构组成与事物本身息息相关。就思想政治教育而言，其内部要素的多样性决定了内生动力的复合性，从各要素之间的相互作用到形成具有推动作用的动力需要经过一系列演化过程，并在共同目标引领下凝聚成多样协同的思想政治教育合力。

动力关系的生发是思想政治教育内生动力形成的基础环节。动力的形成不是一蹴而就的，而要厘清其形成过程就必须抓住相互作用这一关键。马克思主义将相互作用视为我们认识和理解事物的重要视角，指出“每个事物都作用于别的事物，反之亦然，而且在大多数场合下，正是忘记这种多方面的运动和相互作用，才妨碍我们的自然科学家看清最简单的事物”[①]。牢牢立足相互作用视角，我们就能找到厘清动力形成过程的“金钥匙”。事物内部要素之间或者事物之间经过相互作用，彼此建立起新的联系。这种联系蕴含着很多可能性，既将会直接带来新的事物，也可能催生事物发展的动力。从内生视角来看，事物内部要素之间的相互作用效果集于一身，相对而言带来更多的新生事物和动力关系。聚焦思想政治教育开展过程，其中充斥着主体、客体等各要素的相互作用。“只有从这种普遍的相互作用出发，我们才能认识现实的因果关系。”[②]由此，我们更能厘清和理解思想政治教育内部各要素在相互作用

① 马克思恩格斯选集：第三卷［M］.北京：人民出版社，2012：996.

② 马克思恩格斯选集：第三卷［M］.北京：人民出版社，2012：920.

下彼此建立的联系。在思想政治教育领域中，这些关系具体表现为教育者、教育对象、教育介体以及教育环境等各要素，在理论与实践、应然与实然、历史与现实等各个层面的互相联结、互相斗争、互相促进、互相制约等多种关系。这些关系的生发和确立奠定了动力生成的基础，作为基础环节为思想政治教育内生动力的转化和形成提供了可能。

动力关系的转化是思想政治教育内生动力形成的中间环节。在上述环节基础上，思想政治教育内部各要素经过相互作用建立的关系还不具有推动促进效果，需要经过转化才生成动力的功能。从矛盾关系来看，矛盾的存在阻碍了思想政治教育的发展，这就提出了解决矛盾的相应要求。由此矛盾关系就带动了解决矛盾的意志和行动，从客观的事物联系转化为推动思想政治教育改革完善以解决矛盾的动力要求。推动功能也在转化过程中生成，“矛盾的不断产生，不断解决，螺旋式上升，波浪式前进，无限循环往复，从而推动思想政治教育不断发展、前进”[①]。从相互作用激发的主客体需要来看，其也经过由需要意志向行为动机的转化。需要表现为主体对事物的欲望或要求，是意志层面的客观反映和主观表达。思想政治教育主客体需要是经过相互作用刺激形成的对于教育的愿望或期待，但仍然停留在主体的意志层面。而需要本身也蕴含着人的行为动机，马克思主义深刻认识到人的这一本质特征，指出“任何人如果不同时为了自己的某种需要和为了这种需要的器官而做事，他就什么也不能做”[②]。因此，需要在主客体内部就实现了转化，成为满足需要的行为动机，同时需要本身所具有的引导激励功能也提供了主客体发展思想政治教育的动力。由此看来，思想政治教育内生动力的形成大体经过联系的建立、关系的生发、动机的转化等几个环节。

动力的凝聚是思想政治教育内生动力形成的必要环节。从普遍意义

---

① 张耀灿，郑永廷，吴潜涛，等.现代思想政治教育学［M］.北京：人民出版社，2006：6.

② 马克思恩格斯全集：第三卷［M］.北京：人民出版社，1960：286.

上看，“思想政治教育过程是教育者、受教育者、教育介体等诸多因素相互作用的复杂的运动过程，这个过程充满着各种各样的矛盾”[①]。思想政治教育内部要素的多样性决定了相互作用基础上生成动力的多元性，而动力具备的方向性提出了动力凝聚的现实需要。在思想政治教育视域中，育人的共同目标将多元动力凝聚成思想政治教育合力。“之所以能把所有各层次、各个动力主体的动力整合为统一的思想政治教育动力系统，完成思想政治教育整体的运行目标，一个重要原因就是，人们可以调整不同动力主体的动力方向，使整合后的总的动力方向与思想政治教育目标趋于一致。”[②]无论是思想政治教育内部的矛盾问题，还是思想政治教育各方参与者的需求期待，都指向更好地发挥思想政治教育的育人功能，协助落实完成立德树人的根本任务。正如习近平总书记强调的：“要坚持把立德树人作为中心环节，把思想政治工作贯穿教育教学全过程。”[③]基于此，思想政治教育内生动力在总体方向上实现统一，凝聚形成多元协同的思想政治教育合力。总的来说，内生动力是思想政治教育内部各要素在相互作用基础上经过生发转化，并由育人共同目标凝聚形成的合力。

三、思想政治教育内生动力是促进思想政治教育自身创新发展的推动力量

思想政治教育要更好地达成育人目标就需要实现自身的发展。“世上没有无源之水、无本之木，探索思想政治教育的创新发展，必须回归到思想政治教育活动本身，寻找其前进发展的内生动力，实现思想政治

① 陈万柏，张耀灿．思想政治教育学原理［M］．3 版．北京：高等教育出版社，2015：143.

② 马奇柯．论思想政治教育的动力机制［J］．江汉论坛，2004（9）：26.

③ 习近平在全国高校思想政治工作会议上强调 把思想政治工作贯穿教育教学全过程 开创我国高等教育事业发展新局面［N］．人民日报，2016-12-09（1）．

教育的内涵式发展和遵循规律的良性发展。”[①]

一方面，内生动力致力于实现思想政治教育的内涵式发展，其作用方向指向思想政治教育自身，在动力循环中实现思想政治教育的创新发展。上述谈到，共同的育人目标将基于思想政治教育内部各要素相互作用形成的多元动力凝聚成内生合力。而这种动力的作用方向呈现螺旋上升式的内部循环，动力生成推动发展，发展变革又激发新的动力，实现源于思想政治教育并作用于思想政治教育的可持续发展。具体而言，相互作用基础上生发的矛盾问题、主体需要等凝聚而成的内生动力，通过推动思想政治教育矛盾的缓解、问题的解决以及参与主体需要的满足、设想的落实等方式，调整和完善思想政治教育以保障其育人过程更顺利有效地开展，同时在相互作用中又催生和释放新的动力，在内生动力循环中促进思想政治教育自身持续创新发展。同时，在这一过程中，思想政治教育内生动力不直接作用于外在对象，而是通过完善和发展思想政治教育自身，以强化思想政治教育育人功能的发挥，从而促进育人目标的实现。因此，内生动力致力于实现思想政治教育的内涵式发展。习近平总书记高度重视内涵式发展，强调“规模扩张并不意味着质量和效益增长，走内涵式发展道路是我国高等教育发展的必由之路”[②]。从概念本质来看，思想政治教育的内涵式发展是包括教育主体、客体、介体、环体等各要素的综合发展。内生动力源自并促进教育各要素的相互作用，是推动思想政治教育内涵式发展的关键力量。

另一方面，内生动力的生成和作用方式遵循规律，从根本上看是积极正向的推动力量。内生动力是反映唯物辩证法基本理念原则的科学动力。其一，内生动力体现内因在事物发展中起决定作用的规律性认识。在思想政治教育内外因关系中，外生动力通过促进内部要素相互作用激发内生动力实现推动发展效果，生动彰显了“外因是变化的条件，内因

① 冯刚.探索思想政治教育发展的内生动力［M］.北京：人民出版社，2017：1.

② 习近平.在北京大学师生座谈会上的讲话［M］.北京：人民出版社，2018：4.

是变化的根据，外因通过内因而起作用”[①]。其二，内生动力符合矛盾理论，阐明了思想政治教育发展的一般过程。内生动力以呈现矛盾关系的相互作用为集中体现，在对立统一中极大促进了思想政治教育各要素的有效互动，生动诠释了“整个伟大的发展过程是在相互作用的形式中进行的”[②]。其三，内生动力尊重人的主观能动性，肯定了思想政治教育参与主体的本质力量及其能动作用。对此，马克思主义从一般性视角阐述了主体力量的生成过程，强调“外部世界对人的影响表现在人的头脑中，反映在人的头脑中，成为感觉、思想、动机、意志，总之，成为‘理想的意图’，并且以这种形态变成‘理想的力量’”[③]。内生动力遵循人的主体力量生成规律，强调相互作用对教育主客体的影响，重视生成的需求对思想政治教育的推动作用。由此看来，内生动力的生成及作用发挥遵循客观规律，着眼思想政治教育的发展与进步，从而更好地实现育人价值，因此内生动力本质上是积极正向的推动力量。

本质作为“事物本身所固有的，决定事物性质、面貌和发展的根本属性”[④]，是认识把握事物必须探究和厘清的关键。思想政治教育内生动力本质上是一种推动力量，其以促进自身内涵式发展为任务指向，带有突出的积极正向特征。其一，推动力量决定思想政治教育内生动力的性质。事物的本质决定其性质，推动力量作为思想政治教育内生动力的本质，决定其能动性。推动力量蕴含的动能赋予内生动力以起到促进驱动效果的能量，使其具备突出的能动性。其二，思想政治教育内生动力作为一种推动力量，展现出突出的积极正向性。推动力量不仅决定内生动力的方向性，同时直接影响其形象面貌。推动力量的正向性决定并赋

① 毛泽东选集：第一卷［M］.北京：人民出版社，1991：302.

② 马克思恩格斯选集：第四卷［M］.北京：人民出版社，2012：614.

③ 马克思恩格斯选集：第四卷［M］.北京：人民出版社，2012：238.

④ 中国社会科学院语言研究所词典编辑室.现代汉语词典［M］.7版.北京：商务印书馆，2016：63.

予内生动力的正向性，在作用发挥中内生动力展现出推动思想政治教育向前向好发展的积极正能量的形象面貌。其三，推动力量本质将内生动力落实到思想政治教育内涵式发展中，并在相互作用中激发新的力量。事物的本质根本上决定其发展，内生动力因其推动力量本质，有效促进了思想政治教育内部各要素的相互作用，在现有基础上完成提升进步进而实现内涵式发展的同时，在要素互动中又孕育和激发了新的推动力量。由此可见，推动力量决定了内生动力的性质、面貌和发展，其思想政治教育内生动力的本质得以确证。总的来说，遵循规律的内生动力作为积极正向的推动力量，作用方向指向思想政治教育自身，在动力循环中实现思想政治教育的内涵式发展。

第三节　思想政治教育内生动力的价值意蕴

内生动力是贯穿思想政治教育发展始终、协同内部各要素共同参与的关键力量，研究和发展思想政治教育内生动力具有重要的价值意义。具体而言，内生动力既是思想政治教育主体性激发的关键要素，也是思想政治教育理论深化的重要着力点，更是思想政治教育可持续发展的力量源泉。

一、内生动力是思想政治教育主体性激发的关键要素

在内生动力结构中，主体力量是体现主动性的重要组成部分。主体力量本身蕴含着推动社会发展变革的强大动力。重视和激发内生动力就是在肯定思想政治教育发展中人的关键作用基础上，强调激发人的主体性，发展人的本质力量，进而推动思想政治教育内涵式发展。

在思想政治教育视域中，内生动力内在包含着对人作为主体的关键力量的关注和肯定。从根本上看，“思想政治教育过程是教育者和受教育者共同参与、相互作用的过程”[①]。思想政治教育过程作为发生在主体间有效互动的活动历程，“教育者和受教育者是思想政治教育过程的

① 张耀灿，郑永廷，吴潜涛，等.现代思想政治教育学［M］.北京：人民出版社，2006：325.

两个主要因素，无论离开了哪一方面，教育过程都不能成为完整的过程”[①]。因此，实践参与主体是思想政治教育要素结构中带有主动性的核心组成部分，组织带动其他要素相互作用。而内生动力根本上源自思想政治教育内部各要素的相互作用，高度重视人作为主体的关键力量，并将主体动力纳入并视为动力结构中的重要组成部分。一方面，内生动力的生成高度重视人作为主体在思想政治教育要素互动中的重要作用。基于相互作用的内生动力，其生成根本上立足于思想政治教育各要素的互动关系。而人作为具有能动性的核心要素，组织并推动这些互动关系的生发和演化。因此，内生动力内在包含着对思想政治教育主体力量的肯定。另一方面，内生动力将主体动力纳入并视为动力结构中的重要组成部分。主体动力作为源于教育内部要素、指向思想政治教育发展进步的推动力量，是具有明显特征的代表性内生动力。在动力结构中，主体动力因其能动性对其他动力发挥着带动作用，成为内生动力的重要组成部分。

对主体动力的重视是在遵循唯物史观基础上对人的社会历史发展主体地位的确证。恩格斯在自然发展动力和社会发展动力的比较中，明确强调了人在社会历史发展中的主体作用。恩格斯指出：“在自然界中（如果我们把人对自然界的反作用撇开不谈）全是没有意识的、盲目的动力，这些动力彼此发生作用，而一般规律就表现在这些动力的相互作用中。在所发生的任何事情中……没有任何事情是作为预期的自觉的目的发生的。”[②]他肯定了规律是自然发展中的关键动力，同时在比较中剖析了社会发展中人的特殊地位，指出：“相反，在社会历史领域内进行活动的，是具有意识的、经过思虑或凭激情行动的、追求某种目的的

① 张耀灿，郑永廷，吴潜涛，等.现代思想政治教育学［M］.北京：人民出版社，2006：325.

② 马克思恩格斯选集：第四卷［M］.北京：人民出版社，2012：253.

人；任何事情的发生都不是没有自觉的意图，没有预期的目的的。”[①]这就指明了人在社会历史发展中的主体作用，强调了人作为核心动力的存在。在思想政治教育视域中，有意识的主体根据自身的需求和期待，依托激情或使命等情感支撑，组织和推动各要素相互作用以开展教育活动，进而达成教育目的，实现教育效果。同时在相互作用中，主体推动下各教育要素取得现有成效上新的进步，从而实现思想政治教育的整体发展。由此可见，主体具有驱使要素互动的动力属性，思想政治教育的发展离不开人，人在其发展结构中处于核心地位。因此，内生动力将思想政治教育中主体的作用视为重要力量，是遵循唯物史观指导、彰显人在社会历史发展中的主体地位的充分体现。

人的主体地位也提出了作用发挥的现实要求，人要承担起历史创造者的角色，为推动社会发展贡献力量。于思想政治教育而言，重视内生动力就是在肯定思想政治教育发展中人的主体地位基础上，强调发挥人作为发展结构核心的关键作用。一方面，内生动力在肯定人的思想政治教育主体地位中激发主体性。内生动力本质上作为事物相互作用的产物，重视人在思想政治教育要素互动中的核心位置和能动作用，在肯定人的这一主体地位基础上强调发挥人对其他教育要素的带动、促进效果，激发人组织、协同各项资源、条件和有利因素的主体性，以实现推动思想政治教育的内涵式发展。另一方面，内生动力在强化人的思想政治教育主体意识中激发主体性。内生动力基于人的主体地位，强调进一步激发人的自觉能动意识，关注人对思想政治教育的需求期待、责任使命、志向抱负等，重视这些主体意识觉醒基础上精神力量的发挥，不断激发主体性，将其转化为促进要素互动、推动创新发展的物质力量。正如马克思主义揭示的，人根本上是“有激情的存在物。激情、热情是人强烈追求自己的对象的本质力量”[②]。内生动力就是要强化思想政治教

---

① 马克思恩格斯选集：第四卷［M］.北京：人民出版社，2012：253.

② 马克思恩格斯全集：第四十二卷［M］.北京：人民出版社，1979：169.

育参与人员的主体意识，在思想政治教育实践中深化认识、满足期待、发展需求，通过持续的良性循环，不断提升主体力量，进而推动思想政治教育的创新发展。因此，重视和发展内生动力，思想政治教育的主体性也将得以激发，实现在主体力量提升中强化内生动力，在内生动力增强中激发主体性。

二、内生动力是思想政治教育理论深化的重要着力点

内生动力的理论价值不仅在于其本身具有的理论蕴涵，更体现在促进相关理论发展的联动作用上。作为学科研究的新视角，内生动力是思想政治教育理论深化的重要着力点和发展的关键突破口。

思想政治教育的理论是相互联系、相互贯通的体系，理论的发展也呈现相互促进、相辅相成的密切关联。这是由思想政治教育的运行方式决定的。“思想政治教育作为培养人才的重要一环，需要遵循党的教育方针，结合时代发展特征、中国改革实践和学生思想变化特点，在理论深化和实践创新的相互作用下实现自身创新发展。”①思想政治教育是教育主体、客体、介体、环体等各要素共同参与的复杂系统，其育人功能的发挥关键在于各要素之间相互配合、协调一致，以形成良好的教育结构。因此，无论是着眼思想政治教育整体研究，还是聚焦各要素研究，都离不开相互关系的探讨。也正是由于这种理论特性，思想政治教育某一要素理论突破带动相关要素理论深化，进而促进思想政治教育整体发展的联动效果明显。比如，实践发展和科技创新背景下思想政治教育介体不断丰富，相关的理论也在运用中积累和拓展，同时提出了教育者学习掌握介体以提升主体力量、教育对象适应接受介体以提升教育效果等研究的新问题，实现介体理论突破基础上的主体、客体等相关要素理论

① 冯刚，彭庆红，佘双好，等.新时代高校思想政治教育学原理［M］.北京：人民出版社，2021：6.

深化，以至思想政治教育理论的整体发展。因此，正如有学者提出："开展思想政治教育基础理论研究要运用系统思维，将思想政治教育基础理论作为体系进行研究，并将其置于思想政治教育体系中展开。"[①]由此可见，系统性、体系化是思想政治教育理论的突出特点，也是理论发展的关键属性。

而内生动力作为多维度的研究视角，是思想政治教育基础理论深化的重要着力点。内生动力生成于思想政治教育内部各要素的相互作用，对思想政治教育内生动力的研究必然涉及对主体、客体、内容等多要素及其作用关系的认识研究。一方面，内生动力提供了再认识思想政治教育各个要素的新视角。立足育人实践，聚焦各要素研究的基础理论是思想政治教育学科发展的丰厚沃土，必须在时代演进和实践创新中持续深化。"对于思想政治教育学原理而言，要突破已有格局和发展定势，贯通思想政治教育实践史和学术史，对基本概念、基本范畴、基本要素进行前提性反思和根源性探索。"[②]以内生动力为前提性视角，审视思想政治教育各个要素在其中扮演的角色、发挥的作用，研究各要素的新样态和新功能，进而深化基础理论。另一方面，内生动力提供了再认识思想政治教育要素互动的新维度。内生动力的生成和运行依赖思想政治教育各要素之间有序地相互作用。可以说，研究内生动力以一种系统的、整体的新维度，来审视思想政治教育的要素互动。从内生动力的关系生发、转化生成、合力凝聚，到作用发挥、实践运行，聚焦内生动力这一线索，系统梳理思想政治教育各要素的功能践行和互动关系，将从整体上促进基础理论的深化和拓展。总的来说，立足思想政治教育内生动力这一新的研究视角和维度，相关基础理论研究也将在内生动力的探讨中

① 孙其昂. 论思想政治教育基础理论的"体系"研究［J］. 马克思主义与现实，2021（5）：190.

② 冯刚. 深化新时代思想政治教育基础理论研究［J］. 思想政治教育研究，2020（1）：3.

认识新情况、研究新问题、实现新发展。

同时，内生动力本身是思想政治教育基础理论研究中较为新颖但又至关重要的理论命题。“基础理论是学科确立和发展的‘骨骼’和框架，为学科发展提供重要根基、丰厚滋养和持续动力。”①基础理论深化展现突出的必要性和价值性，内生动力就是其中的关键生长点。一方面，内生动力研究填补了思想政治教育基础理论的空缺。内生动力着眼思想政治教育的发展和进步，并因其在动力结构中的深层性、根源性定位，内生动力研究也是思想政治教育理论研究中的基础和根本。而从现有研究成果来看，围绕思想政治教育动力整体以及着眼某一具体动力特别是外在动力的研究较多，聚焦内生动力开展的专门研究相对缺乏。内生动力研究在完善思想政治教育动力理论的过程中，进一步深化和拓展了学科基础理论体系。另一方面，内生动力研究提供了思想政治教育基础理论发展深化的力量。内生动力不仅能够促进思想政治教育的发展和进步，其作用效果也适用于基础理论的深化拓展。立足思想政治教育视域，厘清内生动力的理论内涵、构成要素和形成机制，在这一过程中内生动力的研究范式也得以形成，将其用以审视和探究基础理论的内生动力，进而发掘推动基础理论发展的源头活水。总的来说，内生动力以其相互联系、相互作用的本质特性，成为思想政治教育各要素的联结点，也提供了思想政治教育研究的新视角，是思想政治教育理论深化的重要着力点和突破口。

三、内生动力是思想政治教育可持续发展的力量源泉

理论和实践充分证明，遵循规律是事物实现可持续发展的根本前提，内生动力是经过历史和实践检验的、关于思想政治教育发展的规律

① 冯刚．推动新时代思想政治教育学科高质量发展［J］．学校党建与思想教育，2022（7）：2.

性认识。随着内生动力的认识深化和深入发掘，并逐步实践转化为制度机制，思想政治教育可持续发展的力量源泉得以充分涌流，切实发挥出内源性的推动作用。

思想政治教育的发展必然要遵循规律，而内生动力是关于思想政治教育发展的规律性认识。中共中央、国务院印发《关于加强和改进新形势下高校思想政治工作的意见》强调了“加强和改进高校思想政治工作的基本原则”，其中的关键一条就是“坚持遵循教育规律、思想政治工作规律、学生成长规律”[①]。规律指明了事物发展的本质联系和未来指向，遵循规律是实现思想政治教育可持续发展的根本前提，内生动力的合规律性主要体现在以下两个方面。一方面，内生动力本身是关于思想政治教育发展的规律性认识。“有效把握思想政治教育的规律，等于抓住了思想政治教育的本质内涵和运行的内在逻辑，这正是我们探索的思想政治教育内生动力的主要内容。”[②]内生动力重在揭示思想政治教育各要素相互作用的一般规律，把握要素之间相互配合、协调一致的运行逻辑，进而打开思想政治教育可持续发展的源头活水。因此，作为要素互动中必然稳定联系的本质反映，思想政治教育内生动力是关于发展的规律性认识。另一方面，内生动力的运行遵循思想政治教育的相关规律。思想政治教育内生动力强调矛盾的对立统一蕴含的发展力量，尊重人在发展中的主体地位，重视人的意志、需求等的能动作用，着眼思想政治教育领域注重契合教育规律、思想政治工作规律和学生成长规律，在遵循规律的有序运行中发挥作用、产生实效。由此可见，内生动力是致力于思想政治教育发展并切实遵循规律的科学认识。

内生动力是经过历史和实践检验的、贯穿思想政治教育发展始终的关键力量。聚焦未来发展要认清来时的路，百年来思想政治工作发展成

① 中共中央国务院印发《关于加强和改进新形势下高校思想政治工作的意见》［N］.人民日报，2017-02-28（1）.

② 冯刚.探索思想政治教育发展的内生动力［M］.北京：人民出版社，2017：2.

为“党的优良传统、鲜明特色和突出政治优势”[①]，展现出旺盛的生命力，离不开内生动力的支持。内生动力作为内含要素与思想政治教育同步生成，并伴随其发展不断丰富拓展。具体而言，在思想政治教育发展的不同阶段，不同构成、不同侧重、不同表现形式的内生动力，支撑着思想政治教育的运行开展和功能发挥。从构成上看，内生动力在思想政治教育实践中内涵不断丰富，其构成也从单一要素发展成为多元要素体系，支撑着思想政治教育不断走向繁荣壮大。从侧重上看，在不同发展阶段，内生动力或强调思想政治教育内部矛盾的推动作用，或突出教育过程中人的意志、需要等主体力量，发挥着推动促进的作用效果。从表现形式上看，在思想政治教育实践进程中，内生动力借助教育主客体，依托政策文件、制度机制、计划方案等载体得以落实，呈现出多种表现形式，在教育教学实践中发挥着重要作用。立足百年思想政治教育史，其中积累的丰富的理论成果和实践经验，为认识和剖析内生动力、把握思想政治教育发展规律提供了宝贵素材。紧扣内生动力这一主线，有助于把握思想政治教育各要素相互作用的一般规律，探索要素之间相互配合、协调一致的内生动力生成机理，厘清内生动力推动思想政治教育发展的作用方式，在历史和实践中汲取内生动力的规律性认识。

内生动力在转化落实中持续推进思想政治教育内涵式发展。“思想政治教育的内生动力不是抽象的理论建构，有效把握和寻找思想政治教育的内生动力一定要落到实处。”[②]这充分指明了思想政治教育内生动力理论性和实践性的内在统一，并突出强调了内生动力作为推动力量的实践指向。一方面，发掘和拓展思想政治教育内生动力必须源于实践、用于实践。思想政治教育内生动力不是主观构想的，而是客观存在的，存在于教育实践中，贯穿于要素互动中。同时，内生动力也只有用于实

① 中共中央国务院印发《关于新时代加强和改进思想政治工作的意见》［N］.人民日报，2021-07-13（1）.

② 冯刚.探索思想政治教育发展的内生动力［M］.北京：人民出版社，2017：3.

践，融入思想政治教育各要素的相互作用才能产生效果，实现教育的发展进步。由此可见，内生动力在思想政治教育实践中得到循环，推动促进的作用效果实现了可持续。另一方面，内生动力在转化落实为制度机制中实现推动思想政治教育可持续发展。“制度化是工作常态开展、有序实施、切实执行的重要保证”[①]，实现制度化，思想政治教育内生动力的作用发挥就有了有力保障和规则遵循。内生动力在运用中逐步实现实践转化，不断在顶层设计、系统推进、协同创新和累积发展上下功夫，立标准、建机制、提质量、促发展，努力形成一套可示范、可检验、可复制、可推广的思想政治教育内生动力运行模式，在持之以恒、绵绵用力中不断促进思想政治教育的可持续发展。因此，内生动力因其各要素相互作用的内在本质，作为一脉相承的接续力量，着眼思想政治教育的守正创新，是可持续的内在动力，成为思想政治教育可持续发展的力量源泉。

① 聂小雄，朱宏强.思想政治理论课教师专业发展的内生动力探赜［J］.高校辅导员，2022（4）：13.

第二章 新时代思想政治教育内生动力的系统构成

思想政治教育内生动力本质上是经过生发转化凝聚的系统合力，认识思想政治教育内生动力关键要把握思想政治教育内生动力的系统构成。在新时代思想政治教育理论和实践发展中，思想政治教育内生动力具有新的表现形式，主要在理念、要素与合力层面具有丰富内涵，共同构成新时代思想政治教育内生动力体系。对思想政治教育内生动力构成的系统梳理，能够从宏观全局上对新时代思想政治教育内生动力加以把握，为深入理解思想政治教育内生动力的丰富蕴涵奠定了前提和基础。

第一节　理念层面的思想政治教育内生动力

理念层面的思想政治教育内生动力是内生动力体系中的基础性存在，主要表现为思想政治教育基础理论指导力量、思想政治教育内在规律引领力量、思想政治教育多元文化推动力量等，对于推动思想政治教育发展发挥重要引领和奠基作用。

一、思想政治教育基础理论的指导力量

思想政治教育基础理论作为反映思想政治教育本质的规律性认识集合，是思想政治教育发展的理论根源。立足现有基础理论，在拓展理论体系和指导实践开展过程中，思想政治教育得以不断发展进步。思想政治教育基础理论蕴含着指导思想政治教育发展的深层力量，成为思想政治教育内生动力的重要构成。

明晰思想政治教育基础理论的内生动力属性。从思想政治教育基础理论的概念内涵和发展历程中，我们不难看出其中蕴含的动力要素。思想政治教育基础理论主要包括“思想政治教育的本体论、认识论、方法论、知识论等，是思想政治教育体系的学理支撑，具有普遍性和通识

性”[①]，其根源于思想政治教育的生动实践，并在经验总结、规律把握中不断丰富发展。以历时性视角审视思想政治教育基础理论，其折射出思想政治教育从经验到科学、一般性工作总结到专业学科建设的发展历程，其中本身就蕴含着发展的关键动力。“任何一个学科，如果不上升到理论的高度，不明确基础理论研究的方向和侧重点，学科发展就会缺乏持续而根本的动力。”[②]具体而言，思想政治教育基础理论中的动力要素表现在以下两个方面，一是思想政治教育基础理论面对教育实践的变化发展，不断明晰自身研究深化的着力点和突破口，持续生成丰富完善的新需求，进而为思想政治教育创新提供了动力支持。二是思想政治教育基础理论中蕴含对思想政治教育实践的规律把握和发展设想，在理论贯彻和目标落地中思想政治教育得以实现创新发展。总的来说，这些动力要素深刻反映了思想政治教育基础理论本身所蕴含的内生动力属性，为进一步理解思想政治教育基础理论的内生动力功能和定位奠定了前提基础。

理解思想政治教育基础理论的内生动力内涵。思想政治教育基础理论中蕴含的内生动力，因其在思想政治教育发展中起到的指导性的功能作用，成为思想政治教育的指导力量。思想政治教育基础理论因何指导，这是由思想政治教育基础理论的本质功能所赋予的。“思想政治教育的基础理论是思想政治教育学科形成的标志，是思想政治教育实践活动的指导，是研究思想政治教育其他问题的理论基础。”[③]基于此，思想政治教育基础理论在指导作用发挥中将内生动力落到实处。思想政治教育基础理论作为指导力量表现在以下几个方面。一是思想政治教育基础

① 孙其昂.论思想政治教育基础理论的“体系”研究［J］.马克思主义与现实，2021（5）：189.

② 冯刚.深化新时代思想政治教育基础理论研究［J］.思想政治教育研究，2020（1）：2.

③ 郑永廷.思想政治教育基础理论研究进展与综述［J］.思想教育研究，2014（4）：3.

理论指导教育实践开展。思想政治教育基础理论本质上是关于思想政治教育各要素及其互动规律的知识体系，是对思想政治教育过程一般性的深入把握。在此基础上，思想政治教育基础理论能够指导各教育要素协调互动、各教育环节有序衔接，进而推动思想政治教育实践的有效开展，展现出切实的指导力量。二是思想政治教育基础理论指导学科建设发展。思想政治教育基础理论也是学科本质及其规律的正确认识，是经过逻辑论证和实践检验的、指导学科建设发展正确方向的理论体系。思想政治教育基础理论既包含对学科建设发展规律的深刻总结，也涵盖对学科建设发展方向的指引、道路的规划、模式的设计，因而能够有效指导思想政治教育学科实现内涵式、高质量发展。由此，思想政治教育基础理论是具有指导力量的关键内生动力。

把握思想政治教育基础理论的内生动力定位。作为一种指导力量，思想政治教育基础理论在内生动力结构体系中处于基础性地位，这既是由思想政治教育基础理论的基础性定位所赋予的，也是由基础理论对其他内生动力的奠基作用所决定的。一方面，思想政治教育基础理论的基础特性赋予其内生动力基础性定位。本质上看，“思想政治教育的基础理论，是指在思想政治教育学科理论体系中起基础性作用并具有稳定性、根本性、普遍性特点的理论原理”①。思想政治教育基础理论不仅是思想政治教育理论体系的根本，同时也是思想政治教育实践的基础，因而成就其在思想政治教育整体中的基础性定位。基于此，思想政治教育基础理论中蕴含的内生动力，在运行开展和作用发挥过程中也处于基础性地位，通过思想政治教育各要素、各环节，实现指导作用的有效发挥。另一方面，思想政治教育基础理论对其他内生动力的奠基作用赋予其基础性定位。一般而言，思想政治教育内生动力生成于各教育要素的相互作用中，“思想政治教育内部各要素的相互作用，产生亟待解决的

① 郑永廷．思想政治教育基础理论研究进展与综述［J］．思想教育研究，2014（4）：3.

矛盾和问题，提出亟须满足的诉求和期待，促使思想政治教育调整完善、改革创新，内生动力就在这一过程中生成并发挥作用”[①]。而思想政治教育基础理论是对要素互动的本质规定，那么各内生动力的生成与作用都立足于思想政治教育基础理论之上，由此赋予了思想政治教育基础理论的内生动力基础性定位。

二、思想政治教育内在规律的引领力量

规律是思想政治教育运行发展过程中各个要素之间的本质联系及其相互作用的必然趋势。认识、研究、运用规律，能够为思想政治教育科学发展提供源源不断的内生动力。明晰思想政治教育内在规律的内生动力属性，理解思想政治教育内在规律的内生动力内涵并把握其功能定位，能够有效发挥内在规律的引领力量。

明晰思想政治教育内在规律的内生动力属性。基于对思想政治教育内在规律概念内涵及其表现形式的把握，其内生动力属性逐渐明晰。规律作为事物“本质的关系或本质之间的关系”[②]，决定着事物发展的必然趋向。思想政治教育内在规律是思想政治教育运行发展过程中诸要素之间的本质联系及其相互作用的必然趋势，蕴含着鲜明的动力属性。“思想政治教育活动作为一种社会实践活动，有其自身的运行规律和展开过程”[③]，这些规律是思想政治教育本身所固有的，深藏于现象背后，决定或支配着思想政治教育运行发展。以动力视角审视，思想政治教育规律蕴含着对推动思想政治教育发展要素的深刻揭示，把握思想政治教

① 冯刚，朱宏强.思想政治教育内生动力的理论审思［J］.马克思主义理论学科研究，2022（6）：107.

② 列宁全集：第五十五卷［M］.北京：人民出版社，1990：128.

③ 冯刚，彭庆红，佘双好，等.新时代高校思想政治教育学原理［M］.北京：人民出版社，2021：204.

育内在规律本身就是在深化其运行发展过程的基础上，不断增强引领思想政治教育守正创新的动力。同时，思想政治教育内在规律作为一个体系，自然也涵盖基于不同维度的思想政治教育发展动力规律，例如，思想政治教育的目标导向规律、主体内在需求激发规律以及效果评价的作用发挥等规律，这些规律作为思想政治教育内在规律的有机组成部分，本身也具有引领思想政治教育发展的动力属性。总的来说，思想政治教育内在规律蕴含的多维内生动力属性，能够从不同方面引领思想政治教育的守正创新。

理解思想政治教育内在规律的内生动力内涵。思想政治教育内在规律蕴含着鲜明的动力属性，因其在思想政治教育运行发展中具有突出的作用，因而成为推动思想政治教育的引领力量。“深入探究思想政治教育规律，不但能使思想政治教育学建立起科学的理论学科体系，而且能使思想政治教育实践活动按照客观规律办事，达到预期效果。”[①]以内生动力视角审视，思想政治教育内在规律作为引领力量表现在以下几个方面。一是思想政治教育内在规律引领思想政治教育的认识深化。思想政治教育内在规律实际上是在深刻探赜思想政治教育有机系统的基础上，从思想政治教育矛盾问题、发展目标、基本特征以及要素环节等维度抽象提炼出的规律性认识。把握思想政治教育内在规律本身也是深刻认识思想政治教育的过程，能够激发进一步深化思想政治教育认识的引领力量。二是思想政治教育内在规律引领思想政治教育的实施运行。思想政治教育作为社会实践活动，其内在规律也是思想政治教育在运行过程中不断形成发展的，蕴含着系统化的思想政治教育实践开展的经验总结，以鲜明的可认识性和可运用性引领着思想政治教育的实践运行。三是思想政治教育内在规律引领思想政治教育的完善优化。思想政治教育的规律是思想政治教育运行发展过程中固有的、本质的、必然的联系，蕴含

① 陈文旭．思想政治教育规律体系研究［J］．学校党建与思想教育，2009（13）：26.

思想政治教育诸要素发展革新的方向趋势，能够在明确方向和找准着力点中引领思想政治教育的优化完善。

把握思想政治教育内在规律的内生动力定位。基于对思想政治教育内在规律基本特质的把握，可以明确其在内生动力结构中的根本性定位，是其他内生动力运行发展的根本遵循，展现突出的引领作用。内在规律是思想政治教育各要素运行开展的根本依据，就学生成长而言，“必须遵循学生成长规律，了解学生思想和成长实际，深入研究学生特点，关注学生困惑难题，激发学生主体意识，以学生认可和接受的方式做好工作”[①]。由此，包括矛盾、主客体等思想政治教育内生动力的具体表征，其运行和发挥必然遵循思想政治教育内在规律。思想政治教育矛盾中的内生动力，其生成过程遵循思想政治教育的要素互动规律，其作用发挥依照对立统一规律在思想政治教育中的贯彻运用，进而有力推动思想政治教育的创新发展。同时，思想政治教育主客体需求作为思想政治教育内生动力的重要表现，既要求在肯定人的主观能动性的基础上，遵循思想政治教育主客体的意识能动作用等客观规律，也要求在认识“已经得到满足的第一个需要本身、满足需要的活动和已经获得的为满足需要而用的工具又引起新的需要”[②]的基础上，遵循人的需要的永续发展性等规律，这些规律贯穿思想政治教育活动始终，并在内生动力属性不断彰显中引领着其他内生动力的发展运行。总的来说，思想政治教育内在规律在内生动力结构中具有根本性地位，有效引领着其他内生动力的运行发展。

① 冯刚，彭庆红，佘双好，等.新时代高校思想政治教育学原理［M］.北京：人民出版社，2021：37.

② 马克思恩格斯选集：第一卷［M］.北京：人民出版社，2012：159.

三、思想政治教育文化发展的推动力量

思想政治教育文化是各教育参与主体创造生产的、在教育教学实践中积淀的丰富内容，为思想政治教育发展提供了深厚滋养。从多元文化中汲取养分，思想政治教育能够进一步明确前进的方向，吸收有益的经验，获取发展的力量。思想政治教育多元文化蕴含着推动思想政治教育发展的精神力量，成为思想政治教育内生动力的重要构成。

明晰思想政治教育文化的内生动力属性。一般而言，文化蕴含着内生动力属性有其现实的哲学基础，揭示了文化力量的来源、生成以及作用发挥。在明确人与动物的区别中，马克思主义就强调了人的创造性，“动物仅仅利用外部自然界，简单地通过自身的存在在自然界中引起变化；而人则通过他所作出的改变来使自然界为自己的目的服务，来支配自然界”[①]，其中人通过实践改变自然界为自身服务所创造的就是广义的文化。因此从文化本身而言，文化的来源、生成以及作用发挥都指向人。思想政治教育文化秉持着这一本质理念，其来源、生成于思想政治教育教学实践，并服务于思想政治教育本身，这就彰显着内生动力属性。此外，马克思主义在肯定人创造文化的基础上，强调了文化对于人的推动作用，提出“在再生产的行为本身中，不但客观条件改变着……而且生产者也改变着，炼出新的品质，通过生产而发展和改造着自身，造成新的力量和新的观念，造成新的交往方式，新的需要和新的语言”[②]，实现了人的本质力量的进一步提升。而文化在思想政治教育发展中发挥的作用也是如此，能够为思想政治教育创造基础和前提，给予思想政治教育发展的方向和思路，推动思想政治教育各要素的升级更新，进而在实践开展中实现思想政治教育新的发展进步。总体而言，思

① 马克思恩格斯选集：第三卷［M］.北京：人民出版社，2012：997-998.

② 马克思恩格斯全集：第四十六卷上册［M］.北京：人民出版社，1979：494.

想政治教育多元文化因文化蕴含的本质力量，具有推动思想政治教育发展的内生动力属性。

理解思想政治教育多元文化的内生动力内涵。思想政治教育多元文化中蕴含的内生动力，在思想政治教育发展中起到突出的推动作用，成为思想政治教育的推动力量。而思想政治教育多元文化的推动作用，既体现在不断发展的需求满足产生的激励效果上，也展现于经验总结和条件积累产生的奠基作用中。一方面，多元文化在经验总结和条件积累中推动思想政治教育发展。思想政治教育多元文化的形成源自教育教学实践，其中的有利因素包括理论、经验等持续积累并凝聚而成，为思想政治教育的接续发展奠定了坚实基础。总结的经验提供了有效的方法和依据，积累的成果条件提供了切实的基础和前提，由此思想政治教育发展既有了坚实的根基，也找到发展道路上继续前行的方向，进而实现思想政治教育的接续发展。另一方面，多元文化在满足和发展需要中推动思想政治教育发展。相对而言，文化与需要密不可分，人在需要满足中积累文化，同时文化也发展着人的需要。“文化作为满足人需要的手段和中介形式，是人类社会发展的动力之一。”[①]在思想政治教育中，多元文化作为对过往教育教学成果的积淀，能够将教育设想和期待转化为教育现实，在需要满足中实现思想政治教育的发展。与此同时，在文化滋养和支撑下，我们也逐渐对思想政治教育提出更高的要求和期望，由此思想政治教育需要也得以发展，激发为满足需要而积极开展思想政治教育的内生动力。

把握思想政治教育多元文化的内生动力定位。思想政治教育多元文化作为一种推动力量，在内生动力结构体系中处于源头性地位，这既是由文化作用于教育要素以实现发展的源头性推动效果决定的，也是由文化作为教育发展根基所赋予的。一方面，从作用过程来看，思想政治教育多元文化通过作用于教育要素起到推动效果，彰显了源头性定位。文

① 肖前.马克思主义哲学原理：下册［M］.北京：人民出版社，1998：705.

化对于思想政治教育的推动作用不是直接的，而是借由各教育要素在文化的浸润中实现更新、改进和提升，焕发新的生机活力，在有效互动中推动思想政治教育发展。坚持“在进行思想政治教育过程中拓展人文内容，发挥文化的力量，积极开展文化活动，挖掘文化价值，使思想政治教育在文化的滋养下持续地、绵柔地发力”[①]。正是由于文化的作用过程和推动效果，体现了其作为思想政治教育内生动力的源头性定位。另一方面，从教育结构本身来看，文化作为滋养思想政治教育发展的根基，决定了其源头性地位。剖析思想政治教育的内部结构，思想政治教育文化作为过往思想政治教育实践的成果积淀，在现有思想政治教育运行结构中转化成底蕴与根基，思想政治教育从中汲取经验和规律，遵循和运用已有的文化教育模式，利用和发挥积淀的文化资源和储备，以投入现行思想政治教育实践中，助力思想政治教育的提质增效。由此，文化在思想政治教育结构中的根基地位，赋予了其在思想政治教育内生动力中的源头性定位。

① 冯刚，彭庆红，佘双好，等.新时代高校思想政治教育学原理［M］.北京：人民出版社，2021：25.

第二节　要素层面的思想政治教育内生动力

思想政治教育内生动力体系中具有要素层面的动力构成，主要包括思想政治教育主体要素能动力量、思想政治教育数据要素支撑力量、思想政治教育评价要素导向力量等，这些内生动力在思想政治教育各要素的特性和作用发挥中助力思想政治教育发展。

一、思想政治教育主体要素的能动力量

主体是思想政治教育活动中的直接参与者，蕴含着推动思想政治教育发展的主体性力量，是思想政治教育内生动力的重要构成要素。基于对思想政治教育内在规律的把握，以系统思维剖析思想政治教育主体要素蕴含的内生动力属性，充分认识其丰富内涵，并揭示其功能定位，能够从要素层面把握思想政治教育内生动力的系统构成。

明晰思想政治教育主体要素的内生动力属性。着眼思想政治教育的开展过程和发展规律，我们能够进一步明晰思想政治教育主体要素的内生动力属性。分析思想政治教育主体要素的内生动力属性，需要聚焦思想政治教育本质。着眼概念内涵，思想政治教育指“社会或社会群体用一定的思想观念、政治观点、道德规范，对其成员施加有目的、有计划、有组织的影响，并促使其自主地接受这种影响，从而形成符合一定

社会一定阶级所需要的思想品德的社会实践活动”[①]。思想政治教育的实施开展及其作用发挥既离不开思想政治教育者的积极引导，也离不开思想政治教育对象的切身参与，是相关主体相互作用、有机协同的主体性活动。在各参与主体的协同联动中，思想政治教育内生动力得以生发，推动着思想政治教育革新发展。一方面，思想政治教育者作为育人活动的实施者蕴含着推动思想政治教育改革创新的内在力量。作为育人活动的组织者和实施者，教育者在思想政治教育过程中始终处于主导地位，其教育活动的开展与实施，本身就蕴含着推动思想政治教育不断改革创新以适应教育对象接受特点和发展需要的内生动力。另一方面，思想政治教育对象作为育人活动的接受者蕴含着推动思想政治教育提质增效的内在力量。思想政治教育者和教育对象是思想政治教育活动中两个最基本的要素，有着最直接、最密切的内在关联。思想政治教育活动的落脚点在于提升教育对象的思想政治素质，因此，立足教育对象打造优质的教育供给也蕴含着推动思想政治教育提质增效的内生动力。

理解思想政治教育主体要素的内生动力内涵。思想政治教育主体要素中蕴含着的内生动力，因其在推动思想政治教育发展演进中起到的引领性能动作用，成为剖析思想政治教育内生动力的关键要点。思想政治教育主体要素蕴含的动力功能在教育实践中不断凸显，成为推动思想政治教育革新发展的内在推动力量。一方面，思想政治教育主体要素在自我完善中推动思想政治教育的革新发展。思想政治教育是教育者和教育对象相互作用的实践活动，在这一过程中，教育者为实现思想政治教育目标任务，本身需要不断提高自身专业素养，做到“政治要强、情怀要深、思维要新、视野要广、自律要严、人格要正”，而教育对象为了满足自身成长发展的现实需求，也需要提升思想政治素质以及分析解决问题的能力，其落脚点都在于思想政治教育功能的切实彰显，因此，各参

① 陈万柏，张耀灿．思想政治教育学原理［M］.3版．北京：高等教育出版社，2015：101.

与主体能动性的发挥本身就是思想政治教育不断革新发展的过程。另一方面，思想政治教育主体要素在矛盾问题解决中推动思想政治教育的革新发展。矛盾是事物发展的动力，贯穿事物发展全过程。对于思想政治教育而言，面对运行发展过程中不同维度、不同方面的矛盾问题，需要思想政治教育各主体在把握矛盾生发过程及其运行规律的基础上，有针对性地加以分析和破解。立足思想政治教育全过程，围绕思想政治教育面临的矛盾问题，教育主管部门把方向、谋全局、出政策，教育者新内容、拓方法、提质量，通过有机协同，进而在相关矛盾问题的解决中推动思想政治教育的革新发展。

把握思想政治教育主体要素的内生动力定位。作为一种主导力量，思想政治教育主体要素在内生动力结构体系中处于统领性地位，这既是由思想政治教育主体要素在思想政治教育中的核心地位赋予的，也是由思想政治教育主体要素对其他各要素具有鲜明的引领功能决定的。一方面，着眼思想政治教育本质，教育者和教育对象作为思想政治教育中关联最密切的两大核心要素，其内生动力本身具有统领性定位。思想政治教育是教育者基于具体的育人目标，通过一定的方法手段对教育对象进行教育引导的实践过程，其顺利运行和效果实现都依靠教育者与教育对象主体作用的有效发挥，不仅要求教育者在持续专业发展的基础上打造更加优质的教育供给，也需要教育对象强化自主性，不断自主学习、自主选择和自主建构，进而不断提高思想道德素质和政治信念。[①]教育者与教育对象贯穿思想政治教育活动全过程的核心作用，使其生发的内生动力在思想政治教育动力结构中自然处于统领性地位。另一方面，着眼思想政治教育各环节，思想政治教育主体要素对其他各要素具有引领功能，赋予其内生动力统领性地位。从思想政治教育运行各环节来看，思想政治教育介体和环体等要素的作用发挥，都以优化改善思想政治教育

① 冯刚，彭庆红，佘双好，等.新时代高校思想政治教育学原理［M］.北京：人民出版社，2021：118.

效果，提升教育对象的获得感为指向。因此，思想政治教育主体要素对其他要素的功能作用以及革新发展都有着明显的引领作用，这种引领作用也赋予其内生动力的统领性地位。

二、思想政治教育数据要素的支撑力量

在数字时代，数据要素充斥思想政治教育各方面、各环节和全过程，是认识和研究思想政治教育的重要资源，也是推动思想政治教育发展的深厚基础。从思想政治教育数据要素中获取价值信息，有利于构建思想政治教育数字化发展新模式，发掘助力发展的新兴力量。思想政治教育数据要素蕴含着推动思想政治教育发展的支撑力量，成为思想政治教育内生动力的重要构成。

明晰思想政治教育数据要素的内生动力属性。思想政治教育数据要素具有鲜明的内生动力属性，这既是由数据作为依附于思想政治教育实践产物的内生由来决定的，也是因为数据蕴含着促进思想政治教育发展力量的本质规定，在有机结合中展现突出的内生动力属性。一方面，数据是依附于思想政治教育实践的产物。数据是信息时代认识和把握事物的一种视角和工具，是对事物实施运行中各方面信息的记录和反映。思想政治教育数据必然遵循数据的一般规律，“在活动开展中数据不断生成，在类型、体量等方面呈现为复杂的数据现象，而把握数据现象中的本质信息是思想政治教育的关键所在”①。因此，数据作为思想政治教育实践的附属产物，具有很强的依附性，这也反映了思想政治教育数据的来源出处，进一步确证了思想政治教育数据的内生属性。另一方面，数据蕴含着促进思想政治教育发展的力量。数据蕴含的力量来源于数据的功能，数据既能够对现状进行评判，也能对未来发展进行预测。定量

① 冯刚.思想政治教育数据分析的逻辑理路［J］.河海大学学报（哲学社会科学版），2023，25（1）：24.

评价是数据现状评判功能的直接运用，数据以可视化方式直观呈现思想政治教育的实际水平，在量化比较中激发思想政治教育发展的推动力量。此外，数据具有未来预测功能，“思想政治教育数据分析通过把握趋势认识发现规律，并运用规律开展数据预测，从而推动预测可能数据的转化落实”①。依托数据开展的未来预测为思想政治教育发展指明了有效目标和发展路径，在奋力实现预测目标中推动思想政治教育发展。

理解思想政治教育数据要素的内生动力内涵。在把握思想政治教育数据要素内生动力属性的基础上，其所发挥的支撑作用也得以充分展现，成为思想政治教育的支撑力量。思想政治教育数据要素的支撑作用，既体现在数据对思想政治教育规律的支撑上，也表现在数据对思想政治教育实际的支撑上，还呈现于数据对思想政治教育展望的支撑上。第一，数据对思想政治教育规律的支撑。思想政治教育数据的价值性之一就是能够从中总结概括思想政治教育发展规律，再对思想政治教育数据进行长期追踪梳理，并加以多维度分析，着力从数据中发掘凝练客观的、固有的本质信息，揭示指导思想政治教育运行发展的科学规律，充分展现思想政治教育数据的支撑作用。第二，数据对思想政治教育实际的支撑。反映实际也是思想政治教育数据的重要价值，数据是思想政治教育的附属产物，真实记录着思想政治教育的信息。通过全面客观地记录收集当前思想政治教育数据，按照多方面指标维度分析整理，在归纳整合中量化反映当前思想政治教育实际，基于现状揭示推动思想政治教育发展。第三，数据对思想政治教育展望的支撑。立足现状把握和总结规律，依托数据形式，思想政治教育可以基于现状实际、根据发展规律，对思想政治教育未来发展进行合理展望。由此制定的思想政治教育的量化目标，既为思想政治教育发展指明了方向，也提出了切实可行的具体要求，为思想政治教育发展提供了重要支撑，成为推动思想政治教

① 聂小雄.思想政治教育数据分析的实践运用［J］.学校党建与思想教育，2022（23）：80.

育发展的重要内生动力。

把握思想政治教育数据要素的内生动力定位。基于对思想政治教育数据支撑作用的把握，思想政治教育数据要素在内生动力体系中的保障性定位得以充分展现，这既是由数据的可持续性赋予思想政治教育数据动力作用的可持续性决定的，也是由数据为思想政治教育其他动力要素作用发挥提供量化依据所赋予的。一方面，数据的可持续性赋予了思想政治教育数据动力作用的可持续性。思想政治教育数据的可持续性来源于思想政治教育实践的接续开展，思想政治教育实践在运行开展中实时产生数据，这些数据是对思想政治教育实践的信息记录，思想政治教育实践不停，思想政治教育数据就将持续生成。同时这些思想政治教育数据持续记录着思想政治教育的实际信息，助力总结和把握思想政治教育运行发展规律，发现和应对思想政治教育现存和潜在问题，在可持续的数据发掘中充分发挥推动思想政治教育发展的动力作用，以可持续性成为思想政治教育发展的重要保障。另一方面，数据为思想政治教育其他动力要素作用发挥提供量化依据。思想政治教育数据对思想政治教育其他动力要素的量化支撑是其保障作用的重要表现。对于评价动力要素，数据是思想政治教育评价得以实现的重要依托，帮助评价更加直观地呈现结果、反映实际，以保障评价对于思想政治教育发展推动作用的切实发挥。对于主体动力要素，数据在量化中帮助思想政治教育主体更加精准认识外在能力要求和自身素养实际，在比较中激发完善自身以推动思想政治教育主体力量的发展。

三、思想政治教育评价要素的导向力量

评价作为思想政治教育的固有环节，起到承上启下的关键作用，在有效衔接中推动思想政治教育发展。同时因评价具备的总结成果、发现问题、树立要求等功能，能够为思想政治教育发展指引方向、提供力

量。思想政治教育评价蕴含着为思想政治教育发展导向的突出理论，成为思想政治教育内生动力的重要构成。

明晰思想政治教育评价要素的内生动力属性。思想政治教育评价要素作为一种内生动力，既是由评价作为思想政治教育过程中的内在固有环节这一本质属性决定的，也是由评价通过思想政治教育的多维比较而激发力量所赋予的，展现了突出的内生动力属性。一方面，评价作为思想政治教育过程中的内部固有环节彰显内生属性。思想政治教育作为育人的主体实践，不是一蹴而就的，而是经过多要素协同参与、各环节有序推进而实现的。从一般环节来看，思想政治教育过程就内在包含着设计准备、实施开展、评价反思等环节。其中，“评估环节是思想政治教育整体过程必不可少的组成部分，它通过科学的反馈，对思想政治教育工作的过程及各要素、效果及社会价值进行实事求是、科学的分析，以便总结经验、纠正偏差，最大限度地发挥思想政治教育的作用”[①]。在这一层面上，评价作为思想政治教育过程中发挥关键承接作用的内在固有环节，彰显突出的内生属性。另一方面，评价在通过思想政治教育多维比较激发力量中彰显动力属性。评价本质上是依托比较进行的，在应然与实然、历史与现实等不同维度的比对中发挥作用。这种作用就是通过呈现工作效果以促进动力的激发，而动力从何而来？在评价中，通过目标与实际、历史状况和现实状况等多维比较，可以得知思想政治教育的工作效果，从中总结成果、发现问题，进而产生正向鼓舞和反向激励的动力效果，彰显突出的动力属性。

理解思想政治教育评价要素的内生动力内涵。基于对思想政治教育评价要素内生动力属性的确证，其所蕴含的导向作用也得到鲜明展现，成为思想政治教育的导向力量。而思想政治教育评价要素的导向作用，既体现在思想政治教育效果呈现的导向上，也表现在思想政治教育问题

① 冯刚，等.高校思想政治教育工作质量评价研究［M］.北京：人民出版社，2020：26.

揭示的导向上，还彰显于思想政治教育目标明确的导向上。第一，思想政治教育评价的效果导向。评价最直接、最基础的功能是衡量效果，通过对思想政治教育应然设想和实然成果、历史状况和现实状况等方面进行比较，进而获取对思想政治教育效果的评判。效果呈现的是质量水平，对效果的追求产生思想政治教育的导向作用，推动思想政治教育各要素有效集结，为实现思想政治教育更好效果而奋斗。第二，思想政治教育评价的问题导向。评价既是衡量效果的过程，也是发现问题的过程。思想政治教育评价在比较中呈现实然与应然脱节、现实停滞甚至落后历史等问题，这也是评价的重要价值所在。评价在提出思想政治教育现实问题的同时，也提出了解决问题的现实需要，这促使教育主体在集中力量破解问题中推动思想政治教育发展。第三，思想政治教育评价的目标导向。思想政治教育评价在发现问题的同时，也进一步明确了思想政治教育发展的目标。确立思想政治教育的评价指标立足于思想政治教育发展的关键着力点，为思想政治教育目标的明确提供了参照。依据评价指标确立的思想政治教育目标既为思想政治教育发展指明了方向，也激发了为实现思想政治教育发展目标而奋斗的内在力量。

把握思想政治教育评价要素的内生动力定位。思想政治教育评价要素因其特有功能作用，在内生动力结构中也处于保障性定位，这既是由评价在承上启下中推动思想政治教育有序运行的保障作用决定的，也是由评价为思想政治教育其他动力要素作用发挥提供依据所赋予的。一方面，评价在承上启下中推动思想政治教育有序循环。聚焦思想政治教育过程，各个环节紧密相连，“它们之间不是彼此孤立的，前一个环节影响和决定着后一个环节，后一个环节又可以为前一个环节提供信息和依据。因此可以说，它们是一个统一的系统，需要注意前后照应、相互衔接”[①]，共同构成思想政治教育的循环发展。评价既是对思想政治教育

① 冯刚，等.高校思想政治教育工作质量评价研究［M］.北京：人民出版社，2020：167.

实施开展的总结，也是对思想政治教育新一轮设计准备的依据，成为思想政治教育有序循环的关键环节，在承上启下中保障思想政治教育接续发展。另一方面，评价为思想政治教育其他动力要素作用发挥提供依据。思想政治教育评价在内生动力体系中的保障性定位，还体现在为其他内生动力要素的作用发挥提供依据上。对于主体动力要素，评价帮助思想政治教育主体更加客观准确地认识自身，在肯定价值、明晰不足中激发投身思想政治教育的主体力量。对于矛盾动力要素，评价帮助思想政治教育矛盾更为直观地得到反映和呈现，在矛盾明晰以激发解决矛盾需求中推动思想政治教育发展。对于理论动力要素，评价帮助思想政治教育理论转化的效果衡量，在把握着力点中明确思想政治教育发展方向。

第三节 合力层面的思想政治教育内生动力

合力是物理学中的重要概念，是指作用在物体上的多个力合成后的结果。作用于思想政治教育的内生动力也是由推动思想政治教育各部分、各环节发展的动力综合形成的合成力。合力层面的思想政治教育内生动力更加强调思想政治教育合力系统的子系统和各要素内部，以及要素或子系统之间密切协同配合。对思想政治教育内生动力的探讨和考察也需要置于思想政治教育治理现代化的可持续状态之中，需要置于“大思政”育人新格局之中，需要置于思想政治教育体系化建构过程的动态视角之中。

一、思想政治教育治理的统筹力量

治理是新时代思想政治教育的重要工作和关键任务。2021 年中共中央、国务院印发的《关于新时代加强和改进思想政治工作的意见》中指出，要把思想政治工作作为治党治国的重要方式，贯穿于党的建设和国家治理的各领域各方面各环节。[①]在新时代国家治理体系和治理能力现代化的时代背景之下，推进新时代思想政治教育与时俱进、实现内涵式

① 中共中央国务院印发《关于新时代加强和改进思想政治工作的意见》[N]. 人民日报，2021-07-13（1）.

发展也需要根据思想政治教育的目标任务，充分运用高校思想政治教育空间的各类教育资源，采用科学的治理理念和治理方式来不断提升思想政治教育治理效能，发挥思想政治教育治理的统筹力量。

明晰思想政治教育治理的内生动力属性。思想政治教育治理作为统筹人、事、物的力量，能够推动思想政治教育向着科学化、现代化方向发展，思想政治教育治理过程本身也包含着多重动力因素，既有思想政治教育一般意义上的内生动力，也包含了治理现代化中的动力因素，即从主体、客体、介体、环体等角度进行探讨和思考。首先，思想政治教育治理特别强调以人为中心，关照治理主体。思想政治教育既为国家治理现代化输送高素质人才，也在现代化进程中发挥着思想引领、凝聚共识的社会作用。同时，“国家治理现代化在实践推进中始终关照人本身的发展，重视促进人的全面发展以带动国家治理的全面进步，透溢着以人民为中心、以人为本的价值理念”[①]。思想政治教育治理在现代化背景下更加呈现民主化、协商化特点，此外，思想政治教育治理主体之间需要求同存异，以多元互动参与取代一元管理，而这一过程中就存在主体间的相互作用和内在张力，在同一性和斗争性相结合中，在民主理性、公正有序的参与治理的环境下，思想政治教育治理水平不断发展。其次，思想政治教育治理对象的变化发展反映了思想政治教育治理的要求。思想政治教育治理对象既包括受教育者、教育活动，也包括思想政治理论课教师、辅导员等思想政治教育者。思想政治教育治理遵循思想政治教育发展的内在规律，注重对治理对象科学有效的指导、引导，思想政治教育治理过程中存在目标要求和实际现状之间的差距，本质上是主观与客观、实然与应然之间的矛盾，这种矛盾也是通过思想政治教育治理对象的水平反映出来。作用于思想政治教育治理过程中的一系列矛盾是思想政治教育治理发展的推动力，在思想政治教育治理的长期过程

① 冯刚．治理视域下高校思政队伍专业化建设的理论与实践［J］．学校党建与思想教育，2020（5）：5.

中，治理对象的动态变化既是对治理主体的积极回应，也是实现思想政治教育治理目标和要求的确证。最后，思想政治教育治理空间和治理过程在多方合力推动下不断拓展和完善。思想政治教育治理通过调控和配置队伍、资源、平台等方式，统筹利用思想政治教育空间内的各类教育资源，采用科学的治理理念与方式优化思想政治教育治理体系的结构功能与运行机制，在遵循规律中发展思想政治教育治理理论，完善思想政治教育治理标准，在理论与实践中不断提高思想政治教育治理能力。这一过程的实现是内力与外力的综合作用，而完善和增强治理效能的过程归根结底要通过提升思想政治教育治理能力的内生动力来实现。

理解思想政治教育治理的内生动力内涵。党的二十大报告指出：要"不断增强社会主义现代化建设的动力和活力，把我国制度优势更好转化为国家治理效能"[①]。中国式现代化的动力和活力在国家治理的加持赋能下，能得到更好的激发和调动。同理作用在思想政治教育中，通过发挥思想政治教育治理的统筹、协调作用，思想政治教育内生动力能够得到激发和积聚，进而转化成更大势能推动新时代思想政治教育创新发展。思想政治教育治理发挥的统筹、协调动力作用主要体现在以下方面：第一，思想政治教育治理主体赋能思想政治教育组织力、领导力。思想政治教育治理主体既包括思想政治教育领导者和管理者，又包括思想政治教育研究者和操作者，在党的统一领导下，思想政治教育治理形成了由所有思想政治教育主体所组成的多主体共治格局。思想政治教育发展的本质是主体与主体、主体与客体、客体与客体相互作用的结果，在多元治理主体参与下，思想政治教育的判断力、行动力和治理能力的综合领导力也会逐步提升。第二，思想政治教育治理的治理思维、科学方式赋能思想政治教育协同力。思想政治教育治理强调运用系统思维、

① 习近平.高举中国特色社会主义伟大旗帜　为全面建设社会主义现代化国家而团结奋斗——在中国共产党第二十次全国代表大会上的报告［M］.北京：人民出版社，2022：27.

治理思维和整体观念充分调动多元主体力量、多个环节、多种要素，“注重整体和各个形态内部的优化趋向，推动思想政治教育治理各形态共同发展并产生整体大于部分之和的协同效应”[①]。从这一过程中，能够挖掘出治理结构、治理要素、治理功能中所蕴含的科学思维和工作方式，并将治理的正向力融入思想政治教育发展之中。第三，思想政治教育治理的运行机制赋能思想政治教育执行力。思想政治教育治理中通过构建立体性、整体化的协同机制以及工作协调、组织支持机制，明确各主体的职责和任务，有利于建立起良好的沟通交流机制，增强主体间整体行动的协同性，实现思想政治教育议事工作协调，并提高实际工作的执行能力。

二、思想政治教育协同的凝聚力量

“协同创新主要是指在一个系统中各子系统或各要素，基于共同目标，通过形成共享的观念，构建沟通机制，搭建资源共享平台，相互配合，协调一致形成新的整体系统，产生新的协同效应的过程。”[②]思想政治教育的协同作用体现于“三全育人”工作的理论与实践、大中小学思想政治教育一体化建设以及思政课程与课程思政同向同行等相关课题之中，通过协同教育队伍、整合教育资源、打通教育阶段，不断凝聚思想政治教育内生动力，实现思想政治教育从专人向人人、从间断向连续、从局部向全域发展。

明晰思想政治教育协同的内生动力属性。思想政治教育协同是基于协同育人活动的物质实践水平来阐释育人的主观能动性的，既关注主观

① 游志纯.论思想政治教育治理的表现形态［J］.华北电力大学学报（社会科学版），2023（2）：124.

② 王海建.协同创新：高校思想政治教育创新发展的必然路径［J］.探索，2013（1）：139.

目的、动机等精神层面的动力，更重视协同育人实践背后的社会的、历史的客观物质力量。因此，在多方协同作用下，思想政治教育的发展程度与水平也以物质、人力、资源实际情况为限。思想政治教育的内生动力不是仅仅来自不同育人主体的协同育人的主观能动性，更根源于思想政治教育内在客观存在的深层物质力量。恩格斯指出："人们头脑中发生的这一思想过程，归根到底是由人们的物质生活条件决定的。"[①]思想政治教育发展的内生动力具有现实的依据和根源，既要基于主体视角正确看待人的主观能动性所产生的内生动力，也要正确认识这背后存在着的起决定作用的客观社会存在，其作为深层物质力量推动思想政治教育的时代化发展。同时，在"三全育人"工作的理论与实践、大中小学思想政治教育一体化建设以及思政课程与课程思政同向同行过程中，客观存在的深层物质力量是推动思想政治教育发展的基点，需要以此为基础进一步挖掘思想政治教育中不断增长的内生动力，通过思想政治教育协同作用实现贯通和聚合。

理解思想政治教育协同的内生动力内涵。首先，思想政治教育协同作用的发挥能够使不同学段思想政治教育相连接。思想政治教育目标的实现具有渐进性特点，因此也需要对大中小学不同学段的思想政治教育工作进行统筹、衔接和协同，实现思想政治教育的接续和顺承。习近平总书记在党的二十大报告中明确提出，要推进大中小学思想政治教育一体化建设。不论是政策理论层面，还是现实需要层面，这都对思想政治教育提出新要求，而思想政治教育协同则作为内在推动力促进大中小学思想政治教育一体化的不断发展。其次，思想政治教育协同作用的发挥能够使思想政治教育过程相接续。习近平总书记在全国高校思想政治工作会议上指出："把思想政治工作贯穿教育教学全过程，开创我国高等

① 马克思恩格斯选集：第四卷［M］.北京：人民出版社，2012：261.

教育事业发展新局面。”[①]思政课程和课程思政同向同行、相互配合、相互促进，能够将教书与育人相结合，特别是与育“德”相结合，引导教师正确把握知识传授与价值引领之间的密切关联，在对思政课教师与专业课教师的队伍建设方面，注重育德能力的增强，有利于形成协同育人的整体效应，从而在课堂教学主渠道中实现全方位、立体化育人。最后，思想政治教育协同作用的发挥能够使思想政治教育的各平台资源相互贯通。思想政治教育通过完善和优化多方参与的协同机制，有利于解决不同学段衔接性、贯通性不足的问题，在载体、方法、人才、资源和评价体系等方面，不断创新教育理念、完善管理机制，注重发挥多部门的思想政治教育合力，真正实现思想政治教育贯穿在教育教学的全过程，落实在教学、管理、后勤服务的各个环节之中。同时，通过汇聚政府、社会、学校和家庭多要素联动的力量，为思想政治教育提供和输送更长久的支持和动力。

总而言之，思想政治教育的内生动力源于各教育要素的相互作用，各要素及其要素的相互作用构成复杂的动力系统。思想政治教育的协同意味着各要素具备共同目标、创新动力、沟通机制，这有利于连接协同育人队伍、共享教育资源、贯通教育阶段，实现思想政治教育各要素跨部门、跨区域、跨学段交流，并从主体、时间和空间三个维度，实现全方位、多层次、多元化、多环节育人。

三、思想政治教育体系的合成力量

思想政治教育体系构建是在思想政治教育理论与实践中由自发到自觉、由分散到系统的过程，反映了思想政治教育系统化、整体化、科学化发展趋势。思想政治教育体系既是静态构成体系，也是动态运行体

① 习近平在全国高校思想政治工作会议上强调 把思想政治工作贯穿教育教学全过程 开创我国高等教育事业发展新局面［N］.人民日报，2016-12-09（1）.

系，是从整体、宏观层面推进思想政治教育时代化发展的过程，是思想政治教育的合成力量的呈现。

分析思想政治教育体系的内在构成。从体系构成上来看，思想政治教育体系是思想政治教育各环节、各要素、各领域所构成的有机统一体，是动态与静态相结合、层次性丰富的系统，同时，“思想政治教育体系可大致分为思想政治教育实践体系、思想政治教育理论体系、思想政治教育制度体系”[①]。从动力构成来看，思想政治教育体系内部对立面之间既斗争又统一的辩证关系所构成的矛盾运动，作为体系构建的内生动力，推动着思想政治教育体系的构建生成。思想政治教育体系构建的内生动力是由主客观动力因素构成。在思想政治教育体系之中，除了育人主客体之间的矛盾，还包括协同育人置于社会关系中，思想政治教育体系自身发展目标与现状之间的矛盾，体系化发展对各育人主体的诸多要求与实现要求之间的矛盾，各学段内相应制度、环境、文化等形成的协同场域作用与行为主体的行为惯性之间的矛盾，体系化建构与局部完善之间存在的整体与部分的矛盾等，这一系列矛盾在思想政治教育体系内都是推动育人主体、客体、介体、环体实现发展的动力因素。从作用机制来看，思想政治教育体系中包括主体互动机制、矛盾运动机制、协同运行机制等内容。这些机制是思想政治教育各要素的构成方式、作用方式以及由此产生的思想政治教育活动的整体的运行方式和人们对思想政治教育活动运行的有效调节方式的呈现。

明晰思想政治教育体系的内生动力定位。从理论角度来看，思想政治教育体系的建构和发展是从整体与要素、整体与层次、整体与结构、整体与环境的辩证统一关系出发，揭示事物的整体关系与整体特征。思想政治教育体系居于主导地位，统帅着思想政治教育体系内部各组成部分，具有整合、控制、支配作用。从实践角度来看，思想政治教育体系

① 杨威，董婷.思想政治教育体系与国家治理现代化建设［J］.思想理论教育，2020（2）：20.

的本质是渗透在一切思想政治教育活动中对受教育者施加思想政治教育影响的教育活动的总和。思想政治教育内生动力生成于各教育要素的相互作用中，是思想政治教育体系化发展的基础；思想政治教育体系内部对立面之间既斗争又统一的辩证关系主要表现为育人主体、协同育人、运行机制等诸多需要与需要的满足之间的矛盾，是对思想政治教育的整体统筹。具体而言，思想政治教育体系是以宏观视角、整体化视角将思想政治教育理论与实践统筹起来的，即思想政治教育体系的建构规划和整体设计规定着思想政治教育在新时代的发展方向，思想政治教育体系具有统筹作用，能够统筹社会、高校、家庭等多方参与，统筹思想政治教育过程中各个环节，统筹思想政治教育各部分内生动力。新时代思想政治教育遵循自身发展和体系构建的基本规律，通过内在矛盾运动，激发体系构建的内生动力，通过思想政治教育治理、思想政治教育评价、思想政治教育协同和思想政治教育数字化转型等运行状态，从无到有、从少到多变化地激发和积聚内在力量，实现思想政治教育与时俱进发展。

以合成力量推动思想政治教育的体系化、科学化发展。恩格斯在晚年阐明了在各种社会因素的“交互作用”下历史发展的“合力论”，并指出单个人的意志和各个单个意志相互作用所产生的“合力”（历史结果）之间的关系，以及马克思、恩格斯关于事物之间普遍联系的观点，指出事物发展取决于系统内部各要素以及系统与环境之间的多因素的非线性的相互作用。推进思想政治教育发展必须从整体性视域出发，将思想政治教育系统中能够推动思想政治教育体系化发展的诸多力量相综合。其中，思想政治教育的外因和内因之间相互作用、相互促进，形成共同的促进思想政治教育发展的推动力和发展机制，而归根结底，必须以思想政治教育体系中的内部驱动力量为根本动力。同时需要注意的是，只从力量作用的角度来看，正向、反向或是其他向的各种力混合形成的“合力”，并不一定都对思想政治教育发展起到推动作用，必须当合力中的正向动力大于反向动力时，正向的整体力量将作用于思想政治教育发展之中，并推动思想政治教育向着体系化、科学化方向前进。思想政治工作是党的优良传统、鲜明特色和突出政治优势，是一切工作的生命线。2021年，中共中央、国务院印发《关于新时代加强和改进思想政治工作的意见》强调，“要构建共同推进思想政治工作的大格局”，“完善领导体制和工作机制”，“打造专兼结合的工作队伍”，“用好各级各类文化设施和阵地”，“建立科学有效的评价考核体系”[①]，这为思想政治教育的发展指明了方向。新时代思想政治教育的发展需要置于整体性、系统性视角来看待，坚持“大思政”的思路，从科学化、综合化的角度出发，不断激发和释放思想政治教育内生动力，在实现思想政治教育体系的建构和发展中汇聚思想政治教育体系的整体力量。

① 中共中央国务院印发《关于新时代加强和改进思想政治工作的意见》[N].人民日报，2021-07-13（1）.

第三章 深化思想政治教育发展的基础理论

基础理论是思想政治教育创新发展的根基，蕴含着鲜明的内生动力属性，是内生动力作用发挥的重要一环。着眼基础理论的本质属性和丰厚蕴涵，基础理论是对思想政治教育经验与规律的集中表达，其内在推动作用不断彰显。推动思想政治教育创新发展必须坚持以基础理论为指导，同时内生动力也应适应和遵循思想政治教育基础理论才能发挥推动作用。为此，在思想政治教育守正创新的时代背景下，不断深化思想政治教育基础理论研究展现出突出重要性和现实必要性。

第一节　以党的创新理论指导思想政治教育基础理论研究

思想政治教育基础理论的发展及其内生动力作用的发挥离不开党的创新理论的切实指导。习近平新时代中国特色社会主义思想作为马克思主义中国化的最新理论成果，具有丰富的理论蕴涵，是思想政治教育基础理论创新发展的根本遵循。习近平新时代中国特色社会主义思想以辩证唯物主义为理论基石，以深厚的历史底蕴为内在支撑，以真挚的为民情怀为价值指向，以多种优秀文化为理论滋养。在深化思想政治教育基础理论研究中，我们要在科学把握习近平新时代中国特色社会主义思想深刻理论蕴涵的基础上，用以指导并贯彻落实到思想政治教育基础理论丰富与拓展的过程中，进而推动思想政治教育创新发展。

一、以辩证唯物主义为理论基石

习近平新时代中国特色社会主义思想以辩证唯物论为指导。辩证唯物论认为，物质决定意识，在方法论层面要做到一切从实际出发，做到主观与客观具体的、历史的统一。习近平总书记在党的十九大报告中指出：“经过长期努力，中国特色社会主义进入了新时代，这是我国发展新的历史方位。”[①]这个重大判断不是主观臆造，它源于现实而又生动的中国特色社会主义实践。改革开放以来，中国特色社会主义实践不断发展，国内生产总值持续增长，国民可支配收入稳步上升，中国特色社会主义道路自信、理论自信、制度自信、文化自信持续增强，中华民族迎来了从站起来、富起来到强起来的伟大飞跃。人民群众的生产生活实际得到切实改善。中国特色社会主义进入新时代，但是我国处于社会主义初级阶段的基本国情没有变，我国是世界最大发展中国家的国际地位没有变。这既是对我国改革发展实际的客观判断，同时也是对我国国情的客观把握，充分体现了实事求是、一切从实际出发的基本原则，充分展现了辩证唯物主义的世界观和方法论。

唯物辩证法是习近平新时代中国特色社会主义思想的哲学基础。矛盾无处不在、无时不在，但不同事物的矛盾又是具体的、特殊的。普遍性寓于特殊性之中，要正确把握事物的共性与个性的关系，这是矛盾学说的关键，也是唯物辩证法的重要内涵。改革开放以来，我国社会发生着剧烈而又深刻的变化，新问题、新情况、新挑战不断涌现，需要从理论上进行必要的回应。因此，掌握矛盾分析方法，把马克思主义基本原理同我国发展实际和时代特征相结合，不断开拓中国特色社会主义的新境界，成为我们党面临的重大理论课题。习近平新时代中国特色社会主义思想的形成，不仅蕴含着马克思主义基本原理的一般性指导，同时又结合时代特征、国家发展、世界大势，体现着对中国特色社会主义理论的创新与发展。因此，习近平新时代中国特色社会主义思想与马克思主义基本原理具有具体与一般、特殊与普遍的辩证关系，蕴含着深刻的唯物辩证法思想。

习近平新时代中国特色社会主义思想以辩证唯物主义认识论为指引。辩证唯物主义认识论认为，主体和客体的关系不仅仅是认识和被认

① 习近平．决胜全面建成小康社会 夺取新时代中国特色社会主义伟大胜利——在中国共产党第十九次全国代表大会上的报告［M］．北京：人民出版社，2017：10.

识的关系，而且也是改造和被改造的关系；主体反映客体的过程，也是主体改造客体的过程。习近平新时代中国特色社会主义思想作为科学认识，它的产生与发展有着深厚的实践基础。

首先，实践产生了认识的需要。改革开放以来，中国特色社会主义各项实践取得了长足发展，但也存在诸多困难和挑战，比如发展不平衡不充分的一些突出问题尚未解决，民生领域还有不少短板，意识形态斗争依然复杂，等等。面对这些困难与挑战，中国共产党人急需在理论上、思想上、认识上进行创新，积极回应中国特色社会主义实践过程中的现实问题。因此可以说，解决中国特色社会主义实践发展过程中出现的困难与挑战，成为习近平新时代中国特色社会主义思想产生的现实驱动力。其次，实践为认识提供了可能。人的认识能力的提升与发展离不开实践创造出来的必要的物质条件和手段。习近平新时代中国特色社会主义思想的产生，离不开中国特色社会主义实践创造的物质基础，改革开放伟大革命的实践探索，为形成和提出习近平新时代中国特色社会主义思想提供了可能。最后，实践使认识得以产生和发展。习近平新时代中国特色社会主义思想的产生与发展，得益于改革开放以来中国特色社会主义实践的积极探索，得益于对中国特色社会主义发展过程中正反经验教训的总结与完善，是在对共产党执政规律、社会主义建设规律、人类社会发展规律的不断深化认识的基础上提升的理性认识，充分体现了科学认识的产生与发展过程。也正是这一科学发展过程，最终使其成为我国社会发展的科学行动指南。

二、以深厚历史底蕴为内在支撑

习近平新时代中国特色社会主义思想延承五千多年绵延不断的中华文明。中华民族具有五千多年的文明历史，创造了举世瞩目的优秀文化，对人类社会发展作出了巨大贡献。习近平新时代中国特色社会主义思想继承了这些文化基因，展现着这些文化标识，创新并发展着它们的时代蕴涵，形成了习近平文化思想。比如“坚持以人民为中心的发展思想”“坚持人与自然和谐共生”“坚持全面依法治国”“坚持社会主义核心价值体系”等，继承并发展着“民本”“自然”“法治”“仁义”“兼爱”等中华优秀传统文化，这些文化基因熔铸于习近平新时代中国特色社会主义思想，展现着中国精神、中国价值、中国力量，并且在新的时代条件下焕发出新的生机活力。

习近平新时代中国特色社会主义思想在中国特色社会主义伟大历史实践中实现创新发展。习近平总书记在党的十九大报告中强调：“新时代中国特色社会主义思想，是对马克思列宁主义、毛泽东思想、邓小平理论、‘三个代表’重要思想、科学发展观的继承和发展，是马克思主义中国化最新成果，是党和人民实践经验和集体智慧的结晶，是中国特色社会主义理论体系的重要组成部分，是全党全国人民为实现中华民族伟大复兴而奋斗的行动指南，必须长期坚持并不断发展。”①这个科学定位具有丰富历史蕴涵，既展现了这一战略思想与党的理论创新成果一脉相承的关系，又体现了它在马克思主义中国化进程中的时代特征，对于实现中华民族伟大复兴的中国梦具有重要的指导作用。

习近平新时代中国特色社会主义思想承续党的理论创新成果。一方面，它展现了中国共产党理论创新成果的精髓。在马克思主义同中国具体实际相结合的进程中，先后创立了毛泽东思想、邓小平理论、“三个代表”重要思想、科学发展观重大理论创新成果。在这些成果当中，无不贯穿着辩证唯物主义和历史唯物主义的世界观和方法论，无不展现着实事求是、与时俱进、求真务实等理论品质。新时期，中国共产党坚持以马克思主义为指导，继承和发展马克思主义中国化理论成果，进一步坚持和深化解放思想、实事求是、与时俱进、求真务实等理论品质，创

① 习近平.决胜全面建成小康社会 夺取新时代中国特色社会主义伟大胜利——在中国共产党第十九次全国代表大会上的报告［M］.北京：人民出版社，2017：20.

造性提出新时代中国特色社会主义思想，使科学社会主义在21世纪的中国焕发出强大的生机和活力，成为实现中华民族伟大复兴的中国梦的重要指导。另一方面，习近平新时代中国特色社会主义思想是马克思主义中国化最新理论成果。人类的认识会随着实践的发展而不断完善，作为马克思主义中国化的理论成果，中国特色社会主义理论也在不断完善发展。作为马克思主义中国化的最新理论成果，习近平新时代中国特色社会主义思想既是对马克思主义一般原理的继承，同时也是结合时代发展特征对中国特色社会主义理论的创新发展。

三、以真挚为民情怀为价值指向

为最广大人民谋利益是马克思主义的一贯品格。马克思和恩格斯指出："过去的一切运动都是少数人的，或者为少数人谋利益的运动。无产阶级的运动是绝大多数人的，为绝大多数人谋利益的独立的运动。"[①]在中国共产党领导的革命、建设与改革实践中，其指导思想无不把广大人民群众的根本利益作为价值取向和重要旨归。习近平总书记在党的二十大报告中指出："坚持以人民为中心的发展思想。维护人民根本利益，增进民生福祉，不断实现发展为了人民、发展依靠人民、发展成果由人民共享，让现代化建设成果更多更公平惠及全体人民。"[②]以人民为中心，既是习近平新时代中国特色社会主义思想的基本方略，同时也是新时代中国特色社会主义实践的价值指向。

为了人民、服务人民、人民共享是新时代中国特色社会主义创新发展的重要旨归。习近平总书记指出："人民不是抽象的符号，而是一个

① 马克思恩格斯选集：第一卷［M］.北京：人民出版社，2012：411.

② 习近平.高举中国特色社会主义伟大旗帜　为全面建设社会主义现代化国家而团结奋斗——在中国共产党第二十次全国代表大会上的报告［M］.北京：人民出版社，2022：27.

一个具体的人，有血有肉，有情感，有爱恨，有梦想，也有内心的冲突和挣扎。”①新时代中国特色社会主义的创新发展必须关注现实的、具体的人民群众，关切他们的劳动生产与生活实际。

首先，习近平新时代中国特色社会主义思想为了人民。从科学社会主义诞生起，为人民谋利益、帮助人民获得自由解放、促进人民全面发展就成为共产党的重要价值指引和行动指南，共产党人无时无刻不在为了实现人民的发展而奋斗。这既是共产党人革命、建设、改革的重要指向，同时也是科学社会主义蓬勃发展的内在动力。习近平新时代中国特色社会主义思想生成于中国特色社会主义伟大实践，这项伟大实践的重要目标就是在全面建成小康社会、实现中华民族伟大复兴中国梦的过程中，增加人民的获得感、幸福感，使人民群众在国家发展大势中获得更好的发展。

其次，习近平新时代中国特色社会主义思想服务于人民。党的十九大报告明确提出：“中国特色社会主义进入新时代，我国社会主要矛盾已经转化为人民日益增长的美好生活需要和不平衡不充分的发展之间的矛盾。”②这一重要判断，是对中国特色社会主义时代发展的科学把握，同时也是对人民群众现实需求和价值关切的积极回应，它服务于人民群众对美好生活的向往和追求，致力于解决新时代人民群众的全面发展问题。

最后，习近平新时代中国特色社会主义思想坚持人民共享。新时代中国特色社会主义思想强调在发展中保障和改善民生，坚持社会公平正义，保证全体人民在共建共享发展中有更多的获得感，不断促进人的全面发展、全体人民共同富裕。从共享理念到精准扶贫实践，从社会主义矛盾变化到制定民生领域具体战略，其中都展现着共享的重要价值指

① 习近平谈治国理政：第二卷［M］.北京：外文出版社，2017：317.

② 习近平.决胜全面建成小康社会 夺取新时代中国特色社会主义伟大胜利——在中国共产党第十九次全国代表大会上的报告［M］.北京：人民出版社，2017：11.

向，这也成为新时代中国特色社会主义思想的内在价值追求。

四、以多种优秀文化为理论滋养

习近平新时代中国特色社会主义思想具有高度的文化自觉。文化自觉是一定群体对自身文化的科学、深入、全面的理解，这种理解和认知源自文化生成主体对自身文化的准确把握以及通过对比其他文化而生成的更为深入的文化认知。习近平新时代中国特色社会主义思想体现了高度的文化自觉，吸纳了多方面文化滋养。

首先，吸纳了中华优秀传统文化滋养。中华文明源远流长，儒家尚“仁义”，道家崇“自然”，墨家讲“兼爱”，法家倡“法治”，各种流派你中有我、我中有你，百家争鸣、和而不同。习近平新时代中国特色社会主义思想坚持以人民为中心、坚持人民当家作主、坚持全面依法治国、坚持人与自然和谐共生、坚持培育和践行社会主义核心价值观等均具有浓郁的中华优秀传统文化底色，是对中华优秀传统文化的继承与发展。其次，吸纳了革命文化滋养。革命文化是中国共产党领导人民在革命、建设、改革中创造的优秀文化。一代又一代的中国共产党人，用不畏艰险的勇气、甘于奉献的义气、宁折不弯的骨气、勇于开拓的豪气和奋发图强的志气，刻画了中国共产党人不朽的革命精神，这些精神融合在习近平新时代中国特色社会主义思想之中，成为它生成与发展的内生动力和科学指引。最后，吸纳了社会主义先进文化滋养。社会主义先进文化，是以马克思列宁主义为指导，以社会主义核心价值体系为灵魂，面向现代化、面向世界、面向未来的文化，是民族的、科学的、大众的文化。对于新时代中国特色社会主义思想而言，社会主义先进文化既提供了科学的方法论指导，同时也提供了正确的价值论指引，使习近平新时代中国特色社会主义思想在社会主义先进文化的滋养中，沿着科学的方向不断深化和创新发展。

习近平新时代中国特色社会主义思想具有丰厚的理论蕴涵，回答了中国特色社会主义的时代之问，展现了马克思主义的信仰之魂。正确把握这些理论蕴涵，可以帮助我们更加深刻地理解习近平新时代中国特色社会主义思想的理论品格，进一步增强我们学习、领会和践行这一重要思想的自觉性和实效性。

对于思想政治教育基础理论而言，习近平新时代中国特色社会主义思想的丰厚理论蕴涵为基础理论的思路拓展和理念创新提供了指导和启发。思想政治教育基础理论研究应坚持辩证唯物主义的理论与方法，坚持从历史思维中把握基础理论发展规律，坚持服务人的全面发展的价值取向，坚持从多种优秀文化中吸收理论滋养，进而在守正创新中深化拓展思想政治教育基础理论体系。

第二节　深化新时代思想政治教育基础理论研究

基础理论是学科确立和发展的“骨骼”和框架。深化思想政治教育基础理论研究，既有助于发掘思想政治教育持续发展的内生动力，也有助于推动思想政治教育学科建设的科学化发展。实践是思想政治教育理论之源，基础理论的创新发展和时代价值依赖于社会实践，特别是社会发展过程中提出的新问题、带来的新挑战，它们在给思想政治教育基础理论带来时代课题的同时，也呼唤着思想政治教育基础理论在问题破解和挑战应对中不断彰显时代价值，进而更好生成凝聚推动思想政治教育发展的内生动力。

一、思想政治教育基础理论研究的时代价值

自1984年思想政治教育专业成立以来，思想政治教育学人围绕思想政治教育本质、规律、目的、内容、方法、环境等基础理论展开分门别类的深入研究与不懈探讨，取得颇多公认的成果。思想政治教育基础理论在思想政治教育学科发展、实践创新和队伍建设中，发挥着至关重要的作用。

（一）基础理论：思想政治教育学科发展的重要支撑

第一，基础理论：学科发展的重要根基。没有基础理论，学科就像水中浮萍，毫无根底。中国共产党的思想政治教育源于中国共产党长期的革命实践，经过丰富的实践探索，形成了宝贵经验，这些宝贵经验经过提炼和升华，上升为思想政治教育的基础理论。多年来，围绕思想政治教育（工作）的科学化、思想政治教育（工作）的基本经验，经过积极探索和研究，形成了思想政治教育的基础理论框架（涉及思想政治教育的发生与发展、本质与特征、地位与功能、过程与规律、目标与内容、教育者与教育对象、原则与方法、载体与环境、管理与评估、队伍建设等），进而成为思想政治教育学科的重要标识，基本明确了思想政治教育的研究对象，建构了思想政治教育学科的研究范式，为思想政治教育学科发展奠定了重要根基。

第二，基础理论：学科发展的丰厚滋养。一方面，思想政治教育基础理论为学科发展提供了根本遵循。在中国共产党的革命、建设、改革实践中发展起来的思想政治教育，具有突出的政治属性，其中包含着突出的价值引导功能。比如，面对培养什么样的人、为谁培养人、怎样培养人等重要现实问题，思想政治教育基础理论给出了积极而又深刻的回答，成为思想政治教育学科发展的重要滋养。另一方面，思想政治教育基础理论为学科发展提供了具体方法。思想政治教育学科如何适应时代发展特征、社会发展实际、人的发展需求，这些都是学科发展需要回答的紧迫问题。思想政治教育基础理论在长期的积累和深化中，形成了相对扎实的方法论，借用基础理论回答时代发展之问，为进一步推动学科发展提供了科学指引。

第三，基础理论：学科发展的持续动力。任何一个学科，如果不上升到理论的高度，不明确基础理论研究的方向和侧重点，学科发展就会缺乏持续而根本的动力。思想政治教育从经验到科学、一般性工作总结到专业学科建设，本身就蕴含了发展的内生动力。学科的发展离不开动力支撑，基础理论为思想政治教育学科发展提供了积极、持续的动力来源。一方面，变化发展的实践对思想政治教育基础理论创新提出新的需求，这种需求为学科创新发展提供了持续的动力；另一方面，随着人们认识世界和改造世界能力的提升，人们对于基础理论的求真意识逐渐增强，这种求真态度在客观上推动了思想政治教育学科的持续发展。

（二）基础理论：思想政治教育实践创新的重要指导

第一，基础理论：满足实践创新的基本需求。思想政治教育作为一门科学，是理论性与实践性的统一体。实践创新不仅要解决实际问题，同时需要将经验上升为科学理论，这是实践创新发展的一般性规律。因此，基础理论满足着实践创新的理论升华需求。实践创新不仅仅需要解决实际问题，同时也需要成果转化，在实践创新的基础上推动基础理论创新，这满足着实践创新的成果转化需求。随着社会的全面发展，学理论、懂理论、建构理论也成为思想政治教育实践创新的重要需求。基础理论的深化发展，也在不断满足着思想政治教育实践创新的这一需求。

第二，基础理论：蕴含实践创新的种子。实践观是马克思主义的基本观点，基础理论研究的创新发展来源于实践，但与此同时需要注意，基础理论研究对实践创新有反作用。思想政治教育理论与实践虽有区分，但有其内在的联系，基础理论研究蕴含着实践创新的种子。基础理论研究需要站在时代发展前沿，引领实践创新。一方面，基础理论与实践创新需求直接相关，在实践创新需求的激励下，基础理论不断走向深化。在这一过程中，实践领域的一些新前沿、新需求就自觉融入基础理论之中，成为基础理论新的生长点。只要留心基础理论深化的前沿问题，就能够发现实践创新的基本动向和实践创新的基本需求。另一方面，基础理论也要寻求自身的创新发展，它们会追寻、了解实践前沿，在与实践前沿的互动中深化基础理论研究，这其中就孕育着实践创新发展的方向。

（三）基础理论：思想政治教育队伍建设的重要保障

第一，基础理论：队伍建设的科学指引。一方面，基础理论可以有效提升思想政治教育从业人员业务素养。思想政治教育人员的基本素养是思想政治教育队伍建设的关键。深化思想政治教育基础理论研究，通过基础理论的深化和普及，提升思想政治教育从业人员素养，能够显著提升队伍建设的整体质量。另一方面，基础理论可以明确队伍建设发展方向。回应实践发展需求的基础理论创新，不仅面向解决新的问题、迎接新的挑战，也面向思想政治教育的队伍建设，这就会为思想政治教育队伍建设提供基本的价值指引、业务指引、方法指引。

第二，基础理论：队伍建设的重要抓手。一方面，思想政治教育基础理论板块涉及面广，每一个板块都对应着更为专业化和职业化的研究队伍和工作队伍，比如网络思想政治教育、心理健康教育、资助育人、文化育人等，这些基础理论方面的创新，反映着思想政治教育工作中的队伍建设需求。深化思想政治教育基础理论研究，可以进一步推动思想政治教育队伍建设，提升思想政治教育队伍的专业化发展水平。另一方面，思想政治教育队伍建设内含着对思想政治教育从业者职业发展和人生规划的持续关注和不懈努力。思想政治教育工作者不仅要面对鲜活的实践，同时也要面对理论创新的重要任务。如何将辛苦转化为成果、将经验上升为理论，是制约思想政治教育队伍发展的重要瓶颈。立足社会实践，提升理论素养，推动基础理论创新，已成为思想政治教育队伍建设的一个重要抓手。

二、思想政治教育基础理论研究的当代使命

如何立足中国实际、扎根中国实践，构建具有中国特色、中国风

格、中国气派的思想政治教育学科体系、学术体系和话语体系，这既是思想政治教育基础理论创新的需要，也是思想政治教育学科发展的重要使命。

（一）推动思想政治教育学科理论体系建设

思想政治教育学科经过多年的发展，已经逐步形成以思想政治教育学原理、思想政治教育方法论、思想政治教育史、比较思想政治教育学等为主干的学科体系。但是，由于学科建立时间较短，很多问题还有待进一步厘清，如标志着成为一门独立学科的学科基本概念、学科内涵、学科定位、学科边界等，在学术界还没有形成统一的认识；一些思想政治教育的基本理论问题，如根源问题、本质问题、规律问题、基本范畴问题、研究范式问题等，还有待继续深化研究。此外，思想政治教育的基础理论研究还应该经得起社会评价。思想政治教育工作质量评价是通过树立评价目标、制定科学的评价指标体系和标准、运用科学的评价方法等评估思想政治教育工作，满足党和国家事业发展需要和教育对象成长发展需求的价值判断。目前，思想政治教育存在的一大短板就是缺乏科学、系统、规范化和制度化的评价体系。虽然很多学者从不同的角度进行论证，但仍旧没有达成共识。因此，建立科学的质量评价体系也至关重要。

思想政治教育基础理论研究工作者应当以时代提出的新课题、新任务为契机，从厘清思想政治教育核心概念着手，花大力气、下大功夫认真研究学科发展的理论问题，抓紧构建中国特色思想政治教育学科理论体系和学科话语体系，为学科发展开辟更加广阔的空间。

（二）推动思想政治教育研究范式转型升级

一门学科之所以成为学科，除了要有其特定的研究对象，还要形成其独特的研究范式。研究范式能够对思想政治教育学科起到标识性的作用。时代的发展、学科的深化，呼唤思想政治教育研究范式的转换升级。观察思想政治教育研究范式的转换升级，要重点聚焦思想政治教育学原理、思想政治教育方法论、思想政治教育史、比较思想政治教育学等主干领域。对于思想政治教育学原理而言，要突破已有格局和发展定势，贯通思想政治教育实践史和学术史，对基本概念、基本范畴、基本要素进行前提性反思和根源性探索。对于思想政治教育方法论而言，一是要聚焦社会思想领域的重大问题，积极回应国际与社会竞争、大众传媒与网络、环境与生态系统等领域产生的新问题，以理论的方式实质性参与中国的现代化进程，增强时代感与现实性；二是树立正确的大数据观念，运用新媒体新技术使工作“活”起来，推动思想政治教育工作传统优势同信息技术高度融合，增强时代感和吸引力；三是要重点探讨新时代主流意识形态如何转化为个体和群体思想政治素质的问题，增强目标感与针对性。对于思想政治教育史而言，除了注重中国共产党思想政治教育史这一直接主题外，还应注重思想政治教育区域史、口述史的研究，统摄整体研究与个案研究，不断推动思想政治教育史研究走向深入。对于比较思想政治教育学而言，一是要树立大思想政治教育观，扎根中国大地，在“古今中外”的视域中进行比较研究，正如习近平总书记指出的那样：“我们既要立足本国实际，又要开门搞研究。对人类创造的有益的理论观点和学术成果，我们应该吸收借鉴，但不能把一种理论观点和学术成果当成‘唯一准则’，不能企图用一种模式来改造整个世界，否则就容易滑入机械论的泥坑。”[①]二是要搭建国际对话交流平台，不仅彰显中国特色，还要兼顾国际比较。值得关注的是，国际交流中要注意两个精准识别的问题：一是要精准识别他国具有准思想政治教育或类思想政治教育之“实”的学科，二是要精准识别他国研究思想政治教育之“实”的学者。只有这样，对话的精准性才能保证交流的有效性。

① 习近平谈治国理政：第二卷［M］.北京：人民出版社，2017：340.

思想政治教育学科具有强烈的理论性和实践性，学科的发展需要思想政治教育工作者既是实干家又是理论家。思想政治教育基础理论研究者要不断打牢自己的马克思主义理论功底，以深厚的学识修养赢得社会的尊重；应当通晓思想政治教育学术史，通晓思想政治教育理论现状及前沿，通晓思想政治教育理论与实践关系，了解思想政治教育格局与形势，了解思想政治教育与其他相关领域的理论与实践，在此基础上有针对性地研究、运用、发展思想政治教育基础理论。

（三）培养思想政治教育学科专门人才

“设立思想政治教育学科的重要意义，是同思想政治工作在党和国家事业发展中的地位、在人才培养中的作用联系在一起的。”[①]这要求我们要着力培养好思想政治教育学科的专门人才。首先，要善于发现人才。思想政治教育理论工作者、宣传思想工作者、高校思想政治工作者、企业党政管理人员、思想政治教育专业青年大学生等，都是思想政治教育人力资源队伍的一部分。思想政治教育学者要善于发现人才骨干和人才苗子，特别是有志于从事思想政治教育理论研究的工作人员和既有“理论感”又有“思想政治教育意识”的青年大学生，将他们培养成为思想政治教育领域的专家学者。其次，通过孵化培养人才。思想政治教育学术共同体是思想政治教育人才培养的孵化器，要积极构建学术共同体，以学术共同体的方式服务国家、服务社会、服务学科发展，这既是国家、社会发展的需要，也是学科发展的需要和思想政治教育工作者自身发展的需要。思想政治教育学术共同体一旦形成，它的团体凝聚力和学术影响力就会不断吸引游离于共同体之外的优秀人才加入进来，身处学术共同体之中的思想政治教育工作者通过更加有效的沟通交流，也能使资源信息共享，促进自身发展趋于完善。因此，学术共同体既能够

① 冯刚.不断探索思想政治教育学科建设与发展的科学路径［J］.思想理论教育导刊，2014（4）：16.

吸引优秀人才，又能够培养优秀人才。最后，在使用中培养人才。要善于营造有利于人才充分施展其才能的学术环境，建立有利于激发人才内在潜能和素质的机制，为思想政治教育人才特别是青年人才铺路搭桥，让他们拥有更多人生出彩的机会，达到人尽其才、才尽其用，既实现人才价值，又提升人才素质的良好效果。

在培养思想政治教育学科人才的过程中，还应该特别注重思想政治教育理论家的培育。思想政治教育理论家既是时代的呼唤，也是学科自身发展的需要。早在1987年，《中共中央关于改进和加强高等学校思想政治工作的决定》中就明确提出培养和造就思想政治教育的“理论家”。在很大程度上，没有理论家，就没有学科的高水平，也就没有学科建设的高质量。思想政治教育理论家的特性集中体现在学识、功底、人格、影响力和权威性等几个方面。新的时代的变化，为思想政治教育理论家的产生准备了时代条件、队伍条件、保障系统和政策支持。思想政治理论家的产生可以巩固和创新基础理论，为培养人才提供内容滋养和精神动力，为大中小学思政课建设输送优秀人才。同样，大中小学思政课建设也可以为思想政治教育理论家的出现打下良好基础。

三、把握思想政治教育基础理论研究的发展趋势

近年来，关于思想政治教育学科何去何从的探讨，集中于“政治性与学术性”“质性研究与量化研究”“中国特色与普遍价值”“自身建设与充分借鉴”等议题。这从一些侧面反映出思想政治教育学科肩负的使命和面临的挑战，值得思想政治教育学者深思。在我看来，要有效应对这些挑战，在新的时代背景下推动思想政治教育基础理论研究，需要正确处理好以下几对关系。

（一）把握好政治性与学术性的关系

无论从主观目的还是从客观效果来看，任何一门社会科学都会受到一定政治体制、政治思想、政治观念的制约，表现出某种政治倾向，并对政治起到一定的作用。思想政治教育是一门政治性较强的学科，具有鲜明的阶级性和意识形态性。是以政治引领学术，还是用学术讲政治，二者能否兼顾？这是思想政治教育值得深思的问题。

以“政治引领学术”，凸显思想政治教育的政治性；以“以学术讲政治”，凸显思想政治教育的学理性。掌握好“政治性和学术性”的“度”是推动思想政治教育基础理论研究的重要维度。在2019年3月18日学校思想政治理论课教师座谈会上，习近平总书记提出的“八个统一”中的第一个统一就是“坚持政治性和学理性”相统一。欲行其之道，必先明其理。所谓政治性，是由正确政治方向、政治原则、政治立场、政治观点所体现出来的鲜明价值属性；所谓学理性，是蕴含于思想理论教育中的学科专业知识和理论逻辑。从两者的内在关系看，政治性是根本和灵魂，决定着思想政治教育的大方向；学理性是基础和支撑，决定着思想政治教育理论彻底性的实现程度。

将政治性与学术性更好地融合，需要从基础理论入手挖掘和研究。只有这样，才能将思想政治教育的政治属性建立在严密科学的逻辑基础上。首先，避免“泛政治化”“去政治化”两种倾向。一是要避免“泛政治化”倾向。党和国家理论的大众化需要通过学术化的阐释转化为知识体系，引导人们将正确的政治思想、政治观点和政治规范融入日常生活，因而政治的发展可谓离不开学术。二是要避免“去政治化”倾向。党和国家的理论创新为思想政治教育学科发展提供了重要研究主题、研究方法与研究领域。思想政治教育研究需要围绕党和国家领导人的讲话、相关会议的文件展开，这是思想政治教育学科发展的一条基本线索，因而学术的发展可谓离不开政治。其次，要用学术讲政治。一是政治思想学理化，由宣传性向教育性转换，增强政治思想的说服力；二是政治话语学术化，由陈述性向阐释性转换，增强政治话语的吸引力；三是政治规范学科化，由强制性向渗透性转换，增强政治规范的穿透力。

（二）把握好整体规划与个体探究的关系

一个学科尤其是人文社会科学的学科建设和发展不仅需要学术共同体的共同努力和协同推进进而建构“学科之言”，也少不了学者们的个体探索和自由追寻并提出“一家之言”。整体规划与个体探究之间不仅不矛盾，反而相得益彰。

第一，相关决策部门应做好顶层设计。全国社会科学工作办公室、教育部社会科学司、思想政治工作司等部门应制定指导性的文件与政策，在国家社会科学基金和教育部相关课题的重大项目、年度项目、青年项目、后期资助项目等选题中，加大对思想政治教育基础理论研究选题的设立和指导，逐步推进思想政治教育形成科学、系统的基础理论体系。

第二，学术共同体应做好整体规划。“应聚集人材，分工合作地去做，克服无组织的状态。”①相关学术研究组织如中国高等教育学会思想政治教育分会、中国教育发展战略学会思想道德建设专业委员会等学术机构应发挥协调、参谋、指导的作用，通过定期举行学术论坛、发布课题指南等方式，组织思想政治教育领域的学者聚焦思想政治教育基础理论问题，推动思想政治教育良性发展。

第三，学人应敢于开拓创新。思想政治教育领域学者们的个体探究要在遵守学科基本概念、研究范式、话语体系的前提下进行，不遵守“学科之言”会导致学者们“各说各话”的学术乱象。学者们宜秉持“接着做”的理念，依据时代发展需求，实事求是地肯定前人的研究成果，结合自身兴趣与学术特长，探寻新方法、探究新问题、探索新领

① 毛泽东选集：第三卷［M］.北京：人民出版社，1991：802.

域，推动思想政治教育基础理论研究的深化与拓展。

（三）把握好基础理论研究与应用对策研究的关系

思想政治教育学科的创新发展既需要关注宏观层面的“大问题”，也需要关注微观层面的“小问题”，实现宏微并进。其中，思想政治教育学科中的基础理论研究应有现实的关怀，不是“躲进小楼成一统，管他冬夏与春秋”的“自说自话”式研究；思想政治教育学科中的应用对策研究必须建立在扎实的基础理论研究上，否则会缺乏前瞻性、原创性、针对性。

在学科建立之初，我们比较关注实践经验的总结与深化。随着学科的深入发展，应该不断分化、细化并形成思想政治教育领域各个分支领域甚至分支学科。此时，如果简单运用原有的理论分析框架会显得“心有余而力不足”，这就启示我们在应用对策研究中提炼和升华符合时代特征的理论阐释框架。自学科建立以来，系统论观点长期主导着思想政治教育学科的建设和发展，学界的众多理论成果与指导实践、解决现实问题相去甚远。对于体系的过度关注，会使我们陷入格式化思维，离现实问题越来越远。思想政治教育基础理论研究需要聆听时代的声音，感知时代的脉搏，倾听群众的呼声，跳出格式化的思维模式，瞄准现实问题，弥合体系化与问题化之间的裂痕。只有这样，思想政治教育基础理论研究才能展现勃勃生机。

（四）把握好思想政治教育学科与其他相关学科的关系

思想政治教育是研究人的思想政治素质形成发展和思想政治教育运行规律的学科，自建立之初就带有综合学科、交叉学科的色彩。随着互联网时代的到来，社会思想文化领域的交锋越来越频繁，思想问题越来越复杂，仅从思想政治教育实践中提炼理论与方法已经不能够满足学科的发展，借鉴其他相关学科的理论与方法成为学科发展的题中之义。第一，处理好思想政治教育学科与马克思主义理论一级学科的关系。无论是从学理基础来看，还是从学科历史发展来看，思想政治教育学科具有马克思主义的根本学科属性，要在马克思主义理论学科中搞好学科建设，用马克思主义的基本立场、观点和方法分析问题、解决问题。第二，处理好思想政治教育学科与其他相关学科之间的关系。基础理论研究的过程既要明确学科边界，又不能画地为牢。思想政治教育的基础理论研究不是等着我们去研究的封闭区域，而是需要我们主动探索的开放领域。基于新时代的宏阔背景，思想政治教育基础理论研究要聚焦和回应思想政治教育学科的真问题，广泛借鉴相关学科的研究方式来分析和阐释这些问题，这就需要理性审视和警醒那些对教育学、心理学、社会学等学科理论的“简单移植式研究”。

第三节　推进新时代思想政治教育范畴研究

作为基础理论的核心要素，范畴的精确化、规范化，是任何一门学科持续发展的客观要求。范畴是把事物进行归类的依据，有了范畴，才可以“把我们的观察资料归属到一个秩序井然的符号系统中去，以便使它们相互间系统连贯起来并能用科学的概念来解释”[①]。作为思想政治教育理论研究的重要领域，范畴研究关系到学科建设的方方面面，是促进学科向高水平发展的重要一环，具有推动学科持续发展的内在推动力量。党的十八大以来，习近平总书记高度重视思想政治教育的改革创新，提出了一系列重要的新理念和新要求，为我们深化新时代思想政治教育范畴研究提供了强大的动力和科学的指导。新时代背景下，深化思想政治教育范畴研究应明晰深化研究的时代意义，着力于理论思维和实践导向，把握学科范畴研究的进展方向，在研究范式不断完善、研究成果不断积累中有效增进学科建设发展的内生力量。

一、深化思想政治教育范畴研究的时代意义

新时代的到来既为深化思想政治教育范畴研究提出了要求，也提供了动力和契机。思想政治教育研究者和从业者要做有思想的行动者，明

① 恩斯特・卡西尔.人论［M］.甘阳，译.上海：上海译文出版社，1995：275.

确深化范畴研究的时代意义，增强使命担当意识。

第一，深化思想政治教育范畴研究是推动实践成果转化的必然要求。人们对外部经验世界、自身实践活动的任何认识成果都结晶在范畴、概念中。范畴既是人类认识世界的成果，也是人类进行思维的形式和工具。它们是人类认识之网上的“纽结”，是进一步认识世界的“阶梯”，是人类利用认识、改造世界的“工具”和“支撑”。进入新时代，思想政治教育在思路理念、体制机制、路径载体、方法手段等方面的改革探索不断深入，积累起新的丰富经验，这些实践经验是学术研究的“富矿”，我们需要将新的经验加以升华，进一步提高思想政治教育学科建设和学术研究的科学化水平。范畴的研究和发展反映了本学科理论原创能力的提升，新的范畴往往是理论生长点，规范化的范畴体系为理论创新提供基本的逻辑思维工具。

第二，深化思想政治教育范畴研究是指导实践创新的客观需要。“历史表明，社会大变革的时代，一定是哲学社会科学大发展的时代。当代中国正经历着我国历史上最为广泛而深刻的社会变革，也正在进行着人类历史上最为宏大而独特的实践创新。这种前无古人的伟大实践，必将给理论创造、学术繁荣提供强大动力和广阔空间。这是一个需要理论而且一定能够产生理论的时代，这是一个需要思想而且一定能够产生思想的时代。”[①]思想政治教育作为一门极具中国特色的哲学社会科学，更加不应该辜负这个时代。要适应新时代中国特色社会主义的发展要求，提高思想政治教育工作的原则性、系统性、预见性和创造性，就必须深化范畴研究。

第三，深化新时代思想政治教育范畴研究是创新话语体系的内在要求。习近平总书记指出：“发挥我国哲学社会科学作用，要注意加强话

① 习近平．在哲学社会科学工作座谈会上的讲话［N］．人民日报，2016-05-19（2）．

语体系建设。”[①]新时代要发挥思想政治教育的功能作用，必须加强话语体系建设，而范畴是话语体系的“纽结”。面向国内，思想政治教育学科创新话语体系是打造学术共同体的必要之举。从本质上而言，范畴是一定学科本质规律的反映，表征着该学科存在与发展的基本规定性。思想政治教育范畴研究在学者们的努力下获得了丰富成果，奠定了扎实的基础，但学界对一些基本范畴的认识尚未统一，范畴体系建设仍待规范，仍需取得进一步的共识。面向国外，思想政治教育学科创新话语体系是争夺话语权的必要之举。在经济全球化时代，思想政治教育工作者和研究者“要善于提炼标识性概念，打造易于为国际社会所理解和接受的新概念、新范畴、新表述，引导国际学术界展开研究和讨论”[②]。总之，统筹国内国际两个大局，我们迫切需要用富有思想含量和时代内涵的范畴体系构建新时代思想政治教育的话语体系，凸显思想政治教育在国家治理现代化和学校治理现代化中的特殊价值，发挥思想政治教育在高层次人才培养中的关键作用。

二、深化思想政治教育范畴研究的两大着力点

理论与实践的紧密结合是思想政治教育的一个重要特点，所以深化新时代思想政治教育范畴研究必须坚持理论和实践的统一，在理论思维和实践导向两大方面着力。

第一，在理论思维中深化思想政治教育范畴研究。根据马克思主义观点，理论思维具有三大特征：抽象思辨性、辩证逻辑性和反思批判性。或者说，理论思维是本质抽象思维、辩证逻辑思维和反思批判思维

① 习近平．在哲学社会科学工作座谈会上的讲话［N］．人民日报，2016-05-19（2）．

② 习近平．在哲学社会科学工作座谈会上的讲话［N］．人民日报，2016-05-19（2）．

的有机统一。所以，在理论思维中深化思想政治教育范畴研究需要在以下三方面下功夫。

首先，运用本质抽象思维，将思想政治教育工作的丰富经验上升为规律性认识。理论思维是区别于经验思维、表象思维的抽象思维，是要透过现象看本质。马克思曾说道："分析经济形式，既不能用显微镜，也不能用化学试剂。二者都必须用抽象力来代替。"[①]在马克思看来，本质抽象思维是从具体到抽象的思维过程，它使得"完整的表象蒸发为抽象的规定"[②]，获得这些表象背后更本质的规律性的存在。其次，运用辩证逻辑思维，建构起新时代思想政治教育范畴体系。马克思指出，思维过程还包括从抽象到具体这一环节，即"抽象的规定在思维行程中导致具体的再现"[③]，这实际上是建构范畴体系的过程。习近平总书记指出："每个学科都要构建成体系的学科理论和概念。"[④]思想政治教育学科要构建具有严谨逻辑性和普遍解释力的范畴体系，就离不开辩证思维。列宁指出，辩证法就是"一切概念的毫无例外的相互依赖"，"一个概念向另一个概念的转化"[⑤]。可见，辩证思维强调对范畴之间关系的审视，从而让独立的范畴有了存在的语境，使未成体系的范畴成为范畴体系。习近平总书记就思想政治理论课的改革创新提出的"八个相统一"就充分体现了辩证思维的原则。辩证思维的第二大特征是发展性。马克思指出，辩证法终结了人的一切认识和实践有终结的想法，"辩证法对每一种既成的形式都是从不断的运动中，因而也是从它的暂时性方面去理解"[⑥]。所以辩证的理论思维是历史性思维，我们在理论思维中

① 马克思恩格斯选集：第二卷［M］.北京：人民出版社，2012：82.

② 马克思恩格斯选集：第二卷［M］.北京：人民出版社，2012：701.

③ 马克思恩格斯选集：第二卷［M］.北京：人民出版社，2012：701.

④ 习近平.在哲学社会科学工作座谈会上的讲话［N］.人民日报，2016-05-19（2）.

⑤ 列宁全集：第三十八卷［M］.北京：人民出版社，1959：210.

⑥ 马克思恩格斯全集：第二十三卷［M］.北京：人民出版社，1972：24.

深化思想政治教育范畴研究要体现发展性，范畴本身要体现时代性。最后，运用反思和批判思维，推动思想政治教育范畴的动态发展。在恩格斯看来，理论思维是哲学思维，哲学的思维特性是反思，所以理论思维是一种反思的思维方式。只有具有后思、反思的维度，才能充分挖掘实践经验的价值，深刻理解基本范畴的意义。因为反思有两个维度：一是构成思想的维度，通过对思想政治教育实践活动的总结反思，提炼范畴，提出理论，建构学术体系；二是反思思想的维度，对思想政治教育的认识结果、认识与实践的关系等作为问题予以反思。比如，教育者和受教育者这对基本范畴在新时代有了更为复杂的内涵和互动关系。在以往的认识中，教育者就是教师，但协同育人格局下的教育者不仅仅包括教师。

总之，理论思维，使目前含混的范畴得以精确化、规范化，推动思想政治教育研究在逻辑层次上的跃升，并敞开思想政治教育自我批判以及与时俱进的发展空间，进而推动思想政治教育理论和实践的创新发展。

在厘清理论思维的基本内涵后，我们还有必要运用理论思维对何为思想政治教育范畴、思想政治教育范畴有哪些具体形态等问题予以宏观把握。

一是按照性质和存在方式的不同，理论思维中的思想政治教育范畴有实体范畴、属性范畴和对应范畴之分。一般而言，实体范畴是思想政治教育客观内容、实在基础、过程环节的具体反映，侧重指向思想政治教育及其学科化赖以存在与发展的实体内容。如我们常说的思想、思想工作、思想政治工作、思想政治教育等概念表征着思想政治教育的核心所指，构成了思想政治教育学科的重要实体范畴。此外，如思想政治教育过程、思想政治教育目标原则、思想政治教育方式方法、思想政治教育体制机制等在表征何为思想政治教育的同时，建构着思想政治教育如何实现的具体内容，是高校思想政治教育实体范畴的重要构成。属性范畴是对思想政治教育及其要素基本性质的反映。比如思想政治教育的意识形态性、阶级性和真理性等。习近平总书记强调思想政治理论课要坚持政治性和学理性的统一，为我们进一步阐释思想政治教育基本属性提供了启示。相较于实体范畴的独立存在，对应范畴是成对出现的。实体范畴是对思想政治教育现象的本质反映，对应范畴是对思想政治教育现象间普遍联系的反映。如思想与行为、教育者和受教育者、内化和外化、理论与实践等均属于对应范畴。前后两者是一种对应性存在，一方以另一方为话语存在的基础与逻辑展开的背景，厚此薄彼或顾此失彼将消解彼此存在的意义与根基。对应范畴的这种关切性源于其相互间的具体联系。就以上所列举对应范畴而言，思想支配行为，行为外显并推动思想的发展；内化与外化既相对独立又密切相关，两者辩证统一于思想政治教育实践中；理论来自并指导实践，而实践验证并推动理论的发展。总之，彼此之间是一种相互对应的关系，你中有我、我中有你，在对应性存在中诠释着思想政治教育的特有含义，体现着思想政治教育的辩证原则。

二是按照重要性和作用大小的不同，理论思维中的思想政治教育范畴有基本范畴、重要范畴和具体范畴之分。其中，基本范畴反映了思想政治教育现象和过程中最本质、最普遍、最稳定的特性和关系，是思想政治教育现象本质联系的表征。学界在基本范畴的界限及其具体所指方面尚未达成共识。目前存在基本范畴一元论（思想与行为）、二元论（思想与行为、教育与组织）、三元论（灌输与互动、理解与激励、内化与外化）、四元论（教育者和受教育者、目标和内容、原则和方法、环境和载体）、五元论（持五元论学者较多，且五元具体内容有所不同）、六元论（思想与行为、教育者与受教育者、内化与外化、疏通与引导、教育与管理、物质鼓励与精神鼓励）、七元论（有学者提出七范畴为：思想与行为、教育者与受教育者、教育与管理、个体与群体、自教与他教、物质鼓励与精神鼓励、理论与实践等）、八元论（持该论点的学者从不同分析框架出发提出了不同的八对范畴）等诸多观点。虽观点尚未完全统一，但思想和行为、内化和外化、教育者和受教育者、教育和管理、沟通和疏导、个人和社会、言传和身教、疏通与引导、物质鼓励与精神鼓励等构成思想政治教育的基本范畴，得到学界较为广泛的认可。重要范畴是对思想政治教育实践及其发展起着重大作用，能够揭示思想政治教育某一方面或某一阶段规律的思想政治教育概念的总称。如思想政治教育的科学性和价值性、阶级性和意识形态性、内因和外因等。具体范畴是在实际操作中用来分析和解决具体问题的范畴，指向具体的思想政治教育现象。因此，在思想政治教育学科范畴体系中，具体范畴具有突出的广泛性。总体而言，在基本范畴和重要范畴之外的思想政治教育范畴均可看作具体范畴。

三是按照所处层次的不同，理论思维中的思想政治教育范畴可分为起点范畴、中心范畴、中介范畴、成果范畴和终点范畴。作为一种教育活动，思想政治教育是包括教育者、教育对象、教育内容、教育方法、教育载体等之间的互动过程、矛盾运动过程。所以我们在梳理思想政治教育各范畴的横向逻辑的同时，也要关注思想政治教育范畴间的纵向关联，坚持从抽象到具体的研究方法，再现思想政治教育在思维中的具体总体。“现代思想政治教育学基本范畴之间具有极其紧密的内在逻辑联系，是一个由相互联系、相互作用的，从简单到复杂、从抽象到具体的起点范畴（思想与行为）、中心范畴（教育主体与教育客体）、中介范畴（疏通与引导、言教与身教、物质鼓励与精神鼓励、教育与管理）、成果范畴（内化与外化）和终点范畴（个人与社会）构成的立体动态结构。”[①]具体而言，起点范畴、中心范畴、中介范畴、成果范畴、终点范畴的内在结构性关系如下图所示：

① 徐志远，范慧玲.论现代思想政治教育学基本范畴的内在逻辑联系［J］.学校党建与思想教育，2019（5）：23.

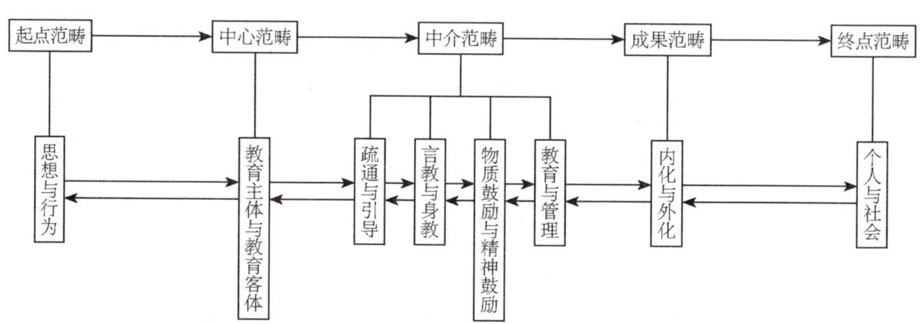

值得注意的是，思想政治教育不是一次性完成的实践活动。尤其是治理理念的提出，更是增强了思想政治教育实践的动态反思性。如前所言，辩证思维终结了一切认识和实践活动有终点的想法，所以图示过程是一个不断反复的过程。推动终点范畴走向起点范畴，不断反复上升的是思想政治教育的质量评价环节。近年来，党中央、国务院多次对思想政治教育评价提出了新要求，推动了思想政治教育工作的内涵拓展和实践延伸，所以有关思想政治教育质量评价的范畴研究是一个重要的理论生长点和突破口。

第二，在实践导向中深化思想政治教育范畴研究。“理论思维的起点决定着理论创新的结果”①，脱离了实践、实际的范畴研究是在“逻辑的底布上绣花”，产生的只能是“逻辑的泛神论”。要避免从概念到概念的话语体系，就要为范畴注入丰富的时代内涵、鲜活的实践内涵。实际上，在马克思主义哲学视域中，辩证思维方式是与实践的思维方式高度统一的。所以，深化思想政治教育范畴研究既要坚持理论思维，也要坚持实践导向。具体而言，坚持范畴研究的实践导向蕴含以下三方面内容。

一是扎根中国大地。新时代思想政治教育范畴研究要扎根中国大地，承担培育时代新人的历史使命，回应我国青年人才全面发展的需求。我们是开门搞研究，可以学习借鉴国外的概念、话语、方法、理论，但一定要有分析鉴别，一定不能生搬硬套，一定要坚持批判分析精

① 习近平．在哲学社会科学工作座谈会上的讲话［N］．人民日报，2016-05-19（2）．

神和本土化思维。更重要的是，我们要从我国改革发展的实践中挖掘新材料、发现新问题、提出新观点、构建新理论，通过加强对党中央治国理政新理念新思想新战略的研究阐释，提炼出具有中国特色、中国风格、中国气派的新概念和新理论。当前，推进国家治理体系和治理能力现代化是我们党的一项重要工作，加强治理视域下思想政治教育的范畴研究是一个前沿重点问题。

二是突出问题意识。习近平总书记指出："坚持问题导向是马克思主义的鲜明特点。问题是创新的起点，也是创新的动力源。"①"世界上伟大的哲学社会科学成果都是在回答和解决人与社会面临的重大问题中创造出来的。"②新时代思想政治教育范畴研究必须正视实践中出现的新问题、遇到的新挑战，破解思想政治教育发展进程中的瓶颈和难题。

三是强化应用意识。我们应该坚持"基础研究与应用研究相辅相成、学术研究和成果应用相互促进"③。借用马克思的话来说，问题在于不仅要解释世界，还要改变世界。深化思想政治教育范畴研究不仅具有理论价值，有利于思想政治教育理论的阐释和创新，更要具有实际应用价值，有助于解决实际问题，为思想政治教育提质增效提供理论指导，推动我国高等教育事业的创新发展。

总之，"实践是不断发展的，我们的认识和工作也要与时俱进"④。实践导向不仅是新时代思想政治教育持续发展的内生动力，也是思想政治教育范畴研究的价值旨归，还是思想政治教育范畴研究的基本思维方式。坚持实践导向深化范畴研究，要求范畴反映思想政治教育实践的基

---

① 习近平.在哲学社会科学工作座谈会上的讲话［N］.人民日报，2016-05-19（2）.

② 习近平.在哲学社会科学工作座谈会上的讲话［N］.人民日报，2016-05-19（2）.

③ 习近平.在哲学社会科学工作座谈会上的讲话［N］.人民日报，2016-05-19（2）.

④ 习近平谈治国理政［M］.北京：外文出版社，2014：400.

本特征和规律。具体而言，从实践导向出发把握思想政治教育范畴，应实现以下三个方面的统一。

一是外显性与内隐性的统一。思想政治教育既是一种显性教育，也是一种隐性教育。习近平总书记在学校思想政治理论课教师代表座谈会上提出："要坚持显性教育和隐性教育相统一。"[①]显性教育注重通过旗帜鲜明、直接外显的教育活动，使受教育者接受教育；隐性教育则是通过间接内隐的教育活动，使受教育者在不知不觉中接受教育。前者如黄钟大吕，内容系统、组织严密；后者如春风化雨，潜隐无形、润物无声。二者在目标上一致，形式上互补。作为这一实践特性的理论彰显，思想政治教育范畴应该把显性和隐性教育的内容、形式、要求等表达出来。如在思想与行为这对范畴中，思想侧重于表达教育效果的内隐性，行为侧重于表达教育效果的外显性，对任何个体和群体而言，其思想政治道德素养均是内隐品德素养与外化道德行为的统一。与此相似的有内化与外化范畴，内化表征受教育者在教育影响下有意识地选择、消化、吸收思想政治教育信息、内容，将其纳入自我素养系统的过程，这一过程是内在地、潜隐地发生的，往往不易为他人直观察觉。而外化表征于受教育者在接受思想政治教育信息、内容的基础上，将其作为个人现实行为的向导，并形成相应的行为习惯的过程，这一过程可直观察觉，凸显出外显性。此外，如物质激励与精神激励等范畴，均在一定程度上彰显着思想政治教育显性与隐性相统一的基本特征。立足于新时代，习近平总书记提出了"三全育人"的新理念，提出了思政课程和课程思政同向同行的新要求。如果说思政课程主要是显性思想政治教育，那么课程思政则主要是一种隐性思想政治教育，二者同向同行，形成育人合力，产生协同效应，充分体现了显性和隐性思想政治教育实践的统一，蕴含

---

① 习近平主持召开学校思想政治理论课教师座谈会强调 用新时代中国特色社会主义思想铸魂育人 贯彻党的教育方针落实立德树人根本任务［N］. 人民日报，2019-03-19（1）.

着提炼新范畴的丰富要素。

二是普遍性和特殊性的统一。如前所述，思想政治教育范畴从层次上可以分为一般范畴和具体范畴，分别反映着思想政治教育的普遍规律和特殊规律，是思想政治教育实践统一性要求和多样性表现的理论反映。从思想政治教育实践角度来看，统一性和多样性是思想政治教育的重要原则。习近平总书记在学校思想政治理论课教师座谈会上强调："要坚持统一性和多样性相统一，落实教学目标、课程设置、教材使用、教学管理等方面的统一要求，又因地制宜、因时制宜、因材施教。"[①]统一性和多样性的统一体现了普遍性和特殊性的辩证关系原理，"统一性强调的是要有一定的标准，要有基本的要求，要有内在的尺度。多样性强调的是要适应不同的发展，要根据不同的情况、不同的层次，来研究解决问题的方式"[②]。从思想政治教育学科发展角度来看，普遍性和特殊性是思想政治教育目标的统一和受教者个性化发展需求的理论反映。思想政治教育担负着巩固马克思主义在意识形态领域的指导地位、保证社会主义办学方向、全面贯彻党的教育方针、落实立德树人根本任务的重要使命，要达到一个统一的目标。然而，作为现实的个人，来自不同生活背景的受教育者不可避免地具有差异性，尤其是当代青年个性突出，在现代技术的加持下，文化反哺能力增强，这些因素共同决定了思想政治教育须在坚持统一性要求的基础之上，兼顾多样性的个性特点和发展需求。实际上，多样性不仅是受教育者的特点，也是教育者的特点。可以说，多样性的学生与差异化的成长发展需求，多样性的教师和差异化的教育教学风格统一于思想政治教育实践中。新时代思想政治教

① 习近平主持召开学校思想政治理论课教师座谈会强调 用新时代中国特色社会主义思想铸魂育人 贯彻党的教育方针落实立德树人根本任务［N］.人民日报，2019-03-19（1）.

② 冯刚.理直气壮开好思政课——把握新时代思政课建设规律［M］.北京：人民出版社，2019：107.

育统一性和多样性的关系在范畴维度主要表现为两方面：一方面是在范畴的形式和内涵方面，基本范畴在形式上保持统一不变，但具体所指在思想政治教育的实践基础上不断丰富发展，内涵表现多样。“对于思想政治教育范畴研究而言，思想政治教育的基本范畴在学科发展中短期内不会有大的变化，但这些基本范畴在新时代的广泛实践中拥有了更为丰富的内涵。”[①]正如马克思所言：“哪怕是最抽象的范畴，虽然正是由于它们的抽象而适用于一切时代，但是就这个抽象的规定性本身来说，同样是历史条件的产物，而且只有对于这些条件并在这些条件之内才具有充分的适用性。”[②]比如培育“时代新人”是对我国学校育人目标的守正创新，时代新人的内涵在社会主义新人这一普遍要求的基础上，增加了新时代这一新的历史方位所赋予的特殊使命和能力要求。另一方面是在范畴与范畴体系的关系方面，多样的范畴统一于思想政治教育范畴体系。如前所言，依据不同的分类标准，思想政治教育分为不同的范畴类型，每一类型下包括多样的思想政治教育范畴，但统一于思想政治教育范畴体系，组成思想政治教育总的辩证图景。新时代统筹推进大中小学思政课一体化建设是一项重要工程，一体化建设在尊重不同阶段的特殊性规律、多样性表现的同时，坚持统一性目标和指向，这一探索将为我们丰富范畴体系提供新的整理材料。

三是建设性和批判性的统一。马克思主义从诞生起就把建设性和批判性结合在一起，在阐释唯物史观的同时反驳各种形式的唯心史观。习近平总书记强调思想政治理论课“要坚持建设性和批判性相统一”[③]。思想政治教育的建设性指的是要旗帜鲜明地传导主流意识形态，批判性

① 冯刚．在时代发展进程中把握思想政治教育热点研究［J］．思想理论教育，2019（6）：53.

② 马克思恩格斯选集：第二卷［M］．北京：人民出版社，2012：705.

③ 习近平主持召开学校思想政治理论课教师座谈会强调 用新时代中国特色社会主义思想铸魂育人 贯彻党的教育方针落实立德树人根本任务［N］．人民日报，2019-03-19（1）.

指的是要直面各种错误观点和思潮，敢于亮剑，善于批驳。要言之，要破立并举。在思想政治教育理论研究中，所谓不破不立，唯有确立学科研究对象、范畴、方法等基本框架，才有批判性发展的基础；同时不破不立，唯有针对错误观点和思潮加以批判，才能促进自身深化发展。思想政治教育范畴体系的建构和发展也是建设性和批判性的有机结合。一方面，思想政治教育范畴的具体确立是一个建设性过程。对于一个具体的概念而言，其能否成为思想政治教育学科范畴需依据思想政治教育学科属性及一定的范畴标准来综合考量予以确认。另一方面，思想政治教育范畴体系的持续发展依赖于对既有范畴、概念进行学理性反思、批判性考察。反映新时代思想政治教育实践发展需要的新理念和新提法应加强研究和阐释，以丰富思想政治教育基本范畴的内涵，完善现有逻辑体系。比如立德树人根本原则、时代新人育人目标、“八个相统一”的思想政治理论课质量提升方略、七个育人机制等是建立在对思想政治教育的功能、教育者和教育对象、教育环境、教育过程等要素“变”与“不变”的精准把握下提出的新论断，为我们创新新时代思想政治教育范畴体系提供了丰富内容和重要启示。

三、思想政治教育范畴研究的发展方向

经过多年研究探讨，学界形成了思想政治教育范畴研究的基本论域，主要包括范畴的内涵和内容、类型和特征、功能和发展、体系构建等，并提出了一系列代表性观点，为我们深化范畴研究奠定了坚实的基础。思想政治教育范畴研究应因事而化、因时而进、因势而新，在现有研究的基础上，实现深化与拓展。新时代思想政治教育范畴研究需要坚持以下发展方向：

第一，在契合思想政治教育实践中增强范畴研究的时代性。范畴的表现形式是抽象凝练的，但反映的是“实体性的内容”，“在这种实体性

的内容里，我们看见了时代”[①]。“时代是思想之母，实践是理论之源。”[②]围绕思想政治教育实践发展提升范畴研究的时代性是推动思想政治教育范畴研究可持续深化的关键。在契合思想政治教育实践中增强范畴研究的时代性具有两方面的现实指向：其一，在思想政治教育发展实践中创新学科概念。思想政治教育的实践之变、时空之变为思想政治教育新概念、新范畴的出现提供了客观基础。根据新情况进行新总结，依据新变化开展新提炼，是思想政治教育范畴发展的必然要求。为此，应结合新时代思想政治教育的实践反馈，着力思想政治教育新实践经验的理论抽象，在实践反馈与理论抽象中不断开创思想政治教育范畴的新内容，勾勒思想政治教育范畴体系的新格局。比如，“时代新人”“三全育人”“大思政格局”等新提法就极具原创性和时代性，为思想政治教育打开了新局面，也为思想政治教育范畴研究提供了新元素。其二，在思想政治教育学科范畴中发掘新内涵。思想政治教育学科范畴既具有发展性，同时也具有稳定性，即那些反映思想政治教育学科本质属性的基本范畴是学科最一般、最基本的概念，其一般不会随时空变换而消弭，但这种稳定性是相对的。思想政治教育学科范畴的相对稳定性集中体现为思想政治教育实践的发展不断赋予其新的时代内涵，对新时代内涵的挖掘与把握即成为科学理解与认知思想政治教育学科范畴的关键所在。

第二，在遵循现代社会科学研究规律中强化范畴研究的规范性。规范指向一定的标准与准则，规范化既是学科发展的重要表征，也是推动学科深化发展的动力源泉。新时代背景下，推动思想政治教育范畴研究创新发展需遵循现代社会科学研究规律，依据现代社会科学研究方法，不断提升范畴研究的规范性。具体而言，主要有以下两方面的规范性要求：一是研究界限的规范。范畴界限的清晰是规范化研究的重要前提，

---

① 黑格尔.小逻辑［M］.贺麟，译.上海：上海人民出版社，2009：51.

② 习近平.决胜全面建成小康社会 夺取新时代中国特色社会主义伟大胜利——在中国共产党第十九次全国代表大会上的报告［M］.北京：人民出版社，2017：26.

这意味着学科范畴内涵与外延的确定一致，意味着学界对哪些能够归为学科范畴，哪些不能归入学科范畴，即学科范畴的研究边界达成广泛共识。目前学界关于思想政治教育范畴的内涵与外延仍莫衷一是，尚未形成统一看法。这一问题的有效解决依赖于对学科范畴与学科概念、学科范畴与学科规律、学科范畴与学科本质的清晰鉴别。二是研究方法的规范。深化新时代思想政治教育范畴研究须遵循现代社会科学研究规律，推动学科范畴研究方法的规范化。要深入诠释思想政治教育学科特有的本质与独特属性，就不能脱离现代社会科学研究规律，不能脱离现代社会科学研究的一般方法。

第三，在多学科视域中提高范畴研究的系统性。对于任一学科而言，系统性都是其成熟发展的重要路径与表征，思想政治教育学科亦不例外。系统化发展是新时代深化思想政治教育学科范畴研究的重要一环。近年来，借鉴其他学科相关理论与方法研究思想政治教育问题，即在多学科视域中探寻思想政治教育的场域化是学界关注的重要课题。交叉学科涵盖了哲学、教育学、社会学、心理学、政治学、传播学、管理学、环境学、语言学、互联网与大数据等领域，相关研究成果分布于学术著作、期刊论文、硕博论文等多种成果形式中，形成了初步的交叉学科图景。习近平总书记在哲学社会科学工作座谈会上的讲话中指出："哲学社会科学研究范畴很广，不同学科有自己的知识体系和研究方法。对一切有益的知识体系和研究方法，我们都要研究借鉴，不能采取不加分析、一概排斥的态度。马克思、恩格斯在建立自己理论体系的过程中就大量吸收借鉴了前人创造的成果。"[①]随着"高校思想政治教育将由原来的内循环转变为大循环，由原来思政系统内的单兵作战变为集团作

① 习近平．在哲学社会科学工作座谈会上的讲话［N］．人民日报，2016-05-19（2）．

战、联合作战，迎来‘大思政’工作格局”①，交叉学科的方法论指导意义更加凸显。然而，目前围绕学科范畴展开的跨学科研究主要还处于对其他学科范畴理论的移植应用状态，呈现出较为明显的零散、单一特征。为此，在多学科视野中提升范畴研究的系统性是学科范畴研究未来发展的重要趋向。因此，应着力于在跨学科视野中推动范畴研究的统筹把握，从学科交叉的层面对思想政治教育学科范畴进行整体架构，坚守思想政治教育学科阵地，在思想政治教育范畴边界内开展交叉学科研究，推动思想政治教育学科范畴的系统性发展。

第四，在聚焦学科改革创新需求中提升范畴研究的科学性。深化学科范畴研究是思想政治教育科学化的必然要求，而学科范畴本身研究的科学化是提升学科科学性的基础。从这一角度讲，思想政治教育学科范畴研究的科学性发展是对学科改革创新需求的理论省思与回应。因此，在新时代背景下，思想政治教育范畴研究应及时反映思想政治教育改革创新的新需求，满足其创新发展的新期待，适应思想政治教育工作发展的新形势。具体而言，思想政治教育范畴的科学性集中表现为范畴研究的客观性和规律性。其一，学科范畴研究的客观性。即思想政治教育学科范畴的深化发展是思想政治教育学科本质及发展规律的反映，具有不以人主观意志为转移的客观性。这意味着学科新范畴的发现以及已有范畴新内涵的发掘均具有现实实在性，对其既不可臆想而出，也不可主观消解。新范畴和范畴新含义的挖掘过程本质上是立足思想政治教育实践发挥主体性的过程。其二，学科范畴研究的规律性。范畴是一定学科诸多现象之间最普遍、最稳定、最本质关系的彰显，而规律指向本质关系，即各现象之间必然的、稳定的、本质的关系。因此，范畴与规律具有天然的内在关联性，思想政治教育学科范畴是思想政治教育规律的揭示。学科范畴研究的规律性是推动学科范畴科学化发展的重要力量。

---

① 冯刚．改革开放以来高校思想政治教育发展史［M］．北京：人民出版社，2018：26.

第四章 把握思想政治教育的内在规律

规律作为事物之间内在的必然联系，决定着事物发展的必然趋向，本身蕴含着鲜明的内生动力属性。认识、把握、运用事物的内在规律，能够为事物发展提供源源不断的内生动力。思想政治教育在实践中积累了一系列科学性、规律性认识，深刻揭示出思想政治教育内部各要素的互动关联。在有效把握思想政治教育内在规律的基础上，深刻总结与运用规律，能够为其守正创新持续供给内生动力，有助于推动新时代思想政治教育内涵式高质量发展。

第一节　深刻把握新时代意识形态工作的规律性认识

“党的十八大以来，我国意识形态领域形势发生全局性、根本性转变，全党全国各族人民文化自信明显增强，全社会凝聚力和向心力极大提升，为新时代开创党和国家事业新局面提供了坚强思想保证和强大精神力量。”①新时代我国意识形态工作取得的瞩目成绩，离不开中国共产党意识形态工作经验的积累支撑、规律的全面把握，更离不开习近平总书记关于意识形态工作重要论述的科学指引。新时代，习近平总书记深刻洞察、研判和把握国内国际意识形态方面的复杂形势、演变趋势和客观规律，提出了一系列意识形态工作的新理念新思想新举措，在意识形态理论深化与实践创新中充分彰显出中国智慧。深刻把握其中蕴含的对意识形态工作的规律性认识，探究其内蕴的内生动力作用，具有重要的理论和实践价值。

一、科学彰显意识形态工作的时代价值

中国共产党历来重视意识形态工作，对意识形态工作价值的认识也在不断深化。习近平总书记聚焦时代发展特征和中国改革实际，从治国

① 中共中央关于党的百年奋斗重大成就和历史经验的决议［N］.人民日报，2021-11-17（1）.

理政的高度提出了意识形态工作的战略价值问题，对于进一步深化党和国家对意识形态工作的价值认识具有重要意义。

（一）意识形态工作巩固国家根本制度

中国特色社会主义制度是党和人民在长期实践探索中形成的科学制度体系，我国国家治理一切工作和活动都依照中国特色社会主义制度而展开，我国国家治理体系和治理能力是中国特色社会主义制度及其执行能力的集中体现。中国共产党领导的意识形态工作既要依照中国特色社会主义制度而展开，同时也是维护和巩固国家根本制度的重要方式。新时代面对世界多样文化的交流、交融和交锋，隐藏于文化之中的意识形态风险无处不在，对我国的根本制度产生了前所未有的冲击。习近平总书记指出："国内外各种敌对势力，总是企图让我们党改旗易帜、改名换姓，其要害就是企图让我们丢掉对马克思主义的信仰，丢掉对社会主义、共产主义的信念。而我们有些人甚至党内有的同志却没有看清这里面暗藏的玄机，认为西方'普世价值'经过了几百年，为什么不能认同？西方一些政治话语为什么不能借用？接受了我们也不会有什么大的损失，为什么非要拧着来？有的人奉西方理论、西方话语为金科玉律，不知不觉成了西方资本主义意识形态的吹鼓手。"[①]面对如此的意识形态安全风险，以及对国家根本制度的冲击，习近平总书记明确指出要"把坚持马克思主义在意识形态领域指导地位的制度确立为中国特色社会主义制度体系的一项根本制度"[②]。以突出的辩证思维和创新思维，将马克思主义在意识形态领域的指导地位作为一项根本制度确定下来，充分展现出坚持马克思主义在意识形态领域的指导作用，既是中国特色社会主义制度体系的重要组成部分，也是巩固中国特色社会主义制度体系的重要支撑。

① 习近平谈治国理政：第二卷［M］.北京：外文出版社，2017：327.

② 习近平谈治国理政：第四卷［M］.北京：外文出版社，2022：309.

（二）意识形态工作提升国家治理效能

“意识形态工作是党的一项极端重要的工作”[①]，是国家治理体系和治理能力现代化的重要影响因素。国家治理现代化是新时代我国全面深化改革的重要课题，也是新时代中国特色社会主义伟大实践创新发展的重要命题。“国家治理体系和治理能力是一个国家制度和制度执行能力的集中体现。”[②]无论是国家治理现代化发展，还是国家制度的有效执行，都需要有强大的共同思想基础。习近平总书记指出，“要巩固马克思主义在意识形态领域的指导地位，巩固全党全国人民团结奋斗的共同思想基础”[③]，“我们加强党对意识形态工作的领导，巩固了全党全社会思想上的团结统一”[④]。以马克思主义为指导，通过社会主义意识形态强大凝聚力和引领力建设，使广大党员干部和人民群众凝心聚力，心往一处想、劲往一处使，能更好地激发国家治理实践中主体的积极性、主动性和创造性，增进国家治理现代化的内生动力，进而在此基础上不断提升国家治理效能。同时，在国家治理现代化的发展进程中，同样存在一定的重大风险和考验。习近平总书记指出：“我们面临的重大风险，既包括国内的经济、政治、意识形态、社会风险以及来自自然界的风险，也包括国际经济、政治、军事风险等。如果发生重大风险又扛不住，国家安全就可能面临重大威胁，全面建成小康社会进程就可能被迫中断。”[⑤]总书记的相关论述，科学洞悉并勇敢直面各种风险，突出强调意识形态工作的创新发展在将各种风险挑战积极转化为发展动力，进而不断增进国家治理效能过程中的重要地位，彰显着新时代意识形态工作

① 习近平谈治国理政［M］.北京：外文出版社，2014：153.
② 习近平谈治国理政［M］.北京：外文出版社，2014：91.
③ 习近平谈治国理政［M］.北京：外文出版社，2014：153.
④ 习近平谈治国理政：第二卷［M］.北京：外文出版社，2017：60.
⑤ 习近平谈治国理政：第二卷［M］.北京：外文出版社，2017：81.

的重要战略价值。

（三）意识形态工作保障高校立德树人

高校是人才培养的重要场域，高等教育是赢得青年和赢得未来的重要路径。培养什么样的人、如何培养人以及为谁培养人，关乎国家和民族的命运。对此，习近平总书记指出："我国高等教育肩负着培养德智体美全面发展的社会主义事业建设者和接班人的重大任务，必须坚持正确政治方向。高校立身之本在于立德树人。"[①]立什么样的德、树什么样的人，须有正确的政治方向作指引，这就对意识形态工作提出了客观要求。"党委要保证高校正确办学方向，掌握高校思想政治工作主导权，保证高校始终成为培养社会主义事业建设者和接班人的坚强阵地。各级党委要把高校思想政治工作摆在重要位置，加强领导和指导，形成党委统一领导、各部门各方面齐抓共管的工作格局。"[②]掌握高校思想政治工作主导权，把高校思想政治工作摆在重要位置，是新时代高校意识形态工作的重要遵循，也是对高校意识形态工作战略地位的深刻认识，体现了对新时代高等教育规律和高校意识形态工作规律的科学把握。

在教育教学过程中，意识形态工作的落实也是贯彻落实立德树人根本任务的重要保障。习近平总书记指出："要坚持建设性和批判性相统一，传导主流意识形态，直面各种错误观点和思潮。要坚持理论性和实践性相统一，用科学理论培养人，重视思政课的实践性，把思政小课堂同社会大课堂结合起来，教育引导学生立鸿鹄志，做奋斗者。"[③]学术研究无禁区，课堂讲课有纪律。高校课堂是高校意识形态工作的前沿阵地，能够帮助学生正确认识社会思潮，向学生传导主流意识形态，关乎青年学生对立什么样的德、成为什么样的人等问题的认识。习近平总书

① 习近平谈治国理政：第二卷［M］.北京：外文出版社，2017：377.

② 习近平谈治国理政：第二卷［M］.北京：外文出版社，2017：379.

③ 习近平谈治国理政：第三卷［M］.北京：外文出版社，2020：331.

记的相关论述回应了高等教育课堂教学中出现的客观问题，并给出了具有辩证思维的创新性回答，体现了对高等学校教育教学规律以及教学过程中意识形态工作规律的科学把握和创新性分析，凸显了意识形态工作在高校立德树人方面的重要价值。

二、丰富拓展意识形态工作的基本内容

在现代国家治理实践中，意识形态工作往往不是单独存在的，而是存在于相关工作之中。习近平总书记深刻洞察新时代意识形态工作特征，遵循意识形态工作规律，不断拓展意识形态工作内容，形成的诸多相关重要论述进一步创新和丰富了社会主义意识形态工作的内容。

（一）党建工作与意识形态工作相结合

在党建工作中深化意识形态工作，是新时代意识形态工作创新发展的重要着力点。其一，中国共产党历来重视思想建设和政治建设，结合新时代党建工作实际，注重党建工作与意识形态工作的深度融合，体现了对党的思想建设、政治建设规律的深刻把握。习近平总书记强调："要加强党对宣传思想工作的全面领导，旗帜鲜明坚持党管宣传、党管意识形态。要以党的政治建设为统领，牢固树立'四个意识'，坚决维护党中央权威和集中统一领导，牢牢把握正确政治方向。"[①]增强全党同志的政治意识、大局意识、核心意识、看齐意识，深刻体现了党建工作和意识形态工作的耦合性，在思想建设和政治建设中深化意识形态工作的科学内涵和方式方法，在意识形态工作中进一步增强思想建设和政治建设实效，也饱含着马克思主义哲学的辩证思维。其二，着力提升意识形态工作的国际影响力。意识形态工作不仅是防御国外意识形态冲击，同时也是加强国际交流传播能力的客观要求。"各级党委（党组）要把

① 习近平谈治国理政：第三卷［M］.北京：外文出版社，2020：314-315.

加强国际传播能力建设纳入党委（党组）意识形态工作责任制，加强组织领导，加大财政投入，帮助推动实际工作、解决具体困难。”[①]将国际传播能力纳入党委（党组）意识形态工作责任制，不仅是对意识形态工作内涵的丰富，也是对党委（党组）如何落实意识形态工作时代要求的最新研判。其三，牢牢掌握党对意识形态工作的领导权。由谁来领导意识形态工作，关乎意识形态工作的方向和结果。习近平总书记强调，要“建设具有强大凝聚力和引领力的社会主义意识形态。意识形态工作是为国家立心、为民族立魂的工作。牢牢掌握党对意识形态工作领导权，全面落实意识形态工作责任制”[②]。社会主义意识形态强大凝聚力和引领力的建设与发挥，离不开党的坚强领导，离不开党的统筹规划，这是对社会主义意识形态工作规律的深层把握。

（二）文艺工作与意识形态工作相结合

文艺工作在中国特色社会主义文化建设中扮演着重要角色，同时也是新时代意识形态工作的重要内容。习近平总书记指出：“文化文艺工作、哲学社会科学工作就属于培根铸魂的工作，在党和国家全局工作中居于十分重要的地位，在新时代坚持和发展中国特色社会主义中具有十分重要的作用。”[③]习近平总书记的论述不仅鲜明地指出了文艺工作的战略地位，同时也深刻地阐明了意识形态工作在文艺工作中的重要作用。发展中国特色社会主义文艺，需要有科学理论作指引，坚持遵循文艺工作规律和把准正确政治方向相结合。正如习近平总书记指出的，“党的

① 习近平谈治国理政：第四卷［M］.北京：外文出版社，2022：318.

② 习近平.高举中国特色社会主义伟大旗帜 为全面建设社会主义现代化国家而团结奋斗——在中国共产党第二十次全国代表大会上的报告［M］.北京：人民出版社，2022：43.

③ 习近平在看望参加政协会议的文艺界社科界委员时强调 坚定文化自信把握时代脉搏聆听时代声音 坚持以精品奉献人民用明德引领风尚［N］.人民日报，2019-03-05（1）.

领导是社会主义文艺发展的根本保证。党的根本宗旨是全心全意为人民服务，文艺的根本宗旨也是为人民创作。把握了这个立足点，党和文艺的关系就能得到正确处理，就能准确把握党性和人民性的关系、政治立场和创作自由的关系”[①]。处理好党性和人民性的关系、政治历程和创作自由的关系，是对新时代文艺工作规律的科学把握，也是科学推进文艺工作和意识形态工作深度融合的中国智慧，彰显了新时代意识形态工作的创新性思维。处理好两个关系，不仅有利于发挥文艺工作的突出作用、推进文艺工作的创新发展，更有利于提升社会主义意识形态的吸引力和凝聚力。因此，习近平总书记进一步强调：“广大文艺工作者要增强文化自觉、坚定文化自信，以强烈的历史主动精神，积极投身社会主义文化强国建设，坚持为人民服务、为社会主义服务方向，坚持百花齐放、百家争鸣方针，坚持创造性转化、创新性发展，聚焦举旗帜、聚民心、育新人、兴文化、展形象的使命任务。”[②]以意识形态工作保障文艺工作的科学方向，同时在文艺工作中进一步提升意识形态工作实效，能够为实现第二个百年奋斗目标、实现以中国式现代化全面推进中华民族伟大复兴的中国梦提供强大的价值引导力、文化凝聚力和精神推动力。

（三）教育工作与意识形态工作相结合

新时代党的教育事业迈向新高度。“教育、科技、人才是全面建设社会主义现代化国家的基础性、战略性支撑。”[③]党的教育事业关乎社会主义现代化发展，教育工作需要有正确的方向引领，有强大的意识形态作保障。习近平总书记指出：“我们要坚持我国教育现代化的社会主义

① 习近平.在文艺工作座谈会上的讲话［M］.北京：人民出版社，2015：27.

② 习近平谈治国理政：第四卷［M］.北京：外文出版社，2022：320.

③ 习近平.高举中国特色社会主义伟大旗帜　为全面建设社会主义现代化国家而团结奋斗——在中国共产党第二十次全国代表大会上的报告［M］.北京：人民出版社，2022：33.

方向，坚持教育公益性原则，把教育公平作为国家基本教育政策，大力推进教育体制改革创新。”[①]相关论述充分彰显了意识形态工作规律与教育规律的深度融合。一方面，通过意识形态工作确保教育现代化的社会主义方向，为党育人、为国育才，确保教育工作培养社会主义合格建设者和接班人；另一方面，遵循教育规律，凸显社会主义国家教育工作的本质性特征，在教育创新发展中彰显意识形态工作的价值和活力。

教育工作与意识形态工作的深度融合不仅是一个理论问题，更是一个实践问题。教育现代化发展离不开在实践领域处理好教育改革和意识形态工作的关系。“在实践中，我们就教育改革发展提出一系列新理念新思想新观点，主要有以下几个方面，坚持党对教育事业的全面领导，坚持把立德树人作为根本任务，坚持优先发展教育事业，坚持社会主义办学方向，坚持扎根中国大地办教育，坚持以人民为中心发展教育，坚持深化教育改革创新，坚持把服务中华民族伟大复兴作为教育的重要使命，坚持把教师队伍建设作为基础工作。”[②]“九个坚持”体现了对我国教育事业规律性认识的深化，这种深化的规律性认识深刻地反映出意识形态工作对教育工作创新发展的保障作用，体现出教育工作与意识形态工作相融合的客观规律和基本要求，对新时代学校意识形态工作提出了新的要求。新时代教育工作的创新发展，需要牢牢把握社会主义办学方向，坚持以人民为中心的发展理念，着力培养担当民族复兴大任的时代新人，这既是新时代学校意识形态工作创新发展的基本要求，同时也是学校意识形态工作守正创新的内在动力。

---

① 习近平谈治国理政：第三卷［M］.北京：外文出版社，2020：348.

② 习近平在全国教育大会上强调 坚持中国特色社会主义教育发展道路 培养德智体美劳全面发展的社会主义建设者和接班人［N］.人民日报，2018-09-11（1）.

三、深刻把握意识形态工作的内在规律

新时代我国意识形态工作的创新发展，离不开科学理论的正确指引，也离不开对内在规律的科学把握。党的十八大以来，以习近平同志为核心的党中央在意识形态工作方面形成的诸多重要论述，深刻展现了对意识形态工作内在规律的科学认识和把握。

（一）运用人民民主话语叙事

在国家治理实践中，如何让人民群众更好地理解、信任、接受意识形态工作，将科学的意识形态转化为个体思想与实践行为，其中包含着众多影响因素，叙事方式就是一个重要方面。作为一个特有范畴，如何表达意识形态，以什么样的方式解释传播意识形态，这都与意识形态叙事具有直接关系。

首先，意识形态叙事遵循文化的生成与发展规律。“要加强传播手段和话语方式创新，让党的创新理论‘飞入寻常百姓家’。”①“飞入寻常百姓家”即要求以人民群众熟悉的话语方式和交流习惯，让人民群众在熟悉的语言环境中理解创新理论，这既反映出对意识形态叙事规律的科学把握，同时也深刻解释了意识形态工作中人民民主叙事的话语特征。从一定意义上讲，在文化生成与发展的视角下，意识形态工作也是人类文明中的一种文化现象。文化现象的生成和发展与人密切相关，它反映着人类认识世界和改造世界、自身的延续以及生存发展的需求，同时也反映着特定时代、特定群体劳动实践的特点，是人们生存方式的一种突出表现。从文化哲学的角度而言，意识形态工作的生成体现着一定时代、一定群体的劳动生产与生活实践方式，是人们在探索提升自身认识世界和改造世界过程中生成的一种凝聚了精神文化、制度文化、活动

① 习近平谈治国理政：第三卷［M］.北京：外文出版社，2020：313.

文化等在内的文化现象。因此，社会主义意识形态叙事需要遵循社会主义文化的生成与发展规律，坚持以人民为中心，充分体现人民群众劳动生产与生活实践的实际，反映人民群众在劳动实践中的所思所想所需，用人民群众喜闻乐见、习以为常的叙事方式和叙事习惯，进一步创新叙事表达的方式方法，以提升意识形态工作的实效。

其次，着力解决意识形态叙事脱离群众实际的问题。“要树立以人民为中心的工作导向，把服务群众同教育引导群众结合起来，把满足需求同提高素养结合起来，多宣传报道人民群众的伟大奋斗和火热生活，多宣传报道人民群众中涌现出来的先进典型和感人事迹，丰富人民精神世界，增强人民精神力量，满足人民精神需求。”①党的十八大以来，习近平总书记坚持马克思主义群众史观，确立以人民为中心的价值导向，着力解决意识形态叙事脱离群众实际的问题。多讲百姓能够听得懂的故事，写“沾泥土”“带露珠”“冒热气”的文章，让意识形态工作更接地气。只有把基本原理转变成生动的道理，让意识形态工作叙事更能体现人民民主的特点，将意识形态工作叙事与人民群众的劳动生产、生活实际和文化生活紧密结合起来，才能更好地让意识形态工作入脑、入心。

（二）凸显中华优秀文化力量

“国家之魂，文以化之，文以铸之。”②意识形态工作具有突出的文化属性和文化意涵，新时代意识形态工作的守正创新，离不开对文化力量的深刻把握。

其一，立足文化视角，形成对意识形态工作内涵的科学理解与认识。习近平总书记指出：“摒弃意识形态偏见，共同走和平共处、互利共赢之路。世界上没有两片完全相同的树叶，也没有完全相同的历史文化和社会制度。各国历史文化和社会制度各有千秋，没有高低优劣之

① 习近平谈治国理政［M］.北京：外文出版社，2014：154.

② 习近平谈治国理政：第三卷［M］.北京：外文出版社，2020：408.

分，关键在于是否符合本国国情，能否获得人民拥护和支持，能否带来政治稳定、社会进步、民生改善，能否为人类进步事业作出贡献。”[①]从历史文化的角度出发，充分认识并理解各国的意识形态内涵与实质，求同存异，确立适合本国国情的社会制度，充分展现了唯物史观与中国改革发展智慧的结合，凸显出对意识形态工作文化内涵的深刻认知与科学理解。

其二，坚定文化自信，凸显社会主义意识形态工作的自觉与自信。习近平总书记强调，“要把坚定‘四个自信’作为建设社会主义意识形态的关键”[②]。坚定文化自信既是社会主义意识形态工作的重要内容，同时也是社会主义意识形态工作的重要保障。“只有把马克思主义基本原理同中国具体实际相结合、同中华优秀传统文化相结合，坚持运用辩证唯物主义和历史唯物主义，才能正确回答时代和实践提出的重大问题，才能始终保持马克思主义的蓬勃生机和旺盛活力。”[③]坚定文化自信，发挥文化的力量，为进一步增进社会主义意识形态工作创新发展的内在动力提供了科学指引。

其三，坚持文化自强，增强中国特色社会主义意识形态工作创新发展的文化动力。文化自强是文化自觉和文化自信基础上的必然发展逻辑。中国特色社会主义文化自强是建立在对中华文化自觉与中华文化自信基础上的发展大势，它与中国特色社会主义伟大实践的创新发展密切相关，不仅是中国改革发展大势的必然反映，也是中国改革发展实践的重要文化滋养。因此，在实现中华民族伟大复兴的历史进程中，中国特色社会主义文化自强是在中国特色社会主义实践创新基础上的必然趋

① 习近平谈治国理政：第四卷［M］.北京：外文出版社，2022：460.

② 习近平谈治国理政：第三卷［M］.北京：外文出版社，2020：312.

③ 习近平.高举中国特色社会主义伟大旗帜　为全面建设社会主义现代化国家而团结奋斗——在中国共产党第二十次全国代表大会上的报告［M］.北京：人民出版社，2022：17.

势，也必将会反哺和滋养中国特色社会主义实践的各项事业，为其提供深厚的文化动力。从文化自强的角度而言，新时代意识形态工作不仅要遵循文化自觉、文化自信和文化自强的发展逻辑，同时也要积极与中国特色社会主义各项文化事业同向同行、协同创新、互相滋养，不断增强新时代意识形态工作的文化动力。

（三）讲好中国故事彰显中国精神

在现代国际社会中，意识形态不应成为各种交往的壁垒。对此，习近平总书记强调，要“讲好中国故事，传播好中国声音，把中国梦同周边各国人民过上美好生活的愿望、同地区发展前景对接起来，让命运共同体意识在周边国家落地生根”[①]。因此，不仅要看到国家间的意识形态差异，也要看到各国人民对美好生活的向往具有相通之处。讲好中国故事，将中国人民对美好生活的向往和创造与各国人民的心愿连接起来，让命运共同体意识突破意识形态壁垒，是对意识形态文化的深层解读，是对意识形态深层蕴涵和工作规律的深刻把握，也是对新时代意识形态工作的创新性认识。也就是说，“要立足中国大地，讲好中国故事，塑造更多为世界所认知的中华文化形象，努力展示一个生动立体的中国，为推动构建人类命运共同体谱写新篇章”[②]。

在讲好中国故事的同时，面对不同文化交锋的敏感地带，也需要彰显中国精神和中国智慧，敢于亮剑。习近平总书记指出：“思想舆论领域大致有红色、黑色、灰色‘三个地带’。红色地带是我们的主阵地，一定要守住；黑色地带主要是负面的东西，要敢于亮剑，大大压缩其地盘；灰色地带要大张旗鼓争取，使其转化为红色地带。”[③]不同地带意识形态工作运用不同态度和方式的理念，体现了中国人的志气、骨气和底

① 习近平谈治国理政［M］.北京：外文出版社，2014：299.

② 习近平谈治国理政：第四卷［M］.北京：外文出版社，2022：326.

③ 习近平谈治国理政：第二卷［M］.北京：外文出版社，2017：328.

气，是中国精神的时代彰显，也是对新时代意识形态工作科学化、精细化的创新性回答。

此外，讲好中国故事还需要在人民群众劳动生产与生活实践的基础上，凸显人民群众内心的普遍情感。不同时代、不同群体的生存方式有所差异，生活习惯也各有特点，但是蕴含于人们心中的爱以及对真、善、美的追求却是普遍存在的。新时代讲好中国故事，同样需要讲清楚故事中人们的普遍情感，以情动人、以情感人，在普遍情感的感染和感动中，进一步拉近不同群体之间心与心的距离，增强新时代意识形态工作的感染力和凝聚力。

四、统筹谋划意识形态工作的创新方略

新时代意识形态工作内容丰富，工作场域复杂，工作对象多样，这些特点都对意识形态工作的统筹规划提出了新要求。党的十八大以来，习近平总书记关于意识形态工作的相关论述，充分展现了系统性思维和创新性思维，为新时代意识形态工作守正创新提供了时代方略。

（一）积极维护网络意识形态工作安全

新时代，互联网成为意识形态工作的一个较大变量。习近平总书记关于网络意识形态工作的相关论述，蕴含着诸多理论意涵和中国智慧，展现出对网络意识形态工作规律的深刻认知和科学理解。

党的二十大报告提出，“建设具有强大凝聚力和引领力的社会主义意识形态”，需要“加强全媒体传播体系建设，塑造主流舆论新格局。健全网络综合治理体系，推动形成良好网络生态”[①]。良好的网络生态

① 习近平.高举中国特色社会主义伟大旗帜　为全面建设社会主义现代化国家而团结奋斗——在中国共产党第二十次全国代表大会上的报告［M］.北京：人民出版社，2022：43-44.

是新时代网络意识形态工作任务的基本要求，面对这项要求，需要坚持发展以人民为中心的互联网事业。习近平总书记指出，“网络空间天朗气清、生态良好，符合人民利益。网络空间乌烟瘴气、生态恶化，不符合人民利益”①，“我们要本着对社会负责、对人民负责的态度，依法加强网络空间治理，加强网络内容建设，做强网上正面宣传”②。网络意识形态工作源于人民对风清气正的网络空间的需求，同时也服务于人民群众互联网工作守正创新的发展需要。坚持以人民为中心的价值导向，保障人民群众言论自由、信息获取自由的权利，是对新时代网络意识形态工作规律的深刻把握。

同时，新媒体从业人员人数的增多及网络意见领袖影响力的增大，给网络意识形态安全及良好的网络生态提出了较大挑战。“互联网是当前宣传思想工作的主阵地。这个阵地我们不去占领，人家就会去占领；这部分人我们不去团结，人家就会去拉拢。要把这些人中的代表性人士纳入统战工作视野，建立经常性联系渠道，加强线上互动、线下沟通，引导其政治观点，增进其政治认同。”③习近平总书记的相关论述既是对互联网意识形态工作面临挑战的最新研判，也是对相关挑战应对策略的深刻反思和创新性探索，反映着对新时代网络意识形态工作规律，尤其是营造良好网络生态环境的深刻理解和科学把握。

新时代网络意识形态工作规律，有着深刻的理论逻辑和实践逻辑。新时代网络意识形态工作不是网络和意识形态工作的简单相加，而是在理解互联网思维，诸如把握互联网主客体特点、运用大数据技术、增强用户黏度、优化用户体验等基础上，进一步明确新时代意识形态工作价值导向、工作机理、内容价值、方式方法等。网络意识形态工作的理论蕴涵和战略指向，不仅明确了积极维护网络意识形态安全的重要习惯，

① 习近平谈治国理政：第二卷［M］.北京：外文出版社，2017：336.

② 习近平谈治国理政：第二卷［M］.北京：外文出版社，2017：337.

③ 习近平谈治国理政：第二卷［M］.北京：外文出版社，2017：325.

也指明了要深刻把握网络意识形态工作的内在规律。对此，要更加深入学习领悟习近平总书记关于网络意识形态工作的相关重要论述，以及党的十八大以来网络意识形态工作的创新发展，提炼并总结其中蕴含的规律，并将其作为新时代网络意识形态工作创新发展的重要着力点。

（二）优化中国特色社会主义文化构建

意识形态工作和文化构建密切相关。党的十八大以来，习近平总书记从文化建设的视野创新性探讨意识形态工作的守正创新规律。

一方面，以文化滋养意识形态工作创新发展。“文化自信是一个国家、一个民族发展中更基本、更深沉、更持久的力量。必须坚持马克思主义，牢固树立共产主义远大理想和中国特色社会主义共同理想，培育和践行社会主义核心价值观，不断增强意识形态领域主导权和话语权。”①增强意识形态领域的主导权和话语权，离不开文化的自觉和文化的自信，在中华优秀传统文化、革命文化和社会主义先进文化中增强意识形态工作创新发展的文化动力，充分展现了对意识形态工作深层规律的科学把握。这就要求新时代意识形态工作参与者要读懂中华优秀传统文化、革命文化和社会主义先进文化，挖掘其中所蕴含的意识形态工作的深层滋养。比如，从中华文化历史的角度，理解拥有五千多年历史的中华民族在文化传承中如何认识意识形态工作的核心内容，在不同时期、不同阶段意识形态工作的特点和规律如何呈现，尤其是中国共产党领导的意识形态工作，在革命文化和社会主义先进文化的传承和创新中，如何引领文化发展，又如何在文化的发展中实现意识形态工作的持续创新。这既是中国特色社会主义文化构建的重要动力，也是意识形态工作创新发展的深厚滋养。

另一方面，以社会主义意识形态引领中国特色社会主义文化创新发展。“意识形态决定文化前进方向和发展道路。必须推进马克思主义中

① 习近平谈治国理政：第三卷［M］.北京：外文出版社，2020：18.

国化时代化大众化，建设具有强大凝聚力和引领力的社会主义意识形态，使全体人民在理想信念、价值理念、道德观念上紧紧团结在一起。”①中国特色社会主义文化的创新发展离不开马克思主义意识形态的引领。科学理解意识形态工作和中国特色社会主义文化工作的辩证关系，充分展现了对意识形态工作规律的深刻理解和科学把握。在人类文明的发展进程中，尤其是在人类现代化发展的今天，人们的政治生活、经济生活、文化生活和社会生活都紧密联系在一起，这也使得意识形态工作和中国特色社会主义文化密切相连，中国特色社会主义文化不是孤立存在的。中国特色社会主义文化的创新发展，需要科学理解意识形态工作的特点和规律，在二者的深度融合中推进中国特色社会主义文化实现持续创新发展。

（三）加强意识形态工作人才队伍建设

做好新时代意识形态工作，“根本在人才，根本靠队伍”②。新时代意识形态工作形势复杂，需要意识形态工作队伍的专业化发展和协同化创新，构建各条战线各个部门的协同工作队伍。也就是说，“要树立大宣传的工作理念，动员各条战线各个部门一起来做，把宣传思想工作同各个领域的行政管理、行业管理、社会管理更加紧密地结合起来”③。

在实践领域，意识形态工作统筹行政、行业、社会多支队伍的协同创新、共同用力，在理论研究领域亦是如此。“党校、干部学院、社会科学院、高校、理论学习中心组等都要把马克思主义作为必修课，成为马克思主义学习、研究、宣传的重要阵地。”④可以说，意识形态工作离

① 习近平谈治国理政：第三卷［M］.北京：外文出版社，2020：32-33.

② 中共中央宣传部.习近平新时代中国特色社会主义思想三十讲［M］.北京：学习出版社，2018：219.

③ 习近平谈治国理政［M］.北京：外文出版社，2014：156.

④ 习近平谈治国理政［M］.北京：外文出版社，2014：154.

不开理论工作的研究和宣传，这就需要各方理论研究和宣传阵地协同攻关、同向同行。具体来说，要以实践为导向，把握意识形态工作实践领域的热点前沿问题，提升理论研究的针对性和有效性，通过协同创新平台、课题协同攻关、队伍协同创新机制等方式，进一步提升理论研究和实践创新两支队伍的合力。理论研究和实践创新两大领域的队伍实现协同创新发展，才能在理论与实践的深度融合中推进新时代意识形态工作创新发展。

意识形态工作是为国家立心、为民族立魂的工作。中国共产党团结带领中国人民创造了新民主主义革命的伟大成就、社会主义革命和建设的伟大成就、改革开放和社会主义现代化建设的伟大成就以及新时代中国特色社会主义的伟大成就；特别是近十年来经历了迎来中国共产党成立100周年，中国特色社会主义进入新时代，完成脱贫攻坚、全面建成小康社会的历史任务，实现第一个百年奋斗目标这三件大事，意识形态工作在其中发挥出不可替代的思想凝聚与精神引领作用。习近平总书记立足党建百年主流意识形态建设的深厚历史，把握新时代我国意识形态领域的复杂形势，提出了富有时代气息和中国风格的关于意识形态工作的重要论述。通过深入学习领会习近平总书记关于意识形态工作重要论述的精髓要义，可以充分认识意识形态工作的极端重要性，明确意识形态工作的基本内容，明晰新时代意识形态工作的规律，进而为接下来如何通过守正创新统筹谋划意识形态工作的创新方略提供指导。这不仅可以推动党和国家在新时代的意识形态工作，还可以为实现第二个百年奋斗目标、以中国式现代化全面推进中华民族伟大复兴，提供更为有力的思想保障和更为主动的精神力量。

第二节　深刻把握新时代思想政治工作的规律性认识

在中国共产党成立100周年之际，中共中央、国务院印发《关于新时代加强和改进思想政治工作的意见》（以下简称《意见》），对新时代思想政治工作守正创新发展作出顶层设计和统筹谋划。《意见》深刻体现了百年来中国共产党开展思想政治工作的一系列科学性、规律性认识，既总结了过往，又谋划了未来，是新时代加强和改进思想政治工作的重要纲领性文件。深入学习贯彻《意见》精神，深刻把握新时代思想政治工作的规律性认识，既是思想政治工作理论研究和实践探索的重要议题，也是发掘思想政治工作内在推动力量的重要维度。思想政治工作是做人的工作，因人民而生、因人民而兴决定了思想政治工作以人民为中心的价值取向；思想政治工作始终坚持与党和国家的发展进步同向同行、同频共振。正是在这个过程中，思想政治工作不断积累经验、发现规律，进而上升为科学理论，实现理论和实践的双向互动。因此，只有坚持守正创新、深刻把握规律，才能激发思想政治工作的内生动力，推动新时代思想政治工作实现高质量发展。

一、思想政治工作要始终坚持以人民为中心的价值取向

人民立场，是中国共产党的根本政治立场。中国共产党思想政治工

作始终坚持以人民为中心的价值取向，把人民群众对美好生活的向往作为努力方向，站稳人民立场，切实发挥思想政治工作凝聚民心、鼓舞民心、汇聚民力的功能作用，着力筑牢全党全国人民团结奋斗的共同思想基础。

（一）坚持以人民为中心具有深厚的理论基础

马克思主义唯物史观认为，人民群众是历史的创造者，是推动社会发展进步的决定力量。马克思在批判宗教创世说时指出："整个所谓世界历史不外是人通过人的劳动而诞生的过程。"[①]在《神圣家族》一书中，马克思、恩格斯还论证了人民群众在历史发展中的伟大作用，强调"历史活动是群众的活动，随着历史活动的深入，必将是群众队伍的扩大"[②]。列宁继承并丰富发展了马克思关于人民群众创造历史的学说，提出"群众生气勃勃的创造力正是新的社会生活的基本因素"[③]，要"彻底地坚决地依靠群众"[④]，明确了无产阶级政党必须同人民群众保持密切联系的基本观点。人民群众的主体地位，决定了我们一切工作都必须坚持以人民为中心的价值取向，思想政治工作亦不例外。

思想政治工作坚持以人民为中心，同时也是马克思主义人的自由全面发展观的外在要求。在《共产党宣言》中，马克思、恩格斯认为取代资产阶级社会的"将是这样一个联合体，在那里，每个人的自由发展是一切人的自由发展的条件"[⑤]。人民是历史的创造者，而人民是由无数个体汇聚而成的，实现人的自由全面发展是马克思主义追求的终极目标，这就决定了思想政治工作必须坚持以人民为中心，注重人的自由全

① 马克思恩格斯文集：第一卷［M］.北京：人民出版社，2009：196.
② 马克思恩格斯文集：第一卷［M］.北京：人民出版社，2009：287.
③ 列宁全集：第三十三卷［M］.北京：人民出版社，1985：52.
④ 列宁全集：第三十三卷［M］.北京：人民出版社，1985：269.
⑤ 马克思恩格斯选集：第一卷［M］.北京：人民出版社，2012：422.

面发展。唯其如此，才能充分发挥人民群众的主体性作用，才能得到人民群众的广泛拥护和支持。

（二）坚持以人民为中心是中国共产党思想政治工作的宝贵经验

思想政治工作是中国共产党的优良传统、鲜明特色和突出政治优势。党在成立初期，就把坚持以人民为中心开展思想政治工作列为重要议题。长期以来，思想政治工作通过理论教育、政策宣传、思想引导等多种形式有效发挥了统一思想、凝聚共识、鼓舞力量的重要功能，在中国革命、建设、改革各个历史时期都发挥了不可替代的重要作用。

新民主主义革命时期，党的思想政治工作坚持走群众路线，积极面向广大干部群众开展革命宣传和思想动员。毛泽东强调，“要在人民群众中间，广泛地进行宣传教育工作，使人民认识到中国的真实情况和动向，对于自己的力量具备信心”[①]。在轰轰烈烈的农民运动中，党通过举办农民运动讲习所、开展扫盲识字运动等，培训农民运动骨干，普及思想政治教育，提高农民的阶级觉悟和自身素质。井冈山时期，党对边界群众宣传红军的政策，对农民群众开展以打土豪分田地、建立武装和政权为主要内容的思想政治教育，并在此基础上建立了农会组织，“真心实意地为群众谋利益，解决群众的生产和生活的问题”[②]，由此极大地调动了农民参加革命的积极性。为了统一干部思想，党还广泛开展革命前途教育和革命具体任务宣传，让党员干部明白为什么革命、为了谁革命、如何革命等问题，增强党员干部对革命的信心信念，自觉成为忠诚的无产阶级革命战士。

社会主义革命和建设时期，思想政治工作继续贯彻毛泽东“不要脱

① 毛泽东选集：第四卷［M］.北京：人民出版社，1991：1131.

② 毛泽东选集：第一卷［M］.北京：人民出版社，1991：138.

离群众，要善于从本质上发现群众的积极性”[①]的指导思想，紧密围绕群众、依靠群众，结合土地改革和社会主义改造，开展了深入细致的思想政治工作。例如，在土地改革过程中，党的思想政治工作通过政策学习、忆苦思甜等方式有效破解了群众思想上的障碍，调动了斗争情绪，启发了阶级觉悟，使广大人民群众产生了主人翁的自觉意识，有力保障了土地改革的顺利完成。在抗美援朝时期，开展抗美援朝、保家卫国思想教育，有力地调动了群众参战卫国的积极性。在社会主义改造中，坚持“政治工作是一切经济工作的生命线”[②]的科学论断，广泛开展过渡时期总路线教育，有效调动起人民群众建设社会主义的积极性，顺利完成了国民经济恢复的任务，取得了社会主义三大改造的伟大胜利。

改革开放和社会主义现代化建设新时期，思想政治工作以自身的解放创新，有力地推动了人民群众的思想解放。针对“两个凡是”的思想禁锢，党通过开展关于真理标准问题的大讨论，打破了教条主义的束缚，进行了理论上的正本清源和指导思想上的拨乱反正。针对改革开放后思想领域存在的姓“资”姓“社”的争论、资产阶级自由化蔓延等问题，开展了自上而下的对党的组织和党的作风的全面整顿，开展普遍的马克思主义学习教育。此后，全党又先后开展了“三讲”教育活动，保持共产党员先进性教育活动等，把思想建党不断推向深入。面向广大群众，坚持用马克思主义中国化的最新理论成果武装头脑，广泛开展社会主义荣辱观教育，提高人民群众的思想道德素质，为改革开放和社会主义现代化建设的顺利推进提供了坚实的思想保障。

（三）坚持以人民为中心深入推进新时代思想政治工作

党的十八大以来，以习近平同志为核心的党中央高度重视思想政治

① 中共中央文献研究室.建国以来重要文献选编：第七册［M］.北京：中央文献出版社，1993：205.

② 毛泽东文集：第六卷［M］.北京：人民出版社，1999：449.

工作，并始终坚持以人民为中心的工作导向，采取一系列重大举措切实加以推进。习近平总书记强调，“群众路线是我们党的生命线和根本工作路线”，[①]“人民是创造历史的动力，我们共产党人任何时候都不要忘记这个历史唯物主义最基本的道理”[②]。新时代思想政治工作继承了以人民为中心的价值导向，注重不断丰富人民精神世界，增强人民精神力量，满足人民精神文化需求。以新闻文化领域为例，新闻媒体持续开展“走基层、转作风、改文风”活动，推出了一批有思想、有温度、有品质的作品。广大文艺工作者深入基层体验生活、采风创作，推出一大批反映时代呼声、展现人民奋斗、振奋民族精神、陶冶高尚情操的精品力作。思想政治工作通过转化人的思想观念，开发人的内在潜能，不断提高群众的思想水平、政治觉悟、道德品质、文化素养，调动人民群众创造美好生活、助力中华民族伟大复兴的积极性、主动性。

二、思想政治工作要努力增强服务党和国家大局的意识

经济基础决定上层建筑，上层建筑又反作用于经济基础。“代表先进阶级的正确思想，一旦被群众掌握，就会变成改造社会、改造世界的物质力量。”[③]这也就意味着，思想政治工作中蕴藏着改造物质世界的强大精神力量。

（一）思想政治工作是经济工作和其他一切工作的生命线

毛泽东早在1955年就指出：“政治工作是一切经济工作的生命线。

① 习近平谈治国理政［M］.北京：外文出版社，2014：365.

② 习近平总书记系列重要讲话读本［M］.北京：学习出版社、人民出版社，2016：128.

③ 毛泽东文集：第八卷［M］.北京：人民出版社，1999：320.

在社会经济制度发生根本变革的时期，尤其是这样。”[①]1981年6月，党的十一届六中全会通过的《关于建国以来党的若干历史问题的决议》中明确提出：“思想政治工作是经济工作和其他一切工作的生命线。”[②]这一重要论断是对思想政治工作地位和作用的高度概括，也是党领导全国人民进行革命、建设、改革得出的宝贵经验。长期以来，中国共产党的思想政治工作始终坚持围绕中心、服务大局，在经济建设和其他各项工作中发挥着重要的“生命线”作用。

改革开放后，随着拨乱反正和工作重点的战略转移，党的思想政治工作也逐步进入一个新的发展时期。邓小平反复强调加强党的思想政治工作的重要性，强调物质文明建设和精神文明建设“两手抓，两手都要硬”，而“所谓精神文明，不但是指教育、科学、文化（这是完全必要的），而且是指共产主义的思想、理想、信念、道德、纪律，革命的立场和原则，人与人的同志式关系，等等”[③]。在邓小平看来，实现四个现代化“需要在人民内部广泛地加强思想政治教育”[④]。

党的十八大以来，思想政治工作不断深化，在服务党和国家工作大局方面持续发力。习近平总书记指出：“经济建设是党的中心工作，意识形态工作是党的一项极端重要的工作……在集中精力进行经济建设的同时，一刻也不能放松和削弱意识形态工作，必须把意识形态工作的领导权、管理权、话语权牢牢掌握在手中，任何时候都不能旁落，否则就要犯无可挽回的历史性错误。”[⑤]历史和实践证明，只有紧紧抓住思想政治工作这条“生命线”，经济建设、政治建设、文化建设、社会建设、生态文明建设各项工作才能形成强大动力，焕发出勃勃生机。

---

① 毛泽东文集：第六卷［M］.北京：人民出版社，1999：449.

② 关于建国以来党的若干历史问题的决议［N］.人民日报，1981-07-01（1）.

③ 邓小平文选：第二卷［M］.北京：人民出版社，1994：367.

④ 邓小平文选：第二卷［M］.北京：人民出版社，1994：187.

⑤ 中共中央文献研究室.习近平关于全面深化改革论述摘编［M］.北京：中央文献出版社，2014：86.

（二）新时代思想政治工作要始终坚持围绕中心、服务大局

坚持服务党和国家工作大局是思想政治工作的基本原则，也是做好思想政治工作的重要遵循。新时代思想政治工作的“生命线”作用主要体现在以下几个方面：一是为经济工作和其他一切工作提供有力的思想政治保证。毛泽东强调，“不注意思想和政治，成天忙于事务，那会成为迷失方向的经济家和技术家，很危险。思想工作和政治工作，是完成经济工作和技术工作的保证，它们是为经济基础服务的。思想和政治又是统帅，是灵魂。只要我们的思想工作和政治工作稍为一放松，经济工作和技术工作就一定会走到邪路上去”①。我们的国家是人民民主专政的国家，我们的党是为人民谋幸福、为民族谋复兴的党，我们的事业是建设中国特色社会主义，如果偏离了这些基本方向，无论是经济工作还是其他一切工作都从根本上失去了意义。新时代，要将思想政治工作贯穿经济工作和其他各项工作，确保社会主义事业沿着正确方向前进。二是为经济工作和其他一切工作提供充足的人才支撑和智力支持。思想政治工作关注人的全面发展，注重内在潜能开发，通过世界观、人生观、价值观的正确引领促进人的全面成长成才。新时代，要通过思想政治工作，提升广大干部群众的思想政治素养和科学文化素养，为国家创新发展提供人才和智力保障。三是为经济工作和其他一切工作提供强大的精神动力。毛泽东曾指出：“提高劳动生产率，一靠物质技术，二靠文化教育，三靠政治思想工作。后两者都是精神作用。”②人是社会生产力中最活跃、最积极的因素，也是起决定性作用的因素。新时代，思想政治工作要通过疏导思想、理顺情绪和协调关系，有效调动人的积极性和创造性，发挥鼓舞干劲、团结力量的精神激励作用。

新时代思想政治工作要着眼世界百年未有之大变局，紧紧围绕“实

① 毛泽东文集：第七卷［M］.北京：人民出版社，1999：351.

② 毛泽东文集：第八卷［M］.北京：人民出版社，1999：124-125.

现中华民族伟大复兴”这个主题，紧密结合经济工作和其他各项工作一道去做，防止和纠正思想政治工作与其他工作脱节的“两张皮”现象，注重增强思想政治工作的实际效果。

三、思想政治工作要不断完善科学方法有效提升质量

“提升思想政治工作质量，促进思想政治工作科学发展，需要认识、把握和遵循科学规律。”[①]党的思想政治工作伴随党和国家事业发展不断与时俱进、开拓创新，在继承和发扬优良传统的同时，积极探索符合时代要求的工作内容和方法，在长期实践中形成了一系列科学的规律性认识。

（一）坚持显性教育与隐性教育相统一

显性教育一般指有目的、有计划、有组织地开展的教育活动，如思想政治理论课，其明确强调理论性、系统化。隐性教育则突出强调受教育者在潜移默化中接受教育信息，以相对隐蔽、不易察觉的方式对受教育者的思想、观念、价值、道德、态度、情感等产生影响。“显性教育和隐性教育是一个硬币的两个方面，两者相辅相成、不可分割。”[②]如果离开隐性教育，显性教育就会显得单一枯燥，不能得以内化；而如果离开显性教育，隐性教育也会失去依托，教育力度不够。只有将二者紧密、有机结合起来，思想政治工作才能充分发挥作用。

我们党的思想政治工作一直重视显性教育和隐性教育的有机统一。除了进行必要的理论知识讲授、政策方针宣传，还要尤其重视隐性教育

① 冯刚．在遵循规律中提升思想政治工作质量［J］．思想教育研究，2017（4）：52.

② 佘双好．办好思想政治理论课须坚持显性教育与隐性教育相统一［J］．红旗文稿，2019（15）：24.

在思想政治工作中的运用，注重挖掘教学、宣传之外其他教育活动、教育途径、教育影响和教育力量中的隐性教育因素，在潜移默化中实现价值塑造和教育引领，达到春风化雨、润物无声的效果。比如，在社会主义核心价值观的宣传教育中，一方面，利用媒体广泛宣传，通过组织各类主题活动让群众参与其中，通过不同形式表达自己的所学所获、所思所悟；另一方面，大力营造培育和践行社会主义核心价值观的社会文化氛围，“使核心价值观的影响像空气一样无所不在、无时不有”[①]，以此培养干部群众对于社会主义核心价值观的广泛认同，使之内化于心、外化于行，从而真正实现教育引导、实践养成和制度保障三者的有机结合。

（二）坚持解决思想问题和解决实际问题相结合

解决思想问题和解决实际问题相结合是我们党的优良传统。马克思指出：“人们奋斗所争取的一切，都同他们的利益有关。”[②]邓小平也提出：“不讲物质利益，那就是唯心论。”[③]解决思想问题和解决实际问题相结合，既是我们党践行“全心全意为人民服务”宗旨的必然要求，也是由思想问题和实际问题的内在联系所决定的。

思想问题和实际问题是密切相关的。思想问题往往是实际问题的反映，同时实际问题得不到良好的解决，长期积累也会转化为思想问题。对于这一部分思想问题来说，实际问题解决了，思想问题也就迎刃而解。与发现实际问题相比，发现思想问题更困难；与解决实际问题相比，解决思想问题更迫切。在现实生活中，思想问题大部分是随着改革的不断深化和利益格局的调整而产生的，思想问题和物质利益是紧密相连的，解决这些问题，大道理固然要讲清讲透，更重要的是必须把它同

① 习近平谈治国理政［M］.北京：外文出版社，2014：165.

② 马克思恩格斯全集：第一卷［M］.北京：人民出版社，1956：82.

③ 邓小平文选：第二卷［M］.北京：人民出版社，1994：146.

解决实际问题结合起来，只有这样，才能进一步将思想政治工作抓实抓细。例如，在改革开放和社会主义市场经济向前推进的过程中，在社会分配和利益关系进一步深刻调整的过程中，群众中存在的思想问题，就有相当一部分是由于实际问题得不到妥善解决而引起的。如果只讲大道理，不去考虑和解决实际问题，那么思想政治工作就很难具有说服力，容易造成“假大空”的印象。相反，为群众排忧解难，多办好事实事，让群众看到党的路线方针政策的贯彻落实，体会到党和政府的关心和温暖，这是最直接、最生动、最有说服力的思想政治工作。

2018年8月，习近平总书记在全国宣传思想工作会议上指出，我们必须把人民对美好生活的向往作为我们的奋斗目标，既解决实际问题又解决思想问题，更好强信心、聚民心、暖人心、筑同心。[①]新时代思想政治工作必须坚持从实际问题出发，把解决思想问题同解决实际问题结合起来，一方面，用主流价值观念尤其是社会主义核心价值观教育引导人民；另一方面，又要不断解决广大人民群众生产生活中合理的利益诉求，用心用情用力解决好群众的急难愁盼问题，增强人民群众的获得感、幸福感、安全感。

（三）坚持广泛覆盖与分类指导相结合

党的思想政治工作以最广大人民群众为自己的工作对象和服务对象，这就决定了其必须坚持广泛覆盖的工作原则，密切联系最广大人民群众，在实现共产主义的道路上“一个都不能少”。同时，思想政治工作的对象是人，关注人的思想形成及其规律。由于人们从事各行各业，生活环境、社会阅历、教育水平、性格特征的不同导致人们的思想行为呈现出很大差异，因此，思想政治工作要取得实效，就必须坚持分类指导的工作原则，充分考虑不同对象的实际情况，因材施教，对症下药。

① 习近平在全国宣传思想工作会议上强调 举旗帜聚民心育新人兴文化展形象 更好完成新形势下宣传思想工作使命任务［N］.人民日报，2018-08-23（1）.

只有坚持广泛覆盖，才能团结一切可以团结的力量，维护最广大人民的根本利益；也只有加强分类指导，才能不断增强思想政治工作的针对性和实效性，提高感染力和感召力。坚持广泛覆盖与分类指导相结合，是党在长期思想政治工作中总结出来的宝贵经验。无论是党内思想政治工作，还是面向群众的思想政治工作，都要统筹共性与个性，兼顾一般与个别，不搞齐步走、一刀切。中国特色社会主义进入新时代，中华民族伟大复兴正处于关键时期，思想政治工作的功能和作用比以往任何时候都显得更加重要。要在全社会积极开展广泛的思想动员，加强教育引导，增进思想共识，把广大群众团结凝聚在中国特色社会主义伟大旗帜下，认真研究并满足不同群体的差异化需求，及时分析和把握各类群体的思想动态和行为模式，针对企业、农村、机关、学校、社区、网络思想政治工作特性，制定不同的工作策略，采取不同的工作方法，因时、因地、因人、因事制宜开展工作，以确保思想政治工作取得实效。

四、思想政治工作要坚持守正创新激发生机活力

党的思想政治工作始终坚持以马克思主义为指导，同时又坚持一切从实际出发，在理论联系实际中不断深化认识，总结经验，实现了理论创新和实践创新的良性互动，有效避免了僵化、守旧，生机与活力不断增强。

（一）守正创新是思想政治工作的内在要求

“正”者，大道也。“守正”即恪守正道，固本培元。创新，即革故鼎新。守正创新，从字面上解释就是既坚守本质与根本的东西，又有新的创造与发展。守正创新深刻体现了马克思主义哲学的辩证统一关系：守正是根本，是基础，是创新的前提；创新是动力，是活力，是守正的实现途径。只有将二者有机结合起来，才能保证方向正确，并实现长远

发展。具体到思想政治工作，守正创新一方面指坚持马克思主义的指导地位不动摇，坚持运用好思想政治工作长期以来形成的宝贵经验和优良传统，同时又要求根据社会环境的发展变化，在工作的内容、形式、手段上有所创新。习近平总书记指出：“在长期实践中，我们党的宣传思想工作积累了十分丰富的经验。这些经验来之不易、弥足珍贵，是做好今后工作的重要遵循，一定要认真总结、长期坚持，并在实践中不断丰富和发展。”[①]同时，“要运用新媒体新技术使工作活起来，推动思想政治工作传统优势同信息技术高度融合，增强时代感和吸引力。”[②]加强和改进思想政治工作，必须坚持守正创新，推进理念创新、手段创新、基层工作创新，使新时代思想政治工作紧密贴合时代要求和群众需求，始终保持生机活力。

（二）守正创新是党的思想政治工作的宝贵经验

百年来，党的思想政治工作始终以马克思主义为指导，坚持用马克思主义中国化的最新成果武装头脑、推动工作，指导中国革命、建设、改革取得一个又一个伟大胜利。从诞生之日起，党就把马克思主义确立为自己的指导思想，并根据中国的具体实际和时代条件的变化，不断使之中国化、时代化、大众化。从毛泽东思想、邓小平理论，到“三个代表”重要思想、科学发展观，再到习近平新时代中国特色社会主义思想，这些科学理论和指导思想一脉相承，无一不是马克思主义与中国实际相结合的成果与产物。同时，伴随党的指导思想的与时俱进，思想政治工作也在不断革新理念，开拓创新。从“五讲四美”到“八荣八耻”，从思想政治理论课到网络思想政治教育，从“四有新人”到“担当民族

① 习近平在全国宣传思想工作会议上强调 胸怀大局把握大势着眼大事 努力把宣传思想工作做得更好［N］.人民日报，2013-08-21（1）.

② 习近平在全国高校思想政治工作会议上强调 把思想政治教育贯穿教育教学全过程 开创我国高等教育事业发展新局面［N］.人民日报，2016-12-09（1）.

复兴大任的时代新人”，思想政治工作的话语、场域、目标都在不断调整，以积极适应时代和社会环境的新变化，这种适应和调整既是“创新”的外在表现，又保证了思想政治工作的传播效果。

（三）在守正创新中加强和改进新时代思想政治工作

要辩证认识思想政治工作的“守正”与“创新”，正确把握思想政治工作的“变”与“不变”，让守正成为自觉，让创新成为动力，持之以恒推进思想政治工作强起来。

立足新时代，坚持“守正”，就是要坚持思想政治工作的指导思想、政治立场、根本任务、重要方针、重要原则不能变，这是性质问题，是方向问题，是思想政治工作必须坚守和遵循的“正道”。守正是坚持、坚定、坚守，表现的是一以贯之的定力、一往无前的韧性、一张蓝图绘到底的钉钉子精神。对思想政治工作来说，就是要守住以马克思主义为指导这个根本，核心是用习近平新时代中国特色社会主义思想武装头脑、指导实践。新时代思想政治工作的根本任务是巩固马克思主义在意识形态领域的指导地位，巩固全党全国人民团结奋斗的共同思想基础。因此，必须继续巩固壮大主流思想舆论。以马克思主义引领多元社会思潮，牢牢掌握意识形态工作的领导权、管理权和话语权。坚持团结稳定鼓劲、正面宣传为主，同时加强舆论引导和监督。深化拓展群众性主题实践，唱响时代主旋律，增强群众对党和国家、对组织集体的认同感和归属感，推动形成适应新时代要求的思想观念、精神风貌、行为规范。更加注重以文化人、以文育人，进一步挖掘中华优秀传统文化中蕴含的思想观念、人文精神、道德规范，并结合时代要求进行创造性转化、创新性发展。进一步发挥先进典型示范引领作用，选树先锋模范，深化学习宣传，激发人们的思想认同、情感共鸣和效仿意愿，把榜样力量转化为群众的生动实践。进一步加强人文关怀和心理疏导，建立健全社会心理服务体系和疏导机制、危机干预机制，积极培育自尊自信、理性平和、积极向上的社会心态。

立足新时代，坚持“创新”，就是要积极回应时代发展和社会变革带来的新情况、新问题、新挑战，在工作思路、工作内容和工作方式上与时俱进，开拓创新。创新是发展的动力。对思想政治工作来说，就是要着眼于新时代中国特色社会主义的伟大实践，着眼于马克思主义中国化的新成果、新进展，充分运用新的技术手段和话语体系，提升思想政治工作的时效性和实效性。要在继承发扬传统优势的同时，坚持一切从实际出发，认真研究新时代思想政治工作面临的新形势、新任务、新要求，积极开辟新途径，探索新办法，创造新经验。一是要坚持理念创新，保持思想的敏锐性和开放度，打破传统思维定式，努力以思想认识新飞跃打开工作新局面。二是要坚持内容创新，加强对优秀传统文化思想价值的挖掘和阐发，吸收借鉴外来有益文化，立足中国特色社会主义建设的实践基础，不断丰富和发展思想政治工作的内容体系。三是要坚持手段创新，借助现代传媒和网络工具不断丰富载体，改进方法，使思想政治工作寓教于乐，寓教于趣，以健康高雅、形式多样的文化生活和社会实践满足广大人民群众的精神文化需要，提升广大人民群众的思想道德素质。

简言之，推动新时代思想政治工作守正创新发展，关键要做好以下几项工作：一是巩固壮大主流思想舆论。坚持正确政治方向、舆论导向、价值取向，把思想政治工作融入主题宣传、形势宣传、政策宣传、成就宣传、典型宣传中，不断提高新闻舆论传播力、引导力、影响力、公信力。二是深化拓展群众性主题实践。充分利用重要传统节日、重大节庆日纪念日，开展形式多样的群众性主题实践活动，唱响共产党好、社会主义好、改革开放好、伟大祖国好的主旋律。三是更加注重以文化人、以文育人。深入挖掘中华优秀传统文化蕴含的思想观念、人文精神、道德规范，推动中华优秀传统文化的创造性转化、创新性发展。推动文化产业高质量发展，更好地满足人民精神文化生活新期待。四是充分发挥先进典型示范引领作用。广泛选树新时代的先锋模范，深化时代楷模、道德模范、最美人物、身边好人等学习宣传，推动形成见贤思齐、崇德向善的社会氛围。五是切实加强人文关怀和心理疏导。健全工作制度，推动党员领导干部深入基层、联系群众。健全社会心理服务体系和疏导机制、危机干预机制。

回望党的百年奋斗历程，党的思想政治工作取得了历史性成就，这离不开我们对思想政治工作规律的认识、把握、遵循和运用。面向未来，思想政治工作更需要不断深化认识，把经验上升为规律，把规律运用于实践。新时代思想政治工作“要在系统梳理历史成就的基础上，深刻认识和精准把握新时代特征，不忘本来、立足当下、面向未来，回应历史问题、顺应时代潮流、倾听未来声音，在变和不变中把握历史使命和时代要求，探寻创新发展之路”[①]。只有这样，才能推动新时代思想政治工作在改进中加强，在创新中发展，为满足人民群众对美好生活的追求、实现中华民族伟大复兴的中国梦贡献更大力量。

---

①冯刚，彭庆红，佘双好，等.新时代高校思想政治教育学原理［M］.北京：人民出版社，2021：369.

第三节　深刻把握新时代思政课建设的规律性认识

学校思想政治理论课教师座谈会提出，思政课是落实立德树人根本任务的关键课程，推动思政课改革创新，要坚持政治性和学理性相统一、价值性和知识性相统一、建设性和批判性相统一、理论性和实践性相统一、统一性和多样性相统一、主导性和主体性相统一、灌输性和启发性相统一、显性教育和隐性教育相统一，不断增强思政课的思想性、理论性和亲和力、针对性。[①]这“八个统一”作为思政课建设长期以来形成的一系列规律性认识和成功经验的科学概括，是激发思政课提质增效的内在推动力量，也为新时代思政课的改革创新提供了基本遵循和动力支撑。

一、“八个统一”是思想政治理论课创新发展的内在规律

党的十八大以来，以习近平同志为核心的党中央高度重视思政课建设，站在中华民族伟大复兴的战略高度，提出一系列重要论述，推出一系列重要措施。在学校思想政治理论课教师座谈会上，习近平总书记提出的“八个统一”，深化了对思政课改革创新的规律性认识。思政课作

① 习近平.思政课是落实立德树人根本任务的关键课程［M］.北京：人民出版社，2020：17-23.

为思想政治工作的主渠道主阵地，有其自身的规律，思政课的课程设置、教材建设、教学内容、教学方法等都受其自身规律的支配。思政课是一种复合的现象，因此，它的发展要遵循一个规律群。“八个统一”立足思政课建设的基本规律，紧紧围绕新时代思政课建设要解决好的主要矛盾和问题，深刻回答了新时代思政课改革创新的重点和难点问题，是推动新时代思政课改革创新的重要原则，是不断增强思政课思想性、理论性和亲和力、针对性的关键所在。

“八个统一”科学回答了解决好“培养什么人、怎样培养人、为谁培养人”这个根本问题的有效路径。思政课是学校思想政治工作的重要组成部分，更是学校思想政治工作的主渠道主阵地。习近平总书记从党和国家事业发展的全局出发，用“八个统一”深刻阐释了办好思政课的基本原则和目标要求，从主渠道这个层面有针对性地回答了解决好培养什么人、怎样培养人、为谁培养人这个根本问题。思政课是落实立德树人根本任务的关键课程，其作用是不可替代的。“八个统一”从思政课的政治属性、建设原则和教学方法三个层面进行了充分的阐述，深刻指出了思政课如何才能走进学生内心的基本原则与方法，为科学回答“怎样培养人”这个根本问题提供了解决方略。

“八个统一”揭示了思政课建设的内在规律。思政课要坚持在改进中加强，才能提升思想政治教育的亲和力和针对性，才能满足学生成长成才的内在需求和发展期待。“八个统一”深刻揭示了思政课建设的系统性，它既要遵循思想政治教育规律、教书育人规律和学生成长规律，又要不断完善教学内容、改进教学方法、创新教学载体，才能不断提高思政课教学的科学性和实效性；既要坚持马克思主义思想的一元指导和哲学社会科学体系建设，又要树立“大思政”理念，推动其他课程与思政课的同向同行，不断增强育人协同效应；既要不断深化课程改革，又要不断加强教师队伍建设，才能不断加强对学生的思想引导和价值引领，在教学过程中切实增强学生的“四个自信”，有效培养德智体美劳全面发展的社会主义建设者和接班人。

“八个统一”提供了新时代思政课改革创新的基本遵循。“八个统一”直面思政课建设过程中的重大问题和广大教师关心的热点问题，从理论与实践相结合上作出了深刻回答，它不仅是思政课建设长期以来形成的一系列规律性认识和成功经验的科学概括，而且还是推动思政课改革创新的重要原则。这“八个统一”，每一个都是思想深刻、内涵丰富，只有结合思政课的教学实际，创新方式方法，才能让思政课有亲和力、吸引力、感染力，让学生喜闻乐见、受益无穷。比如，坚持政治性和学理性相统一，就是要以严密的逻辑和透彻的学理分析回答学生的疑问，以彻底的思想理论说服学生，用真理的强大力量引导学生，真正把马克思主义理论说透彻说明白，产生思想共鸣，从而让学生真学真信、真懂真行；坚持灌输性和启发性相统一，就是要坚持理论灌输的同时，更要注重对学生的启发性教育，引导学生发现问题、分析问题、思考问题，只有在不断启发中让学生水到渠成得出结论，才能让科学理论春风化雨、滋润心灵，提高学生掌握和运用科学理论的能力；等等。

二、思想政治理论课“八个统一”的内在逻辑和相互关系

坚持“八个统一”，根本在于推动新时代思政课改革创新，最终要落到把思政课讲得更有亲和力和感染力、更有针对性和实效性上来，实现知、情、意、行的统一，让人口服心服。“八个统一”作为推动思政课改革创新的基本原则，虽然视角不同，但从质的规定上看，蕴含着三个层面的内在逻辑。

（一）课程价值论层面

坚持政治性与学理性相统一、坚持价值性与知识性相统一、坚持建设性与批判性相统一，都体现了思政课价值论的基本要求。首先，思政

课是具有鲜明政治属性的一门课程，要进行马克思主义及其指导下的社会主义意识形态的宣传、教育。它必须始终坚持以政治性为灵魂，坚持用科学的政治理论为指导去推动改革创新。而思政课的政治属性又是建立在具有严密科学逻辑的基础之上，任何改革创新都不能削弱思政课的政治功能，不能动摇坚持中国特色社会主义制度、道路和理论体系，而要通过增强理论的解释力、说服力，着力用真理的强大力量引导学生，让学生在加强学理性探索中更科学地、更自觉地坚持马克思主义、社会主义的政治立场、政治观点和政治方向。其次，知识性与价值性是思政课固有的两种基本元素。思政课的教学目的不仅仅在于知识的传授，而更在于政治理论和思想观念的传播。青少年阶段是人生的“拔节孕穗期”，最需要精心引导和栽培。思政课教师要善于用丰厚的知识成果滋养正确的价值观念，要寓价值观引导于知识传授之中，要在知识传授过程中以透彻的学理分析和思想理论回应学生，为学生释疑解惑，帮助学生在事实判断的过程中学会价值判断，学会正确的价值选择，从而确立科学的世界观、人生观、价值观。最后，思政课要解决好思想观念上“坚持什么、反对什么”这一关键问题。这就需要厘清建设性与批判性的辩证统一关系。所谓建设就是“立”，就是要旗帜鲜明、坚定自信地坚持中国特色社会主义，传导主流意识形态，弘扬社会主义核心价值观；而所谓批判就是“破”，就是要敢于对各种错误观点和思潮发声，能够用真理的力量回击错误观点和思潮。“批判”是为了更好地“建设”，“建设”是为了更加有力地“批判”，两者相辅相成，互为一体。质言之，这“三个统一”其实都是围绕着思政课的政治属性和价值意义进行不同维度上的阐述，其目的都是为了实现培养中国特色社会主义建设者和接班人这一价值目标。

（二）课程建设原则层面

坚持理论性和实践性相统一、坚持统一性和多样性相统一是从思政课的课程建设层面而言。一方面，理论性与实践性都是思政课的本质属性。思政课具有知识传授、能力培养和素质养成三个环环相扣、层层递进的具体教学目标，思政课之所以要突出理论性，是由其课程性质和教学目标所决定。但同时，思政课的最终目的是培养学生运用马克思主义基本原理、立场和方法分析与解决问题的能力，培养能担当民族复兴大任的时代新人的综合素质，而要实现这些教学目标光靠理论教学是远远不够的，需要结合有效的实践教学才能完成，才能真正将理论内化于心、外化于行。因此，思政课教学既要立足课堂，也要走出课堂，既要注重理论教学，又要注重实践教育，要把理论教学和实践教学有机结合起来，把思政小课堂同社会大课堂结合起来，教育引导学生立鸿鹄志、做奋斗者，真正做到学思用贯通、知信行统一。另一方面，统一性和多样性是思政课彰显的特殊性。推动思政课改革创新，就是要着力增强课程的亲和力、针对性，这既要坚持马克思主义的一元指导，落实教学目标、课程设置、教材使用等方面的统一要求，又要尊重差异，包容多样，要结合各地各校的实际情况和特有资源，做到因地制宜、因时制宜、因材施教，在多样中达成思想共识、实现价值引领。通过以上“两个统一”，旨在更有效推进思政课的课程建设。

（三）教学方法论层面

坚持主导性和主体性相统一、坚持灌输性与启发性相统一、坚持显性教育与隐性教育相统一是从思政课教学方法上而言。首先，主导性和主体性指的是在教育教学过程中如何处理好教师主导与学生主体的关系。思政课改革创新要突出教师的主导作用，同时，要坚持以学生的成长发展为中心的教育理念，尊重学生的心理及兴趣差异，积极发挥学生的主体性作用。教师的主导作用体现在如何进行教学内容的设计和教学方法的创新与实施。学生要发挥自身的主观能动性和创造性，在教师的正确指导下独立自主地作出判断和选择，不断激发主体参与意识和竞争意识，形成自己独立的思想观念和行为能力，不断提高认识问题、分析问题和解决问题的能力，进而正确认识自己、塑造自己、发展自己，不断增强思政课教学的实效性和吸引力。其次，灌输教育和启发教育是教学中的两种有效教学方法。思政课具有鲜明的政治性，这就要求坚持理论“灌输”的基本原则。坚持理论灌输是学校思想政治教育本质属性的内在要求，是学校思政课教学的基本原则和基本手段，不可动摇。但理论灌输不等于思想强制，也不等于方法单一。这就要求思政课教学在坚持“灌输”方法的同时，结合学生思想实际，遵循学生成长规律和教育规律，积极运用启发式教学，激发学生受教激情，引导学生发现问题、分析问题、思考问题，在不断启发中让学生水到渠成得出结论，以增强理论讲授的吸引力和时效性，彰显理论本身的魅力。最后，显性教育和隐性教育也是教育过程中的两种基本教学方法。显性教育是指充分利用各种公开的手段、公开的场所，有组织、有系统、有阵地地开展思想政治教育的方法。隐性教育是指充分利用各种隐性资源和环境，运用非常规和隐蔽的方式，使得教育对象潜移默化地受到教育和影响，进而达到教育目的的过程。两者具有各自的优势及局限，同时又互相联系、互为补充。从目前看，我国思政课教学仍以显性教育为主，但隐性教育已在教学过程中得到了广泛的运用并取得了良好的成效。另外，随着信息技术的飞速发展，互联网交流平台为思政课教学提供了交互式新载体，显性教育和隐性教育在思政课教学过程中得到了充分而又有效的融合，从而使思政课教学绽放出新的生机和活力。

这三个层面，一方面，课程价值论层面的三个统一是灵魂，也是核心，它统领着其他两个层面的五个统一；后五个统一是为了贯彻落实思政课政治价值而具体实施的原则和方法。另一方面，教学方法论的三个统一是对课程建设原则中两个统一的细化，两者互相呼应；课程建设原则层面和教学方法论层面的五个统一如果得以有效落实，又将有力促进思政课政治价值的有效实现。“八个统一”之间相辅相成、互为支撑，形成一个完整严密的内在逻辑链。

三、新时代思想政治理论课“八个统一”的实现路径

“八个统一”为思政课改革创新指明了方向，提供了遵循。如何有效落实“八个统一”，需要学校、社会、党委、政府的高度重视和共同努力。一方面，办好思政课，有不少问题需要解决，但最重要的是解决好信心问题。习近平总书记在学校思想政治理论课教师座谈会上，总结了党和国家为思政课建设提供的根本保证、有力支撑、浓厚力量，有了这些基础和条件，思政课青年教师要有信心讲好思政课。另一方面，办好思政课，最根本的是要全面贯彻党的教育方针，解决好培养什么人、怎样培养人、为谁培养人这个根本问题。新时代思政课改革创新，要坚持马克思主义指导地位，用习近平新时代中国特色社会主义思想铸魂育人，坚持“四个服务”，努力培养德智体美劳全面发展的社会主义建设者和接班人。

（一）要切实加强思想政治教育学科建设

办好思政课，需要学科的发展来提供学理性支撑，需要学科的建设与发展提供理论依据和对热点难点问题的系统性、科学性诠释。新时代要积极推动思政课学科体系建设，总结思政课基本规律，吸收和借鉴其他学科的理论和研究成果来推进思政课学科体系建设。第一，要着力构建具有世界眼光、中国情怀、时代特征的思政课教育体系，要用知识视野、历史视野、国际视野的广角，拓宽视野、创新思维，不断为学科发展的规范化和科学化夯实理论基础。第二，要深入研究学科的热点问题。学科的热点研究与学科的自身发展是辩证统一的，二者的发展过程是一个双向互动的闭环。把握思想政治教育热点研究的发展规律，最重要的是深刻理解思想政治教育热点研究与思想政治教育学科发展的双向

互动机制，在学科发展中推动热点研究，在热点研究中实现学科发展，往复循环，从而形成思想政治教育热点研究与思想政治教育学科发展的良性互动，实现二者的共同发展。思政课的改革创新是需要以思想政治教育学科的建设与发展为指导的。只有加强思想政治教育学科发展，才能为其提供科学指引与理论支撑。第三，要注重思政课教材的编写。教材是教学之本，编好用好教材是讲好思政课的前提和保证。要组织专家学者系统性、高质量地编写思政课教材，确保思政课教材的科学性、理论性、规范性、鲜活性，才能真正把“八个统一”落到实处。

（二）要切实加强思政课教师队伍建设

办好思想政治理论课关键在教师，关键在发挥教师的积极性、主动性、创造性。思政课教学涉及政治、经济、文化等诸多领域，涉及世情、国情、党情、民情等，思政课的特殊性对思政课教师提出了很高的要求。当前，国际国内形势不断发生变化，思政课只有常讲常新才能增强思政课教学效果。我国当前仍处于社会主义初级阶段，一些社会问题和社会现象需要通过思政课为广大青少年及时解答，而要讲透讲清这些问题就需要拥有一支高水平的师资队伍。首先，要加强思想政治教育专业建设。思想政治教育专业是思政课师资输送的源头，也是我们主渠道主阵地永葆生机和活力的力量之源。其次，要为思政课教师的发展创造条件。一方面，要减轻教师过重的教学任务，让教师有时间和精力投入教学科研工作中去，同时也要为教师提供国内外学习培训的机会，教育部和省级层面可以考虑建立思政课教师研修基地，以此推动教师的轮训与能力提升。另一方面，要切实提高思政课教师的生活待遇和学科地位，增强教师的自豪感和使命感，从而吸引优秀的哲学社会科学人才积极投入到思政课的教师队伍中来。最后，要保证思政课教师的足额配备，注重提升教师队伍的综合素质。要按照习近平总书记提出的政治要强、情怀要深、思维要新、视野要广、自律要严、人格要正的“六个方面素养”，着力打造一支政治坚定、业务精湛、师德高尚、结构合理的思政课教师队伍。

（三）要切实加强党委的领导和作用发挥

新时代要“理直气壮开好思政课”。学校党委必须充分认识思政课堂主阵地作用，坚决改变当前存在的直接和间接压缩思政课堂教学课时的现象。要从我国实际出发，遵循教育规律，坚持改革创新，“建立党委统一领导、党政齐抓共管、有关部门各负其责、全社会协同配合的工作格局，推动形成全党全社会努力办好思政课、教师认真讲好思政课、学生积极学好思政课的良好氛围”[①]，加快形成全员全过程全方位育人体系。要不断优化新时代思政课的顶层设计和总体部署，要“把统筹推进大中小学思政课一体化建设作为一项重要工程，推动思政课建设内涵式发展”[②]。要实现“三全育人”体系中的全员育人，要确保社会参与层面的“广度”“深度”“温度”“效度”，不断提升思政课的教育实效。思政课建设要始终坚持党的领导，“各级党委要把思政课建设摆上重要议程，抓住制约思政课建设的突出问题，在工作格局、队伍建设、支持保障等方面采取有效措施”，坚持“把从严管理和科学治理结合起来”[③]。各级党委既要树立“大思政”理念，构建“大思政”工作格局，又要从师资队伍建设入手，加快建成“专职为主、专兼结合、数量充足、素质优良的思政课教师队伍”[④]；同时，还要带头走进课堂，带头

① 习近平. 思政课是落实立德树人根本任务的关键课程［M］. 北京：人民出版社，2020：24.

② 习近平. 思政课是落实立德树人根本任务的关键课程［M］. 北京：人民出版社，2020：27.

③ 习近平. 思政课是落实立德树人根本任务的关键课程［M］. 北京：人民出版社，2020：24.

④ 习近平. 思政课是落实立德树人根本任务的关键课程［M］. 北京：人民出版社，2020：25.

推动思政课建设，带头联系思政课教师，要建立健全思想政治教育工作机制、评估机制与奖惩机制等，确保思政课建设落实落细。

“打好组合拳，才能讲好思政课。”一方面，推进思政课改革创新是一项系统工程，“八个统一”是一个整体，我们需要从整体上思考和坚持，实现思政课知、情、意、行的高度统一。另一方面，推进思政课改革创新不可能一蹴而就，需要党和国家持续高度重视，需要一代又一代思想政治教育工作者持续奋斗。“十年树木，百年树人”，坚持“八个统一”关键是持续坚持。课堂教学作为培养人的重要渠道，其知识体系、价值体系的建立健全是一个长期动态的过程，思政课旨在培养一代又一代德智体美劳全面发展的社会主义建设者和接班人，无疑需要更为持久更为深入的改革创新。

第五章 增强思想政治教育的文化动力

重视文化力量并坚持以文化人是新时代思想政治教育内涵式发展的重要着力点，能够推动党的教育方针以及立德树人根本任务的贯彻落实。思想政治教育文化是各教育参与主体创造生产的、在教育教学实践中积淀的丰富内容，为思想政治教育发展提供了深厚滋养。从多元文化中汲取养分，特别是坚持以习近平文化思想为指导，思想政治教育能够进一步明确前进的方向，吸收有益的经验，获取发展的力量。增强思想政治教育的文化力量，能够更好引导学生增强中国特色社会主义道路自信、理论自信、制度自信和文化自信。思想政治教育多元文化蕴含着推动思想政治教育发展的精神力量，成为思想政治教育内生动力的重要构成。

第一节　坚持以习近平文化思想为指导

2023年10月，全国宣传思想文化工作会议首次提出了习近平文化思想。习近平文化思想是习近平新时代中国特色社会主义思想的重要组成部分，是对马克思主义文化理论的丰富和发展，是继承和弘扬中华优秀传统文化的最新成果。习近平文化思想是一个内容完整、逻辑清晰、层次丰富，富有实践性、时代性、创新性特征的思想体系，具有重要的理论价值与现实价值。习近平文化思想以马克思主义为魂，以中华优秀传统文化为根，指明和标注了新时代新的文化使命，为推进中国式现代化、实现中华民族伟大复兴提供了强大思想武器和科学行动指南。对习近平文化思想的深入研究和学理阐释是科学把握、深刻理解这一思想体系科学内涵的重要前提，也是增强思想政治教育文化力量的根本指导，在文化滋养中增强思想政治教育的内生动力。

一、习近平文化思想的价值意蕴

习近平文化思想具有深刻的理论价值和实践价值，立足于中国特色社会主义文化发展实际，丰富和发展了马克思主义文化理论，指明了新时代新的文化使命，以中国式现代化为发展基础，创造了新的文化生命体，为推进新时代中国特色社会主义建设、实现中华民族伟大复兴注入强大精神动力。

（一）丰富和发展了马克思主义文化理论

文化是人特有的存在方式，反映出人们在认识和改造世界过程中对世界的理解方式。马克思在《关于费尔巴哈的提纲》中指出：“人的本质不是单个人所固有的抽象物，在其现实性上，它是一切社会关系的总和”，现实的人参与的“社会生活在本质上是实践的”[①]。文化的发展与人的社会实践活动密不可分，体现出人的本质力量的对象化。尽管马克思并未直接界定“文化”概念或进行系统阐释，但马克思主义理论中贯穿着对文化问题的相关探究和思考、对人类文化哲学的观照与发展。从本质上来看，马克思主义文化观认为，文化是社会意识的具体表现。马克思在《政治经济学批判》序言中指出：“生产关系的总和构成社会的经济结构，即有法律的和政治的上层建筑竖立其上并有一定的社会意识形式与之相适应的现实基础。物质生活的生产方式制约着整个社会生活、政治生活和精神生活的过程。不是人们的意识决定人们的存在，相反，是人们的社会存在决定人们的意识。”[②]马克思主义文化理论以历史唯物主义为理论基础，阐释文化生成和发展过程中的内涵、价值、功能等相关问题，既是社会经济和政治在观念形态上的集中反映，又对经济和政治的发展具有能动的反作用，是社会有机体的重要组成部分，也是社会主义社会发展的重要标志。正如恩格斯所指出：“文化上的每一个进步，都是迈向自由的一步。”[③]十月革命后，列宁在对经济文化落后国家建设社会主义的初步探索中，亦注重以历史眼光看待社会主义文化的建设，曾指出，“只有确切地了解人类全部发展过程所创造的文化，只有对这种文化加以改造，才能建设无产阶级的文化，没有这样的认识，

---

① 马克思恩格斯文集：第一卷［M］.北京：人民出版社，2009：505.

② 马克思恩格斯文集：第一卷［M］.北京：人民出版社，2009：591.

③ 马克思恩格斯选集：第三卷［M］.北京：人民出版社，1995：456.

我们就不能完成这项任务”[①]。这为后来的社会主义文化建设提供了宝贵的实践经验和理论指导。

在中国革命、建设和改革的长期探索历程中，中国共产党始终重视对文化的探索、建设和总结，从新民主主义文化理论、“百花齐放，百家争鸣”方针的提出，到推进社会主义精神文明建设；从“三个代表”重要思想，强调“中国先进文化的前进方向”，到建设社会主义和谐文化的提出，都是马克思主义文化理论与中国实际相结合的产物。党的十八大以来，以习近平同志为核心的党中央将马克思主义文化理论充分运用于中国特色社会主义伟大实践之中，坚持辩证唯物主义和历史唯物主义，科学把握文化发展的时代特征和内在规律，不断深化对新时代中国特色社会主义文化建设规律的认识，形成了习近平文化思想。这一思想包含了对文化本质、文化价值、文化发展、文化领导权、文化主体性等理论问题的深入认识。习近平总书记指出：“文化是一个国家、一个民族的灵魂。”[②]将文化丰富发展与国家、民族前途相联系，强调宣传思想文化工作是一项极端重要的工作，确立和坚持马克思主义在意识形态领域指导地位的根本制度，突出社会主义核心价值观凝心聚力的作用。习近平文化思想从理论和现实层面丰富了马克思主义价值观，使马克思主义文化理论在与中国特色社会主义实践交融中不断得以深化和发展，赋予了马克思主义文化理论以新的时代内涵和发展活力。

（二）指明和标注了新时代新的文化使命

文化使命锚定和反映了文化价值观、文化理念和文化愿景，是对文化层面的责任担当、价值追求的概括与凝练，蕴含了为实现一定文化目标而设定的一系列前进方向和内在要求。习近平文化思想的形成和发展，指明和标注了新时代新的文化使命，这关乎新时代中国特色社会主

① 列宁选集：第四卷［M］.北京：人民出版社，2012：285.

② 习近平谈治国理政：第二卷［M］.北京：外文出版社，2017：349.

义文化的未来发展状态与方向，关乎文化强国建设和中华民族现代文明发展。习近平总书记在党的十九大报告中首次提出“新的文化使命”这一重大命题，明确指出：“当代中国共产党人和中国人民应该而且一定能够担负起新的文化使命，在实践创造中进行文化创造，在历史进步中实现文化进步!”[①]这就从文化创造、文化进步的角度揭示文化使命的时代要求和独特内涵。习近平总书记在2018年全国宣传思想工作会议上，对完成新形势下宣传思想工作做了形象总结。会议提出要“自觉承担起举旗帜、聚民心、育新人、兴文化、展形象的使命任务”[②]，这也将文化使命的具体内容和要求层层展现出来。2023年6月2日，习近平总书记在文化传承发展座谈会上揭示中华文明具有连续性、创新性、统一性、包容性、和平性的突出特性，并强调“在新的起点上继续推动文化繁荣、建设文化强国、建设中华民族现代文明，是我们在新时代新的文化使命”[③]，明确提出了新时代新的文化使命的内涵，并着重强调“坚定文化自信”“秉持开放包容”“坚持守正创新”[④]的重要性。2023年10月，全国宣传思想文化工作会议上的“七个着力”，为实现新时代新的文化使命提供了思路和切入点，宣传思想文化工作也承担着重要的政治职责。

习近平文化思想阐明了新时代新的文化使命的实现基础和价值意义。新时代新的文化使命建立在文化自信基础上，能够为实现文化繁荣发展提供目标和动力。文化自觉和自信是民族实现自立自强的重要前提，文化自信是更基础、更广泛、更深厚的自信。习近平总书记明确指出：“中国特色社会主义文化，源自于中华民族五千多年文明历史所孕

① 习近平.决胜全面建成小康社会 夺取新时代中国特色社会主义伟大胜利——在中国共产党第十九次全国代表大会上的报告［M］.北京：人民出版社，2017：44.

② 习近平谈治国理政：第三卷［M］.北京：外文出版社，2020：310.

③ 习近平.在文化传承发展座谈会上的讲话［N］.人民日报，2023-06-03（1）.

④ 习近平.在文化传承发展座谈会上的讲话［N］.人民日报，2023-06-03（1）.

育的中华优秀传统文化，熔铸于党领导人民在革命、建设、改革中创造的革命文化和社会主义先进文化，植根于中国特色社会主义伟大实践。"[①]实现新时代新的文化使命，要在理解文化自觉、文化自信、文化自强的基础上，正确把握中国特色社会主义文化的建设和发展。同时，文化发展具有历史性、阶级性、民族性等特点，应当从文化的内在属性特点以及中华文明的突出特性出发，把握中华文明和中国特色社会主义之间的密切联系。习近平文化思想重视文化主体性和能动性，将文化传承、文化发展和文化创新相联结，标注了新时代新的文化使命的实现方式，立足"七个着力"，以中国式现代化不断创造人类文明新形态，构筑中华民族共有精神家园，更好肩负起新时代新的文化使命。

（三）为实现中华民族伟大复兴注入强大精神动力

习近平文化思想的产生和发展与中国特色社会主义的经济发展和政治发展相适应，反映并反作用于经济和政治发展。党的二十大报告明确指出："从现在起，中国共产党的中心任务就是团结带领全国各族人民全面建成社会主义现代化强国、实现第二个百年奋斗目标，以中国式现代化全面推进中华民族伟大复兴。"[②]这阐明了在新的历史方位上我国阶段性任务的重大调整。习近平新时代中国特色社会主义思想是党和国家必须长期坚持的指导思想，是中国式现代化的强大理论武器和科学行动指南。习近平文化思想作为习近平新时代中国特色社会主义思想的有机组成部分，规定了"文化工作布局上的部署要求"，明确了"新时代文化建设的路线图和任务书"，既是在新时代中国特色社会主义文化建设

① 习近平.决胜全面建成小康社会　夺取新时代中国特色社会主义伟大胜利——在中国共产党第十九次全国代表大会上的报告［M］.北京：人民出版社，2017：41.

② 习近平.高举中国特色社会主义伟大旗帜　为全面建设社会主义现代化国家而团结奋斗——在中国共产党第二十次全国代表大会上的报告［M］.北京：人民出版社，2022：21.

实践过程中凝练出的，内涵丰富、系统科学的理论体系，也彰显了习近平新时代中国特色社会主义思想的文化底蕴、文化品格和文化气度，表明党的历史自信、文化自信达到了新的高度。

新时代文化发展建设是推进中国式现代化的重要组成部分，对推进文化强国建设、满足人民群众日益增长的精神文化需要都具有不可替代的作用。“先进的思想文化一旦被群众掌握，就会转化为强大的物质力量。”[①]习近平文化思想内涵丰富，具有鲜明的能动性、实践性特点，能够为全面建设社会主义现代化国家、全面推进中华民族伟大复兴提供坚强思想保证、强大精神力量、有利文化条件，可以转化为引导广大人民群众投身实践的内在驱动力。党的十八大以来，习近平总书记把宣传思想文化工作摆在治国理政的重要位置，坚持马克思主义文化理论，继承中华优秀传统文化，展现了中华文明的现代性力量，筑牢了中国特色社会主义道路的文化根基。在新的历史方位上，为实现中国共产党的中心任务，以中国式现代化全面推进中华民族伟大复兴，更加需要发挥中国特色社会主义文化的思想基础和精神支撑作用，实现精神上的独立自主。

二、习近平文化思想的时代特质

任何思想的形成都有一定的时代背景，同时也是特定历史阶段的产物，习近平文化思想在形成和发展过程中，蕴含了中华文化底色，彰显出了独特的时代特质。习近平文化思想具有人民立场、政治底色，宏微结合、体用贯通，民族特性、世界眼光的时代特质，这些特质是深入理解和系统把握习近平文化思想的重要抓手。

① 习近平.在纪念马克思诞辰200周年大会上的讲话［M］.北京：人民出版社，2018：19.

（一）坚守人民立场和政治底色

习近平总书记强调："以人民为中心的发展思想，不是一个抽象的、玄奥的概念，不能只停留在口头上、止步于思想环节，而要体现在经济社会发展各个环节。要坚持人民主体地位，顺应人民群众对美好生活的向往，不断实现好、维护好、发展好最广大人民根本利益，做到发展为了人民、发展依靠人民、发展成果由人民共享。"①以人民为中心是坚持人民立场的价值要求，也是习近平文化思想的根本原则，是推动中国特色社会主义文化繁荣发展的内在支撑。无论是文艺工作、新闻舆论工作，还是哲学社会科学工作，习近平总书记都在各类场合提出坚持以人民为中心的工作导向。无论是文化的传承还是发展，归根结底都要明确广大人民群众关于精神文明方面的内在需要，都要依靠人民群众在文化创造上的主体地位，都要以实现人的自由而全面发展为最终目标。人心向背是决定文化事业和文化产业前途命运的根本因素。习近平总书记指出："宣传思想文化工作事关党的前途命运，事关国家长治久安，事关民族凝聚力和向心力，是一项极端重要的工作。"②党的十八大以来，以习近平同志为核心的党中央对文化建设作出系统谋划和整体部署，新时代宣传思想文化工作取得了历史性成就，意识形态领域形势发生了全局性、根本性转变，坚持党对宣传思想文化工作的领导是习近平文化思想的鲜明政治底色，也是我们推动文化事业和文化产业繁荣发展的最大底气。同时，文化本身具有鲜明的阶级性，意识形态是文化的重要组成部分，没有党的领导，我国的文化发展不仅会迷失方向，更会丢掉主心

① 中共中央文献研究室.习近平关于社会主义社会建设论述摘编［M］.北京：中央文献出版社，2017：13.

② 坚定文化自信秉持开放包容坚持守正创新 为全面建设社会主义现代化国家 全面推进中华民族伟大复兴提供坚强思想保证强大精神力量有利文化条件［N］.人民日报，2023-10-09（1）.

骨。只有坚持党的领导，坚持马克思主义在文化建设中的指导地位，才能真正保证文化发展沿着正确道路行稳致远。

（二）坚持宏微结合和体用贯通

习近平文化思想是一个不断展开的、开放式的思想体系，必将随着实践深入不断丰富发展。习近平文化思想既在对实际工作的经验总结、规律把握过程中进行理论建构和理论创新，又从理论高度对文化强国建设提供了纲领性指导。习近平文化思想既是认识论，也是方法论，以宏微结合、体用贯通的基本原则贯穿于思想形成的全过程。一方面，习近平文化思想在内容构建上宏微结合、见微知著，不但从宏观层面对文化发展进行统筹规划，在中国式现代化视域下深刻阐明为什么要发展文化、发展什么样的文化、如何发展文化等重大战略问题，而且也包括具体层面的“把脉问诊”，提出了今后一段时间内宣传思想文化工作的主要任务，涵盖了文化事业和文化产业发展的各个方面。另一方面，习近平文化思想明体达用、体用贯通，向内探寻社会主义核心价值观、文化自信、文化传承发展等重要概念的认识规律及时代意义；向外坚持问题导向和时代指向，对当前我国文化建设过程中存在的相关问题作出全面、系统、深刻的回应，力求从根本上解决影响、干扰、制约社会主义文化建设的种种因素，以推进文化自信自强、铸就社会主义文化新辉煌为奋斗目标。习近平文化思想既在思想层面深化和发展认识论，也从实践层面细化文化战略和发展路径，同时表明二者之间存在相互贯通的内在关系，将规律性认识与实际践行相统一，遵循时代发展规律和社会主义文化建设规律，有利于在新的起点上继续为中华民族伟大复兴提供持续且深厚的精神力量。

（三）彰显民族特性与世界眼光

习近平总书记指出：“国家之魂，文以化之，文以铸之。我们要立足中国，面向现代化、面向世界、面向未来，巩固马克思主义在意识形态领域的指导地位，发展社会主义先进文化，加强社会主义精神文明建设，把社会主义核心价值观融入社会发展各方面，推动中华优秀传统文化创造性转化、创新性发展，不断提高人民思想觉悟、道德水平、文明素养。”[①]文化的生命力在于传承，动力在于发展，活力则在于交流。习近平总书记致力推动中华优秀传统文化创造性转化和创新性发展，积极寻求中华优秀传统文化、革命文化和社会主义先进文化之间的有机结合，在文化发展中坚持文化主体性，不断从中华文脉中汲取精神滋养，彰显中华文化的民族特性，创造具有鲜明中国特色的人类文明新形态。此外，要立足国际视野正确看待人类文明进步与中华文明之间的关系，正确看待文化在保持独立性与彰显世界性之间的关系。任何一种文明的形成与发展都离不开文化的交流互鉴。需要找准时代方位，结合发展需要，保持文化自觉，坚定文化自信，以文化作为载体向世界传播新时代中国声音，讲好新时代中国故事，展现我国独特的文化魅力，切实提升中华文明的传播力、影响力，始终对多元、多样的世界文化敞开胸怀、兼容并蓄，积极融入世界文化交流之中，在为世界文化发展贡献中国力量、中国经验，展现中国文化新气象、新风貌的同时，让中华文明同世界各国人民创造的多彩文明一道引领全人类发展。

三、习近平文化思想的内在逻辑

习近平文化思想是科学完整、逻辑架构清晰的思想体系，把握其内在逻辑是深刻理解习近平文化思想内涵的重要前提和基础。从纵向发展来看，习近平文化思想实现由远及近、历史性与现实性的统一；从生发本质来看，习近平文化思想是合规律性与合目的性的统一；从内因外因

---

① 中共中央党史和文献研究院.十九大以来重要文献选编：上［M］.北京：中央文献出版社，2019：430.

角度来看，实现了内在发展与外在保障的统一；从文化研究视角来看，实现了文化本体与文化形态的统一。

（一）历史性与现实性的统一

无论是从形成产生的过程，还是从内容构成来看，习近平文化思想都是具有深厚历史特征和现实指导意义，并在实践中不断发展的思想体系。习近平文化思想的历史逻辑与实践逻辑确证了其实现历史性与现实性的统一。历史逻辑是理论逻辑和实践逻辑得以产生和发展的现实基础。任何文化思想的演进和发展都是在客观、具体的历史条件下发生和演进的，习近平文化思想创造性地继承了中华优秀传统文化，并将马克思主义文化观与中国特色社会主义文化建设相结合，是马克思主义中国化时代化重大理论创新的结果，在借鉴和吸收人类文明有益成果基础上，不断拓展文化发展空间。同时，实践是理论得以产生和发展的根本生命力所在，人的认识是主体对客体的能动反映，认识的形成是在主客体相互作用下、立足于实践才得以完成的。习近平文化思想是在党领导人民探索中国特色社会主义文化发展道路、不断总结文化发展规律中逐渐形成的理论成果，反映了我国文化发展要求和我国社会生产力和生产关系的状况，具有鲜明的实践性、现实性特征。此外，习近平文化思想历史性与现实性的统一，从根本上反映了文化传承、文化发展和文化创新的关系。习近平文化思想以马克思主义为魂，以中华优秀传统文化为根，传承中华优秀传统文化中的“体用论”，并在新时代激发文化创造活力和生命力，彰显出独具特色的创新性、兼容性，实现了文化传承与文化创新的辩证统一。习近平总书记指出：“中华文明具有突出的连续性，从根本上决定了中华民族必然走自己的路。如果不从源远流长的历史连续性来认识中国，就不可能理解古代中国，也不可能理解现代中国，更不可能理解未来中国。”[①]中华文明的连续性为文化的现实性发展

① 习近平.在文化传承发展座谈会上的讲话［N］.人民日报，2023-06-03（1）.

提供了源头和养分，也要求必须从历史视角看待文化、文明的延续与发展。历史是确保现实发展的依据和来源，现实是历史的延续、发展和演进，历史和现实的统一规定了不同时代的理论将呈现不同的样态与形式。习近平文化思想源于现实又根植于历史，是马克思主义文化理论在与中华优秀传统文化历史性与现实性的结合中的时代产物，全面梳理、深刻阐发了传统文化的现代价值，并以科学的方式建构了层次丰富、逻辑严谨的思想体系，明确中国特色社会主义文化的基本向度、发展路径，实现了文化发展具体的历史的统一。习近平文化思想从时间上实现由远及近的统一，对于在新的历史起点上建设中华民族现代文明、铸就社会主义文化新辉煌提供了坚强思想保障。

（二）合规律性与合目的性的统一

合规律性与合目的性相统一是唯物史观的根本方法。所谓合规律性，是指导实践的认识符合客观规律，达到对客观事物的真理性认识；所谓合目的性，是指通过有目的的活动自觉地改变世界，同时，实践及其结果符合主体自身的需要。习近平文化思想的产生和发展实现了合规律性与合目的性的统一。一方面，中国共产党人在推进新时代中国特色社会主义文化建设中，日益加深对共产党执政规律、社会主义建设规律、人类社会发展规律的认识，遵循社会发展规律和文化建设规律。习近平文化思想的形成标志着中国共产党对中国特色社会主义文化建设规律的认识达到了新高度。另一方面，文化的本质是文以载道、以文化人，社会文化的不断进步也标志着人类自身发展的水平不断提升。习近平文化思想以"以文化人、以文育人"为落脚点，强调文化对教育引导人民群众、提升社会文明程度、实现文化强国目标的重要作用。

习近平文化思想体现了中国共产党人对文化规律的把握与实现育人目标的统一。文化与人之间是相互创造、相辅相成的。从文化产生而言，文化是人类实践活动的产物，从文化功能而言，文化能够涵育、滋养、影响人。人既是文化的创造者，也受到文化的塑造和熏陶。习近平文化思想是实现中华民族伟大复兴的理论支撑，也是培育时代新人的重要内容，新形势下党的宣传思想文化工作要自觉承担起举旗帜、聚民心、育新人、兴文化、展形象的使命任务，这也是习近平文化思想中育人观的主要内容。坚持习近平文化思想的育人指向就是要用党的创新理论武装全党，引导和教育广大人民群众。党的十八大以来，习近平总书记先后在全国高校思想政治工作会议、学校思想政治理论课教师座谈会等会议上提出更加注重以文化人、以文育人。“以文化人命题本身包含众多内涵，既有知识性文化的滋养，也有人文精神的感染和熏陶。”[①]文化的创新发展归根结底是要落在人本身。时代新人是文化传承者、创造者和发扬者，新时代坚持以文化人，要用党的创新理论培育时代新人，发挥社会主义意识形态的正向引导作用，以社会主义核心价值观铸魂育人，深化爱国主义、集体主义、社会主义教育，不断提高人的文明程度和综合素质。2017年发布的《关于加强和改进新形势下高校思想政治工作的意见》中，将思想政治教育工作视为一项系统工程，强调坚持全员全过程全方位育人。把思想价值引领贯穿教育教学全过程和各环节，形成教书育人、科研育人、实践育人、管理育人、服务育人、文化育人、组织育人的长效机制。同时，“高校思想政治教育工作质量提升、内涵发展的要求和协同育人、合力育人的大思政格局进一步凸显，这是思想政治教育工作适应新形势的充分体现”[②]。新时代背景下，党和国家对文化规律的认识和把握不断深化，文化育人的内涵得以丰富和发展，文化育人形式得以拓展。习近平文化思想的丰富内涵对中华民族伟大复兴具有重要意义，也为高校加强和创新思想政治工作，落实立德树人根本

① 冯刚.深化新时代思想政治教育视域下的以文化人研究［J］.马克思主义理论学科研究，2020（6）：125.

② 冯刚，彭庆红，佘双好，等.新时代高校思想政治教育学原理［M］.北京：人民出版社，2021：378.

任务，培育时代新人提供了文化供给和基本遵循，彰显了社会主义文化的性质，也满足了社会全面进步和人的全面发展要求，体现了合规律性与合目的性的统一。

（三）内在发展和外在保障的统一

马克思主义唯物辩证法认为，事物运动发展的根本原因是在于事物内部的矛盾性。毛泽东同志指出："外因是变化的条件，内因是变化的根据，外因通过内因而起作用。"[①]内因决定着事物未来发展的基本趋势和方向，外因通过内因的作用，也能对事物的发展起到重要作用。习近平文化思想本质上是马克思主义文化理论的时代性产物，是中国共产党文化建设理论的时代性成果，实现了文化内在发展与外在保障相统一。

习近平文化思想以"第二个结合"为内在动力，不断实现内涵式发展。习近平总书记指出："开辟和发展中国特色社会主义，把马克思主义基本原理同中国具体实际、同中华优秀传统文化相结合是必由之路。"[②]"第二个结合"创造了新的文化生命体，为中华文明的发展注入动力，也拓展了马克思主义的文化发展向度。"第二个结合"是又一次的思想解放，表明我们党的历史自信、文化自信达到了新高度，也巩固了中国特色社会主义道路的文化根基，是中国特色社会主义文化实现创新发展的必由之路。马克思主义是不断发展的科学理论，习近平文化思想也是不断展开的、开放式的思想体系。习近平总书记指出："马克思主义中国化取得了重大成果，但还远未结束。"[③]当代中国马克思主义的创造力与习近平文化思想的生命力和张力，在理论与实践结合中不断激活涌现。同时，习近平文化思想的丰富发展也以中国特色社会主义建设

---

① 毛泽东选集：第一卷［M］.北京：人民出版社，1991：302.

② 习近平.在文化传承发展座谈会上的讲话［N］.人民日报，2023-06-03（1）.

③ 习近平.在哲学社会科学工作座谈会上的讲话［N］.人民日报，2016-05-19（2）.

实践为基础，正如马克思曾指出："人们自己创造自己的历史，但是他们并不是随心所欲地创造，并不是在他们自己选定的条件下创造，而是在直接碰到的、既定的、从过去承继下来的条件下创造。"①当前的社会历史条件是不能任意选择的现实存在，是以往文化实践积淀的结果，在推进中国式现代化的前提下，习近平文化思想仍将在马克思主义与中华优秀传统文化相结合中实现守正创新。

习近平文化思想以制度建设为重要保障，注重经济、政治、社会环境等外在要素对文化发展的正向影响。中国特色社会主义文化制度是保障社会主义文化有序发展的组织架构和制度安排，有利于长久保持文化发展动力与活力。党的十九届四中全会通过的《中共中央关于坚持和完善中国特色社会主义制度 推进国家治理体系和治理能力现代化若干重大问题的决定》提出："坚持和完善繁荣发展社会主义先进文化的制度，巩固全体人民团结奋斗的共同思想基础。"②完善社会主义先进文化制度是推进国家治理体系和治理能力现代化的应有之义。从内容设计来看，社会主义先进文化制度与习近平文化思想强调的要求是内在统一的。社会主义先进文化制度强调，坚持马克思主义在意识形态领域指导地位的根本制度，坚持以社会主义核心价值观引领文化建设的制度，健全人民文化权益保障制度，完善坚持正确导向的舆论引导工作机制，建立健全把社会效益放在首位、社会效益和经济效益相统一的文化创作生产体制机制。这一系列文化制度内容呼应着习近平总书记对宣传思想文化工作提出"七个着力"的要求，完善制定文化发展规划、不断推动文化体制改革，有利于激发文化创造力，充分发挥中国特色社会主义文化制度优势。从战略定位来看，社会主义先进文化制度的提出，既是建设社会主义文化强国、发展我国文化事业和文化产业、保障人民群众基本文化权

① 马克思恩格斯选集：第一卷［M］.北京：人民出版社，2012：669.

② 中共中央关于坚持和完善中国特色社会主义制度 推进国家治理体系和治理能力现代化若干重大问题的决定［M］.北京：人民出版社，2019：22.

益的内在要求，也是完善中国特色社会主义制度体系的重要举措，对社会主义文化的长期、健康发展具有规范、保障和支持作用。在新时代，坚持以习近平文化思想为引领，推进新时代宣传思想文化工作开创新局面，也是以高质量的经济社会发展为基础，以社会主义为发展方向，以文化制度的建设与完善为外部保障，并通过文化发展内在的矛盾运动，不断解放和发展文化生产力。

（四）文化本体与文化形态的统一

从广义来看，文化是人们在历史中创造的物质与精神财富的总和；从狭义来看，文化特指精神文化，包括思维方式、价值观念、行为认知、知识体系等方面内容。习近平文化思想中的“文化”一词，是从精神文化层面展开的。文化本体和文化形态是文化学中的基础范畴，二者相辅相成，共同作用于文化的演进、发展历程，探究习近平文化思想何以实现文化本体与文化形态的统一，有利于科学把握、洞悉习近平文化思想在新时代的发展向度。

本体论指事物存在的实在本源和最终本性，将实体作为一切存在的核心。一般意义上的文化本体，强调文化存在的本源、基本要素、基本特征，并反映文化的本质和实质。也有部分西方学者将文化本体置于经济制度、政治制度、意识形态之上，过分强调民族文化对社会的主导和控制作用。习近平文化思想则是在马克思主义文化观上发展起来的，以马克思本体论思想为内在依据，反映出马克思主义的世界观和方法论，体现了本体论、认识论和辩证法的统一。文化的本体与形态的发展根本上源自人对文化的创造力。“创造力能够产生出在内容上最富于变化的各种文化，其范围是不可预料的；它不受数量有限的、可能性的内容的限制，因为我们的创造力是无穷无尽的。”[①]其中，文化本体蕴含人们对世界的理解和思考方式，反映文化的内在属性，根植于人的情感、伦理

① 兰德曼.哲学人类学［M］.阎嘉，译.贵阳：贵州人民出版社，2006：211.

之中，决定了文化形态的表现方式。通过马克思主义在意识形态领域指导地位、党的文化领导权、培育和践行社会主义核心价值观等内容，可以深入理解习近平文化思想所揭示的中国特色社会主义文化的本质。文化形态是文化的具体表现形式，是文化本体在经济、政治和社会领域借助认识论和生活实践的具体呈现，影响文化本体的发展和变化。深入研究中国式现代化、中华民族现代文明、人类文明新形态等内容，有利于不断探索文化形态实现的可能性。

习近平文化思想的发展兼具工具性及价值性要求，正确对待和把握“体”“用”之间的关系，强调“明体达用、体用贯通”，从本体上坚持了中国传统道德观念、哲学思维、文化内涵，并通过文化事业、文化产业的多种形式及其成果，将文化概念群中包含的一切内涵展现出来，并在实现文化本体与文化形态统一中，坚持和发展了马克思主义的发展观，延续了中国传统文化的“体用论”，彰显了中国传统文化中的哲学智慧，有利于实现文化继承性与创新性相统一，从而生动地呈现文化本体。把马克思主义基本原理同中国具体实际、同中华优秀传统文化相结合，“‘结合’的结果是互相成就……造就了一个有机统一的新的文化生命体……‘第二个结合’让马克思主义成为中国的，中华优秀传统文化成为现代的，让经由‘结合’而形成的新文化成为中国式现代化的文化形态”①。“两个结合”将马克思主义中国化时代化和中华优秀传统文化创新性发展相联结，二者有机结合、相互促进，创造出中华文明与马克思主义互相成就的文化生命体，丰富了当代中国马克思主义的文化维度，拓展了文化的主体性。

学者约瑟夫·奈将软实力主要来源划分成三个维度：文化、政治价值观及外交政策。②文化作为软实力构成的核心内容，既表现在文化是政治价值观和外交政策的组成要素，也体现于文化是综合国力的重要组

① 习近平.在文化传承发展座谈会上的讲话［N］.人民日报，2023-06-03（1）.

② 约瑟夫·奈.软实力［M］.马娟娟，译.北京：中信出版社，2015：15.

成部分，是国家的精神标识，是铸牢中华民族共同体意识的基础。文化的建设发展对于构筑中华民族共有精神家园，推进中华民族伟大复兴具有根本性、战略性意义。习近平文化思想是逻辑严密、内涵丰富、系统全面的思想体系，是马克思主义文化理论中国化时代化的最新成果，是治国理政的重要思想文化构成，其形成和发展过程具有清晰的思想源头与实现进路：源于习近平总书记长期以来关于文化建设的深入思考以及从地方到中央数十年关于宣传思想文化工作的经验总结，源于马克思主义文化观、中华优秀传统文化的积淀和时代性发展，源于新时代中国特色社会主义文化建设的实践积累，以及党和国家对文化发展的理论认识。同时，习近平文化思想始终坚持马克思主义的立场观点方法，坚守中华文化的立场，遵循中国特色社会主义文化建设规律，实现了文化继承与发展的统一。在与时俱进增进对习近平文化思想的认识过程中，要遵循其形成的历史逻辑、理论逻辑和实践逻辑，坚守马克思主义这个魂脉和中华优秀传统文化这个根脉，并从哲学、社会学、文化学、人类学等多学科视角系统梳理、科学把握习近平文化思想的价值意蕴、时代特质及其内在逻辑，从而不断加深和拓展对习近平文化思想的学理阐释和研究方式。

第二节　增强高校思想政治工作的文化力量

习近平总书记指出，“文化的力量，或者我们称之为构成综合竞争力的文化软实力，总是‘润物细无声’地融入经济力量、政治力量、社会力量之中，成为经济发展的‘助推器’、政治文明的‘导航灯’、社会和谐的‘黏合剂’”，“要化解人与自然、人与人、人与社会的各种矛盾，必须依靠文化的熏陶、教化、激励作用，发挥先进文化的凝聚、润滑、整合作用”①。文化自信是一个民族、一个国家对自身拥有的传统和价值的充分认同与肯定，是对其文化旺盛生命力所保持的坚定信心和希望。只有对其文化坚定信任，才能获得坚持和坚守的信心，才能鼓起不断进取奋发有为的勇气，才能攻坚克难，勇敢面对前进道路上的困难挫折，激发文化创新发展的内生动力。正是从这个意义上说，坚定文化自信对于深化高校思想政治工作具有特殊的根本性意义。加强和改进高校思想政治工作，需要不断增强文化力量。高校思想政治工作是政治性、科学性、人文性的高度统一，是具有文化底蕴、体现文化内涵的一项系统工程，因而也表现出强烈的渗透、融入、过程性特点。高校要结合精神文化、制度文化、行为文化和物质文化等文化类型，从凝聚价值理念、完善制度安排、注重日常养成、丰富文化载体等方面入手，着力增强高校思想政治工作的文化力量。

① 习近平.之江新语［M］.杭州：浙江人民出版社，2007：149.

一、凝聚价值理念：在思想政治工作中坚定理想信念的精神引领

习近平总书记指出："社会发展以人的发展为归宿，人的发展以精神文化为内核。"①民族复兴不仅是经济的复兴，更重要的是文化和精神的复兴，形成能够反映当代、影响未来的文化力量。中华文化蕴含着实现中国梦的中国精神，是我们推动中国特色社会主义伟大事业前进的精神力量。中国共产党领导中国人民历经革命、建设和改革发展形成的革命文化，也是文化自信的重要源泉。在当今世界大发展、大变化、大调整的过程中，文化增强综合国力的作用更加凸显。一个民族、一个国家要实现繁荣富强，充满创造和活力，必须发挥和依赖文化的强大力量。思想政治工作的目标是促进人的自由全面发展，因此必须注重人的精神文化建设。在开放的环境中做好思想政治工作，必须解决好文化自信和文化自觉的问题。一个民族、一个国家、一个政党，只有在对其文化抱有强烈信心和高度认同的前提下，才能鼓起奋发有为的勇气，获得坚持和坚守的意志，激发出无限的创造活力，克服前进道路上的各种困难和挑战。在我国全面建设社会主义现代化强国的关键时期，一方面，我们距离实现中华民族伟大复兴的中国梦越来越近，文化自信也越来越强，同时我们也比以往任何时候更深刻地感受到建设新的文化形态的紧迫性。当前，大学生思想活动的独立性、选择性、多变性和差异性日益增强，高校思想政治工作要凝聚价值理念，坚持立德树人，加强理想信念教育，积极培育和践行社会主义核心价值观，抓好学生全面发展的精神引领，这是增强高校思想政治工作文化力量的关键。

（一）以理想信念教育为核心

理想信念是人精神上的"钙"，缺失理想信念，人在精神上就会得

① 习近平.之江新语［M］.杭州：浙江人民出版社，2007：150.

“软骨病”。加强理想信念教育，就是要帮助学生自觉树立马克思主义信仰和中国特色社会主义信念，用理想信念凝聚学生的思想共识，使之成为大学生成长成才的思想动力。中共中央、国务院印发的《关于加强和改进新形势下高校思想政治工作的意见》强调，要把理想信念教育放在首位，切实抓好马克思列宁主义、毛泽东思想学习教育，广泛开展中国特色社会主义理论体系学习教育，深入学习习近平总书记重要讲话精神，引导师生深刻领会党中央治国理政新理念新思想新战略，坚定中国特色社会主义道路自信、理论自信、制度自信、文化自信。高校理想信念教育要结合马克思主义信仰和中国发展大势，将理想信念同大学生所看到、所经历的社会发展实际相联系，让学生在感知的基础上理解，在理解的基础上认同，在认同的基础上接受，在接受的基础上成为自己的信仰。理论自信、道路自信和制度自信，必须更好地根植于文化自信。只有引导青年学生深刻地认识和体会中华优秀传统文化，培育和创造当代中国文化，才能使其更好地坚守、坚持当代中国的发展特色和发展道路，才能更深刻地增强道路自信、理论自信和制度自信。

（二）以立德树人为根本

立德树人是高校思想政治工作的中心环节，是凝聚价值理念、形成思想共识的目标导向和根本遵循。高校立身之本在于立德树人，只有培养出德智体美劳全面发展的一流人才的高校，才能成为扎根中国大地、办出中国特色的世界一流大学。立德才能树人，德是人才培养质量的首要标准。做人做事做学问，第一位的是崇德修身。在立德树人的过程中凝聚思想政治工作的价值理念，就是要形成价值共识，明确什么样的价值观是正确的，什么样的价值观是错误的，寻找不同利益主体间共同的价值取向，树立共同的科学价值理念，在此基础上发挥科学价值理念在大学生个人发展中的积极作用，使之成为大学生成长成才的思想指引和精神动力。“文化有正确的和错误的、先进的和落后的之分。如果用正确的、先进的文化育人，对青年学生成长成才具有积极的甚至决定性的意义；反之，如果用错误的、落后的文化育人，则会使人误入歧途、贻误终身。因此，文化育人要牢牢把握住文化的先进性这一根本。”[①]这是立德树人的根本要求，也是增强思想政治工作文化力量尤其需要注意的问题。要坚持马克思主义的指导地位，在任何时候、任何情况下都不能有丝毫动摇。要以马克思主义中国化的最新理论成果、中国共产党治国理政的新理念新思想新战略及其文化形态为重要内容来构建具有中国特色、中国风格、中国气派的哲学社会科学学科体系和话语体系，并以此培养和影响青年学生。立德树人在实践中就是要着眼人才培养这一中心环节和根本任务，把思想政治工作贯穿教育教学全过程，自觉地和青年学生的业务能力、科学知识、身心健康、人生发展的需要有机结合，融为一体。坚持立德树人就是要全面加强和改进德育、智育、体育、美育和劳育，坚持学习知识和品德修养相统一，理论学习和积极实践相统一，全面发展和个性成长相统一。

（三）以社会主义核心价值观为遵循

文化的核心是价值观。文化对人的浸染、影响集中体现在价值观上，但在实践中并不是简单的一一对应，这是文化的复杂性和多样性使然，也就是我们常说的千江有水千江月、月映万川的道理，所以，在多元中立主导、在多样中谋发展、在多变中求共识讲的也是文化建设发展中的价值观问题。价值观自信在当代中国就是要强调社会主义核心价值观自信。社会主义核心价值观是社会主义社会倡导的价值观念的集中体现和高度凝练，承载着中华民族深沉的文化积淀和精神追求，体现了当代中国社会价值判断的是非曲直标准。要充分发挥社会主义核心价值观在文化形态上的独特作用，充分展示社会主义核心价值观应有的价值自信。社会主义核心价值观作为现阶段人民群众对我国核心价值观认同的

① 冯刚．思想政治教育创新发展的四个着力点［J］．教学与研究，2017（1）：27.

最大公约数，是人民群众对科学价值观的共识。高校思想政治工作要坚持以社会主义核心价值观为引领，凝聚大学生的价值共识。高校培育和践行社会主义核心价值观，不仅是高校思想政治工作的责任，也是专业教育教学的任务和要求，也是教书育人、管理育人、服务育人、科研育人的责任，自然也要体现到文化育人、实践育人、组织育人之中。要根据学科专业特点，深入挖掘提炼其中蕴含的德育价值和德育元素，明确教材编写、课堂教学、实习实践等环节的德育要求，突出学科专业的科学属性、社会属性和德育属性，坚持整体设计与分类指导相结合、教学目标与德育目标相融合、知识学习与实践体悟相统一，科学构建系统的德育内容体系。

二、完善制度安排：让思想政治工作在制度文化建设中更好地体现稳定性和连续性

思想政治工作的实施直接关系到主体、客体和环境，是一项系统性很强的工作。在思想政治工作的过程中，制度的设计和安排直接关系其实际效果和工作的连续性。思想政治工作要特别注意避免出现巩固难、易反复的现象，制度文化的建设尤为重要。强调思想政治工作的文化力量，就是要创造一种优秀的文化环境，进而形成一种可以长期坚守并不断延续下去的环境，并以此去影响人、塑造人。由于优秀的文化环境的形成需要一个长期的过程，它本身就需要制度的保证，优秀的文化环境一旦形成，一旦凝聚和体现为制度，也就会自然地具有稳定性、连续性和传承性。所以，着力构建思想政治工作的制度文化，确实是优化思想政治工作的基础工程、长效工程。制度本身具有行为规范和价值引导的功能。在高校管理过程中，通过发挥制度自身的激励和惩戒功能，可以有效完成思想政治工作的目标，实现管理育人的目的。同时，思想政治工作本身需要制度文化的建设体现价值导向，保证内在规律的相对稳定性和外在工作推进的稳定性与连续性。

（一）制度的育人效用具有长期性和稳定性

制度本身致力于调节人与自然、人与社会、人与人的关系，因此制度在思想政治工作中扮演着重要角色。首先，制度的设计与确立本身就蕴含和体现了特定的价值观念与文化认知，在组织行动层面，制度可以直接规范人的思想和行为。其次，在个体层面，制度对人的思想和行为具有导向作用，能强化社会共识与主流价值取向。最后，制度在实施过程中具有潜移默化的育人影响。在此基础上，各类制度的相互衔接和交互作用所形成的制度体系、运行机制都使制度的影响效用更为持久、深远，也更为潜移默化、不可抗拒。这一特性使其在思想政治工作中的作用更为突出。思想政治工作在制度文化构建过程中要体现方向的正确性、内容方法的创新性、机制体制的长期性和稳定性、质量评价的科学性。

（二）制度安排要遵循规律

制度的产生，源于对组织运行规律的理解与前瞻。制度安排包括两个方面。首先，高校一般管理制度要符合高等教育发展规律，体现育人导向，坚持育人和管理相结合，实现管理育人。其次，高校思想政治工作制度安排要体现教书育人规律、思想政治工作规律和学生成长规律，兼顾激励、导向、调控功效，努力做到保证思想政治工作运行的稳定性、连续性。比如，对思想政治工作过程的考察尤其要注意“时间”概念，润物无声、潜移默化都是强调对过程的重视，对时、度、效的深刻把握。中国传统文化讲求时机、时节，意在通过“时”来思考人们展开绵延实践的过程，以及由此产生的过程的无限性。[①]就思想政治工作实践而言，尤其应当注意将其切入到不断延续的教育教学过程中，寻找恰

① 朱利安.论“时间”：生活哲学的要素［M］.张君懿，译.北京：北京大学出版社，2016：51.

当的时机，进而形成对青年学生内心世界的触动，并为新的思想政治教育时机提供铺垫。

（三）确保制度机制的稳定可持续

首先，高校要建立和完善具有可持续性的管理制度。第一，建立国家优秀教材评选奖励制度，完善学术评价体系和评价标准，建立科学权威、公开透明的哲学社会科学成果评价体系，健全优秀成果评选推广机制；第二，建立中青年教师社会实践和校外挂职制度；第三，建立健全校领导、院（系）领导联系师生、谈心谈话制度；第四，建立健全国家机关、企事业单位、社会团体接收大学生实习实践制度；第五，开设创新创业教育专门课程，增强军事训练实效，建立健全学雷锋志愿服务制度；第六，健全高校思想政治工作评价体系，推动高校思想政治工作制度化；第七，健全地方党委抓高校思想政治工作制度，切实加强组织领导和工作指导，坚持和完善党委定期研究、领导干部联系高校等制度，建立部门协作常态机制。其次，制度机制的运行要具有可持续性。部分高校思想政治工作存在“抓就做，不抓就停”的现实问题，这就需要高校建立稳定持续的制度机制。运用制度文化实现思想政治工作目标，需要确保制度机制的稳定可持续运转，避免制度机制形式化、表面化、短期化，影响制度文化在思想政治工作中的积极效用。

三、注重养成和成长体验：增强思想政治工作的亲和力、感染力与针对性、实效性

思想政治工作是做人的工作，因此必须深入了解学生的思想实际，了解学生真实的思想状况和变化规律，在学生的日常养成和成长过程中寻求把握其思想状况、发展需求、实际问题的契机，也就是要更好地发挥行为文化的育人功能。思想政治素质的提升一定是外因通过内因起作用，思想政治工作的针对性和感染力也一定是在学生接受教育的过程中

建立起来的。成长过程中的感悟、思考和收获、喜悦，哪怕是遇到的烦恼、挫折和失败，都是一种宝贵的经历和财富，也是青年学生成熟的前提。养成教育奠定的是思想的外在规约，成长体验提升的是内在素质。增强思想政治工作的文化力量，一方面可以拉近教育者与学生的距离，另一方面也可以提升教育针对性，提升思想政治工作的有效性、亲和力和感染力。

（一）满足学生的成长发展需求

高校思想政治工作要关注大学生的成长发展需求，关注大学生的价值追求和利益关切，找准与大学生成长发展需求的交汇点，激发思想政治工作的内生动力。青年学生的需求是丰富的，思想政治工作也应该是生动的。教育对象到了哪里，教育也应该追踪到哪里，在学生思想行为的变化过程中努力做到在多元中确立主导、在多样中实现引领，并激发学生自我教育、自我管理、自我服务的内在积极性和主动性，促进其与外在教育的统一。

（二）贴近学生日常学习生活

贴近学生日常学习生活是高校思想政治工作的基本原则。要坚持以人为本，贴近实际、贴近生活、贴近学生，努力提高思想政治工作的针对性、实效性与吸引力、感染力。高校思想政治工作和学生的日常生活不是相互脱离的两层皮，一方面，高校思想政治工作的目标就是确保学生健康快乐的日常学习和生活，促进其自由全面发展；另一方面，只有贴近学生的日常学习和生活，让学生在自身的行为文化中潜移默化地接受教育，才能使学生在实际中感受到思想政治工作的效用和魅力，提升高校思想政治工作的吸引力和感染力。高校思想政治工作的决策、管理、施行、评估都要结合当前学生的生活实际，它关乎决策的科学性、管理的有效性、施行的针对性、评估的准确性。

（三）把握学生的思想实际

准确认识教育对象的思想实际，关注学生的行为文化，是制定思想政治工作目标的依据，实施思想政治工作的保证，增强思想政治工作效果的前提条件。《关于加强和改进新形势下高校思想政治工作的意见》强调："要贴近师生思想实际，以改革创新精神做好高校思想政治工作，建立健全校领导、院（系）领导联系师生、谈心谈话制度，在平等沟通、民主讨论、互动交流中进行思想引导，有的放矢、生动活泼地开展工作。"高校思想政治工作者要学会和学生做朋友，了解学生的所思所想及其背后的动因，增强思想政治工作的有效性。

（四）结合学生的成长经历和成长体验

思想政治工作的对象是人，而人具有特殊性，因此思想政治工作要结合教育对象的实际，具体问题具体分析。对于大学生而言，不同的成长经历是其特殊性的主要表现。高校思想政治工作要重视学生的成长经历，结合教育对象各自的成长经历制定目标、内容、方法，提升思想政治工作的针对性。这个过程正是思想政治工作做深、做细的过程，也是做到渗透融入的过程，同时自然也是体现其文化力量的过程。

四、丰富文化载体：在潜移默化润物无声中发挥思想政治工作文化育人的优势

文化是思想政治工作的重要载体，具有自身的特性和优势。高校思想政治工作要着力创建和运用文化载体，在文化活动和文化产品中涵养育人内容，彰显文化育人优势。中华民族几千年积淀的优秀文化载体本身内含着思想政治教育的宝贵财富，中国共产党领导中国人民进行社会主义革命和建设的过程中积累的思想政治工作优势也是文化传承创新的成果之一，改革开放新时期凝聚的实践、精神、成果本身也是开展思想

政治工作的重要基石。大学阶段的学习，不仅仅在课堂。对于青年学生而言，大学阶段的各种文化活动都是潜移默化接受教育的机遇和场所，问题的关键在于我们如何运用文化活动所蕴含的教育契机。

（一）文化载体具有育人优势

从本质上讲，文化是人的生存方式。在劳动过程中，作为主体的内在性的人的主观心态、作为过程的对象化活动、作为结果的对象化活动产物构成了文化的三大基本领域。由此可见，无论是作为结果的“自然的人化”（文化产品），还是作为过程的“人化自然”（文化活动），都与人的劳动密不可分，是人赖以生存的基本方式。以人们自己的生存方式为育人载体，可以拉近教育者和受教育者的距离，有助于帮助受教育者理解教育内容，减少受教育者对思想政治工作的排斥，使思想政治工作在潜移默化中发挥效用。在历史长河中，中华民族孕育了优秀的文化传统和文化基因，在中国共产党领导中国人民进行的伟大斗争中孕育了革命文化和社会主义先进文化，这些都积淀了中华民族最深厚的历史记忆、最深层的精神追求，也体现了中华民族独特的精神标识。我们要弘扬以爱国主义为核心的民族精神和以改革创新为核心的时代精神，这就是文化赋予我们的精神力量。当前，坚定大学生的文化自信，关键就在于用中华民族创造的一切精神财富以文化人、以文育人。校史馆、陈列室的布置和设计就是这样的文化载体。

（二）思想政治工作需要有效运用文化载体

有效运用文化载体是高校思想政治工作的必然要求。一方面，高校思想政治工作的开展需要通过文化活动和文化产品来开展；另一方面，高校思想政治工作成效需要通过文化活动和文化产品来衡量和展示。这就要求把思想政治工作和校园文化建设紧密结合起来，不断创造好的文化活动和文化产品，营造向上向善的校园文化氛围。因此，高校思想政治工作要结合具体目标，有效利用文化载体，涵养教育内容，使学生在潜移默化中接受思想政治教育。一是把知识传授和价值导向结合起来。一个国家的文化软实力，从根本上说，取决于其核心价值观的生命力、凝聚力和感召力。社会主义核心价值观从价值理念层面体现了社会主义的本质，是社会主义社会的灵魂和支柱，影响着社会个体与群体的思想观念和价值取向，是社会主义先进文化区别于异质文化的基本价值观念。任何知识、文化都包含一定的价值取向，都会直接或间接地影响大学生成长。因此，要注重把知识传授和价值导向结合起来，把学习科学知识和加强思想道德修养结合起来，在智育活动中注重价值观培养，在知识传授中加强大学生价值观教育和引导。特别是哲学社会科学课程，具有突出的科学性和鲜明的价值倾向，更要把二者紧密结合起来，强化价值导向，使大学生牢固确立起正确的世界观、人生观、价值观。二是把文化产品创造和文化环境营造结合起来。先进的文化产品鼓舞人向前，落后的文化产品引人误入歧途。文化自信的践行性品格，不仅体现在态度、信念上，也体现在文化活动尤其是文化产品上。文化环境是影响人的素质生成的最基本、最复杂、最深刻、最重要的元素。独立性、选择性、差异性的增强是社会发展变化在青年学生身上影响的直接表现，应对这种挑战、解决发展中的思想问题不是一时之功，长期性、稳定性、渗透性、融入性的东西和文化的作用更加凸显出来。发挥文化的思想政治教育功能，很重要的就是要创造一种优良的文化环境，并以这一优良的文化环境去塑造人。因此，创造好的文化产品和营造好的文化环境对于以文化人可谓鸟之双翼、车之两轮，缺一不可。要将二者有机融合在高校思想政治工作中，坚持社会主义先进文化的发展主导，在校园文化建设中不断创造好的文化产品和文化活动，营造向上向善的文化氛围，为高校坚定文化自信提供强力支撑。

（三）要加强高校校园文化建设

以文化人、以文育人就是要重视人文教育、隐性教育，注重精神成长、思想提升，坚持潜移默化、润物无声，让文化以潜移默化的方式影响人的思想意识和言行举止，从而提升人的思想觉悟、道德修养、精神境界和综合素质，促进人的全面发展。以文化人就是通过人们喜闻乐见的方式，长久地、默默地、逐渐地感染人、影响人、转化人，让人们在不知不觉中接近和接受正确价值观，远离和摒弃错误价值观，实现“蓬生麻中，不扶而直”“入芝兰之室久而自芳”的教育效果。习近平总书记在北京大学师生座谈会上曾用“百姓日用而不觉”来形容社会主义核心价值观，就是强调这种植根于人内心的“化人”效果。校园文化建设是高校思想政治工作的重要内容，也是发挥高校思想政治工作文化力量的基本要求。校园文化建设要把握好正确的价值导向，活动的设计要注意体现整体性和系统性，加强资源配置整合，推动路径和活动方式、平台的创新，还要尽最大可能地调动青年学生参与的积极性和主动性，积累、凝聚和展示文化成果。当前，尤其要加强校园网络文化建设，拓展高校思想政治工作场域，把网下文化引导和网上文化引导结合起来。应该看到，网络已经成为高校师生学习生活的“第一环境”，也是思想政治工作面临的“最大变量”。坚定文化自信，深化高校思想政治工作，要把发挥网络文化育人功能作为一个极端重要的方面。要准确把握网络文化传播规律，深入研究网络信息在生成发布、接收传递、评论转发、互动反馈等各环节的特点规律和大学生群体的上网规律，提高网络文化传播的效率和效果。要充分发挥高校资源优势，积极研发创作网络文化产品，创作一批有态度、有温度、有厚度、有力度的优秀网络文化产品，探索建立“多形式加工、多终端适配、多形态传播”的网络文化产品供给体系，增强网络文化作品的吸引力，壮大网络空间的正面舆论场。互联网改变了世界，对青年学生的教育引导必须在内容、方式、结构、过程、评价上考虑互联网要素。如果互联网只是作为一种工具而存在，我们可以选择用或者不用，但当互联网已经成为一种深深融入日常工作、学习、生活、情感的环境时，我们只能去适应。网络时代同样需要思想，网络时代同样需要文化，只有将网下文化引导与网上文化引导紧密结合起来，校园内外兼顾、网上网下联动，真正把网络时代的思想引领和文化建设聚焦到时代精神上，让青年学生既感受到中华优秀传统文化在今天时代的延续和传承，又使其在时代发展中创造当代中国的文化，才能为大学生坚定文化自信、为高校深化思想政治工作提供良好生态环境，也才能激发青年大学生文化创新创造的活力和自身成长发展的内生动力。

由此看来，增强思想政治工作的文化力量，应从两个维度上解决好双向协同的问题：一方面，要努力发挥文化的育人功能和作用，在以文化人、以文育人上取得新成效；另一方面，要进一步挖掘和丰富思想政治工作本身的文化内涵，在精神引领、制度设计、价值凝练、人文关切等方面形成更具亲和力、感染力的内在力量，让青年学生在思想政治教育的过程中获得成长发展的内生动力，使思想政治教育在文化创造的视域中得到更广阔的发展空间，彰显更有持久性和稳定性的贡献力。

第三节　深化新时代思想政治教育以文化人研究

新时代背景下，思想政治教育在中国发展大势中不断深化发展，展现出新的发展活力。思想政治教育更加关切遵循规律，更加关切内涵式发展，同时也更加关切发挥文化的蕴涵。以文化人命题的持续探索与深化，正是遵循规律、注重内涵式发展、凸显文化蕴涵的一个重要表现。思想政治教育以文化人研究，既是一个理论命题，同时也是一个实践命题，在理论与实践的相互促进下，实现了自身的丰富和完善，在新时代展现出了突出的特征和价值。也正是如此，思想政治教育以文化人研究，成为理论深化与实践探索中的一个热点问题。着力加强对思想政治教育以文化人研究的基本蕴涵、发展历程、价值功能以及发展趋势的认识和理解，能够激发思想政治教育的文化力量，进而推动思想政治教育内涵式发展。

一、思想政治教育以文化人研究的基本内涵

以文化人研究具有丰富的一般性内涵。首先，以文化人作为一种整体性的文化，具有自在的生成与发展逻辑，以文化人研究就是探索这其中的规律。以文化人重要思想的生成，蕴含了中华民族关于认识世界和改造世界的不断追问和深层思考。物质世界中，人究竟是一种什么样的

存在，人与自然、人与自身、人与社会究竟是一种怎样的关系；在精神世界中，人究竟在生成什么塑造什么，人与历史发展和文化传承之间究竟存在一种怎样的联系。面对这些问题，中华民族在繁衍和发展中，形成了灿烂的中华文化，为生活于其中的中国人提供了丰厚的滋养。其中，以文化人重要思想就是一个突出典范，是中华文化的一个闪光点。习近平总书记在党的十九大报告中指出："推动中华优秀传统文化创造性转化、创新性发展。"①以文化人研究就包括这一方面的内涵，要理解以文化人重要思想是在什么样的社会环境中生成的，是如何生成的，在生成过程中凝聚了哪些中华民族的智慧，具有什么样的发展轨迹，在此基础上把握其中蕴含的基本规律。其次，以文化人作为一种思想理论，具有内在的逻辑架构和理论积淀，以文化人研究就是研究这其中的丰富理论蕴涵。改革开放以来，文化研究逐渐成为思想政治教育视域中的重要话题。从企业文化到校园文化，思想政治教育的文化研究越发丰富。但是，对于以文化人而言，绝大部分实践还是只停留在"宣传标题"和"宣传口号"之中。这一方面反映出宣传工作和理论工作对于以文化人命题的重视，另一方面也反映出学界对以文化人的理论认知并不深刻。以文化人在生成与发展过程中，承载着丰富的理论元素，这其中既包含观点的论辩，也包含认识的深化；既包括中外思想交流，也包括理论与实践的互动。因此，以文化人研究的一般性内涵，也包括对以文化人理论积淀、理论框架、内在机理的深刻探究。最后，以文化人作为人类认识世界和改造世界中的一项实践，具有突出的实践特征与实践方式，以文化人研究就是研究这其中的实践路径。以文化人不仅是一个理论命题，同时也是一个实践命题。以文化人命题的生成，就具有深刻的实践导向。在这种实践导向的影响下，以文化人在实践中不断创新发展，成为国家治理、社会治理、文化治理的重要实践抓手，是一个看得见、摸

① 习近平.决胜全面建成小康社会 夺取新时代中国特色社会主义伟大胜利——在中国共产党第十九次全国代表大会上的报告［M］.北京：人民出版社，2017：23.

得着，可操作、可执行的实践方式。就以文化人研究的一般性内涵而言，包括对以文化人实践方式、实践路径、实践环节、实践规律等实践问题的创新研究，具有深刻的实践研究属性和实践研究内涵。

以文化人研究具有思想政治教育视域下的独特内涵。首先，从一般的文化视角出发，思想政治教育视域下的以文化人研究，就是要在科学理论的指导下，揭示思想政治教育的人文蕴涵，研究思想政治教育这一文化现象的育人规律。思想政治教育兼具实践性和理论性，就其实践性而言，思想政治教育是一项实实在在的客观实践，无论是一般意义上的道德教育，还是思想教育，抑或政治教育，都是由教育者对教育对象施以一定要求、一定内容的教育实践活动；就其理论性而言，在思想政治教育实践的基础上，积攒了丰富的经验性认识，在人们的总结与提升中形成了理论体系，并在研究中丰富和发展。无论是理论性，还是实践性，都是广义文化的重要内容，因此，思想政治教育也具有深刻的人文蕴涵。从这一角度而言，思想政治教育视域下的以文化人研究，就是要理解学科专业本身的人文蕴涵，从文化的视角研究它的生产与发展规律以及它的育人规律与育人机理。其次，从一般的理论思维出发，思想政治教育视域下的以文化人研究，就是要在思想政治教育原理的基础上，创新性地研究以文化人中的价值引导问题，在思想政治教育视域下理解以文化人的理论蕴涵和理论架构。以文化人命题本身包含众多内涵，既有知识性文化的滋养，也有人文精神的感染和熏陶。思想政治教育视域下的以文化人研究，更加注重文化中的价值引导，关切文化在人的世界观、人生观、价值观养成中的影响和作用，发挥文化在坚定理想信念、道德观念和法治精神中的效用。总体而言，其就是研究思想政治教育原理与以文化人的内在关系。因此，思想政治教育视域下的以文化人研究，主要是立足思想政治教育基本原理和以文化人理论积淀，在把握二者内在关系的基础上，从文化的视角研究思想政治教育的本质特征、主客体关系、环境载体、方式方法等基础理论，进一步丰富新时代思想政治教育学理论。最后，从一般的实践逻辑出发，思想政治教育视域下的以文化人研究，就是突出以文化人在思想政治教育实践中的价值，以实践为导向，研究以文化人在学科专业中的具体实践路径。思想政治教育终将面对鲜活的实践，要以实践为导向，解决实际问题。以文化人重要思想也是如此，在传承与创新中，以文化人同样要面临新的客观实际，在实践中解决新的实际问题。以文化人在生成和创新发展过程中，其实践内容里包含着一部分思想政治教育实践内容，但并非全部。思想政治教育视域下的以文化人研究，就是要坚持实践导向，在理解以文化人实践特色和育人经验的基础上，结合思想政治教育实践中的客观实际问题，研究以文化人在思想政治教育实践中的实现路径与创新发展。这其中既包括对以文化人实践中已有思想政治教育内容的传承与创新，同时也包括在理解以文化人实践基础上对思想政治教育过程、环节、方式、方法、管理等方面的创新探索。

二、思想政治教育以文化人研究的发展历程

在实践导向中，以文化人逐渐成为思想政治教育实践的重要课题。首先，校园文化建设在实践中创新发展。1994年，《中共中央关于进一步加强和改进学校德育工作的若干意见》中指出，新形势对学校德育工作提出了更高的要求，“在进一步扩大对外开放，学习国外先进科学技术和管理经验的条件下，如何教育青少年正确认识我国国情，继承和发扬中华民族优秀文化传统和中国共产党领导下的革命斗争传统”[①]就是其中的一个重要方面。面对这一实践领域的突出问题，《中共中央关于进一步加强和改进学校德育工作的若干意见》指出：“要大力开展学生喜闻乐见的丰富多彩、积极向上的学术、科技、体育、艺术和娱乐活

① 中共中央关于进一步加强和改进学校德育工作的若干意见［N］.人民日报，1994-09-09（3）.

动，建设以社会主义文化和优秀的民族文化为主体、健康生动的校园文化。”[①]围绕校园文化建设，思想政治教育展开了积极的实践探索，在校园文化载体建设、方式创新、管理组织模式等方面取得了丰富的实践成果。其次，面对培养中国特色社会主义事业的合格建设者和可靠接班人的时代要求，高校思想政治教育在实践中不断推进文化育人创新发展。2004年，《关于进一步加强和改进大学生思想政治教育的意见》指出：“一些大学生不同程度地存在政治信仰迷茫、理想信念模糊、价值取向扭曲、诚信意识淡薄、社会责任感缺乏、艰苦奋斗精神淡化、团结协作观念较差、心理素质欠佳等问题。”[②]面对这些实践领域的突出问题，文化育人成为高校思想政治教育实践创新的重要着力点。《关于进一步加强和改进大学生思想政治教育的意见》指出：“校园文化具有重要的育人功能，要建设体现社会主义特点、时代特征和学校特色的校园文化，形成优良的校风、教风和学风。”[③]其配套文件《关于加强和改进高等学校校园文化建设的意见》，对高校校园文化建设的总体要求、主要任务作出了规定，[④]对高校文化育人的实践开展探索了实施路径。最后，面对培养什么样的人、如何培养人以及为谁培养人这个根本问题，高校思想政治教育坚持全程育人、全方位育人，推进高校以文化人工作的创新发展。2016年，习近平总书记在全国高校思想政治工作会议上强调：“要更加注重以文化人以文育人，广泛开展文明校园创建，开展形式多

---

① 中共中央关于进一步加强和改进学校德育工作的若干意见［N］.人民日报，1994-09-09（3）.

② 中共中央文献研究室.十六大以来重要文献选编：中［M］.北京：中央文献出版社，2006：178.

③ 中共中央文献研究室.十六大以来重要文献选编：中［M］.北京：中央文献出版社，2006：183.

④ 教育部思想政治工作司.加强和改进大学生思想政治教育重要文献选编（1978—2014）［M］.北京：知识产权出版社，2015：275.

样、健康向上、格调高雅的校园文化活动，广泛开展各类社会实践。”[①]以文化人成为高校思想政治工作实践创新研究的重要内容。在此基础上，中共中央、国务院印发的《关于加强和改进新形势下高校思想政治工作的意见》中指出：“把思想价值引领贯穿教育教学全过程和各环节，形成教书育人、科研育人、实践育人、管理育人、服务育人、文化育人、组织育人长效机制。”[②]文化育人实践研究也成为高校思想政治工作贯彻和落实全过程育人、全方位育人的重要内容。

在理论视域下，以文化人成为思想政治教育理论研究领域的重要热点。一方面，改革开放以后，以文化人分散在思想政治教育基础理论研究之中，酝酿着以文化人研究的理论基础。国人也开始重新省思思想政治教育这一实践活动，围绕其科学性，学界进行了深刻的阐释，尤其是在1984年思想政治教育学科建立以后，对于它的属性、本质等问题学界进行了深入的讨论。在这一过程中，学界基本达成了关于其政治属性的认识共识。随着文化在全世界的交流、交融与交锋越来越频繁，文化在国家治理、社会发展、人生成长中的作用越发凸显，文化越来越引起学界的关注。《中共中央关于进一步加强和改进学校德育工作的若干意见》指出：“要把思想政治教育作为人文社会科学的重点学科加强建设，把德育重大问题研究项目列入国家教育科学研究规划和国家哲学社会科学研究规划。”[③]思想政治教育研究被纳入人文社会科学研究内容之中。在此时代背景下，思想政治教育学界开始注重将文化研究的视角和文化研究的范式引入本学科的基础理论研究之中，关于思想政治教育人文属性的研究也逐渐增多，这为后面思想政治教育视域下的以文化人研究积

---

① 习近平谈治国理政：第二卷［M］.北京：外文出版社，2017：378.

② 中共中央国务院印发《关于加强和改进新形势下高校思想政治工作的意见》［N］.人民日报，2017-02-28（1）.

③ 中共中央关于进一步加强和改进学校德育工作的若干意见［N］.人民日报，1994-09-09（3）.

攒了丰厚的理论积淀。另一方面，进入新时代以来，面对思想政治教育实践的新发展与新挑战，思想政治教育越来越重视发挥文化的力量，以文化人成为思想政治教育学界的一个显性研究热点。2015年，由教育部思想政治工作司主办、《思想教育研究》编辑部承办的“以文化人与社会主义核心价值观培育践行”专题研讨会在北京召开，来自清华大学、中国人民大学、武汉大学、北京科技大学等高校的专家学者和思想政治工作者，研究把握“以文化人”的时代蕴涵，强调把“以文化人”与“社会主义核心价值观培育践行”紧密结合起来。学界也涌现出一大批研究成果，对以文化人的内涵、价值、功能、定位、规律、方式等理论命题进行了广泛的研究讨论。在此研究背景下，以文化人研究也逐渐成为思想政治教育学科博士研究生和硕士研究生学位论文选题的重要内容。在党和国家以及相关部委的重视、引导下，通过学术著作、学术论文、学位论文、理论研讨以及科研课题的讨论与深化，以文化人研究成为新时代思想政治教育研究的一个重要理论热点。

三、思想政治教育以文化人研究的重要价值

思想政治教育视域下的以文化人研究具有重要的学术价值。首先，这项研究是在文化视角下对思想政治教育基础理论的深化与创新，是思想政治教育基础理论研究中新的学术生长点。基础理论是学科确立和发展的“骨骼”和框架，思想政治教育基础理论，是学科发展的重要支撑，是实践创新的重要指导，同时也是队伍建设的重要保障，关涉思想政治教育学科的前途和命运，新时代思想政治教育基础理论研究具有新的时代使命，即推动思想政治教育学科理论体系建设，推动思想政治教育研究范式转型升级，培养思想政治教育学科专门人才。[①]面对新时代

① 冯刚．深化新时代思想政治教育基础理论研究［J］．思想政治教育研究，2020（1）：1–5.

思想政治教育基础理论研究的价值和使命，学界究竟应以什么样的方式和路径进行基础理论深化呢？每一次的基础理论创新，都要经过理论与实践的反复印证，同时还要经历成果展现与转换的艰难路程。因此，基础理论既是理论与实践工作者需重视的问题，同时也是具有极大难度的研究选题。思想政治教育视域下的以文化人研究，为学科基础理论创新提供了一个新的研究视角。它以思想政治教育学为基础，以文化为视角和线索，对思想政治教育的本质、主客体关系、规律等问题进行深层讨论，丰富了学科基础理论的研究视域与研究路径，为思想政治教育研究提供了一个新的、可操作、易呈现的学术生长点。其次，思想政治教育视域下的以文化人研究，是思想政治教育学科与人文社会科学深度融合的积极探索，是推动思想政治教育学科科学化与专业化的重要创新。学科归属问题几经变化，从最初从属于教育学一级学科到从属于政治学一级学科，再到从属于马克思主义理论一级学科，这一变化历程一方面表现了学科深刻的人文社会科学底色，同时也呈现出了学科科学化、专业化的发展历程。面对新时代学科发展的任务与使命，如何进一步推进学科的内涵式发展，也是思想政治教育学界关注的命题。思想政治教育视域下的以文化人研究，尊重人文社会科学研究规律，进一步追问本学科与人文社会科学的内在逻辑关系，在本学科发展中展现一般与个别的辩证关系，在文化的矛盾与张力作用下，为思想政治教育学科发展注入新的动力。最后，思想政治教育视域下的以文化人研究，是现代思想政治教育学与中国传统德育思想的有效融合，既是现代思想政治教育学创新发展的抓手，也是对中华传统德育文化创造性继承和创新性转化的探索。在学术研究中我们不难发现，思想政治教育与中华优秀传统文化的结合研究，比如思想政治教育的中华优秀传统文化起源、思想政治教育的中华优秀传统文化资源、思想政治教育的中华优秀传统文化本质等。面对实际，立足实践，现代思想政治教育已经具有了突出的时代特征与中国特色社会主义特色，具有了更加丰富的、专业性的内涵。但是，这并不能否定中华优秀传统文化与思想政治教育的内在关联，如何才能更加科学、深刻地理解二者的关系呢？思想政治教育视域下的以文化人研究，立足于德育工作在中华优秀传统文化、革命文化和社会主义先进文化中的发展历程，着力于探求中华传统德育文化创造性继承和创新性转化的规律，致力于思想政治教育研究立足本来、面向未来的时代任务，是学科在尊重历史经验的基础上，寻求创新发展之路的重要路径。

思想政治教育视域下的以文化人研究具有重要的实践价值。首先，思想政治教育视域下的以文化人研究在国家治理现代化实践中具有重要价值。国家治理现代化是全面深化改革的重要着力点，党的十九届四中全会明确提出国家治理体系和治理能力现代化这一重大问题。以文化人在国家治理现代化进程中具有突出的价值意蕴，通过优秀文化滋养培育法治精神、有序参与政治生活、增强公共服务意识，有助于提升人的现代化治理能力；在优秀文化滋养中防范和化解民族地区、农村社区和城市社区的社会矛盾，有助于提升社会治理的现代化水平；在文化的传承与创新中发展治理理念，在坚定文化自信中完善国家治理体制，在文化交流与文明互鉴中发展治理能力，有助于加强国家治理现代化的顶层设计。①加强思想政治教育视域下的以文化人研究，对于培养青年学生的法治精神和公共服务意识，防范和化解青年学生在社会实践与社会交往中的矛盾，坚定青年学生对中国特色社会主义文化的自信，均具有重要价值。其次，思想政治教育视域下的以文化人研究在高校治理现代化实践中具有重要价值。在全面深化改革背景下，高校治理现代化成为新时代高等教育创新发展的重要着力点。习近平总书记指出：“使高校发展做到治理有方、管理到位、风清气正。”②思想政治教育视域下的以文化人研究，把大学精神、大学文化建设同高校治理紧密联系在了一起，在

① 冯刚，王振.以文化人在国家治理现代化中的价值意蕴［J］.北京大学学报（哲学社会科学版），2019（6）：83-92.

② 习近平谈治国理政：第二卷［M］.北京：外文出版社，2017：377.

高校制度文化研究、高校精神文化研究、高校活动文化研究等内容中，进一步助力高校治理现代化实践的创新发展。最后，思想政治教育视域下的以文化人研究在思想政治教育治理现代化实践中具有重要价值。国家治理现代化对思想政治教育治理提出了新的要求：一是思想政治教育治理要依照中国特色社会主义制度展开，二是思想政治教育治理要体现国家制度和国家治理体系优势，三是思想政治教育治理要更加注重系统性、整体性和综合性。思想政治教育视域下的以文化人研究，通过文化的视角，在中华优秀传统文化、革命文化和社会主义先进文化视域中理解思想政治教育实践的系统性、整体性和综合性，在中华优秀文化中理解思想政治教育治理的制度优势和文化优势，这对进一步推进新时代思想政治教育治理现代化实践的创新发展具有重要价值。

四、思想政治教育以文化人研究的发展展望

思想政治教育视域下的以文化人研究是一个具有持续性的研究热点。一方面，思想政治教育视域下的以文化人研究，符合思想政治教育研究的内在动力。就一般性而言，无论是思想政治教育实践本身，还是思想政治教育科学理论，都具有深刻的人文性。因此从这一角度而言，以马克思主义理论为指导，在把握思想政治教育政治性的前提下，尊重思想政治教育的人文性，是思想政治教育理论与实践创新发展的自在需求。思想政治教育视域下的以文化人研究正是对这一需求的深刻理解和积极满足，因而具有内在的发展动力。同时，对于思想政治教育实践而言，面对多样文化交流、交融、交锋的社会环境，人们对科学文化的关切与需求也与日俱增。思想政治教育视域下的以文化人研究也是对人的这一需求和关切的积极回应，研究本身具有较为关注的受众群体，因而相关研究也具有了积极的发展动力。另一方面，思想政治教育视域下的以文化人研究，符合中国改革发展大势和高等教育创新发展趋势。思想

政治教育绝不是孤立存在的，它存在于中国发展总体实践之中，存在于高等教育创新发展之中。思想政治教育理论与实践的创新发展，都与中国改革发展实践、高等教育创新发展同向同行。思想政治教育视域下的以文化人研究，正是基于对中国改革发展大势和高等教育创新发展的深层思考，它对思想政治教育人文性的反思以及对思想政治教育文化方式创新的思考，均有着深刻的现实实践基础。因此，在中国发展大势与高等教育创新发展趋势之中，思想政治教育视域下的以文化人研究具有突出的持续性。

思想政治教育视域下的以文化人研究是一个需要不断深化的研究课题。一方面，思想政治教育学科的内涵式发展推进其视域下的以文化人研究不断深化。改革开放40多年来的学科发展历程充分表明，要继续推动思想政治教育学科内涵式发展，不断提高思想政治教育学科建设的质量和水平，把思想政治教育学科建设的重点由扩大学科规模转向重点提高学科建设质量上来，注重凝练学科方向、组建学术梯队、明确学科任务、加强集体攻关，瞄准思想政治教育理论与实践的前沿，把思想政治教育理论与实践面临的突出问题作为思想政治教育科学研究的重大课题。思想政治教育视域下的以文化人研究，是对改革开放40多年学科发展规律的深刻把握，是对新时代思想政治教育实践导向的积极反思，是对学科理论前沿的精准聚焦。因此，随着新时代学科内涵式发展的不断深入，思想政治教育视域下的以文化人研究可以进一步延展。对思想政治教育文化蕴涵的理解，对思想政治教育文化功能的把握，以及对思想政治教育视域下以文化人的规律、机理、方式、评价等问题的探索，均是可以深化的研究内容。另一方面，中国特色社会主义文化的繁荣发展助力思想政治教育视域下以文化人研究更加深入。习近平总书记指出：“没有高度的文化自信，没有文化的繁荣兴盛，就没有中华民族伟大复兴。”[①]在新时代中国特色社会主义文化事业繁荣发展的带动下，思想政治教育视域下的以文化人研究将迎来更加广阔的延展空间。思想政治教育视域下的以文化人研究在国家治理现代化、高校治理现代化、思想政治教育治理现代化中的价值如何发挥，如何助力提升新时代意识形态工作质量，如何助力实现社会主义核心价值观的日用而不觉，如何助力提升思想道德建设实效，如何助力推进社会主义文艺的繁荣发展，这些都将是思想政治教育视域下以文化人研究的深化方向。

① 习近平.决胜全面建成小康社会 夺取新时代中国特色社会主义伟大胜利——在中国共产党第十九次全国代表大会上的报告［M］.北京：人民出版社，2017：41.

第六章 激发思想政治教育的主体力量

主体作为思想政治教育活动的直接参与者，其蕴含的主体力量作为推动思想政治教育创新发展的能动力量，是思想政治教育内生动力的核心构成要素。立足思想政治教育的多元参与主体，思想政治教育的主体力量主要包括教育者建设发展思想政治教育的主动创造力，以及教育对象需求期待等蕴含的被动创造力，两者在相互作用中有机结合，共同推动思想政治教育创新发展。为进一步发挥内生动力的功能作用，应加快推进思想政治教育队伍专业化建设，进一步发掘青年蕴含的主体力量，着力在促进两者相互作用中发掘能动力量，为推动思想政治教育内涵式发展提供力量保证。

第一节　加快推进思想政治教育队伍专业化建设

专业化的教育队伍作为推动思想政治教育发展的主体力量的核心，蕴含着可持续的内生动力。为进一步发挥内生动力的功能作用，必须加快推进思想政治教育队伍专业化建设，对此治理现代化蕴含的理念和要求具有重要借鉴意义。党的十九届四中全会通过的《中共中央关于坚持和完善中国特色社会主义制度 推进国家治理体系和治理能力现代化若干重大问题的决定》指出："坚持和完善中国特色社会主义制度、推进国家治理体系和治理能力现代化，是全党的一项重大战略任务。"[①]这凸显出当前中国社会发展的时代主题和重要内容就是推进国家治理体系和治理能力现代化。治理的水平和能力，说到底还是取决于人员的专业素质和能力，治理现代化要求队伍建设要体现和加强专业化水平。高校思想政治教育队伍作为思想政治教育理论与实践发展的重要基础，加强其专业化建设是提升高校思想政治教育治理水平和治理能力的关键。因此，在治理视域下探索高校思想政治教育队伍专业化建设的科学理念和有效路径，对于提升思想政治教育队伍的主体力量具有重要意义。

① 中共中央关于坚持和完善中国特色社会主义制度 推进国家治理体系和治理能力现代化若干重大问题的决定［N］.人民日报，2019-11-06（1）.

一、治理现代化对高校思政队伍专业化建设提出新理念新要求

推进国家治理现代化是当前中国社会发展的重要主题，治理现代化的理念要求渗透于经济社会发展的各个领域，为不同领域的创新发展提供了思想智慧与实践思路。“治理的观点实际上是透过简单化的镜头来观察复杂的现实；所有的地图无不如此。但关键并不在于是否把事物简单化，而在于这种简单化是否有助于我们的理解，是否能帮助我们找到正确的道路或方向。”①就目前情况而言，高校思想政治教育尤其是日常思想政治教育在很多人眼里还是经验性的工作，从内容到手段、从任务到机制、从人员构成到评价体系等反映出的科学性、系统性、专业性都不够。现在关注较多的是辅导员队伍的专业化职业化建设，其实思想政治教育中的理论课教学、基层党建、心理健康、文化建设等涉及的理论课教师、党务政工干部、共青团干部、心理健康教育教师队伍等，在治理现代化进程中都有一个提升专业素养和职业能力的问题，都有加强队伍专业化建设的迫切需要。聚焦高校思政队伍专业化建设，治理现代化对其积极健康、稳定有序发展也提出了新理念新要求。

首先，高校思政队伍专业化建设必须强调建设的整体性与系统性。着眼于高校思政队伍专业化建设的总体设计，全方位立体化地对高校思政队伍的专业化建设进行科学规划、统筹安排，结合不同层次、类型的高校所具备的高校思政队伍建设基础，打造与高校思想政治教育治理体系相适应、治理水平相协调的专业化队伍，以促进高校思政队伍结构的优化升级。国家治理现代化的实践推进始终凸显出对治理所涉及领域和层面的整体性、系统性把握，无论是宏观层面的“五位一体”整体推进，还是微观层面的协同联动创新社会治理，都渗透着治理现代化进程的整体性和系统性思维理念。高校思政队伍既包括高校党政、共青团干

① 俞可平.治理与善治［M］.北京：社会科学文献出版社，2000：48.

部、思政课教师和辅导员班主任等多种职务类别的人员构成，又涉及不同层次、类型和风格的具体高校组织，是一个庞大复杂的系统工程。因而，高校思政队伍的专业化建设必须坚持以整体性和系统性的思维理念为引领，协调各方力量、统筹多种资源，为提升高校思政队伍的专业化水平搭建丰富平台、建立机制保障。

其次，高校思政队伍专业化建设必须重视队伍成员作为生动丰富的主体自身的现代化需求，秉持以人为本的价值理念。国家治理现代化在实践推进中始终关照人本身的发展，重视促进人的全面发展以带动国家治理的全面进步，透溢着以人民为中心、以人为本的价值理念。高校思政队伍归根结底是由人构成的，这些人作为独立的个体生活在复杂多样的社会关系中，具有多层面的需求和期待，既有职业领域的发展需求，也有对美好生活的期待和向往。因此，高校思政队伍专业化建设必须坚守以人为本的价值理念，高度重视并积极发现队伍成员多层次的发展需求与生活期待，在关怀队伍成员实际需求的过程中，着力提升队伍成员自身的素质与能力，以队伍成员的全面发展促进高校思想政治教育治理现代化水平的不断提升。这就是我们经常强调的事业留人、感情留人和发展留人。

最后，高校思政队伍专业化建设必须以持续性和动态性的活动视角全面审视整个建设过程，并在整个过程中突出专业化建设的反思性。通过对高校思政队伍建设的动态性监测，及时发现队伍建设过程中与实践和时代发展不相适应的不足，解决队伍建设过程中存在的真实问题，形成监测与反馈及时交互的动态性评价体系，保障高校思政队伍专业化建设的持续性和长效性。国家治理现代化的实践推进是一个长期性的过程，涉及范围广、关联程序多，不能急于求成，必须置于中国社会发展的实践框架之内，保持动态性和反思性的思维理念，促进治理实践的持续性推动和不断完善。高校思政队伍的专业化建设也是一个长期性、渐进性的过程，横向关联高校思政队伍的丰富人员构成，纵向关联与高校思政队伍建设相关的各级管理部门，内蕴高校思政队伍培养和发展规律，很多任务难以在短期内建设完成。立竿见影的举措固然需要，但着眼长远和整体的制度设计，以及循序渐进的基础建设更加难能可贵。因此，高校思政队伍专业化建设必须保持动态性和反思性的思维理念，以动态性视角关注高校思政队伍建设过程中的问题和成果，肯定并巩固取得的实践成果，及时反思与解决实践中存在的问题，建立以质量为核心的高校思政队伍整体效能动态性评价体系，以评促建、以评促改，遵循规律，保障高校思政队伍专业化建设的可持续性发展。

二、系统建构高校思政队伍专业化培训培养平台机制

多年来，高校思政队伍在党和国家的高度重视和大力支持下，沿着正确方向积极有序发展。在治理现代化的时代潮流中，内化国家治理现代化的系统性与整体性思维理念，是新时代高校思想政治教育创新发展的现实需要，也是加强高校思政队伍专业化建设的必然选择。在高校思政队伍专业化建设进程中强调建设的系统性与整体性，要明确高校思政队伍建设的专业化、科学化目标，化目标为分阶段、可操作的标准要求，进而面向目标，根据标准要求，充分发挥多方合力，汇聚多种资源，系统化建构高校思政队伍培养发展的平台机制。

首先，要明确整体目标，构建完善队伍职业能力标准。目前，高校思政队伍中辅导员的职业能力标准初现雏形，但整个高校思政队伍的专业素养和职业能力标准还并不清晰。以辅导员为例，2014年教育部颁发《高等学校辅导员职业能力标准（暂行）》，对辅导员的职业定位、工作要求以及系统全面的职业能力标准作了明确规定，鼓励和支持专职辅导员立足本职岗位，走专业化发展道路，要根据辅导员职业能力标准的要求，切实解决辅导员职务职称评聘政策和考核奖惩体系。这为高校思政队伍中其他力量的标准制定提供了借鉴，以高校思政队伍专业化、科学

化建设为整体目标，继续完善高校思政队伍的多项具体标准，有助于整体提升队伍培养的专业化、规范化水平。

其次，发挥多方合力，设计队伍专业化建设的培养机制平台。在机制上，教育部门立足现阶段人才培养的目标要求，根据现实的队伍情况制定专门的培养计划和方案，比如《普通高等学校辅导员培训规划（2013—2017年）》《普通高等学校思想政治理论课教师队伍培养规划（2019—2023年）》等，从长远考虑，从实际出发，整体有序地开展队伍培养工作。在平台上，包括培训基地、培训班、培训论坛等在内的培训平台体系正在逐步搭建完善，以充分满足高校思政队伍的发展需要，特别是对于有提升学历意愿的辅导员，专门搭建了攻读思想政治教育博士学位的机制平台，让有实力、有需要的辅导员获得学习深造的机会。专业化所需要的培训培养，除了基本的思想认识、政策水平和工作技能之外，更加需要体现工作学理支撑、基本规律把握和特有研究范式及话语体系的培训内容设计，切实有效地为高校思政队伍的质量提升提供专业化的机制平台，这样才真正有助于高校思政队伍建设的可持续发展。

最后，整合丰富资源，完善科学化的队伍培训培养渠道和流程。诸如岗前培训、日常培训、专题培训、职业化培训等系统培训流程都必须纳入高校思政队伍培养的体系之中，不仅要推动已有的各种培训流程逐步实现规范，还要在实践中有效整合多种社会资源，充分运用不断涌现的新载体、新形式，拓宽思路，不断探索符合高校思政队伍成员成长发展规律的新渠道新路径，以充分满足高校思政队伍的发展需要。科学专业的培养渠道和培训流程是促进高校思政队伍专业化建设的重要条件，有助于保障高校思政队伍专业化建设的稳定有序、持续有效。

三、着眼人的现代化加强高校思政队伍素质能力培养

着眼于治理体系和治理能力现代化建设，高校思政队伍作为高校思想政治工作稳定可持续发展的重要基础和关键资源，队伍成员自身素质能力与思想政治工作开展及落实的成效息息相关。在治理视域下探索高校思政队伍素质能力培养的智慧与思路，必须以人才培养质量提升为核心，以思想政治教育科学发展和思政学科长远建设为重点，以大学生思想政治教育实效为依托，坚持以人为本的价值理念，探索高校思政队伍培养和发展的规律，关注高校思政队伍成员自身发展的实际需求，满足其全面发展的现代化价值诉求。

首先，随着思政学科的设立，社会各界对思想政治工作科学化的关注迅速提升，提出了思想政治教育科学发展和高校思政队伍专业化的要求。面对社会形势的发展变化和高校思想政治工作的实践发展，尤其是在当前全面推进国家治理现代化的时代背景下，思政学科也必须提高站位，以推进思想政治教育治理体系和治理能力现代化为契机，助力思政学科的长远发展。“思想政治教育学科及其发展，都离不开专门的人才队伍。”[①]因此，高校思政队伍作为思政学科长远发展的骨干力量，也必须与时俱进，在持续向专业化、科学化发展方向前进的同时，重视围绕和关照高校思政队伍成员本身，面向现代化、精准化的目标取向，不断提升高校思想政治教育工作者的专业素质与能力，以满足其多样化的职业发展需求。

其次，以提升大学生思想政治教育质量为立足点，加强社会主义合格建设者和可靠接班人的培养，要遵循学生的思想品德发展规律，要能与学生建立相互信任的关系基础，这就需要提升高校思政队伍成员各方

① 冯刚．改革开放以来高校思想政治教育发展史［M］．北京：人民出版社，2018：77.

面的素质和能力。因此，加强高校思政队伍的素质能力培养，一方面，要注重根据教育教学的理论和实践需要，完善培养体制机制，在提升高校思想政治教育工作者的知识储备和业务能力上下功夫，在素质和本领相结合上实现高校思想政治教育工作者的全面发展。另一方面，要关注高校思想政治教育工作者的实际需求和心理状态，把解决思想问题与解决实际问题相结合，同时结合各高校实际情况制定计划方案，有针对性地解决他们工作中存在的问题和思想上的疑惑，让思想政治教育工作者能全身心投入工作与教育实践，真心热爱工作、热爱学生，自觉提升个人的综合素质与人格魅力，进而为提升高校思想政治教育工作的亲和力与实效性打下坚实基础，为提高大学生思想政治教育质量提供有力支撑。

最后，围绕和关注高校思政队伍成员本身，全面提升其素质能力，要抓好辅导员和思想政治理论课教师这两支队伍的衔接和协同。他们作为高校中与大学生距离最近的人，与大学生接触的时间长，能够了解学生的成长特点，指导帮助学生解决学习生活中遇到的实际问题。尤其是辅导员队伍，承担着大学生日常思想政治教育和管理工作，在思想政治教育工作中发挥着尤为重要的作用。辅导员队伍建设关系到大学生思想政治教育质量，关系到人才培养质量，关系到高等教育质量，要不断加强新时代辅导员队伍的职业能力内涵和外延相关研究，培养辅导员队伍成为能引导大学生全面发展的高素质人才。同时，习近平总书记强调："办好思想政治理论课关键在教师，关键在发挥教师的积极性、主动性、创造性。"①对于思想政治理论课教师，要面向教育现代化的方向和趋势，着眼社会主义人才培养目标，立足思想政治理论课特性，明确思想政治理论课教师的核心素养及新时代思想政治理论课教师应具备的职业

① 习近平主持召开学校思想政治理论课教师座谈会强调 用新时代中国特色社会主义思想铸魂育人 贯彻党的教育方针落实立德树人根本任务［N］. 人民日报，2019-03-19（1）.

能力，促进思想政治理论课教师素质与能力的全面提升。

四、建立以质量为核心的高校思政队伍整体效能动态性评价体系

高校思政队伍的专业化建设是一个兼具复杂性与长期性的系统工程，保持建设过程始终充满活力，保障建设进程始终卓有成效，需要高校思政队伍专业化建设保持动态性和反思性的思维理念，从质量评价的角度入手规划、引导高校思政队伍的长远发展，建立高校思政队伍整体效能评价体系，以关注质量提升为导向，避免只是关注量化测评的考核结果和数据统计，更加注重队伍建设的内涵式发展。在实践中坚持评价流程的串联与评价涉及领域的并联相结合，与高校思想政治教育实践基础相契合，培养高质量高水平的高校思想政治教育专业化队伍。

首先，高校思政队伍整体效能评价内含于高校思想政治教育质量评价的整体工作之中，必须以高校思想政治教育质量评价工作的整体目标、体系机制、原则方法为基础与借鉴，建立动态性的高校思政队伍整体效能评价体系。高校思想政治教育工作质量评价是从时代的变化发展实际出发，坚持理论联系实际，使用现代化的评价方式、方法、手段，来考察思想政治教育的针对性和实效性。在实践中，要着力探索思想政治教育学科特点与各学科方式方法的交叉融合，将科学的指标体系引入思想政治教育评价中。同时，加强长效机制建设，在思想政治教育评价理论研究的深化和实践工作的推动中形成一种累进和改进的机制，以高校思想政治教育工作质量评价的长效机制保障高校思政队伍整体效能评价的稳定性与长效性。

其次，要探索构建体现学科特色、符合工作实际的专业化评价标准，确保高校思政队伍整体效能评价体系的科学性与有效性。在制定标准的过程中要综合考虑定性与定量、过程与结果、日常与应急等原则方法，力求实现全面客观地评价高校思想政治教育工作者的实际工作。专

业合理、有层次差别的评价标准，一方面，有助于促进高校思想政治教育工作者在实践工作中对标工作，精准探寻自身工作存在的问题，及时反思和解决问题，进而在反思和解决问题的过程中不断完善自己，取得更大的提升；另一方面，有助于以梯形等级的标准，精确地发现在实践工作中表现优异、施策有效的思想政治教育工作者，按照绩效原则机制对他们予以奖励，以充分发挥绩效的激励功能，提升高校思想政治教育工作者的自我认同感与职业获得感。

最后，要坚持以质量为核心的高校思政队伍整体效能评价导向。无论是高校思想政治教育工作质量评价，还是高校思政队伍的整体效能评价，都无法依靠单纯的数据统计与量化标准进行全面准确地反映。评价不是目的，而是手段方法，要通过动态性、持续性的评价，保持高校思政队伍专业化建设在反思中不断完善发展，进而持续提升高校思政队伍整体质量和思想政治教育工作质量。因此，在评价高校思政队伍整体效能的过程中，要立足教育教学、实践工作的整体内容，以提升质量为出发点带动各项工作开展和完善，通过评价激发队伍培养的内生动力，从而培养出一批老、中、青相结合的稳定的教学队伍，造就一批符合专业化、职业化要求的思政工作者，整合教学、科研、管理、服务等各方面资源，协同推进高校思想政治教育的创新发展。

第二节　认识把握青年推动发展的主体力量

青年是祖国的未来，民族的希望。中国共产党百年的发展历史饱含了对青年的关心、爱护和引领，体现了对青年工作的重视。党和国家历来高度重视青年发展问题，青年发展的理论和实践样态与整个国家和民族发展的现状与未来息息相关。当前，中国特色社会主义已进入新时代，站在新的历史发展起点上，关注我国青年发展，深化我国青年发展的理论研究，以科学的青年发展理论引领青年发展实践，是切实满足党和国家对青年发展新期待和新要求的重要路径。从历史、现实与未来多重维度审视青年发展，对于培养青年健康成长，发掘青年推动发展的主体力量具有重要意义。

一、把握青年事业进入时代新人培养阶段的历史逻辑

中国共产党的百年发展历程，彰显着我们党对青年发展事业的科学定位和方向引领。中国特色社会主义进入新时代，我们党领导下的青年发展事业也进入了一个新的历史阶段，即时代新人培养的历史阶段，这构成了我国青年发展研究的重要历史逻辑。习近平总书记在党的十九大报告中首次提出“培养担当民族复兴大任的时代新人”这一重大命题，其在不同场合有关时代新人培养的重要论述，都深刻回答了我们党在新

时代“培养什么人、怎样培养人、为谁培养人”的根本问题，为我们在新时代进一步做好青年培养工作，落实立德树人根本任务，全面推进党的青年工作，促进青年全面发展提供了根本遵循和科学指南。不论是从实现共产主义远大理想来看，还是从中国特色社会主义现代化建设整体战略布局来看，培养时代新人都是促进青年全面发展与社会全面进步的伟大工程。

注重培养社会主义新人，是我们党百年发展的历史传统。从毛泽东提出青年应当身体好、学习好、工作好，培养“三好青年”，邓小平提出培养有理想、有道德、有文化、有纪律的“四有新人”，江泽民提出对大学生的“五点希望”，胡锦涛鼓励青年做“四个新一代”，到习近平提出培养担当民族复兴大任的“时代新人”，体现出不同时期有各自关于“新人”的具体标准。由此可见，时代新人的提出，凝练着我国社会主义事业发展不同阶段育人思想的精华，是对我国育人目标的传承和发展，也是守正创新的结果，体现了历史传承性和时代创新性的统一。一方面，守正集中体现在成长并奋斗于新时代的青年与革命战争年代、社会主义建设时期和改革开放时期的青年在理想目标、立场情怀、价值追求等方面是高度一致的，对共产主义理想的信仰是一以贯之的，对实现中华民族伟大复兴的追求是一脉相承的。同时，新时代青年也在不断继承和发扬着我们党在不同历史发展阶段积淀下来的优秀传统。另一方面，创新集中体现在时代新人培养的内容、标准等都随着历史新方位、使命新内容、时代新特点、社会新变化等实现了拓展和升级，因而，时代新人是在历史使命、能力素养、视野格局和精神风貌等各方面都展现出新特色的历史主体。

首先，从历史使命来看，时代新人是肩负实现中华民族伟大复兴中国梦的历史主体。马克思曾说：“作为确定的人，现实的人，你就有规定，就有使命，就有任务，至于你是否意识到这一点，那都是无所谓的。这个任务是由于你的需要及其与现存世界的联系而产生的。”[①]承担历史使命是构成时代新人这一历史主体的核心内容。习近平总书记指出：“一个时代有一个时代的主题，一代人有一代人的使命。”[②]新时代的主题是“强起来”，实现中华民族伟大复兴的中国梦，所以“新时代中国青年的使命，就是坚持中国共产党领导，同人民一道，为实现‘两个一百年’奋斗目标、实现中华民族伟大复兴的中国梦而奋斗”[③]。这是时代新人内涵的核心。

其次，从能力素养上来讲，时代新人是德智体美劳全面发展的历史主体。“把青年一代培养造就成德智体美劳全面发展的社会主义建设者和接班人，是事关党和国家前途命运的重大战略任务，是全党的共同政治责任。”[④]习近平总书记强调要在提高学生综合素质上下功夫，努力构建德智体美劳全面培养的教育体系。可见，培育时代新人在内容上更加关注人的全面发展。这是对马克思主义实现人的自由全面发展这一崇高理想的坚持和时代化探索，马克思认为，共产主义社会实现了真正的人的自由个性，而真正的人的自由个性建立在人的全面发展基础上。人的全面发展是“人以一种全面的方式，也就是说，作为一个完整的人，占有自己的全面的本质”[⑤]。“完整的人”是自然存在物、社会存在物和精神存在物的有机统一，所以青年发展的内容丰富，领域广泛。“由整个社会共同经营生产和由此而引起的生产的新发展，也需要完全不同的人，并将创造出这种人来。”[⑥]中国特色社会主义事业由富起来走向强起来，对时代新人的培养和青年的全面发展提出了要求，也提供了条件。

---

① 马克思恩格斯全集：第三卷［M］.北京：人民出版社，1960：329.

② 习近平.在全国政协新年茶话会上的讲话［N］.人民日报，2016-12-31（2）.

③ 习近平谈治国理政：第三卷［M］.北京：外文出版社，2020：333.

④ 习近平.在纪念五四运动100周年大会上的讲话［M］.北京：人民出版社，2019：12.

⑤ 马克思恩格斯全集：第四十二卷［M］.北京：人民出版社，1979：123.

⑥ 马克思恩格斯选集：第一卷［M］.北京：人民出版社，2012：307.

再次，从视野格局来看，时代新人是具有国际视野的历史主体。时代新人除了要坚持人民立场、具有家国情怀，还要有世界眼光、国际视野。当今社会，“人类交往的世界性比过去任何时候都更深入、更广泛，各国相互联系和彼此依存比过去任何时候都更频繁、更紧密。一体化的世界就在那儿，谁拒绝这个世界，这个世界也会拒绝他”[①]。时代新人的提出既是党的教育方针在社会主义教育实践中持续探索的结果，也是顺应全球化趋势的必然选择，所以具备国际视野是时代新人的题中应有之义。《国家中长期教育改革和发展规划纲要（2010—2020年）》提出要适应国家经济社会对外开放的要求，培养大批具有国际视野、通晓国际规则、能够参与国际事务和国际竞争的国际化人才。

最后，从精神风貌来看，时代新人是具备奋斗、创新、无私精神的主体，即“走在时代前列的奋进者、开拓者、奉献者”。习近平总书记在给北京大学考古文博学院2009级本科团支部全体同学的回信和在纪念五四运动100周年大会上的讲话中，都反复强调青年一代要做“走在时代前面的奋进者、开拓者、奉献者”。因为中国梦的实现不能靠等来、靠别人给予，也不是敲锣打鼓轻轻松松就可以实现的，必须要靠当代青年的奋斗实干。毛泽东曾讲：“什么是模范青年？就是要有永久奋斗这一条……没有这一条，什么都是空的。”[②]与这一精神风貌相反，作为时代新人反镜像的则是懈怠者、旁观者、犹豫者。除了青年自身出现这种问题需要教育引导外，共青团工作的行政化也影响到了青年的积极性主动性，因此要促进青年积极健康发展，还要彻底打破青年工作中存在的行政化思维，以及让青年当看客的工作惯性，真正以青年为本，敢于并善于变青年工作的对象为青年工作的力量。

习近平总书记不仅在党的十九大报告中提出了时代新人培养的重大

---

① 习近平.在纪念马克思诞辰200周年大会上的讲话［M］.北京：人民出版社，2018：22.

② 毛泽东文集：第二卷［M］.北京：人民出版社，1993：190.

命题，而且指出了三大基本路径："要以培养担当民族复兴大任的时代新人为着眼点，强化教育引导、实践养成、制度保障"[①]，即通过教育、实践以及制度三个方面的有力举措，培养时代新人。新时代青年发展事业处在我国全面深化改革的新阶段，习近平总书记指出："相比过去，新时代改革开放具有许多新的内涵和特点，其中很重要的一点就是制度建设分量更重，改革更多面对的是深层次体制机制问题，对改革顶层设计的要求更高，对改革的系统性、整体性、协同性要求更强，相应地建章立制、构建体系的任务更重。"[②]而制定《中长期青年发展规划（2016—2025年）》（以下简称《规划》）就是把青年发展纳入国家治理体系，对青年发展进行总体规划和制度安排。在国家治理现代化的整体视域中，研究青年发展事业，必然会更加强调制度化、法治化，因而青年发展研究要更加着眼于青年发展的制度和机制建设，重视把青年发展研究上升到法律权利研究层面的高度。

二、把握青年群体成为社会发展中坚力量的现实逻辑

青年群体在党和国家事业的发展进程中，始终发挥着不可替代的重要作用。我们党的百年发展历程，始终凸显对青年群体地位的重视和对青年群体发展的引领。中国特色社会主义处在新的历史发展方位，新时代的中国青年处在中华民族发展最好的时期，青年群体的社会地位和作用也正在发生一个新的变化，青年群体不仅是社会发展的生力军，也成为社会发展的中坚力量，这就构成了青年发展研究的重要现实逻辑。因而要深刻把握青年群体的双重地位，尤其是青年群体成为社会发展中坚力量的逻辑必然性，进而在青年发展研究理论中切实贯彻青年群体成为社会发展中坚力量的现实逻辑。

① 习近平谈治国理政：第三卷［M］.北京：外文出版社，2020：33.

② 习近平谈治国理政：第三卷［M］.北京：外文出版社，2020：112.

首先，要明晰青年的社会地位、作用和他们拥有的时间性质密切相关。按照历史唯物主义的观点，与动物不同，人所拥有的时间具有自然性和社会性，即人这种真正的类存在物不仅经历着自然时间（自然成长过程），而且经历着历史时间（在历史发展中的社会成长过程），所以青年的发展除了表现为随自然时间的推移发生的变化效应，更重要的是内含历史时间给这些个体成才所带来的时代烙印。就个人成长的生命历程而言，青年正处于个人一生发展的黄金时期，在此时期的成长经历能够为他们一生的发展奠定坚实基础。更为重要的是，就个人发展所依存的社会发展历程而言，“新时代中国青年处在中华民族发展的最好时期”①，他们人生的黄金时期“同‘两个一百年’奋斗目标的实现完全吻合”②。这意味着我国青年的全面发展对整个社会的发展进步具有特别重要的意义。因而，新时代的青年发展不仅是青年个体成长成才的过程，也是我国社会发展进步的一个重要缩影。新时代的青年群体所承载的更多社会期待和面临的更多社会机遇，也促使青年群体成为社会发展的中坚力量，与国家和社会发展的命运紧密相连。青年兴则国家兴，青年强则国家强。

其次，要深刻理解国家政策对于新时代青年群体社会地位和作用的科学定位。就青年群体的社会地位和作用而言，《规划》强调指出：“青年是国家经济社会发展的生力军和中坚力量。”③这一提法不仅继承了马克思主义的青年观，也在此基础上实现了两个方面的创新。一方面，在青年是国家经济社会发展的生力军这一通常说法上，进一步提出了青年是党和人民事业的生力军，用“两个生力军”的说法突出了青年群体这

---

① 习近平谈治国理政：第三卷［M］.北京：外文出版社，2020：333.

② 中共中央文献研究室.习近平关于青少年和共青团工作论述摘编［M］.北京：中央文献出版社，2017：18.

③ 中共中央国务院印发《中长期青年发展规划（2016—2025）》［N］.人民日报，2017-04-14（1）.

个特殊的社会角色和重要作用。另一方面，不仅强调了青年是生力军，更在此基础上肯定了青年是社会发展中坚力量的重要角色和社会地位。这是第一次在国家青年政策中认定青年是国家经济社会发展的中坚力量，集中体现了党对新时代青年社会地位和作用的基本价值判断，进一步丰富和发展了马克思主义青年观。中坚力量的提法不仅将青年战略地位的时间向度从未来提前到现在，而且肯定了青年的骨干支撑作用。这就意味着青年发展成为中国强国战略的重要支撑，所以促进青年发展是我国一项基础性、战略性工程。同时，《规划》提出要“站在党和国家事业后继有人、兴旺发达的高度，把青年发展摆在党和国家工作全局中更加重要的战略位置，整体思考、科学规划、全面推进”，明确提出“党和国家的事业要发展，青年首先要发展”[①]的理念。这一理念的贯彻落实，也必将推动我国青年发展驶入快车道，给我国青年发展研究提供广阔空间。

最后，要在青年发展研究理论中切实贯穿青年群体成为社会发展中坚力量的现实逻辑。青年发展是一个与时间有关的“叙事”、与变化有关的“故事”。青年发展主要是随时间的推移在青年身上发生的良好变化，而青年发展理论则是能指明这些变化并阐释这些变化之所以如此发生，以及如何能更好地促成这些变化的一种科学的理论和方法。青年发展理论要指明青年群体的良好变化，探究促使这些变化发生的原因，并形成更好促成这些良性变化的科学理论，为引领青年发展实践奠定基础，就需要以青年群体的社会地位和作用为基点，从多个维度构建围绕青年的知识框架和理论体系。习近平总书记强调：“青年的价值取向决定了未来整个社会的价值取向。”[②]可见，作为社会发展中坚力量的青年

① 中共中央国务院印发《中长期青年发展规划（2016—2025）》［N］.人民日报，2017-04-14（1）.

② 中共中央文献研究室.习近平关于青少年和共青团工作论述摘编［M］.北京：中央文献出版社，2017：25.

群体，对整个社会发展极具影响力的一个重要部分就是其所具备的价值判断与选择能力。只有在正确的价值判断和选择基础之上，青年群体才能实现发展，进而有助于整个社会的发展进步。因此，青年发展研究的一个重要维度就是关于青年价值观的培育和引导。同时，以青年群体的社会地位和作用为基点，把握其对社会发展各个方面的重要影响力，还要从青年群体的学识、能力、技术、身心健康等各个方面的发展展开分析与阐述，以全方位、多维度地推进青年发展研究，完善青年发展理论。事实上，青年发展不是一个自发的成长过程，而是一个在社会干预下的成才过程。这种干预主要包括教育引导和发展政策的有效供给。目前，对当代青年发展首先具有积极意义的社会干预集中体现在时代新人培养目标的提出与落实，以及《规划》的制定和实施。不断深化青年发展的理论研究同样也需要关注这些社会干预措施和手段，客观分析其优势与不足，以现有的和发展的实践状况为考量，积极为各种社会干预政策和措施提供有效建议与可行思路。

三、把握青年研究需要更加注重理论思维的学术逻辑

党的百年发展历程饱含着我国青年发展研究的重要经验，实现由经验到科学理论思维的转化和跃升，是我国青年研究的重要进展和突破。新时代的青年研究将逐步进入一个新的发展阶段，即从实践经验总结到更加重视科学理论思维升华的发展阶段，这构成了当代青年发展研究的重要学术逻辑。2016年，习近平总书记在哲学社会科学工作座谈会上的讲话指出："历史表明，社会大变革的时代，一定是哲学社会科学大发展的时代。"①同样，历史也表明，社会大变革的时代，一定是青年大发展、大有可为的时代。中国青年发展的实践，需要青年发展的科学理论

① 习近平．在哲学社会科学工作座谈会上的讲话［N］．人民日报，2016-05-19（2）．

来指引，也在催生着这样的科学理论。新时代，我国青年群体的地位更加重要，青年工作的任务更加繁重，更需要科学理论的指导。《规划》提出："社会科学研究机构、高等院校加强青年学研究。"①早在2015年7月《中共中央关于加强和改进党的群团工作的意见》就提出要加强群团学科建设，将群团工作研究列入国家哲学社会科学研究规划。在此大背景下，国内青年研究学界开启了新一轮的研究和学科的建设工作。相较于此前的青年研究，当前的青年研究既需要坚持从中国发展的实际状况出发，还需要逐步实现从实践经验到科学理论的转化，促使青年研究的学术内涵更加丰富。

一方面，我国的青年学研究不是国外青年社会学的翻版，群团学科建设必须坚持以马克思主义为指导，坚持党管青年的根本原则，坚持为党的青年工作服务。青年学研究、群团学科建设的任务，是为把青年培养成担当中华民族复兴大任的时代新人提供理论和人才支撑。坚持以马克思主义为指导，是近代以来我国发展历程赋予包括青年学在内的哲学社会科学的规定性和必然性。因为我们党和国家实行的是社会主义现代化，而不是其他主义的现代化，是中国特色社会主义的现代化，而不是其他特色的现代化。所以我们必须以我们正在做的事情为中心，从我国青年发展的实践中挖掘新材料、发现新问题、提出新观点、构建新理论，建设立足中国大地、中国青年发展实际，具有中国特色、中国风格、中国气派的青年发展理论。

另一方面，青年学研究、群团学科建设要从实证研究推进到理论研究阶段，由碎片化研究进入整体性研究。在此之前，学者们更多的是从不同学科视角出发，对现实中存在的各种青年现象、青年发展问题进行实证调查和研究分析。但是"一个民族要想站在科学的最高峰，就一刻

① 中共中央国务院印发《中长期青年发展规划（2016—2025）》[N].人民日报，2017-04-14（1）.

也不能没有理论思维”[①]。理论来源于实践的同时也是实践的先导。不断总结升华青年发展的实践经验，形成科学的青年发展研究理论，并以科学的青年发展研究理论持续引领青年发展实践，形成理论与实践的良性互动，是新时代青年发展研究的题中应有之义。然而，目前现有的文献显示，学术界关于青年发展的研究，大多是对青年群体发展的某些方面的一些具体问题进行社会调查，或者是仅从心理学、教育学、社会学、法学等单一学科的角度、就某一领域的研究来单独阐述某一方面的青年发展问题。总体而言，还没有形成一个统一的关于青年发展研究的基本框架和知识体系，并且对于青年发展的一般性理论问题也还没有作出完整的系统性阐述。而青年发展研究的这种知识不足和理论滞后的状况，极大制约着《规划》的有效实施和青年发展政策效益的充分实现，因而需要尽快地破解这种困境和难题，持续深化青年发展的理论研究。同时，面对我国改革开放和社会主义现代化事业进入攻坚期和深水区，各种深层次矛盾和问题不断呈现、各类风险和挑战不断增多的新形势，为提高我国青年工作政策体系的科学化和系统化，提高青年工作决策的执行能力，从而为推进国家治理体系和治理能力现代化作出贡献，迫切需要坚持总体性视域，将青年及青年工作研究推进到理论思维阶段，实现从具体经验到科学理论的跨越式发展。如此，青年学才能更好地发挥理论指导实践的作用，为教育引导青年在积极实现中国梦的伟大征程中大有作为而作出应有的贡献。

此外，就青年发展研究的全球视野和世界意义而言，只有将青年发展研究推进到理论思维的阶段，对中国青年发展的实践经验进行理论概括，才能实现学术意义上的升华，从而在全球青年发展论坛上发出中国的声音，呈现“发展中的中国”的青春篇章、“哲学社会科学中的中国”的青年学篇章，为全球青年公共事务治理提供中国方案和中国智慧。作为中国学者，应当有这样的学术使命自觉和理论自信。

① 马克思恩格斯选集：第三卷［M］.北京：人民出版社，2012：875.

立足中国共产党百年历史的宏大背景，深刻研究和把握青年的成长发展和思想变化规律，是我们党赢得青年、赢得未来的基础。党的百年发展历程所蕴含的青年发展研究经验和智慧，为新时代的青年发展研究提供了重要经验遵循和思想理论资源。进入中国特色社会主义新时代，聚焦我们党培养时代新人的重要主题，结合新时代青年群体的双重地位，不断促进我国青年研究实现由经验总结到理论思维升华的跨越式发展，进而以科学的青年发展理论，引领青年发展事业，促进青年的全面发展，是思想政治教育学界、青年及青年工作研究学界共同的使命和责任。在新时代，深刻把握青年发展研究的内在逻辑，需要我们坚持问题意识和理论自觉，运用哲学、政治学、社会学、教育学、公共政策学等多学科的理论和方法，关注青年的思想动态、身心发展状况和内在实际需求等多项变量，着眼青年思想道德建设、育人环境塑造、创新能力培养等多个方面，对青年发展问题进行学理化的探讨和系统化的阐释，以不断阐明青年发展的基础理论，揭示青年发展的普遍规律，提出有效支持青年发展的路径和方法，以理论研究的方式参与我国青年发展事业，不断推动我国青年发展理论与实践的长效发展，为助力全面建成社会主义现代化强国作出应有贡献。

第三节　激发思想政治理论课改革创新的能动力量

教育主体具备的内生动力需要在教育者和教育对象相互作用中才能发挥作用，这在思想政治理论课中表现得尤为明显。思想政治理论课教学活动基于师生互动开展，教师和学生中蕴含着推动思政课改革创新的深层力量。习近平总书记在学校思想政治理论课教师座谈会上强调："思政课建设长期以来形成的一系列规律性认识和成功经验，为思政课建设守正创新提供了重要基础。"①这些规律性认识正是围绕教师和学生的互动而展开，又为教育主体所认识、把握和运用。教师和学生是规律的体现者、践行者和受益者，是推动思想政治教育系统运行发展的根本所在，是推进思政课改革创新的核心力量。激发和释放师生的深层力量是推进思政课改革创新的关键，在促进师生相互作用中提升发展的内生动力。

一、充分释放思政课教师创新创造活力

习近平总书记在学校思想政治理论课教师座谈会上强调："办好思想政治理论课关键在教师，关键在发挥教师的积极性、主动性、创造

① 习近平.思政课是落实立德树人根本任务的关键课程［M］.北京：人民出版社，2020：9.

性。"[①]这一重要论述指明了教师在思政课建设发展和改革创新中的重要地位和作用。思政课教师在传播马克思主义理论、党的路线方针政策、社会主义核心价值体系，为社会主义人才培养把好"思想政治素养关"，为大学生一生成长奠定理性平和的思想基础中发挥了关键作用。新的历史条件下，思政课教师的使命担当已远远超过"教书匠"的职责。于民族复兴、国家富强、社会发展而言，思政课教师是民族精神、价值理念、社会文明的弘扬者；于马克思主义传播而言，思政课教师是马克思主义和当代中国马克思主义理论研究、宣传教育的主要力量；于社会主义人才培养而言，思政课教师是大学生成长路上的指导者、引路人。基于思政课教师的重要地位和作用，习近平总书记在学校思想政治理论课教师座谈会上对思政课教师的专业素养进行了高度凝练，提出思政课教师政治要强、情怀要深、思维要新、视野要广、自律要严、人格要正，[②]为新时代思政课教师队伍建设提供了重要遵循，为凝聚思政课改革的一线力量提供了根本指引。凝聚力量是为了发挥力量，聚焦高校思政课改革创新，当前"对大学生进行思想引导和价值观塑造的主要阵地是课堂，还因为教师是整个教育过程的实施者和主导者"[③]，应有效激活、充分释放思政课教师的主体活力，发挥教师在思政课改革创新中的主体性功能。

（一）提供思政课教师主观能动性发挥的支持保障

马克思指出人的本质的历史性和发展性，认为"个人是什么样的，

---

① 习近平.思政课是落实立德树人根本任务的关键课程［M］.北京：人民出版社，2020：10.

② 习近平.思政课是落实立德树人根本任务的关键课程［M］.北京：人民出版社，2020：12-16.

③ 冯刚.改革开放以来高校思想政治教育发展史［M］.北京：人民出版社，2018：320.

这取决于他们进行生产的物质条件”[①]。从根本上讲，社会历史条件决定着人的思维、需要和实践水平。对于教师而言，教师自身的成长发展和能力发挥离不开各种社会条件的支持和保障。这些社会条件集中体现为有力的组织领导和充实的条件保障。思政课教师主观能动性的发挥，需要各级党委高度重视思政课建设，积极构建党委统一领导、党政齐抓共管、有关部门各负其责、全社会协同配合的工作格局，推动形成思政课教学与改革的良好氛围。各级各类教育机构逐步完善思政课教育教学、建设发展和改革创新的规章制度，健全体制机制，加快配齐、及时更新教学软硬件设施，贯彻落实好思政课建设相关政策、制度、文件，真正把党和国家对思政课改革的重视和支持，转化为思政课教师积极性调动的强大激发力量，转化为思政课建设发展的强大支撑力量。

（二）重视思政课教师主导意识的增强和主导能力的提升

教师是办好思政课的关键，思政课教学离不开教师的主导。聚焦思政课教育教学、建设发展和改革创新，思政课教师的主导意识内含“先进思想文化的传播者”“党执政的坚定支持者”“学生健康成长指导者和引路人”[②]的身份意识，“教书育人”“立德树人”的责任意识，“传播知识、传播思想、传播真理，塑造灵魂、塑造生命、塑造新人”[③]的使命意识，影响着思政课教师参与教学和改革的积极性、主动性和创造性。思政课教师的主导能力是理论认知能力、宣传阐释能力、教育教学能力、人际交往能力、语言表达能力以及人格魅力的综合，影响着思政课教学质量和改革效果。教育部门和各级各类教育机构应切实把教师队伍

① 马克思恩格斯选集：第一卷［M］.北京：人民出版社，2012：147.

② 习近平在全国高校思想政治工作会议上强调 把思想政治工作贯穿教育教学全过程 开创我国高等教育事业发展新局面［N］.人民日报，2016-12-09（1）.

③ 习近平在全国教育大会上强调 坚持中国特色社会主义教育发展道路 培养德智体美劳全面发展的社会主义建设者和接班人［N］.人民日报，2018-09-11（1）.

建设作为思政课改革的重点工作来抓，把教师主导意识的增强和主导能力的提升作为思政课教师队伍建设的重要目标和任务，根据新时代思想政治教育工作的新任务新情况新要求，立足新一代大学生思想认识发展需求和特征，深入探索新时代思想政治教育教学规律，在尊重教师成长发展规律的基础上，努力拓展思政课教师教育培训的渠道、方式和方法，在教师专业素养、教学艺术、教学语言、人格魅力、教师形象的打造上下功夫，提升思政课教师理论认知的能力、了解学生的能力、说服教育的能力、紧跟时代的能力，引导思政课教师在课程改革中坚定马克思主义信仰，增强学科自信，强化育人本领，为思政课改革创新不断作出贡献。

（三）充分尊重思政课教师的教学智慧

教学智慧是一种关于教学践行的知识。聚焦思政课改革创新，尊重教师的教学智慧是指政府各级教育部门要在思政课教学和管理工作中高度重视、广泛收集、合理吸收思政课教师的意见和建议，特别是思政课教师对课程设置、教材编写、教学方式方法、教学管理、考核评价等的看法。思政课教师身处大学生思想政治教育教学一线，对大学生思想困惑、价值迷惑、理论疑惑的把握更加精准，对现有思政课教材体系、教学体系、管理体系、考核体系的体验更加真切。因此，不仅要在课堂上强调、保证和发挥教师的主导作用，而且还要在思政课建设发展和改革创新中赋予一线思政课教师以充分的话语权，鼓励和保障一线思政课教师通过多种途径“发声”，确保他们在教学中遇到的问题和困难能够及时反馈，在思想引导、价值引领、理论教育方面的好思路、好做法能够通过合理程序上升为可复制、能推广的模式和经验，努力形成“一线”业务扎实、“后方”管理高效，信息互通、力量联动的思政课改革局面。

二、激发大学生学习成长的内生动力

教育在人类诸多社会实践活动中具有很强的特殊性，这种特殊性直接表现为教育者和教育对象都是具有主观能动性的人。随着教育实践活动的持续推进和教育教学理论研究的不断深入，一般意义上的主客体认知及定位被重新审视。聚焦思政课理论研究和实践交流，“多主体”“双主体”“主体间性”等字眼频频出现，大学生作为受教育者的地位、作用、特征、需求、期待及其对教育活动和教育者的反作用越来越受到学者们的关注。值得注意的是，主体性意识可以由他者激活，主体性功能可以由外部加强，但主体性力量需要从内部释放。相比平等的师生地位、充分的话语权、完善的体制机制保障等，内生动力是受教育者主体性意识觉醒和功能释放的核心力量与持久力量，激活大学生学习成长的内生动力是从需求侧唤醒思政课改革深层力量的关键。

从一定意义上讲，一切教育在本质上都是自我教育的过程。思政课教育教学通过影响大学生的思想品德建构活动而实现思想政治引导、价值引领和道德培育，思政课教师的“教”只有成功转化为大学生的“学”，才能真正产生影响，进而实现思政课的育人目标和任务。这与辩证唯物主义关于事物发展的思想是高度符合的，相对于大学生而言，党和国家教育部门、各级各类高校、专家学者、思政课教师等都是作为外部因素而存在的，在事物发展过程中，内因起决定作用，外因起关键作用，外因通过内因发挥作用。一方面，思政课教学通过影响大学生思想品德建构的活动主体、活动客体、活动中介而对大学生思想认识水平和政治素养的提高产生影响。在这一过程中，大学生学习成长的内生动力从某种意义上讲成为“最大变量”，也是持续推动思政课改革的深层力量。正如邓小平所说：“学生把坚定正确的政治方向放在第一位，这不仅不排斥学习科学文化，相反，政治觉悟越是高，为革命学习科学文化就应该越加自觉，越加刻苦。”[①]坚定正确的政治方向内含坚定的马克思主义信仰和共产主义信念，内含对中国共产党、对中国特色社会主义的坚决拥护和支持，内含对人生价值的正确认知，其本身就蕴藏着巨大的学习力量和坚定的求知意志。包括理想、信念、兴趣、情感、意志等在内的精神动力和需求、动机等，是大学生学习成长内生动力的主要内容，对大学生思政课学习探索具有深厚的、持续的影响作用。总的来说，大学生学习成长内生动力在思政课教育教学和改革创新过程中，主要表现为学习动机、学习态度、学习行为、学习应用四个方面的自我探索性、自我选择性、自我建构性和自我创造性。另一方面，“知屋漏者在宇下，知政失者在草野”（《论衡》），大学生所思所想、所困所惑本身就是思政课改革的宝贵资源，大学生的需要和追求又是增强思政课教育教学实效性的重要依据。要以激活大学生思政课学习的内生动力为抓手，调动大学生思政课学习的积极性、主动性，把大学生思想政治理论需求和道德品质追求转化为思政课改革的现实引导力和强大推动力，把大学生思想迷惑、价值疑惑、理论困惑转化为思政课改革的关注点和着力点，充分释放大学生在思政课改革中的主体性功能。

如何通过教育和引导使教育对象对理想自我的目标设定符合我国社会主流意识形态对个体政治素养和思想道德品质的要求，是激活大学生思想政治理论学习内生动力、实现从“要我学”到“我要学”转变应努力解决的关键问题。事实上，我国社会主义核心价值观与大学生成长发展本身就具有高度的内在一致性：就大学生物质利益需求的实现而言，富强是现实起点，民主是正确表达方式，平等是重要条件，法治是制度保障；就大学生社会关系需求的满足而言，和谐的社会环境、相对自由的空间、平等公正的机制、诚信友善的品质都是不可或缺的；就大学生全面发展利益需求而言，文明与和谐营造了大学生身心健康发展的良好环境，自由与平等筑就了大学生创新创业发展的广阔舞台，爱国、敬

① 邓小平文选：第二卷［M］.北京：人民出版社，1994：104.

业、诚信、友善指引大学生提升审美情趣的目标方向，文明与敬业提供大学生专业素养发展的驱动力。[①]大学生是思政课改革最大的受益者。在思政课教育教学和改革发展过程中，通过对大学生思想政治教育成果的纵向分析和横向对比，使社会主义核心价值观与大学生成长发展之间的一致性凸显出来，确保身处思政课改革一线、直接享受思政课改革成果的大学生对思政课教学和改革目标有准确的认知和深刻的体悟，从而激发参与、融入、推动的主体意识。

三、形成思政课主导性主体性统一的动力叠加效应

虽然思政课教师和学生因知识储备、认知水平、人生阅历不同而在教学活动中承担不同的角色，其中却包含着诸多共性。如使命担当方面，从人类社会发展长河来看，思政课教师和学生的共同使命是传承文明；从中国特色社会主义伟大实践来看，思政课教师和学生的共同担当是为社会主义事业贡献力量；从高等教育事业发展来看，思政课教师和学生的共同责任是立德树人。再如认知逻辑方面，思政课教师和学生从根本上都遵循“实践—认识—实践”的认识论逻辑。再者，每一名教师都是从学生时代走过，都曾经身处受教育者的位置，对大学生认知情况有着切身体会。思政课改革要在充分认识上述共性的基础上，努力形成思政课教学主体动力叠加效应，使思政课教育教学和建设发展呈现出师生同心同德、同向同行的画面。

（一）以深厚的家国情怀激发师生思政课教学热情

家国情怀是个体对家庭和国家共同体的认同、眷恋及促使其发展的思想和理念，在实践中表现为一种归属感、责任感、使命感。家国情怀

① 冯刚，王振.论社会主义核心价值观与大学生利益需求的同构性［J］.国家教育行政学院学报，2016（10）：7-11.

是中华优秀传统文化最浓烈的精神底色，是中华儿女团结奋进最稳定的精神力量。饱含家国情怀，对个体行为状态产生重要影响和鼓舞。同心才能同德，同向才能同行。聚焦高校思政课教育教学和改革创新，家国情怀也是师生最强烈、最稳定的共同情感，是贯穿师生成长发展、遍及工作学习生活场域，渗透到知行意信各方面的思想和理念，是凝聚思政课改革创新力量，提振思政课改革创新精气神最深厚、最持久的精神内核。在“形势与政策”课堂上，国际关系、大国崛起、军事科技等专题往往能赢得学生经久不息的掌声，正是由师生心底最深处爱国爱家之情引发的情感共鸣。着眼新时代思政课建设发展和改革创新，须继续强化和深化师生的家国情怀，明晰家国情怀作用于师生的接受认同和动力转化机制，着力增强思政课教师“为国育才”的使命感和大学生“为国奋斗”的担当意识，切实内化于心，外化于行，以更加饱满的热情践行时代使命。

（二）以教学内容的双向建构增强师生思政课教学获得感

“双向构建教学内容”强调思政课教学内容的构建既要体现马克思主义理论传播、党的路线方针政策宣传教育的要求，也要关注大学生成长发展期望和需求，教学内容的组织既要体现学理逻辑，也要兼顾大学生认知逻辑和接受逻辑，充分兼顾和融合供给侧与需求侧的意志。习近平总书记强调：“办好人民满意的教育是实现需求侧和供给侧动态平衡的过程。既要积极适应人民群众教育需求侧的动态变化，扎根中国大地办好教育，还要主动提供新的教育理念、教育技术、教育方法、教育制度，为走向世界和面向未来培养人才，办出世界水平的现代化教育，合理引导群众预期，引领社会发展。”[①]思政课改革同样也要不断追求供给侧与需求侧的动态平衡，使思政课建设发展和改革创新真正成为党和政

① 教育部课题组.深入学习习近平关于教育的重要论述［M］.北京：人民出版社，2019：182.

府、各级各类学校、教师和学生共建共享的事业，使师生在思政课教学和改革发展中不断增强获得感。同时，以获得感激发共建共享意识，在推动思政课改革创新中自觉发挥主体力量，形成双向互济的良性循环。

（三）以教学模式的多样化拓展师生思政课互动空间

“思政课教学离不开教师的主导，同时要坚持以学生为中心，加大对学生的认知规律和接受特点的研究，发挥学生主体性作用。”[①]习近平总书记的重要论述内含对思政课教学规律的深刻认识。思政课教学要坚持教师引导和学生自我教育相结合，这是由教育规律、思想政治教育规律、人的思想认识发展规律决定的。在思想政治教育过程中，教师的引导作用是通过催生学生内在的思想矛盾运动和思想品德建构活动得以实现的。如何通过教学模式的改革和创新，使大学生在思政课教学过程中加强对马克思主义理论、党的路线方针政策、社会主义核心价值体系等的认知、认同和信仰，同时产生“我要学”的求知欲和自觉性，使思想品德建构活动成为大学生的主体性活动，是新时代思政课改革值得关注的重点问题。就目前我国高校思政课教学实际来讲，做好课堂教学从“单向灌输”向“合作对话”的转换是关键，要以合作为前提，以互动为中心，以影响为目的，坚持线上与线下相结合、传统与创新相结合、课前课中课后相结合，与时俱进地开发师生对话平台，科学有效地搭建师生互动平台，持续稳定地搭建师生合作平台，拓展主导性与主体性相统一的可能性空间，[②]最终实现“以教带学”和“以学促教”相融合，在“教学相长”中释放师生主体性功能和力量。

---

① 习近平.思政课是落实立德树人根本任务的关键课程［M］.北京：人民出版社，2020：21.

② 冯刚.理直气壮开好思政课——把握新时代思政课建设规律［M］.北京：人民出版社，2019：166.

四、构建思政课育人效果的评价激励机制

构建以提升思政课育人效果为导向、聚焦师生互动的评价激励机制，为师生力量的发挥、实现主导性和主体性的统一提供有力保障。一方面，评价是推动思政课改革创新、提升育人效果的重要手段。评价本身发挥的检查、督促、导向作用，使其成为促进思政课改革创新的重要力量。另一方面，评价以主体的多元化、标准的层次化、方式的多样化、反馈的常态化，从反思的视角促进师生的互动，帮助师生找准自身优势和不足，激发师生改革创新的积极性，从而凝聚起推动思政课改革创新的深层力量。开展评价是为了提升质量，“研究和梳理高校思想政治教育质量评价的进程和发展，回顾历史，总结反思，有助于进一步提升高校思想政治教育质量”①。提升思政课育人质量和效果是开展质量评价、推进改革创新的根本目的。要完整准确地呈现评价结果，这样才能明确新时代思政课建设发展和改革创新的着力点。构建以提升思政课育人效果为导向、聚焦师生互动的评价激励机制，能够充分发掘思政课改革的深层力量。

（一）以评价主体的多元化确保评价结果的客观性

思政课改革旨在不断提升思政课教育教学质量和建设发展水平，始终为社会主义人才培养把好“思想政治素养关”，为中国特色社会主义事业输送合格建设者和优秀接班人，为马克思主义培养坚定信仰者、践行者和传播者，为中国共产党培养积极拥护者和坚定支持者。师生是思想政治教育质量评价的中心对象，学生是教育效果的最终呈现者，而教师是教育效果达成的主要引导者。质量评价将师生的作用发挥结合起来

① 冯刚.改革开放以来高校思想政治教育质量评价的回顾与思考［J］.教学与研究，2018（3）：82.

考察，从系统性、整体性的视角发现问题、弥补缺失，为师生力量的协同发挥提供指导。如何实现这种协同效果的最大化，就需要多元主体从各自立场和视角进行评价，客观地呈现师生的真实状况，从而为师生力量的协同发挥找到更多的结合点和增长点。因此，要以思政课目标指向和功能定位为依据，在思政课教学影响的辐射范围和教育成果的应用范围内，吸收多方力量参与其中，以保证评价的客观性。具体地讲，党和政府是思政课改革的主要领导者和重要支持者，应聚焦师生中心对象，对思政课改革方向的正确性、预设方案的可行性、财政投入的效益性、责任分工的合理性、资源利用的充分性、任务完成的切实性、功能优化的实效性进行整体评估，从党的建设、民族复兴、国家发展的整体布局出发，对思政课程改革的效果作出评判；以用人单位为代表的社会力量是对思政课教育教学“产品”进行检验的有力力量，建立用人单位定向联系和追踪评估制度，对已就业大学生的思想政治素质和道德水平进行评价，可间接了解思政课改革效果，是保证思政课效果评价客观性的有益补充；第三方机构作为思政课改革的“旁观者”，独立于政府、学校、用人单位，具有较强的中立性、独立性、专业性，吸收第三方机构参与思政课教育教学和改革效果的评价，有利于增强评价结果的客观性。

（二）以评价标准的层次化确保评价结果的针对性

在我国幅员辽阔的土地上，各级各类高校思政课发展水平不一，马克思主义理论一级学科及其下属二级学科硕博士学位点的设置情况不同，师资力量有足有缺，教学设备和技术更新有快有慢，科研平台有强有弱，实践基地参差不齐，班级规模有大有小。这些客观情形决定了高校思政课建设发展和改革创新不可能是整齐划一、同步推进的，思政课教育教学和改革创新的评价标准也不应该具有绝对的唯一性，否则将挫伤师生的积极性。坚持一体推进和分类实施相结合，体现差异性和层次性，能够准确地呈现各自的进步和不足，从而让师生在总结教学成果中受到鼓舞，在弥补教学不足中明确方向，切实发挥评价对于师生的激励调动作用。同时，把考评重点放在不同地区、不同类别、不同层级学校是否牢记思政课改革的初衷上，从实际出发，紧紧抓住当时当地高校思政课教育教学和建设发展过程中需要解决的主要矛盾和矛盾的主要方面，有效解决当时当地高校思政课改革创新的重点和难点问题，加强关注改革是否给思政课教师和学生提供了更舒适的教学环境、更有效的教学模式，改革过程中新旧课程体系、教材、教学模式的衔接是否平稳有序，是否形成长效性机制，等等，突出考评工作的针对性。

（三）以评价方式的多样化确保评价结果的准确性

评价方式的科学合理，直接影响评价结果的准确性，这为师生充分把握自身的现实状况提供了依据。同时，评价方式的多样化还带来了结果呈现的多样形式，既有精准数据，也有总结判断，涵盖不同阶段、不同层面，为师生立足成果、面向不足，调动接续奋斗的起始力量提供现实参考。目前，我国高校思政课教学质量评价在方式上已经逐渐向线上评价与线下评价相结合、自评与他评相结合、过程评价与结果评价相结合、事实评价与价值评价相结合、静态评价与动态评价相结合的方向探索发展，对思政课教学质量的总结、反馈、提升起到了重要作用。但在具体实践中，这些评价方式的实现、调动主体力量作用的发挥仍有完善和提升的空间。首先，以线下评价、事实评价、静态评价为代表的传统评价方式升级困难。传统的思政课教学和改革评价方式是以科学抽样为基础的问卷调研，以明确要求为前提的软硬件设施检查，以相关问题为提纲的系列访谈，这些评价方式因其稳定性、可靠性而具有不可替代的优势，但“费时、费事、费力”的劣势也逐渐显现出来。新的历史条件下，如何推进传统评价方式实现有效升级，在扬长避短中充分发挥传统优势，是提升思政课教学质量和改革效果评价准确性需要深入思考的问题。其次，以线上评价、过程评价、动态评价为代表的新兴评价方式仍不够成熟。当下，网上评教、电子问卷等线上评价方式因其即时性、效率高、成本小、覆盖范围大的优势，在教育部门和各级各类学校调研考核中颇受欢迎，成为高校思政课教学质量评价的主要形式之一，但其缺点也显而易见：在网络空间难以实现答题者身份的精准筛选，整体数据的代表性难以把握；评价过程中组织者与答题者没有面对面的交流，作答态度和答题状态不得而知，数据的真实性难以控制；线上评价依赖于网络技术，数据传输与数据接收受多方因素影响，存在一定隐患，数据的安全性难以保障。过程评价和动态评价旨在全程跟踪思政课教学质量和改革状况，有助于增强评价工作的科学性和评价结果的全面性，精准定位思政课教育教学和改革创新的环节性问题。作为结果评价和静态评价的有益补充，考核评价应以什么样的方式贯穿到思政课教学和改革的全过程，如何增强过程评价和追踪评价的科学性，不同评价主体在不同环节、不同场域的出场与权重如何确定，仍需要在理论和实践的不断互动中持续探索。最后，不同评价方式之间的协同互补有待提升。传统评价方式和新兴评价方式是分工负责配合使用还是替代与被替代，如何依据评价内容和评价指标的不同选择合适的评价方式，通过不同评价方式获取的数据如何实现彼此验证与互相甄别，对这些问题要有准确的理解和整体的把握。总的来讲，现有思政课教学和改革评价工作中存在的问题，有的是新兴评价方式独有的问题，有的是新兴评价方式和传统评价方式同样存在的问题，有的是两种评价方式并用时显露的问题，但都是思政课建设发展和改革创新须着重解决的问题。

（四）以评价反馈的常态化确保评价结果的激励性

明确评价主体、评价标准和评价方式，解决了思政课教育教学和改革创新“由谁来评”“依据什么进行评价”“如何评价”的问题，即“以评促改”“以评促教”中“评”的基本问题。聚焦思政课教学和改革质量的提升，还要在“评”的基础上，加强重视“促”的实现。评价的激励性既体现在成果展现对师生的激励，也体现在评价本身带有的鼓舞作用。要以评价反馈的常态化确保评价工作的激励性得以充分实现，切实发掘师生投入思政课改革创新的积极性。为此，一方面，要严格依据评价结果对思政课教学与改革过程中贡献大、效果好的人物、单位、地区进行物质奖励和精神奖励，对问题较多的给予必要的惩戒和督促，依靠奖惩机制强化思政课教学与改革评价工作本身的激励功能；另一方面，要促使评价反馈常态化，融考核评价于思政课教学与改革全过程各方面，强化思政课教学和改革主体的目标意识和效益意识，及时依据评价结果调整教学和改革。

改革没有完成时，只有进行时。作为落实立德树人根本任务的关键课程，思政课在中国特色社会主义人才培养中承担着重要任务，中国共产党的理论创新突破到什么程度，中国特色社会主义事业推进到什么阶段，教师和大学生思想与实践发展到什么层次，思政课改革就要跟进到什么水平。

第七章 拓展思想政治教育的数据研究

数据作为对客观事物的性质、状态以及相互关系等进行记载并可鉴别的符号，内蕴着重要价值信息。强化拓展思想政治教育的数据研究，特别是结合数字时代，把握大数据、云计算、虚拟现实、人工智能等数字技术为思想政治教育带来的重要机遇，能够持续增强改革发展创新动力。着力探索数字思政的发展新方向，探究思想政治教育数据分析的理论逻辑，同时把握思想政治教育应用大数据的局限与对策，在深化对思想政治教育数据的规律性认识中，发掘其有效推动思想政治教育内涵式、高质量发展的内生动力。

第一节　数字思政的内涵把握与实践运用

数字思政是适应思想政治教育科学化发展趋势，充分利用数字技术发展成果而形成的重要课题，是思想政治教育学科创新发展的重要生长点。认识数字思政除了要着力探究其本质内涵和特征，也应从外在要求和内在需要多维考察其生成背景，以形成对数字思政的立体化认识。而认识数字思政的根本目的在于实践运用，充分发掘数字思政的应用场景，找准数字思政运行开展的有效着力点，实现数字思政功能价值的切实开发。通过理解把握数字思政的生成背景、基本内涵和实践运用，进一步明晰数字思政的本质规定性，为推动数字思政落实落地进而实现数字驱动思想政治教育奠定理论基础。

一、数字思政的生成背景

数字思政的生成与发展有其现实的背景条件，既是适应教育数字化转型现实要求的重要课题，也是思想政治教育科学化发展的内在选择，更是思想政治教育高质量发展的重要着力点。

（一）教育数字化转型的现实要求

数字思政是思想政治教育面向教育数字化发展趋势和现实要求提出

的关键课题。教育数字化是党和国家立足发展大局提出的重要战略任务，是新时代教育改革创新的重要方向。思想政治教育作为教育的重要组成部分，必然要适应教育发展的整体趋势，贯彻教育数字化转型的现实要求。2019年，中共中央、国务院印发《中国教育现代化2035》，明确提出“加快信息化时代教育变革……建立数字教育资源共建共享机制”[①]，这从教育现代化发展规划的战略高度，强调推进信息化时代教育变革进程，开启了数字教育建设发展的新篇章。2021年，《中华人民共和国国民经济和社会发展第十四个五年规划和2035年远景目标纲要》发布，提出“聚焦教育……推动数字化服务普惠应用，持续提升群众获得感”[②]，这在原有基础上进一步明确了教育数字化的趋势和要求，并将其上升到国家意志，从提供服务普惠应用的角度作出了教育数字化的有效探索，为教育数字化的提出奠定了实践基础。2021年，教育部等六部门印发《关于推进教育新型基础设施建设 构建高质量教育支撑体系的指导意见》，提出“深入应用5G、人工智能、大数据、云计算、区块链等新一代信息技术，充分发挥数据作为新型生产要素的作用，推动教育数字转型”[③]，这充分肯定了信息技术对于教育高质量发展的关键作用，揭示出数据作为新型生产要素蕴含的内在价值，突出强调了教育数字化转型的要求和前景，为教育数字化的提出进行了预热。教育部2022年工作要点中正式提出“实施教育数字化战略行动”[④]，再次强调加快

① 中共中央国务院印发《中国教育现代化2035》［N］. 人民日报，2019-02-24（1）.

② 中华人民共和国国民经济和社会发展第十四个五年规划和2035年远景目标纲要［N］. 人民日报，2021-03-13（1）.

③ 教育部等六部门关于推进教育新型基础设施建设 构建高质量教育支撑体系的指导意见［EB/OL］.（2021-07-01）［2023-12-17］.http：//www.moe.gov.cn/srcsite/A16/s3342/202107/t20210720_545783.html.

④ 教育部2022年工作要点［EB/OL］.（2022-02-08）［2023-12-17］.http：//www.moe.gov.cn/jyb_xwfb/gzdt_gzdt/202202/t20220208_597666.html.

推进教育数字转型和智能升级，从建设基础设施、完善资源服务、构建模式试点、健全标准规范等方面深入推进教育数字化，进一步明确了落实教育数字化的方式路径，成为教育数字化的良好开端。习近平总书记在党的二十大报告中明确提出“推进教育数字化”①，这将教育数字化上升到党和国家的重要战略任务，成为新时代办好人民满意的教育的重要着力点，将教育数字化作为国家大政方针加以贯彻落实。2023年2月，中共中央、国务院印发《数字中国建设整体布局规划》，提出“大力实施国家教育数字化战略行动，完善国家智慧教育平台”②，再一次从中央文件的高度强调了国家教育数字化战略行动，并将其纳入数字中国建设整体布局加以规划和落实。同月，教育部等五部门印发《普通高等教育学科专业设置调整优化改革方案》，提出“推进文科专业数字化改造，深化文科专业课程体系和教学内容改革，做到价值塑造、知识传授、能力培养相统一”③，这是在教育数字化战略指导下，聚焦文科专业，提出了文科专业教育数字化改造的目标和要求，为思想政治教育改革发展指明了方向。思想政治教育作为与党和国家方针政策关联密切的学科，必然要遵循教育数字化的战略要求，切实从学科特点、教育内容、实践活动等方面出发，设计和规划思想政治教育数字化的方式和路径。数字思政作为实现多维度数字化融入的思想政治教育体系，强调把思政数字化与数字思政化有机结合，切实将数字技术与思想政治教育有效融合，是落实教育数字化要求的关键课题。

---

① 习近平.高举中国特色社会主义伟大旗帜 为全面建设社会主义现代化国家而团结奋斗——在中国共产党第二十次全国代表大会上的报告［M］.北京：人民出版社，2022：34.

② 中共中央国务院印发《数字中国建设整体布局规划》［N］.人民日报，2023-02-28（1）.

③ 教育部等五部门关于印发《普通高等教育学科专业设置调整优化改革方案》的通知［EB/OL］.（2023-03-02）［2023-12-17］.http：//www.moe.gov.cn/srcsite/A08/s7056/202304/t20230404_1054230.html.

（二）思想政治教育传统优势与数字技术高度融合的内在选择

数字思政的生成与发展不仅由教育数字化战略的政策要求所引领，也是思想政治教育在守正创新中坚持传统优势与数字技术高度融合的内在选择。面向内涵式、高质量发展的现实要求，思想政治教育需要因事而化、因时而进、因势而新，在遵循把握思想政治教育规律中，积极主动拥抱运用新媒体新技术，进而不断提升思想政治教育的实效性、针对性和时代感。2016年，习近平总书记在全国高校思想政治工作会议上指出，“要运用新媒体新技术使工作活起来，推动思想政治工作传统优势同信息技术高度融合，增强时代感和吸引力”①，为推动思想政治工作与时俱进、提质增效指明了方向。中共中央、国务院印发《关于加强和改进新形势下高校思想政治工作的意见》指出，“要加强互联网思想政治工作载体建设，加强学生互动社区、主题教育网站、专业学术网站和‘两微一端’建设，运用大学生喜欢的表达方式开展思想政治教育”②，为更好推进高校思想政治工作改革创新提供方法途径。2018年，教育部印发《新时代高校思想政治理论课教学工作基本要求》明确指出，“要深入研究网络教学的内容设计和功能发挥，不断创新网络教学形式，推动传统教学方式与现代信息技术有机融合”③，为立足学生思想认知特征以及教学具体实际，积极探索行之有效的教学方法提供了思路，反映出在思想政治教育创新发展中坚持数字化信息技术有效融入的内在需要。2019年，习近平总书记在学校思想政治理论课教师座谈会上，充分肯定了教师运用现代信息技术等手段建设智慧课堂取得的积极成效，为

① 习近平谈治国理政：第二卷［M］.北京：外文出版社，2017：378.

② 中共中央国务院印发《关于加强和改进新形势下高校思想政治工作的意见》［N］.人民日报，2017-02-28（1）.

③ 教育部关于印发《新时代高校思想政治理论课教学工作基本要求》的通知［EB/OL］.（2018-04-12）［2023-12-17］.http：//www.moe.gov.cn/srcsite/A13/moe_772/201804/t20180424_334099.html.

进一步推动思政课教学与数字化信息技术深度结合提供了鼓舞。以习近平总书记重要讲话精神为指导，同年，中共中央办公厅、国务院办公厅印发《关于深化新时代学校思想政治理论课改革创新的若干意见》，提出“大力推进思政课教学方法改革，提升思政课教师信息化能力素养，推动人工智能等现代信息技术在思政课教学中应用，建设一批国家级虚拟仿真思政课体验教学中心”①，指明新时代多维运用数字技术进而不断增强思政课的思想性、理论性和亲和力、针对性的现实可能和必然趋势。2020年，教育部等八部门发布《关于加快构建高校思想政治工作体系的意见》，提出“把新媒体新技术引入高校思想政治理论课教学”②。2021年，中共中央、国务院印发《关于新时代加强和改进思想政治工作的意见》，提出“推动思想政治工作传统优势与信息技术深度融合，使互联网这个最大变量变成事业发展的最大增量”③，从国家战略层面，再次强调推动思想政治工作传统优势与数字化信息技术深度融合，反映出数字化信息技术有效融合思想政治教育的内在需要和现实必要。而数字思政作为数字技术与思想政治教育深度融合的产物，强调多维发掘数字技术的内在价值，进而推进思想政治教育的资源整合、平台搭建、空间拓展，以充分发挥功能作用、切实提升实效水平，由此成为实现思想政治教育传统优势与数字技术深度融合的内在选择。

（三）思想政治教育高质量发展的重要着力点

数字思政是思想政治教育切实提升教育实效、实现高质量发展的重

① 关于深化新时代学校思想政治理论课改革创新的若干意见［M］.北京：人民出版社，2019：13-14.

② 教育部等八部门发布《关于加快构建高校思想政治工作体系的意见》［EB/OL］.（2020-04-22）［2023-12-18］.http://www.moe.gov.cn/srcsite/A12/moe_1407/s253/202005/t20200511_452697.html.

③ 中共中央国务院印发《关于新时代加强和改进思想政治工作的意见》［N］.人民日报，2021-07-13（1）.

要着力点和有力抓手。随着思想政治教育迈向学科设立四十周年，高质量发展成为思想政治教育发展的重要方向。而在高质量发展的进程中，思想政治教育需要在不同领域、不同方面共同发力，数字思政是其中的关键抓手。一直以来，习近平总书记高度重视提升思想政治教育的质量，强调采取有效的方式助力思想政治教育发展。2013年在全国宣传思想工作会议上，习近平总书记就强调，“要提高质量和水平，把握好时、度、效，增强吸引力和感染力，让群众爱听爱看、产生共鸣，充分发挥正面宣传鼓舞人、激励人的作用”①，明确指出了提高质量的方向和要求，提出以群众喜闻乐见的方式提升思想政治教育效果。2016年在全国高校思想政治工作会议上，习近平总书记重申“思想政治理论课要坚持在改进中加强，提升思想政治教育亲和力和针对性”，并对实现思想政治教育质量提升的路径方式做了具体说明，专门强调“要运用新媒体新技术使工作活起来”②，点明了新媒体新技术蕴含的思想政治教育运用价值，提出了思想政治教育与新媒体新技术结合的方向和要求。2019年在十九届中央政治局第十二次集体学习时，习近平总书记专门剖析了网络的影响，指出“网络是一把双刃剑，一张图、一段视频经由全媒体几个小时就能形成爆发式传播，对舆论场造成很大影响。这种影响力，用好了造福国家和人民，用不好就可能带来难以预见的危害”，在此基础上强调充分发挥网络的正面效应，提出“在信息生产领域，也要进行供给侧结构性改革，通过理念、内容、形式、方法、手段等创新，使正面宣传质量和水平有一个明显提高”③，再次强调了网络作为思想政治教育质量提升的重要方式需要切实结合实践需求。2022年习近平总书记在

① 习近平在全国宣传思想工作会议上强调 胸怀大局把握大势着眼大事 努力把宣传思想工作做得更好［N］. 人民日报，2013-08-21（1）.

② 习近平在全国高校思想政治工作会议上强调 把思想政治工作贯穿教育教学全过程 开创我国高等教育事业发展新局面［N］. 人民日报，2016-12-09（1）.

③ 习近平谈治国理政：第三卷［M］. 北京：外文出版社，2020：319.

中国人民大学考察，观摩了思政课智慧教室这一数字思政的示范性成果，专门强调，“青少年思想政治教育是一个接续的过程，要针对青少年成长的不同阶段，有针对性地开展思想政治教育”[①]，阐明了思想政治教育与新媒体新技术有机结合是针对性提升教育质量的重要方式。2023年在中共中央政治局第五次集体学习时，习近平总书记专门强调，“要坚持把高质量发展作为各级各类教育的生命线”，这进一步明确了思想政治教育的前进方向和发展要求，同时指出“教育数字化是我国开辟教育发展新赛道和塑造教育发展新优势的重要突破口”[②]，为明确教育数字化对于思想政治教育高质量发展的关键价值提供了切实指导。总体而言，在思想政治教育高质量发展进程中，互联网新媒体新技术蕴含的运用潜质逐渐凸显，进而成为思想政治教育重点施力的关键抓手。思想政治教育为贯彻教育数字化战略要求，以数字思政为切实着力点，充分运用教育对象喜闻乐见和积极参与的方式路径，在有效提升思想政治教育亲和力、针对性中切实提升教育质量。

二、数字思政的基本内涵

数字思政是以大数据、云计算、5G、虚拟现实、人工智能等数字技术为基础对思想政治教育资源进行高效整合利用，在数据要素支撑和驱动下推动思想政治教育有效开展与提质增效，进而实现多维度数字化融入的思想政治教育体系。

---

① 习近平在中国人民大学考察时强调 坚持党的领导传承红色基因扎根中国大地走出一条建设中国特色世界一流大学新路［N］. 人民日报，2022-04-26（1）.

② 习近平在中共中央政治局第五次集体学习时强调 加快建设教育强国 为中华民族伟大复兴提供有力支撑［N］. 人民日报，2023-05-30（1）.

（一）以数字技术高效整合利用思想政治教育资源

数字思政强调以数字技术高效整合利用思想政治教育资源，坚持在要素升级转化、平台搭建完善与空间拓展优化中，助力推动思想政治教育提质增效。数字技术作为推动当今世界科技革命与产业变革的重要契机，创新要素多、应用场景广、辐射效应强，深刻改变着各行各业的商业模式和产业结构，也切实影响着人们的生活方式与实践行为。在数字技术的多维驱动下，大数据技术为思想政治教育海量异构数据资源的积累获取、高效管理以及分析挖掘提供了可能，在以云计算为代表的弹性计算基础设施、以5G为代表的移动通信技术、以环境建模技术为支撑的虚拟现实以及基于深度学习的人工智能等数字技术的助力下，为全时空、全流程、全场景的思想政治教育实践提供了重要支持，使全方位、立体化、个性化、合力式的育人实践成为可能，构建起思想政治教育新形态。

作为数字技术与思想政治教育高度融合的时代产物，数字思政重视大数据、云计算、5G、虚拟现实、人工智能等数字技术在思想政治教育不同场景中的融合应用，关注多种数字技术赋能思想政治教育所生成的多维影响，强调以数字技术为方法手段高效整合利用思想政治教育丰富资源，进而推动思想政治教育质量提升。首先，数字思政在助力主体要素升级转化中整合思想政治教育资源。数字思政蕴含着思想政治教育主体发展完善自身数字素养的内在需要，有助于其数字素养的切实提升，推动主体在更好实现自身专业发展中增强思想政治教育的实效性和时代感。此外，思想政治教育功能作用的发挥也要求思想政治教育各主体的有效互动、协同配合，数字思政在主观能动作用的激发中以及数据要素和数字平台的支撑下，推动思想政治教育主体合力的形成汇聚，在主体要素的升级转化中整合思想政治教育资源。其次，数字思政在促进平台搭建完善中整合思想政治教育资源。作为与数字技术融合创新的新兴产物，数字思政本身包含着以数字技术为支撑、以育人质量水平提升为指向而构建的思想政治教育数字教学资源共享、智慧学习服务等平台，汇聚并整合了思想政治教育的各类资源，为思想政治教育主体的立体化教育实践以及思想政治教育对象的泛在学习提供了重要条件。最后，数字思政在推动空间拓展优化中整合思想政治教育资源。数字思政也内在要求着思想政治教育数字空间的构建完善，通过不同的载体运用和环境渲染，在育人场景的创设中不断拓展优化思想政治教育空间，开辟思想政治教育铸魂育人的新阵地，为开展沉浸式、体验化、开放性的思想政治教育提供了条件和支撑。数字思政作为对思想政治教育多样化资源的高效整合，在要素升级转化、平台搭建完善与空间拓展优化中更好实现铸魂育人、启智润心。

（二）数据要素支撑和驱动思想政治教育提质增效

数字思政重视数字技术与思想政治教育的交叉融合，坚持以数据要素内在支撑和驱动思想政治教育运行开展、提质增效，是思政数字化和数字思政化的有机统一体。在数字技术的赋能下，数字思政多维整合思想政治教育资源，丰富了教育内容方法，拓宽了育人视域场景，为思想政治教育守正创新注入新的动能。着眼内涵特质，数字思政并非思想政治教育对于数字技术的简单、机械运用，而是立足对思想政治教育内在特征与本质规律的把握，在厘清不同数字技术应用场景的基础上，坚持思想政治教育与数字技术的深度互动与交叉融合，这种互动与融合是以思想政治教育的实效提升为指向，其核心在于数据要素的内在支撑与驱动。《中华人民共和国国民经济和社会发展第十四个五年规划和2035年远景目标纲要》提出加快数字化发展，建设数字中国，强调“激活数据要素潜能，推进网络强国建设，加快建设数字经济、数字社会、数字政府，以数字化转型整体驱动生产方式、生活方式和治理方式变革”[①]，指明了数据要素在助力推进数字化建设中的关键作用，为从数据要素角度理解数字思政的本质内涵提供了指导。

作为数字时代应运而生的产物，数字思政自然也重视数据要素的重要价值和驱动作用，其是数字技术赋能思想政治教育创造颇多可能性并发挥真正价值的有效前提。在数字思政中，数据要素生成于思想政治教育的全过程和各环节，并在体系运行过程中不断积累与沉淀，不仅包括思想政治教育活动中产生的多维实践数据，也涵盖为满足分析研究需要而专门采集获取的多样化数据。重视数据要素在数字思政中的关键驱动作用，契合思想政治教育与数字技术实现深度融合的内在特质，能够有效贯通并激活思想政治教育的多方主体与环节过程。通俗地讲，数据要素赋予数字思政的意义，犹如人的心脏与血液一般，有着重要的支撑和贯通作用。如果忽视甚至抛开数据要素的贯通驱动价值，数字思政容易变成思想政治教育线下资源线上呈现的复制品，或者是为了育人需要而创设的简单线上资源，没有真正把握和发挥数据要素作为新型资源的关键价值，其功能实效也将大打折扣。数字思政在数据要素的支撑驱动下，通过对不同数据集合的系统处理、多维解析和管理完善，实现对思想政治教育多方位全过程的调节优化，为思想政治教育不同主体以及各个环节之间的相互作用和协调贯通提供重要数据支撑。同时，数据驱动的过程也是不断循环迭代的，在体系运行过程中数据要素不断丰富完善，为更好激活数据潜能、提升思想政治教育质量实效带来助力。因此，数字思政要重视数据要素的开发运用与优化管理，并在数据要素的支撑和驱动中不断提升思想政治教育质量水平。

① 中华人民共和国国民经济和社会发展第十四个五年规划和2035年远景目标纲要［N］.人民日报，2021-03-13（1）.

（三）实现多维度数字化融入的思想政治教育体系

数字思政究其本质是内蕴着特殊性的思想政治教育体系，呈现出从形式、内容、理念等不同维度实现数字化融入的标志性特征。首先需要明确的是，数字思政不是脱离原有基础全新创造的事物，其立足于基础的思想政治教育体系，这一体系“存在结构化的特征，教育各要素按照一定的排列组合方式，相互支撑、相互关联，这种支撑和关联的方式，就构成了系统化的思想政治教育体系”[①]。从生成发展视角洞悉本质，数字思政是基于系统化的思想政治教育体系，借助蓬勃发展的数字技术，在两者的深度融合中不断推进思想政治教育体系的改造升级，进而形成多维度数字化融入的思想政治教育体系。聚焦标志性特征加以审视，这种数字化融入不是单方面的，而是从形式到内容直至深入理念的多维度融入，才演变成与其他思想政治教育体系相区别的数字思政。具体而言，从形式上看，“当今时代，数字技术作为世界科技革命和产业变革的先导力量，日益融入经济社会发展各领域全过程，深刻改变着生产方式、生活方式和社会治理方式”[②]，而对思想政治教育而言，数字技术直接变革的是教育载体和环境。从载体上看，数字技术不仅丰富了教育载体的种类，并且实现原有载体的创新发展，比如活动载体的延展和网络载体的迭代更新等，环境上得以进一步拓展，同时在数字技术强化主体能动性基础上，逐步实现教育环境优化和教育数字空间构建。从内容上看，一方面，数字技术推动原有教育内容不断数字化，不仅将教育内容由现实空间引入线上平台，比如党的思想理论资源数据平台的建立等，而且助力实现不同教育内容的创新组合，不断丰富适应对象需求

① 冯刚，彭庆红，佘双好，等.新时代高校思想政治教育学原理［M］.北京：人民出版社，2021：331.

② 习近平向2022年世界互联网大会乌镇峰会致贺信［N］.人民日报，2022-11-10（1）.

的教育供给。另一方面，数字技术持续拓展了教育内容的来源，通过进一步扩充教育内容创造者的主体范围，实现教育内容来源多样、质量提升。从理念上看，数字思政实现的数字化不仅是形式和内容的数字化，更是关切数字技术引起的理念和思维的变革。“思想政治教育者需要厘清互联网发展的阶段特征，客观分析互联网时代青年学生的思想特点、文化模式和行为逻辑，把握互联网发展的特点和规律，运用互联网思维推进思想政治教育创新发展。”①教育主体在接受和运用数字技术过程中，所生成的数字化思维理念，构建和完善着数字思政以推动思想政治教育发展进步。由此，数字思政是实现形式、内容、理念等多维度数字化融入的思想政治教育体系。

三、数字思政的实践运用

数字思政在运行开展中发挥特有的功能价值，能够助力提升思想政治教育的针对性和实效性，促进构建完善思想政治教育数字空间，并有力推动思想政治教育深层次变革。

（一）提升思想政治教育的针对性和实效性

作为思想政治教育革新发展中与数字技术互动融合的产物，数字思政契合数字时代思想政治教育守正创新的内在要求，重视在教育对象的理解把握中提高育人质量水平，有助于以学生为本教育理念的贯彻落实，能够通过有效分析认识教育对象、打造针对性教育供给、制定层次化教育目标、创设有效传播矩阵，进而提升思想政治教育的针对性和实效性。

数字思政通过分析认识教育对象，助力绘制个体与群体的用户画

① 冯刚．互联网思维与思想政治教育创新发展［J］．学校党建与思想教育，2018（3）：4.

像。教育对象作为思想政治教育活动中最活跃的元素，是开展实施思想政治教育的出发点和落脚点。深刻认识和把握教育对象，有助于提升教育供给与教育对象适应性和契合度，进而在教育目标、内容、方法和载体的恰当选择和运用中，有效提升思想政治教育的针对性和吸引力。习近平总书记强调，“思想政治工作从根本上说是做人的工作，必须围绕学生、关照学生、服务学生”[①]，深刻阐明了思想政治教育与教育对象的内在关系，为更好开展教育教学工作提供了根本遵循。数字思政以多维数字化融合为基础，在体系运行过程中不断优化完善数据集合，有效保证了数据资源的丰富性和多样性。随着数据分析技术的革新发展以及标准化思想政治教育平台的建设升级，在遵循数据获取合法性的前提下，通过对教育对象日常学习、交往生活以及各类平台行为日志数据的多维解析与挖掘，能够创设出涵盖教育对象知识结构、思想动态、理论关切、思维特点、认知习惯、价值选择等层面的多维数据模型，并在此基础上绘制用户画像。基于多维数据要素的有效支撑，通过教育对象思想认知与实践行为等横向数据以及个体成长发展等纵向数据的关联性分析，能够更加精准地描述教育对象的用户画像。同时，数据思政也有助于研究者基于实际研究需求，对基于不同个体组成的思想政治教育群体数据进行相应地聚类分析，进而有效刻画出思想政治教育相关群体的用户画像。

数字思政通过把握教育对象的需求期待与预存立场，助力打造针对性的教育供给。教育供给作为教育者与教育对象相互联系的桥梁，是教育者向教育对象实施教育影响的重要育人资源，打造针对性教育供给能够切实提升思想政治教育质量，需要着力把握教育对象的需求期待与预存立场。习近平总书记强调：“要遵循思想政治工作规律，遵循教书育人规律，遵循学生成长规律……提升思想政治教育亲和力和针对性，满

① 习近平谈治国理政：第二卷［M］.北京：外文出版社，2017：377.

足学生成长发展需求和期待。”[①]这为有效打造针对性的教育供给提供了指导。数字思政基于数字技术而搭建完善思想政治教育数字化教育平台，为教育对象的自主学习、交流讨论、问题反馈提供了智能化服务平台和渠道，通过对多维数字化平台数据进行深入剖析，能够更好把握教育对象的思想疑点、话题热点、知识盲点、发展痛点，有效掌握其需求期待与预存立场。此外，数字思政也能有效推动数据分析软件的迭代更新，帮助研究者更好运用问卷调查、实地观察、交流访谈等方法开展实证调研，进一步了解教育对象对于相关问题的主观态度和认知情况，为更好把握其需求期待与预存立场创设条件，有助于研究者依据不同教育对象，合理打造出有针对性的教育供给。

数字思政通过合理制定教育计划，助力创设层次化的教育目标任务。教育目标作为开展思想政治教育的重要旨归，是“一定社会对教育所要造就的社会个体在思想政治品德方面的质量和规格的总的设想”[②]，对思想政治教育过程起着重要的引导和调控作用。在教育目标的有效指引下，基于教育供给明确思想政治教育任务，有助于教育各环节的相互衔接和有序推进。在合理制定教育计划的基础上，通过有效把握教育对象的需求和水平，进而创设与实际情况相契合的教育目标任务，能够切实增进教育对象的接受程度和吸收内化效果。数字思政在数字技术的赋能下，能够更加准确把握教育对象的需求期待、预存立场和学习状态，在遵循思想政治教育规律和相关政策要求的基础上，有效定制适应教育对象发展需要的教育计划，并基于设定的个性化教育目标，利用知识图谱创设层次化的思想政治教育任务，设计个性化的教育方案，进而根据教育对象思想差异和教育目标要求，分类别、分批次、分层次地开展针对性的教育实践。

① 习近平谈治国理政：第二卷［M］.北京：外文出版社，2017：378.

② 《思想政治教育学原理》编写组.思想政治教育学原理［M］.2版.北京：高等教育出版社，2018：147.

数字思政通过有效适配教育方法，助力形成有效的教育内容传播矩阵。思想政治教育方法作为实现教育目的并达到教育效果的方式手段，切实影响着思想政治教育的育人质量。基于教育内容和学生实际情况合理选择思想政治教育方法，能够增强教育教学的吸引力并提升教育对象的获得感。习近平总书记指出，“思政课的本质是讲道理，要注重方式方法，把道理讲深、讲透、讲活”①，立足思政课的角度强调了教育方式方法的重要性。数字思政在数据要素的驱动下，关注思想政治教育方法的适配性以及多种方法搭配组合。同时，数字思政也重视教育内容传播矩阵的构建，依据教育对象认知基础与接受特点以及教育内容供给和教育目标任务，在遵循教育层次性和渐进性的前提下，合理选择适配的教育方法，并围绕教育对象实际情况和发展需求，进行持续性内容分发和针对性育人实践。此外，数字思政还能够根据内容供给的不同类型，通过现场讲授、音频、视频、H5 等信息传播形式，综合运用讨论式、启发式、案例式等教育方法，促使思想政治教育更有针对性、吸引力且易于教育对象吸收内化。

（二）构建完善思想政治教育数字空间

数字思政在运行和开展过程中，切实将数字技术与思想政治教育深度融合，逐步推进思政数字化和数字思政化相辅相成，其间思想政治教育数字空间也不断构建完善并切实发挥育人作用。

认识把握思想政治教育数字空间的育人价值。聚焦核心概念，空间是“物质存在的一种客观形式，由长度、宽度、高度表现出来，是物质存在的广延性和伸张性的表现”②，物理意义上的空间具有突出的客观

① 习近平在中国人民大学考察时强调 坚持党的领导传承红色基因扎根中国大地走出一条建设中国特色世界一流大学新路［N］.人民日报，2022-04-26（1）.

② 中国社会科学院语言研究所词典编辑室.现代汉语词典［M］.7版.北京：商务印书馆，2016：744.

性和实在性。由此出发，从人本角度认识空间，其是人存在、活动并受之影响的环境，人必然处于特定空间之中，并直接或间接地受空间影响。马克思主义以辩证思维深刻认识到人与空间环境之间的相互作用关系，指出："有一种唯物主义学说，认为人是环境和教育的产物，因而认为改变了的人是另一种环境和改变了的教育的产物，——这种学说忘记了：环境正是由人来改变的，而教育者本人一定是受教育的。因此，这种学说必然会把社会分成两部分，其中一部分凌驾于社会之上。"[①]在批判环境影响人的片面性的同时，马克思主义充分肯定了人对空间环境的创造和运用。在历史发展进程中，随着人本质力量的提升，人在与空间互动中掌握了更多的主动性，不再被动地接受空间环境影响，而是主动建构符合自身需要的空间环境，以服务自身的成长发展。思想政治教育的空间环境正是教育者在充分肯定空间环境对人的作用影响，以及认识把握人对空间环境创造能力是基础上，关注和研究的重要课题。在40多年的学科发展中，教育者对思想政治教育空间环境的研究从物质延伸到精神，从线下拓展到线上，并不断提升思想政治教育空间环境的构建能力，充分发掘思想政治教育空间环境的育人价值。思想政治教育数字空间是教育者在切实掌握和运用数字技术基础上，发挥主体创造力构建的虚实结合的育人环境，在继承思想政治教育空间环境的传统育人功能的同时，具有广阔性、创造性、高效性等特征以及多维涵育、持续激励等育人价值。

数字思政的运行开展以思想政治教育数字空间为依托。数字思政根本上仍是以教育对象思想品德的形成发展为指向，强调思想政治教育育人实践中数字技术的融入和运用，这往往以思想政治教育数字空间的构建为外显形态。这是由思想政治教育空间环境的本质决定的，涵盖"思想政治教育活动以及思想政治教育对象的思想品德形成和发展产生影响

① 马克思恩格斯选集：第一卷［M］.北京：人民出版社，2012：138.

的一切外部因素的总和”[①]，那么思想政治教育过程中数字技术的运用都将融合汇总成对教育对象思想品德形成发展产生影响的空间环境。由此，思想政治教育数字空间的概念内涵也得以明确，思想政治教育数字空间是以促进教育对象思想品德的形成发展为指向，在思想政治教育与数字技术的深度融合中，形成的虚实结合的思想政治教育育人环境。在思想政治教育数字空间的持续构建完善中，数字思政的育人实践也得以不断落实和拓展，由此思想政治教育数字空间是数字思政运行开展的重要依托。

思想政治教育数字空间构建完善应抓住重要着力点。为保障数字思政的有效运行开展，思想政治教育数字空间的构建完善展现出现实必要性。一方面，思想政治教育数字空间是对现实育人空间的反映和延展，现实育人空间中的资源内容是思想政治教育数字空间的关键基础，为此现实育人空间的数字化是思想政治教育数字空间构建完善的重要课题。正如习近平总书记关于数字经济建设强调的，“充分发挥海量数据和丰富应用场景优势，促进数字技术与实体经济深度融合，赋能传统产业转型升级，催生新产业新业态新模式，不断做强做优做大我国数字经济”[②]，这就提供了切实的思路指导。思想政治教育数字空间构建完善也当如此，切实运用数字技术，对现实育人空间中的思想政治教育资源进行整合、处理与加工，进而构建思想政治教育数字空间新阵地。另一方面，思想政治教育数字空间因其自身的虚拟特征具有广阔的可能性，能够开展现实空间中难以想象和实现的育人实践，为此不懈发掘拓展思想政治教育数字空间是重要任务。思想政治教育者应坚持紧跟数字技术发展步伐，以数字素养提升为根基，以育人实践需要为指向，在阵地建

① 陈万柏，张耀灿．思想政治教育学原理［M］.3版．北京：高等教育出版社，2015：101.

② 习近平在中共中央政治局第三十四次集体学习时强调 把握数字经济发展趋势和规律 推动我国数字经济健康发展［N］.人民日报，2021-10-20（1）.

设、服务提供、资源开发中不断拓展思想政治教育育人新平台，进而持续构建完善思想政治教育数字空间。

（三）推动思想政治教育深层次变革

数字思政提供的内容、开展的实践、蕴含的理念，为思想政治教育的守正创新提供了重要思路和有效实施路径，在更好落实多维教育理念、重塑教育过程、优化教育各环节中推动思想政治教育深层次变革。

1. 更好落实多维教育理念

教育理念是教育实践的先导，教育实践是教育理念在教育运行贯彻中的生动体现。正是由于这种引领性、保障性的功能特质，教育理念一直以来为教育者所关注和研究，自主学习理念、合作学习理念、终身学习理念等教育理念在实践中不断发展。而教育理念只有切实融合育人实践才能将潜在的功能作用充分发挥以实现价值，数字思政则为教育理念的贯彻落实提供了重要契机和有效路径。

第一，更好落实自主学习理念。自主学习理念的提出是为改变传统思想政治教育模式中教育对象常处于的“他适应”学习状态，不再被动地、服从既定规则和流程地学习，强调切实激发调动教育对象参与教育过程、接受教育内容、探索知识信息的积极性、主动性和创造性，将主观能动性在学习中落到实处。而数字思政的运行设计本身便彰显着自主学习理念，能够引导学生在实际参与中实现自主学习。在学习内容上，由于数字资源平台以及智能学习终端的发展，教育对象在数字思政参与中能够根据自身需要，更直接、更便捷地选择学习内容。在学习方式上，数字思政中教育主客体互动的前端是人机互动，能够将教育对象的自主选择落到实处。由此，数字思政中基于需求的学习增强了教育对象的学习积极性，创设了其开展自主学习的有效模式和条件。

第二，更好落实合作学习理念。合作学习是指学生为了完成共同的任务，开展有明确责任分工的互助性学习，能够切实集合学习力量高效完成学习任务，同时改变被动地、单兵作战式的学习模式，帮助学生在团队交流互动、责任分工履行中增强合作意识、提高学习效率，进而实现学习提升。而合作学习能否落实关键在于学习共同体的构建情况，人员合理、结构适当的学习共同体决定合作学习的效率和质量。数字思政中对于学习共同体的建立具有显著优势，在数字泛在和数据分析软件发展运用的条件下，通过数据分析对教育对象数据进行系统地分析处理，比如运用多维聚类分析将教育对象按突出特征进行分类，进而构建教育对象的行为标签。基于此，数字思政能够将不同思维特征、行为偏好的教育对象有机组织起来形成学习共同体，进而增强合作学习的科学性、有效性，更好落实合作学习理念。

第三，更好落实终身学习理念。终身学习理念是适应人的成长发展需求和社会发展要求提出的重要理念，需要在教育实践中有效贯彻，而数字思政是落实终身学习理念的重要方式。习近平总书记在加快建设教育强国的重要论述中指出，“进一步推进数字教育，为个性化学习、终身学习、扩大优质教育资源覆盖面和教育现代化提供有效支撑”[①]，充分肯定了数字教育对于终身学习的支撑作用。数字思政通过数字平台、智能化教育终端，提供丰富多样的数字化资源，为教育对象终身学习创设了条件。不仅如此，数字思政能够通过数据积累和分析，更好记录教育对象的学习成长过程，进而更好实现教育内容层次性、递进化地供给，将终身学习理念落到实处。

2. 重塑思想政治教育过程

思想政治教育过程是教育实践组织开展的实际历程，以教育者和教育对象为核心要素，实质上是“思想政治教育主体发挥主导作用与思想

① 习近平在中共中央政治局第五次集体学习时强调 加快建设教育强国 为中华民族伟大复兴提供有力支撑［N］. 人民日报，2023-05-30（1）.

政治教育客体发挥主动作用的互动过程”①。思想政治教育的质量效果必须经由教育过程才能得以落实和体现，由此改进和完善思想政治教育过程展现出现实必要性。数字思政作为形式、内容和理念等多维度数字化融入的思想政治教育体系，无论从教育者方面还是教育对象方面，都对思想政治教育过程有着重要重塑和完善作用。

一方面，立足教育者视角，思想政治教育过程主要分为设计准备、实施开展以及评价反思三个阶段，在有序衔接、实施开展中构成完整的教育过程。数字思政中随着数字技术的多维度融入，思想政治教育过程的各个阶段都得以重塑完善。在教育设计准备阶段，数字思政中教育者通过对现有教育数据开展多维梳理解析，以量化形式准确把握教育对象的实际水平和需求期待，进而结合教育要求合理制定教育目标。在教育实施开展阶段，数字思政中教育者通过运用关联分析、回归分析等数据分析方法，解析数字思政中记录的思想政治教育实施开展数据，准确把握其中互动的内在关联，进而找准和着力其中作用影响的关键因素。在教育评价反思阶段，数字思政中通过多维解析记录的多方数据，以量化分析为支撑有效总结教育成效与不足，准确评价思想政治教育的实际水平，以便找准后续教育工作的切实着力点。

另一方面，立足教育对象视角，教育对象接受思想政治教育的过程主要分为信息接受和吸收内化两个阶段，由此构成完整的教育过程。信息接受强调教育对象对于知识信息的获取，吸收内化则强调教育对象实现知情信意行的转化最终成为自身的观念认知。思想政治教育作为价值引领寓于知识传授的活动，两者不可偏废。一般而言，这一过程往往都是在课堂教学的教育引导中开展，容易出现重信息接受、轻吸收内化的情况，而数字思政能够实现信息接受前置，通过智能终端等数字教育平台为教育对象提供信息接受的路径渠道，基于丰富数字资源实现智能分

① 冯刚，彭庆红，佘双好，等.新时代高校思想政治教育学原理［M］.北京：人民出版社，2021：204.

发和个性化推荐，有效提升教育对象信息接受的效率。在此基础上，数字思政中教育对象的信息接受情况更能有效把握，聚焦对象的价值迷惑、理论困惑、思想疑虑进行解答引导，进而在问题破解、认同强化、信念巩固、意志坚定中更好实现吸收内化，不断优化思想政治教育过程。

3. 优化思想政治教育各环节

思想政治教育环节是教育运行实施中的关键流程，直接影响思想政治教育活动的有序开展和价值实现。评价和治理是其中的关键构成，数字思政对于形成思想政治教育评价的新形态、优化思想政治教育治理问题发挥着重要作用。

第一，形成思想政治教育评价的新形态。从概念上看，思想政治教育评价是“评价者依据一定的思想政治教育评价标准，运用测量与统计分析，通过信息反馈，对思想政治教育工作的过程与效果进行实事求是的分析，作出价值判断的活动”[①]，从中可以看到数字思政开展评价的便捷性。数字思政作为多维度数据记录的教育活动，为评价中测量和统计分析的开展奠定了基础，有助于形成思想政治教育评价的新形态。一方面，数字思政的实施开展有助于促进各项评价实现有效贯通。数字思政中智能终端等数字化教育平台的运用，不仅能在空间的广延性上而且在时间的持续性上全面记录教育活动的数据信息，进而助力实现大中小学全过程纵向评价、德智体美劳全要素横向评价以及家庭学校社会政府全方位评价，构建完善学生数字档案，着力促进各项评价的有效贯通。另一方面，数字思政的实施开展有助于提升评价反馈的时效性。数字思政以数字技术和数字平台为支撑，能够实时采集、识别、记录和分析思想政治教育活动数据，进而形成动态的评价反馈，及时了解教育计划的落实情况、学生实际的获得情况以及教育活动的实效情况等，进而充分

① 冯刚，彭庆红，佘双好，等. 新时代高校思想政治教育学原理［M］. 北京：人民出版社，2021：330.

发挥评价的导向和激励作用。

第二，优化思想政治教育治理问题。思想政治教育治理是“一个不断运行、循环往复的过程，是实践创新、理论创新与制度创新不断相互促进、运用反馈、自我完善的过程”①，推动着思想政治教育创新性优化、内涵式发展。数字思政强调数据要素的支撑驱动，通过对多维数据的实时监测、系统处理，进而更好把握思想政治教育运行发展过程，为实现更加科学、合理、高效的思想政治教育治理提供助力。首先，数字思政推动思想政治教育整体治理。在思想政治教育数据泛在性的支持以及数据分析处理技术的迭代发展基础上，通过思想政治教育相关数据的多维解析，特别是针对具体问题开展不同层面的关联性分析，能够深刻把握问题生成的相关缘由以及各因素间的关联程度，全面找准治理优化的有效着力点，不断提升思想政治教育整体治理效能。其次，数字思政推动思想政治教育主动治理。数字思政通过对思想政治教育运行过程的全方位监测，能够在精准识别与定位相关实际问题中，及时有效地进行思想政治教育主动治理。同时，在思想政治教育数据要素的支持下，对相关数据进行回归处理并开展多维回归分析，合理判断和预测教育对象的思想行为及其发展趋势，进而科学预测问题并提前制定治理方案，实现思想政治教育主动治理。最后，数字思政推动思想政治教育协同治理。数字思政强调多元主体的协同参与、协调作用，基于对数据关联性的系统把握，能够找准思想政治教育协同治理的现实着力点，进而在具体治理开展中更加有效促进多元主体的协同配合、共同推进，推动思想政治教育形成治理合力，保障思想政治教育有序、稳定、健康、可持续地运行发展。

① 冯刚，徐先艳.现代性视域中思想政治教育治理的生成逻辑、基本内涵及时代价值［J］.教学与研究，2021（5）：90.

第二节　思想政治教育数据分析的理论探究

数据分析作为一种统计分析方法，在统计学、电子信息学、社会学等学科中广泛应用，指代“根据研究的目的和要求，运用科学的方法和手段，对调查数据进行定性和定量分析，揭示现象的本质和规律，为决策和管理提供咨询服务的过程”[①]。数据分析应用于思想政治教育领域，满足了思想政治教育分析模式迭代更新的实际需要，契合了应对思想政治教育复杂化趋势的现实要求。作为思想政治教育信息获取的有效方式，数据分析服务于思想政治教育的现状把握、问题破解与决策制定等各项工作，在应用过程中思想政治教育数据分析的概念内涵逐步形成确立。思想政治教育数据分析是数据分析者在对反映思想政治教育状况的相关数据进行提取、清洗、变换的基础上，根据研究目标任务和数据形式特征科学运用恰当分析方法，揭示数据反映的本质属性和逻辑关系，从而获得有价值信息的过程。随着互联网的深度运用和大数据技术的发展成熟，数据分析在运行理念、对象范围、处理技术等方面都得到了极大拓展。与此同时，广阔的前景和未知的可能也需要我们在科学认识、理性对待数据分析的基础上，准确把握思想政治教育数据分析的内涵本质和原则要求，进而有效发挥其在现实应用中的功能与价值。从根本上看，思想政治教育数据分析作为一种思维理念指导下的方法手段，形成

① 张海波.调查数据分析［M］.北京：中国财政经济出版社，2004：1.

于思想政治教育与数据分析的高度融合，是数据分析在思想政治教育运用中的成果转化，能够帮助我们更好地把握思想政治教育的本质变化、逻辑关系、内在规律等关键信息。基于数据分析深化对思想政治教育规律的认识和运用，能够助力思想政治教育科学化、高质量发展。

一、把握复杂数据现象中的关键本质

思想政治教育本质上是一种社会实践活动，在活动开展中数据不断生成，在类型、体量等方面呈现为复杂的数据现象，而关键在于把握其中的本质信息。本质与现象作为揭示事物内在联系和外在表现及其关系的一对范畴，是事物普遍具有的两个方面。本质是“事物的根本性质”[①]，是认清把准事物的关键，需要在复杂现象中梳理把握。思想政治教育数据分析作为一种透过现象看本质的过程和行为，通过对多元数据集合中的有效成分进行梳理，抓住多样数据形式中的核心内容，从而明晰数据反映的主客体相关信息这一内在本质。

（一）梳理多元数据集合中的有效成分

复杂的数据现象首先体现在数据的多元混杂，表现为包括真实数据与虚假数据、有效数据与无效数据等在内的多元数据集合。鉴于思想政治教育的内隐性和抽象性，数据现象的复杂性在思想政治教育领域中体现得尤为明显。一方面，思想政治教育的内隐性加大了真实数据与虚假数据的区分难度。现象可区分为真象与假象，体现在数据上表现为真实数据和虚假数据。“真象以直接的形式表现本质”，赋予了真实数据的潜在价值，而“假象以一种特殊的形式表现本质，它的存在是由实际存在

① 陈先达，杨耕．马克思主义哲学原理［M］.4 版．北京：中国人民大学出版社，2016：96.

的各种条件所造成的”[①]，思想政治教育的内隐性为假象的生成提供了便利。思想政治教育是做人的工作，人的思想的主观性、潜在性以及应激情况下的隐匿和掩饰导致其难以被准确把握，其间产生的假象带来虚假数据。思想政治教育数据分析首要任务是识别获取真实数据，避免虚假数据的干扰，为数据结果的准确性提供保障。另一方面，思想政治教育的抽象性加大了有效数据与无效数据的区分难度。数据的真实性奠定了数据使用的基础，但并不是所有的真实数据都能被使用。数据的价值根本在于对数据使用者需要的满足，这也是区分有效数据和无效数据的根本标准。而思想政治教育的抽象性模糊了数据使用者的需要，具体体现在数据使用者在思想政治教育中难以直接找到与自身需要直接匹配的数据子集和数据类别，这在客观上加大了数据是否有效的区分难度。思想政治教育数据分析首先要在找准真实数据的基础上，以尊重数据客观性与聚焦研究需要的有机结合为导向，经由多种方法和模式进行筛选，“去除源数据中的噪声数据和无关数据，并且处理遗漏的数据和清洗‘脏’数据”[②]，从而获取其中的有效数据。

（二）把准多样数据形式中的核心内容

思想政治教育各要素的相互交织、相互影响丰富了思想政治教育数据形式的多样性，这就提出了运用数据分析方法厘清数据反映的核心内容的现实需要。内容和形式作为构成事物的两个方面，是“揭示事物构成要素和表现方式及其关系的一对范畴”[③]。马克思在《给父亲的信》中论述了内容和形式的辩证关系，指出“形式是概念表述的必要结构，

① 陈先达，杨耕.马克思主义哲学原理［M］.4版.北京：中国人民大学出版社，2016：97.

② 喻梅，于健.数据分析与数据挖掘［M］.北京：清华大学出版社，2018：34.

③ 陈先达，杨耕.马克思主义哲学原理［M］.4版.北京：中国人民大学出版社，2016：95.

而实体是这些表述的必要性质。……形式必然从内容中产生出来；而且，形式只能是内容的进一步的发展”[①]，可见形式来源于并表现内容。数据分析作为一种探究客观事物真相的实践活动，通过对多样形式的数据进行提取梳理，进而为认清把准数据的核心内容提供了可能。思想政治教育是一种主体引导、客体参与、介体运用、环体支持的实践活动，其要素的交织性、复杂性决定了思想政治教育数据的丰富性，这种丰富性生动表现于其数据形式的多样性和数据内容的全面性。思想政治教育数据形式作为把内容诸要素统一起来的结构或表现内容的方式，是思想政治教育数据内容的物质载体，主要包括文字、符号、语音、图像等类型。着眼思想政治教育数据分析，其需要在厘清数据形式的基础上，通过选择合适的分析处理方法，对不同数据形式中的相关数据集进行有效地解析处理，进而把准思想政治教育数据的核心内容。一方面，通过对数据进行描述性、推断性、探索性分析，厘清数据的集中趋势、离散程度、偏度峰度等数据特征并明晰数据间的相互关系，从而明确数据结构，为抓住数据核心内容奠定基础。另一方面，通过在对文字、语音、图像等形式的数据进行转录、编码的基础上，对数据进行词频、矩阵、交叉、复合、分组等查询操作，开展聚类分析、关系分析，从而明确数据反映的主题、情感和核心观点。总的来说，思想政治教育数据分析致力于在把握数据属性和结构过程中厘清多样数据形式，从而有效把准数据的核心内容。

（三）明确数据反映的主客体相关信息

对数据现象的分析根本在于把握其反映的本质信息，在思想政治教育领域集中表现为主客体的相关信息。现象和本质的对立统一关系强调，“既不能脱离现象去空谈事物的本质，也不能停留在事物的现象上，

① 马克思恩格斯全集：第四十卷［M］.北京：人民出版社，1982：11.

而要透过现象抓住事物的本质”[①]。对数据现象、形式的把握，关键在于获取其中的本质内容。数据根本上是承载信息的载体，数据分析则是通过分析数据进而获得其承载信息这一本质内容的行为和过程。基于对数据和数据分析的本质考量，结合思想政治教育的根本特性可以探讨得出，思想政治教育数据反映的本质内容是教育主客体的相关信息。考察思想政治教育的本质，“思想政治教育主体和客体是思想政治教育活动中的两大基本要素。思想政治教育过程是思想政治教育主体和客体共同参与、相互作用的过程”[②]。教育主客体作为思想政治教育的中心范畴，串联并组织起介体、环体等其他教育要素，具体而言，介体和环体为教育主体所运用并作用和反映于教育客体。在这一层面上，思想政治教育数据都围绕着教育主客体这一核心，都承载和反映教育主客体的相关信息。思想政治教育数据分析就是要在厘清数据有效成分、把准数据核心内容的基础上，掌握数据反映的思想政治教育主客体相关信息这一本质内容。这就要求研究者对思想政治教育数据进行分析时，一方面，增强思想政治教育主客体的核心意识，在尊重数据结果、保持数据客观性的同时，自觉思考数据与教育主客体之间的内在关联。另一方面，提升主客体信息的数据挖掘能力，深入探析数据反映的教育主客体的思想变化、情感波动、行为表现等相关信息，从而在数据现象中揭示关键本质。

二、探究既有数据结果中的生成原因

思想政治教育是着眼人的实践活动，人的思想意识与实践行为的发

① 陈先达，杨耕．马克思主义哲学原理［M］．4版．北京：中国人民大学出版社，2016：98.

② 冯刚，彭庆红，佘双好，等．新时代高校思想政治教育学原理［M］．北京：人民出版社，2021：204.

展性、变化性及其相互影响性增加了思想政治教育的复杂程度，反映在数据上表现为各要素之间复杂非线性的数据关联，而其中蕴含着思想政治教育活动中多维复合的因果关系。原因与结果是事物之间普遍具有的一种关键联系，从结果中探讨原因是人们常用的一种分析问题、梳理关系、找准矛盾的基本方法。思想政治教育数据分析致力于通过分类整理既有的数据结果，厘清各要素数据之间的内在数据关联，从而探究既有数据结果的生成原因。

（一）分类整理既有的数据结果

对事物发展而言，结果既是事物发展成效的静态呈现，也内含着事物发展动因的相互关联。分类整理既有数据结果是研究者基于数据分析的任务、目的与要求，根据研究数据的特点，对所取得的数据进行筛选审核、分类整合、分组汇总，使其结构化、条理化、系统化的过程。聚焦思想政治教育数据，其对主客体关系的生动表征，要求研究者在深刻把握主客体思想观念复杂性的基础上，对既有数据结果进行分类整理。从根本上说，思想政治教育是聚焦人的思想的工作，思想政治教育数据结果承载的是人的思想及其外化行为的相关信息。而人的思想政治素质是人“在长期的实践中经由内因与外因的交互作用而形成的”，“既受内在的心理素质、认知结构、情感态度和思想观念的影响，也受外在的客观环境和社会条件的影响”[①]。因此，对思想政治教育数据结果进行分析时，研究者需要深入考虑人的认知、情感、思维的复杂性，并以此为参照，从不同方面、不同维度对既有的数据结果进行分类整合，使其在不同层面生动反映思想政治教育的相关情况。同时，思想政治教育数据整理也要遵循一般数据整理原则，在实现数据整理目的的同时确保数据的价值性。在分类整理思想政治教育数据过程中，研究者既要坚持客观

① 冯刚，彭庆红，佘双好，等.新时代高校思想政治教育学原理［M］.北京：人民出版社，2021：221.

性原则，使整理后的数据能真实且准确地反映研究对象的特征，又要坚持目的性原则，使整理后的数据紧密围绕研究的主题方向、主要任务且符合研究者的研究需要。分类整理思想政治教育数据结果，能够对既有数据进行查漏补缺、去伪存真、去粗取精，在保证数据真实性、准确性、可用性的基础上使数据条理化、结构化，为厘清各要素内在数据关联、分析要素互动的因果关系奠定基础。

（二）厘清各要素内在数据关联

经过分类整理，思想政治教育数据结果得以结构化呈现，同时数据主体的要素结构体系也逐渐建立起来。在数据分类、归纳、整合过程中，作为数据主体的各个要素也逐渐显现，这些要素彼此关联，形成一个数据系统。在思想政治教育领域中，数据的系统性体现得尤为明显。“思想政治教育是一个体系庞大、结构复杂的大系统”，“思想政治教育系统的运行结构是由其内部框架结构要素之间相互依存、相互支持、相互制约形成的”①有机统一体。因此，思想政治教育的开展必然是内部各要素之间协同作用的过程，其间产生的数据必然也紧密相连，实质上思想政治教育的系统性强化了数据的关联性。面对思想政治教育数据结果，研究者要以普遍联系的观点探究要素之间的内在数据关联。恩格斯强调：“关于自然界所有过程都处在一种系统联系中的认识，推动科学到处从个别部分和整体上去证明这种系统联系。”②思想政治教育数据分析就是在联系的普遍性原理指导下，从数据出发，通过梳理数据关联来找准和证明思想政治教育要素的系统联系。具体而言，厘清各数据要素之间的内在数据关联要在数据结构化处理、数据主体要素显现的基础上，通过梳理要素之间的数据关系，为发掘要素间的实质联系进而证明

① 冯刚，彭庆红，佘双好，等.新时代高校思想政治教育学原理［M］.北京：人民出版社，2021：25-26.

② 马克思恩格斯选集：第三卷［M］.北京：人民出版社，2012：412.

思想政治教育要素的内在关联奠定基础。在思想政治教育领域中，各数据要素之间的相互关系除了简单的线性关系外，更多的是非线性复杂关系，且多以树状、图状或网状结构存在。研究者要着力识别要素之间的关系属性和密切程度，才能在此基础上揭示数据要素的关联实质，进而为验证思想政治教育要素的互动关系提供依据。总的来说，厘清各数据要素之间的内在数据关联是实现从数据载体向实质信息跨越的关键一步。

（三）分析要素互动的因果关系

梳理思想政治教育各要素的内在数据关联进而找准思想政治教育活动中的不同维度、不同层次的因果关系是思想政治教育数据分析的价值表征。原因与结果作为世界普遍联系和永续发展链条中的重要一环，是“揭示事物之间引起与被引起关系的一对范畴”。“任何一种事物、现象必然是由另外一种或一些事物、现象所引起”，同时又“必然引起另外一种或一些事物、现象”[①]。因果关系作为事物本身所固有的，不以人的意志为转移的普遍联系，在实践活动中能够被人认识和把握。思想政治教育数据作为记录思想政治教育相关活动的符号，是对思想政治教育实践的客观反映。从既有数据结果中探究其生成原因，进而揭示思想政治教育活动中的因果联系，关键在厘清数据各要素内在关联的基础上，分析把准各要素数据互动的因果关系。而思想政治教育的复杂性导致其中因果关系的多样性，表现为具体层面的因果关系因参与要素、运动形式、具体条件的不同而不同，更在于不同问题中由多个单一因果聚合而成的复杂因果。认识把握这些因果关系，需要从普遍的相互联系出发，正如恩格斯在《自然辩证法》中所强调的，“为了了解单个的现象，我们必须把它们从普遍的联系中抽出来，孤立地考察它们，而在这里出现

① 陈先达，杨耕. 马克思主义哲学原理［M］. 4版. 北京：中国人民大学出版社，2016：98.

的就是不断变换的运动，一个表现为原因，另一个表现为结果”[①]。思想政治教育数据分析作为帮助人们在错综复杂的相关联系中把握因果关系的一种重要方式，能基于各数据的相互联系，厘清数据的内在关联，并从多种联系中相对独立地考察因果关系。此外，在基于思想政治教育数据分析其蕴含的因果关系时，也应坚持因果关系的客观性原则。认识和评判思想政治教育行为与结果之间是否存有因果关系，既不能以研究者的意志为转移，也不能以其他人的认识和意志为转移。通过数据分析正确把握思想政治教育活动中的因果关系，善于从思想政治教育结果中分析原因、找准问题，能为有效开展思想政治教育活动提供方法指导，使其朝着有利于人的全面发展的方向运行，为思想政治教育解决问题、改进策略、提升效果提供基础。同时准确把握因果关系，也能根据数据结果对思想政治教育进行科学预测，为预防不利结果、消除不利因素提供支持。

三、揭示偶然数据变化中的必然联系

思想政治教育是多要素共同参与、彼此作用的动态过程，各要素在互动中容易生成各种形式的突发现象。这些现象呈现出一定的偶然性，而实质上其既受思想政治教育主要矛盾的影响，又受思想政治教育内在规律的制约，于思想政治教育系统中展现出必然的内在关联。偶然与必然作为一对相互交织的关系范畴，人们在偶然中寻找必然，又用必然来解释偶然。思想政治教育数据分析致力于通过寻求偶发数据突变映射的必然缘由，把握局部数据变化蕴含的整体趋势，从而揭示思想政治教育数据变化的必然联系。

① 马克思恩格斯选集：第三卷［M］.北京：人民出版社，2012：920-921.

（一）寻求偶发数据突变映射的必然缘由

思想政治教育中各要素的发展变化与交织组合容易引起各种形式的突发现象，表现为数据上的偶发突变，思想政治教育数据分析就是要立足数据找准偶发突变的必然缘由。偶然与必然作为揭示事物联系和发展的不同趋势的一对基本范畴，二者相互依存、不可分割、辩证统一。一切现实事物既是偶然的，又是必然的，偶然性是必然性的表现和补充。正如恩格斯在《家庭、私有制和国家的起源》中强调的，“偶然性只是相互依存性的一极，它的另一极叫做必然性。在似乎也是受偶然性支配的自然界中，我们早就证实，在每一个领域内，都有在这种偶然性中去实现自身的内在的必然性和规律性”[①]。“在表面上是偶然性在起作用的地方，这种偶然性始终是受内部的隐蔽着的规律支配的”[②]，任何偶然性都服从于其内部隐藏着的必然性，关键在于把握偶然性中的必然性。在思想政治教育领域中，偶然现象及其反映在数据上的偶发突变并不少见。究其原因，思想政治教育是促进人全面发展的实践活动，“人的本质不是单个人所固有的抽象物，在其现实性上，它是一切社会关系的总和”[③]，而复杂的社会关系也意味着影响人因素的多样性，这种多种层次相互交织的影响常常伴随人成长发展全过程。在面对这些多样、突发的影响时，人在头脑中往往有时容易产生认知、情绪、心理等应激反应，主导其行为变化，进而生成反常行为。而思想政治教育正是关注人的思想意识、情感观念、实践行为等层面，这些思想和行为被观测记录，于思想政治教育数据中表现为偶发性的数据突变。思想政治教育数据分析作为通过挖掘思想政治教育数据进而获得有价值信息的行为和过程，需要关注数据集合中的某些突变数据，并寻求偶发突变数据背后映

① 马克思恩格斯选集：第四卷［M］.北京：人民出版社，2012：191-192.

② 马克思恩格斯选集：第四卷［M］.北京：人民出版社，2012：254.

③ 马克思恩格斯选集：第一卷［M］.北京：人民出版社，2012：135.

射的必然缘由。具体而言，聚焦特定个体的思想行为轨迹，梳理数据集合中某一趋势下某些数据的显著变化并挖掘与其变化相映射的关联数据，通过对这些数据进行相关分析或聚类、判别、因子等多元分析，找准其思想政治教育变化背后的必然缘由，为思想政治教育发现问题、精准施策、开展个性化服务提供可能。此外，将实然状态下的思想行为数据与其历史数据或应然状态的思想行为数据进行关联对比，关注其突变数据，在比较分析中将对数据产生的表面的、片面的认识上升为深刻的、全面的理解，进而认识数据变化背后的必然缘由，透过偶然性发现隐藏在其背后的必然性。

（二）把握局部数据变化蕴含的整体趋势

思想政治教育数据分析不仅探究偶发性数据突变的缘由，也强调以延展性思维审视局部数据变化，着眼数据全貌，历时性地洞察数据。这是由思想政治教育本质属性赋予思想政治教育数据的突出特点决定的。从根本上看，“思想政治教育过程是一个有目的地培养人的过程。……是达成思想政治教育目的，培养教育对象形成一定社会所要求的思想政治素质的过程”[①]。一方面，思想政治教育是以教育对象的思想政治素质提升为根本目的和效果呈现，目的实现的长期性和效果显现的延时性都要求思想政治教育数据采集的持续性。另一方面，持续采集的思想政治教育数据，多是按照时间序列记录着教育要素某一节点的情况水平，最终呈现为以教育要素为核心、以时间演进为序列的数据链条。因此，连续性是思想政治教育数据的突出特点，这就要求研究者着眼数据全貌，以发展的、动态的、渐进的眼光分析思想政治教育数据。正如恩格斯在《反杜林论》中强调的，“当我们通过思维来考察自然界或人类历史或我们自己的精神活动的时候，首先呈现在我们眼前的，是一幅由种

① 冯刚，彭庆红，佘双好，等.新时代高校思想政治教育学原理［M］.北京：人民出版社，2021：204.

种联系和相互作用无穷无尽地交织起来的画面，其中没有任何东西是不动的和不变的，而是一切都在运动、变化、生成和消逝”[①]。这指导我们要认清思想政治教育数据的联系性和变化性，并在此基础上善于把握局部数据变化中蕴含的整体趋势。思想政治教育数据分析要坚持全局性视野，在依据局部数据变化情况对思想政治教育某一层面进行剖析时，不能局限其中，要以延展性思维进行审视，不断扩充和串联局部数据，进而把握整体数据全貌，在历时性数据观察中寻找一般变化和稳定趋势，为发现和验证规律、预测未来发展等提供可靠依据。

（三）数据变化性和联系必然性有机统一

数据的变化性及其中蕴含的联系必然性是有机统一的。恩格斯强调，“除了永恒变化着的、永恒运动着的物质及其运动和变化的规律以外，再没有什么永恒的东西了”[②]。可见，物质的运动变化和运动变化的规律是永恒且统一的，这在思想政治教育中体现得尤为明显。“思想政治教育是关乎人的思想观念与行为发展的实践活动”[③]，致力于培养人形成符合一定社会要求的思想政治素质及相应行为。在接受教育的过程中，人受外部因素的影响引发内心的矛盾运动，从而实现思想政治素质持续累积，这一提升过程被观测和记录呈现为不断变化的数据。人思想的波动性决定了思想政治教育数据的变化性，然而这种变化不是无序的，总体上是相对稳定的。因为思想政治教育是遵循教书育人规律和人的思想政治素质形成发展规律的科学实践活动，一般而言，教育接受者的思想政治素质形成过程也是契合规律的，因此这些变化的数据都包含着人思想政治素质形成中稳定的必然联系。基于此，持续的变化性和联

---

① 马克思恩格斯选集：第三卷［M］.北京：人民出版社，2012：395.

② 马克思恩格斯选集：第三卷［M］.北京：人民出版社，2012：864.

③ 冯刚，彭庆红，佘双好，等.新时代高校思想政治教育学原理［M］.北京：人民出版社，2021：371.

系的必然性统一于思想政治教育数据之中。思想政治教育数据分析要重视和运用这种统一性，坚持在统筹短期与长期、局部与整体、微观与宏观的变化中把握必然联系。一是坚持短期分析与长期分析相结合，通过长期分析为帮助短期分析开展提供趋势指导，通过短期分析解决长期分析难以顾及的具体问题，进而从时序上覆盖数据变化，把握人思想政治素质累积提升的必然联系。二是坚持局部分析与整体分析相结合，通过整体分析为帮助局部分析开展提供思路指导，通过局部分析细化整体分析的框架内容，进而从个体素质构成上覆盖数据变化，把握人思想政治素质协同发展的必然联系。三是坚持微观分析与宏观分析相结合，通过宏观分析为帮助微观分析开展提供模式指导，通过微观分析为宏观分析提供佐证案例，进而从数据的主体构成上覆盖数据变化，把握人思想政治素质形成发展的必然联系。总的来说，思想政治教育数据分析就是在看似偶然无序的数据变化中着力把握稳定的必然联系。

第三节　思想政治教育应用大数据的局限与突破

随着互联网时代的到来，日新月异的互联网技术为思想政治教育创新发展提供了新方法、新理念，“互联网+思想政治教育”成为思想政治教育创新发展的新模式、新样态。党的十八大以来，习近平总书记多次强调推进思想政治教育与互联网融合发展，“要运用新媒体新技术使工作活起来，推动思想政治工作传统优势同信息技术高度融合，增强时代感和吸引力”①，“适应信息化要求，强化互联网思维”②，“科学认识网络传播规律，提高用网治网水平，使互联网这个最大变量变成事业发展的最大增量”③。习近平总书记的重要指示精神，为互联网时代思想政治教育创新发展提供了重要遵循。

实践中，大数据与思想政治教育的不断融合，已成为思想政治教育创新发展的重要趋势。然而，无论是大数据本身的技术特征，还是思想政治教育作用于人的鲜明特征，都深刻影响到大数据在思想政治教育领域的实际应用，一味强调大数据的优势和作用，甚至过分依赖大数据的

---

① 习近平在全国高校思想政治工作会议上强调 把思想政治工作贯穿教育教学全过程 开创我国高等教育事业发展新局面［N］.人民日报，2016-12-09（1）.

② 习近平在全国网络安全和信息化工作会议上强调 敏锐抓住信息化发展历史机遇 自主创新推进网络强国建设［N］.人民日报，2018-04-22（1）.

③ 习近平在全国宣传思想工作会议上强调 举旗帜聚民心育新人兴文化展形象 更好完成新形势下宣传思想工作使命任务［N］.人民日报，2018-08-23（1）.

技术应用或许并不能完全适应思想政治教育健康发展的需要。因此，面对大数据发展的热潮，客观冷静地分析大数据应用于思想政治教育的优势和局限，以充分发挥优势，突破局限，进而提升大数据应用于思想政治教育的针对性和实效性，增强大数据对思想政治教育的驱动力，对于思想政治教育的长效健康发展具有重要意义。

一、立足大数据技术特征，认清大数据应用的局限

当今，互联网已经发展到“大智移云”阶段。其间，大数据作为一项新兴技术，成为思想政治教育了解教育对象情况、挖掘教育对象需求、评估教育对象表现、提升教育整体质量的有效工具，大数据与思想政治教育融合发展成为新形势下思想政治教育理论创新和实践创新的重要方面，备受关注，热极一时。然而，需要警惕的是，在大数据应用于思想政治教育的过程中，大数据存在被炒得过热，被神化到无所不及、无所不能的倾向和表现。但实际上，从大数据的技术属性来看，无论数据的体量多么庞大，其本身都是没有价值的，只有通过对海量数据进行整理、加工、筛选、分析，才能挖掘出隐藏其中的有用信息，才能加以合理利用，从而使大数据产生实用价值，发挥积极作用。因此，推进思想政治教育与大数据融合发展，既要保持“技术敏感”又要避免“技术迷信”，既要把握“理论可行”又要注重“实际可行”，立足大数据技术特征，客观认识、冷静看待大数据本身在数据产生、数据处理和数据结论运用等方面的局限性，在此前提下最大限度地发挥大数据在思想政治教育领域的应用价值。

第一，要把握大数据生成本身的特征和局限。互联网上，数据的生成既是海量的，又是随机的和无序的，这一方面导致互联网上存在着体量较大的数据信息，造成数据积累的困难；另一方面也导致与研究无关的大量无意义的垃圾数据、重复性的冗余数据，甚至虚假数据信息的存

在，使得数据质量和真实性难以保障。因此，要把握大数据生成的特征和局限，在思想政治教育与大数据应用融合的过程中，注重数据的鉴别和筛选，提高数据来源的可靠性。

第二，要认清大数据处理应用的瓶颈和局限。随着网络应用的普及，大数据信息呈现出来源渠道多、内容形式杂、数据体量大的特征，结合实际需求处理应用大数据信息，常常受到两个方面的限制：一方面受到数据处理成本的限制，支撑大数据处理不仅需要硬件设施和软件设施的配合，还存在人工和时间成本的叠加，因此并不能无节制应用；另一方面还受到数据处理技术的限制，大数据与实际应用场域的融合是否有效，取决于实施数据处理的人员是否同时具备数据处理技术和专业知识能力。两个因素欠缺其中之一都可能导致数据处理产生无价值无意义的结果。因此，对于思想政治教育工作而言，提升思想政治教育工作者的数据信息素养和吸纳专业的数据处理工作人员进入思想政治教育工作队伍都十分重要，有助于进一步精细数据的加工和挖掘，提升数据处理的可行性。

第三，要明晰大数据技术本身的风险和局限。大数据信息的实际价值最终要通过形成有效可用的结论呈现出来，但从数据到结论的转化过程既受到数据预测准确性和数据解读正确性的影响，也与数据呈现即时性和数据信息宽泛性的特征不可分割，这导致依靠大数据技术得出的结论不一定准确，甚至不一定有用。因此，要明晰大数据技术本身的风险和有限性，不断优化数据的解读和分析过程，提高数据结论的可用性，为大数据有效应用于思想政治教育提供有利条件。

二、注重数据的鉴别和筛选，提高数据来源可靠性

大数据应用于思想政治教育的过程，既是与思想政治教育相关的各类数据信息有效呈现的过程，也是思想政治教育通过鉴别、筛选数据信

息，不断总结经验、探索规律、寻求突破，进而实现创新发展的过程，这个过程以获取来源可靠的数据资源为基础。然而，在互联网这样一个数据横流、信息爆炸的时代，数据信息是海量的，这海量的数据信息对于思想政治教育而言又并非都是有用和有效的。实际上，有用数据往往仅为牛之一毛、太仓一粟。2018 年 11 月，国际数据公司（IDC）发布的《数据时代 2025》白皮书预测，“到 2025 年，全球数据圈将增至 175ZB，是 2018 年 33ZB 的 5 倍多，相当于每天产生 491EB 的数据；每个联网的人平均每天发生 4909 次数据互动，是 2015 年的 8 倍多，相当于每 18 秒发生 1 次数据互动”[①]。面对如此海量的数据生成，思想政治教育与大数据的融合发展必然要充分重视数据生成所带来的客观局限，并紧扣思想政治教育发展的现实需要，寻求提高数据来源可靠性的有效途径。

结合思想政治教育的实际需求，冷静分析大数据生成的客观局限，首先要注意大数据信息的质量问题。互联网上，数据的产生是随机的、无序的，这便决定了互联网上必然存在着大量无意义的垃圾数据、重复性的冗余数据，有用数据所占比例非常有限，而且往往隐藏在垃圾数据、冗余数据之中。统计数据显示，2018 年中国 8 亿网民每天产生的信息量多达 300 亿条，每年产生的信息量超过 11 万亿条。[②]在如此庞大的数据中挖掘出与思想政治教育相关的有用数据，其难度犹如披沙拣金、剖石寻玉。其次要注意数据的积累问题。维克托·迈尔-舍恩伯格在《大数据时代》中将大数据定义为全数据（n=ALL），即收集和分析与某事物相关的“全部”数据，而非仅仅收集和分析“部分”数据，数据“全”的程度与分析“准”的程度成正比。大数据需要长时间段、大样

① 国际数据公司（IDC）. 世界的数字化——从边缘到核心［EB/OL］.（2018-11-01）［2023-12-29］. https：//www. seagate. com/files/www-content/our-story/trends/files/idc-seagate-dataage-chine-whitepaper.pdf.

② 外交部副部长乐玉成：言论自由也有“红线”［EB/OL］.（2018-11-07）［2023-12-29］.http：//world.people.com.cn/n1/2018/1107/c1002-30385764.html.

本量的数据积累才能获得价值，而实际上，与学生相关的数据并非是集于一处的，而是分散在微博、微信、知乎、贴吧、抖音、B站、支付宝、校园网等各种应用网站上，各个应用网站彼此之间各为“数据孤岛”，收集获取与学生相关的全数据、大数据，完成支持学生画像，满足思想政治教育需要的数据积累存在现实困难。最后要注意数据的真实性问题。大数据在产生过程中会存在大量虚假信息，例如网络数据中存在着大量的虚假个人注册信息、假账号、假粉丝、假交易，以及众多的灌水帖，而这种数据的失真性往往是社交网站无意也无法进行核实的，很多明星在微博上动辄有百万千万的粉丝，但是从转发、评论、点赞量来判断，无疑是有很多“僵尸粉”的，虚假信息的存在模糊了数据的真实性。这种失真性的数据对于思想政治教育工作而言不仅不具备参考价值，甚至可能存在负面价值。由此可见，在大数据的生成过程中，思想政治教育所依托的有用数据、重要信息不可避免地会被垃圾数据、冗余数据、碎片数据、失真数据等无用数据所带来的巨大“数据噪声”所干扰、淹没，甚至有可能把思想政治教育研究和调查引入歧途和陷阱，得出失之偏颇甚至完全错误的结论。因此，在大数据应用于思想政治教育的过程中，要着力突破大数据生成过程的局限性，结合具体的思想政治教育工作要求鉴别和筛选有用数据，以提升思想政治教育数据资源的可靠性。

突破大数据生成过程的局限性，在思想政治教育与大数据融合发展的实践中，既要重视思想政治教育工作者的主观能动力量，还要重视构建促进大数据与思想政治教育融合发展的客观机制平台，全方位多角度地为数据信息的鉴别和筛选提供基础和支持。首先，要引导思想政治教育工作者树立正确的大数据观，在科学把握大数据技术特征的基础上，保持清醒的大数据意识，既要认识到思想政治教育与大数据融合发展是趋势所向，也要认识到大数据天然存在着质量问题、积累问题、真实问题等先天缺陷，不盲从、不迷信大数据，而能够有规划、有鉴别、有选择、有重点地科学利用大数据开展工作。其次，要激发思想政治教育工作者发挥主观能动力量的积极性，大数据价值的有无、大小从根本上讲取决于运用大数据的人，思想政治教育工作者要结合学科理论、自身经验，着眼思想政治教育创新发展需要，科学构建教育对象大数据“画像”模型，从不同角度、不同轨迹进行数据挖掘，并进行数据清洗以实现数据标准化，从而为后续的大数据研究做好前期准备。最后，要着力加强校园区域数字平台建设统筹规划，以统一标准打通校内平台，逐步实现数据中心化与应用颗粒化相统一，逐步解决“数据孤岛”难题，确保在校园平台内的数据真实有效，在为学生提供服务的过程中汇集真实有效数据。同时，以校园数字化建设为契机，逐步探索与商业网络平台间进行数据交换、共享的机制和模式，为获取更多有效可靠的思想政治教育数据信息提供机会和平台。

三、加强精细数据的加工和挖掘，提升数据处理可行性

大数据技术就其实质而言，是“在数据传输、收集、储存的基础上，对数据深入分析挖掘，并由此获得凭直觉难以发现的有用信息，揭示数据背后隐藏的规律，科学、有效预见未来发展趋势，从而为决策提供参考”[①]。可见，结合思想政治教育领域的实际发展需求，对大数据信息进行加工处理，是大数据应用于思想政治教育的关键步骤，也是实现大数据推动思想政治教育创新发展的重要保障。然而，随着网络应用的普及，大数据信息逐渐呈现出来源渠道多、内容形式杂、数据体量大等特征，从过往的经验来看，对大数据信息进行加工处理也受到了一定的限制。因此，深刻探究如何结合新形势下思想政治教育创新发展的现实需要，特别是聚焦新形势下思想政治教育改进创新的重点难点，从海

① 杨安，严奉云，苗红．大数据在社会治理创新中的应用［J］．观察与思考，2015（8）：59.

量数据中科学、精准、有效地提取有用信息，构建有针对性的思想政治教育大数据信息资源库，提升数据处理的可行性，是思想政治教育与大数据融合发展的关键和前提。

提升数据处理的可行性，冷静分析大数据加工处理过程的局限性，首先要明晰大数据处理成本过高的客观事实。随着教育信息化的不断发展，目前我国高校都已全面接入互联网，信息化建设更新迭代，信息化水平持续提高，教育系统每天都在产生海量数据，一方面高校网站系统、微信平台、APP等在学生的使用过程中产生了海量的数据；另一方面，更为庞大的数据信息主要产生于公用网络平台和应用，教育对象在微博、微信等社交媒体，京东、淘宝等购物平台，凤凰、头条等新闻客户端，以及知乎、贴吧等开放论坛上都产生了大量的文本、图片、视频、音频等数据。这些海量数据的记录、储存、维护，特别是关键数据的筛选、挖掘都需要耗费巨额资金，如此体量的资金规模是高校很难承担的。其次要关注大数据处理专业性强的重要特征。由于大数据信息来源渠道众多、信息内容十分庞杂，要对大数据信息进行处理，要求工作人员具备较高的数据信息素养和专业能力素质。就思想政治教育工作队伍而言，一方面，需要工作队伍具备从纷繁复杂的信息中梳理出贴近学生实际、符合学生需求、契合思想政治教育需要的内容的能力，以形成数据信息对思想政治教育工作的正向支持力。另一方面，需要工作队伍具有创新意识，善于运用大数据的思维和方法。面对教育对象相关的各类数据，思想政治教育工作者要勤于钻研，将海量信息分门别类、有效运用；要发挥创新精神，从不同角度分析处理信息，提高信息的可利用度；要善于联想总结，探寻数据与教育对象的关联性，从信息入手，实现对教育对象群体行为的总结与拓展，[①]比如基于对学生校园卡使用数据的掌握和分析，了解学生的作息规律、社交特点、消费情况、阅读偏

① 王栋梁.大数据时代思想政治教育需要科学构建对象把握机制［J］.思想理论教育，2018（7）：84-87.

好、生活方式等，以及各类学生现实表现之间的因变相关关系。这就对思想政治教育工作者的能力素质提出了很高的要求，从事思想政治教育工作的学生工作队伍只有经过专业学习、专业培养，才能具备大数据处理能力。然而，由于学生工作队伍事务性工作较多，专业背景不同以及各高校对于大数据应用的认可程度和支持力度不一，这些都在客观上造成了学生工作队伍掌握大数据处理能力的有限性。因此，在大数据应用于思想政治教育的过程中，要着力突破大数据处理过程的局限性，从不同维度着手探寻精细数据加工和挖掘的有效方法，以提升思想政治教育数据处理的可行性。

突破大数据处理过程的局限性，在思想政治教育与大数据融合发展的实践中，既要广开思路，破解大数据处理成本过高的难题；又要从人才配置的角度出发，将提升思想政治教育工作者的数据信息素养和数据处理能力与吸纳专业的数据处理人才进入思想政治教育队伍结合起来，整体性提升思想政治教育工作队伍的数据处理素养和能力。具体来说，一方面，针对大数据处理成本过高的问题，要求高校在大数据应用过程中，注意聚焦高校自身所擅长的项目和已积累的资源，在传统思想政治教育手段中搭载新技术新手段，促进高校思想政治教育质量与效果提升。同时，注意将大数据技术拓展到大学课堂，比如清华的学堂在线，以“范围广、影响大、效果好”著称的各种云课堂，创设出解决学生实际需求与运用大数据技术双赢的友好场景，既能够帮助完成教育教学任务，又能够获取目标数据，还能更为方便地进行数据的筛选和处理，就是充分开发已有资源，降低数据处理成本。另一方面，就提升思想政治教育工作队伍的数据处理素养和能力而言，思想政治教育工作者要注重理论知识的掌握和运用，在大数据分析处理过程中坚持马克思主义的立场、观点、方法。马克思主义经典作家认为，任何事物都不是孤立存在的，世界上的一切事物都处在普遍联系之中。事物的联系不仅是普遍的，而且是无限多样的，有内部联系和外部联系，有主要联系和次要联系，有主观联系和客观联系，不同的联系对事物发展起着不同的作用。思想政治教育工作者需要透过数据的表象，去追寻数据背后深层次的原因和本质。只有这样，才能够通过大数据真正地了解一个群体或者一个个体的情况，进而有效发挥大数据的预测、预警功能。切实将马克思主义理论知识与数据处理实践有效结合起来，以形成大数据与思想政治教育的良性互动，助力二者的融合发展。

四、优化数据的解读和分析，提高数据结论可用性

数据本身没有意义，数据背后隐藏的问题和规律，以及通过数据得出的结论才是数据应用的关键。经过加工处理的大数据最终都需要运用到实际工作中，为实际工作提供支持和参考。就思想政治教育工作而言，大数据应用于思想政治教育的成效，最终受到数据信息所转化形成的思想政治教育结论的影响。因此，形成有效可用的数据结论，为思想政治教育的实际工作提供支持和参考是大数据应用于思想政治教育的重要环节。然而，在实际操作中，数据转化为结论的这一末端环节仍然是有其局限性的。冷静分析和看待从数据到结论转化过程的局限性，不断优化数据的解读和分析，以提高数据结论的可用性，是大数据与思想政治教育融合发展的必由之路。

从数据到结论转化过程的局限性表现在四个方面：第一，大数据预测具有不准确性。从现实情况看，过分依赖大数据和预测模型是有很高风险的，从房价预测到股价预测，从彩票投注到足球竞猜，从天气预报到金融危机，大数据预测常出现偏差。究其原因在于，大数据预测是根据已知的数据来预测未知的将来，将总结性分析无条件地转换为预测性分析，并且大数据预测本身还存在着数据的准确度与关联度等先天缺陷。思想政治教育是做人的工作，人生活的多重复杂环境以及人的思想性、发展性增加了更多的不确定性，增大了以过去经验来预测未来工作

的难度。第二，大数据解读具有误导性。大数据的结论是人为参与分析的，在相当程度上受到人的主观因素的影响，不同知识背景、经验阅历、思维方式的人，对于同一数据往往会给出不同的分析结论。特别是大数据分析偏重强调相关关系而忽视因果关系，偏重进行现象归纳而忽略规律揭示，由此很有可能出现误导进而造成误判，影响思想政治教育科学决策。第三，大数据结论具有即时性。任何数据的运用都是有时间效应的，超出了特定的时间范围，数据价值就会大打折扣甚至完全消失。大数据在思想政治教育的运用过程中也存在类似问题，要求大数据实时采集、实时加工、实时分析、实时分发，迅速地运用到实际工作中，切实保证大数据“保真”“保鲜”，而这实际上在高校中是很难实现的，也在相当程度上限制了大数据的效用。第四，大数据结论的一般性与学生的个体性之间存在矛盾。“大数据的显著特征是单个数据的价值密度低但价值总量大，即数据之和的价值远大于数据的价值之和。”[①]通过大数据技术所得出的关于教育对象的结论，一般是关于学生群体的判断，而非关于学生个体的判断。而在思想政治教育的过程中，存在着非常重要的“二八原则”，亦即思想政治教育工作者要重点关注“坐在角落的学生”，关注作为独特个体的教育对象是学生工作的现实需要，但是大数据的主体反应在此方面存在天然缺陷，也给大数据实现思想政治教育的重点任务和目标造成了一定的困难。纳西姆·特勒布在其著作《黑天鹅：如何应对不可知的未来》中提出，随着人们掌握的数据越来越多，可以发现的统计上显著的相关关系越来越多，这些相关关系成为巨大的“干草垛”，然而很多相关关系是没有实际意义的，相反会将人们引入歧途，使人们要找的那根“针”被埋得越来越深。因此，在大数据应用于思想政治教育的过程中，要着力突破大数据结论运用的局限性，切实把握优化数据解读和分析的有效路径，以提升思想政治教育大

① 刘辉．大数据时代思想政治教育的微传播化［J］．思想理论教育，2014（6）：82.

数据结论的可用性。

突破大数据结论运用的局限性，在思想政治教育与大数据融合发展的实践中，首先，教育主体要对大数据结论保持独立判断，思想政治教育工作者对于大数据结论不能信而不疑，也不能全信全听，思想政治教育做的是人的情感、思想、心理的工作，而情感、思想、心理是无法完全通过数据解读的，我们需要的是让大数据帮助、服务于思想政治教育工作者，而不是让思想政治教育工作者依赖、盲从于大数据。在大数据结论面前，教育主体不能放弃主导者地位，更不能失去独立思考判断的能力，只有将教育主体的经验、思考、判断与大数据结论相结合、相验证，在发现相关关系中探寻因果关系，才能更好地利用大数据完善思想政治教育工作。其次，教育主体要对大数据结论进行综合分析，习近平总书记在全国高校思想政治工作会议上指出："要坚持把立德树人作为中心环节，把思想政治工作贯穿教育教学全过程，实现全程育人、全方位育人。"①思想政治教育是一个全方位、全过程的行为，内容体系之间是有联系的，不是断裂的，学校在大数据提取之前要精准设计，形成体系化的大数据内容聚合，在使用大数据的时候也要进行链条式的融合和解析，尽可能多地从不同角度来使用大数据进行分析，要融合各项大数据进行整体的数据分析，避免根据单一数据进行分析而产生错判，从而丰富大数据思想政治教育的内容基础库，实现大数据在思想政治教育中的价值增值。同时，在思想政治教育工作中，要将大数据研究同传统的以抽样调查、实验研究等为代表的小数据研究结合起来，相互比较、相互验证。最后，教育主体要特别注重对教育对象的隐私保护，大数据可以全面抓取教育对象在网络中的任何信息，包括社交活动、购物消费、网站浏览、行为轨迹等个人敏感信息，而大数据的全面覆盖与教育对象的隐私保护是相冲突的。在此问题上，教育主体需要始终保持清醒头

① 习近平在全国高校思想政治工作会议上强调 把思想政治工作贯穿教育教学全过程 开创我国高等教育事业发展新局面［N］. 人民日报，2016-12-09（1）.

脑，把握大数据应用的法律边界，严格遵守《网络安全法》，在收集、使用教育对象信息时，必须遵循合法、正当、必要的原则，公开和明示收集、使用信息的目的、方式和范围，并经教育对象同意。大数据应用任何时候都绝对不能损害学生合法权益，都绝对不能触碰法律刚性红线，否则，赢了技术，触了红线，伤了人心，就会收之桑榆，失之东隅，得不偿失。

“大数据并不是一个充斥着运算法则和机器的冰冷世界，其中仍需要人类扮演重要角色”，“人类最伟大之处正是运算法和硅片没有揭示也无法揭示的东西，因为数据也无法捕捉到这些”①。毫无疑问，在今天，大数据与思想政治教育的融合，已彰显出其强大的生命力，已成为不可阻挡的发展趋势。面对这样一种新挑战、新趋势，高校思想政治教育要顺应时代，积极运用大数据的同时，也要谨慎客观，注重数据鉴别和筛选，提高大数据来源的可靠性，精细数据加工和挖掘，提高大数据处理的可行性，优化数据解读和分析，提高大数据结论的可用性。我们期待以大数据的有效应用，为新时代思想政治教育的创新发展增添新智慧和新动能。

① 维克托・迈尔-舍恩伯格，肯尼思・库克耶. 大数据时代［M］. 盛杨燕，周涛，译. 杭州：浙江人民出版社，2013：245-246.

第八章 优化思想政治教育的质量评价

思想政治教育的质量评价环节是对思想政治教育过程和效果的全面评估，是思想政治教育工作实际与思想政治教育预期效果的连接点，是加强思想政治工作针对性、实效性的重要环节，能够为教育者提供教育改进的方向和依据，同时有利于推动思想政治教育不断优化和提升，为思想政治教育系统的动态、螺旋上升式发展提供内生动力支持。新时代思想政治教育质量评价已然置身于新的历史方位之中。思想政治教育质量评价必须紧紧围绕新时代党和国家对高校思想政治工作的总体要求和大学生全面发展成长成才的实际需要。从高校思想政治教育工作质量评价出发，探究高校思想政治教育工作质量评价的基本内涵与时代特征，探索高校思想政治教育工作质量评价指标体系的设计构建，把握质量评价建设的未来趋势，有利于深化思想政治教育工作质量评价的认识和提升评价科学化水平。

第一节　高校思想政治教育质量评价的内涵与特征

质量评价是思想政治教育过程中的重要环节，更是人才培养工作有效开展、立德树人根本任务贯彻落实的关键保障。近年来，党中央、国务院通过印发政策文件、制定规划纲要、出台规范制度等形式，多次对思想政治教育质量评价提出要求，有力推动了高校思想政治教育工作的内涵拓展和实践延伸，开创了质量评价工作的新局面。以高校思想政治教育质量评价为切入点，认识新时代高校思想政治教育质量评价呈现的时代特点，对于完善和优化思想政治教育评价工作体系，进一步提升质量评价效果具有重要意义。

一、高校思想政治教育工作质量评价的价值意义

质量评价工作对于思想政治教育创新发展具有重要价值。结合时代发展特征、中国发展实际、学生发展特点以及高校思想政治教育实践发展，如何与时俱进、全面系统地把握思想政治教育工作质量评价的价值，仍然是一个需要重点探讨的话题。对于这一问题的深入探讨，是提升新时代思想政治教育工作质量评价时代化、科学化的重要前提。与时俱进、全面系统地把握思想政治教育工作质量评价的价值，既要遵循价值问题探讨的一般性规律，同时又要把握高校思想政治教育工作的特殊性。

（一）从教育主体层面把握质量评价的价值

满足国家现代化发展的客观需求。思想政治教育是一定社会或群体用规定的思想观念、政治观念、道德规范，对其成员施加有目的、有计划、有组织的影响，并促使其自主地接受这种影响，从而形成符合一定社会、一定阶级所需要的思想品德的社会实践活动。从思想政治教育的概念中不难发现，这项育人实践活动从诞生起就天然地和国家发展紧密结合在一起。尤其是在社会主义中国，思想政治教育在促进人的自由全面发展的同时，积极推动人和社会的协调发展，进而助力国家发展现代化。步入新时代以来，在习近平新时代中国特色社会主义思想指导下，中国特色社会主义现代化建设进一步发展，这在客观上对思想政治教育质量评价提出了更高的要求。思想政治教育质量评价能否适应改革开放以来中国发展实际，能否适应国家教育现代化发展方向，能否更好地满足培养担当民族复兴大任时代新人的需要，关乎社会主义现代化的建设进程。

满足新时代社会发展的基本需求。高校思想政治教育虽然直接面向的是学生个体，但是它所面向的绝不是抽象的、封闭的学生。一方面，思想政治教育在促进个体全面发展的同时，也在积极推进个人与社会的融合。思想政治教育通过培育时代新人，进一步增加社会发展的活力，而社会发展也为个人发展提供更好的客观环境。另一方面，个人是处于复杂社会关系中的个体，个人的发展离不开社会的滋养。社会属性是人的本质属性，离开必要的社会关系和社会滋养，人的思想和行为将会受到不同程度的损害。因此，思想政治教育不是脱离客观社会的抽象存在，与之相关的评价工作与社会存在着密切的关系。在新时代，社会发展对思想政治教育提出了更高的要求，思想政治教育能否及时、有效地回应和解答社会发展中出现的问题，不仅关乎社会对思想政治教育的评价，也关乎思想政治教育能否更好地解决社会和人民发展实际之需。因此，进一步完善创新思想政治教育质量评价体系，也要关注和满足新时代社会发展的客观需求。

满足教育现代化发展的客观需要。2019年2月，中共中央、国务院印发《中国教育现代化2035》，要求加快推进教育现代化、建设教育强国、办好人民满意的教育，要将服务中华民族伟大复兴作为教育的重要使命，坚持教育为人民服务、为中国共产党治国理政服务、为巩固和发展中国特色社会主义制度服务、为改革开放和社会主义现代化建设服务，优先发展教育，大力推进教育理念、体系、制度、内容、方法、治理现代化，着力提高教育质量，促进教育公平，优化教育结构，为决胜全面建成小康社会、实现新时代中国特色社会主义发展的奋斗目标提供有力支撑。[①]思想政治教育作为学校教育中的重要一环，也承担着这样的使命与任务。思想政治教育工作质量评价中的价值导向、基本原则、指标体系等能否适应这样的任务和要求，对于高等教育现代化发展具有重要意义。

（二）从教育客体层面把握质量评价的价值

高校思想政治教育工作质量评价不是“为了评价”而评价，其主要目的在于更好地完成立德树人的根本任务，提升高校人才培养质量，落脚点一定是帮助青年学生成长发展。因此，全面把握新时代高校思想政治教育工作质量测评的价值，需要重点关注教育客体这一层次。

明晰青年学生成长发展正确方向。从外部环境看，在多元价值并存、多种思潮激荡的形势下，青年学生需要正确的方向指引；从自身成长看，青年学生的身心发展同样需要明确的方向指引。高校思想政治教育工作质量评价虽然是一种工作评价，但其中包含着丰富的教育理念和价值导向，在科学的思想政治教育工作质量评价过程中，青年学生能够

① 中共中央国务院印发《中国教育现代化2035》[N]．人民日报，2019-02-24（1）．

更好地理解思想政治教育价值引导的主要指向，进而明确自身成长发展的正确方向。高校思想政治教育工作质量评价体系是高校全过程、全方位育人的重要组成部分，它通过明确工作的价值导向，为广大青年学生的成长发展提供了科学的航标。

满足青年学生成长发展需求。每个时代的青年学生都有强烈的发展需求，这是人成长过程中必然经历的一个阶段，新时代环境中成长的青年学生发展需求更为强烈。但不同的时代、不同的环境、不同的群体中的青年学生对于发展的理解有着不同的认识。在新时代，在多样文化交融影响下，面对实现什么样的成长发展、如何实现成长发展等一系列问题，需要对青年学生给予科学的引导。高校思想政治教育工作质量评价体系包含着鲜明的价值引导，在规范高校思想政治教育工作、提升教育实效的过程中，不仅可以满足青年学生具体成长发展需求，还可以帮助青年学生明确成长发展的基本内涵，使青年学生在思想政治教育工作质量评价中对标自身实际，实现个人、社会、国家的协调统一发展。

（三）从教育介质层面把握质量评价的价值

从教育实践角度而言，思想政治理论课教学和日常思想政治教育是高校思想政治教育的两个重要介质。教育介质具有承载和传递功能，是高校思想政治教育的具体工作内容，思想政治教育工作质量评价体系主要也是以这两项为主。因此，从教育介质的角度而言，科学有效的质量评价体系最为直接的意义和价值就是推动高校思想政治理论课和日常思想政治教育的创新发展。

助力思想政治理论课守正创新。在中国共产党的办学历史上，思想政治理论课教学是其中的重要内容，也是其中的重要特色。在革命、建设、改革发展阶段，我国高校思想政治理论课教学取得了长足的发展。习近平总书记强调："思政课建设长期以来形成的一系列规律性认识和成功经验，为思政课建设守正创新提供了重要基础。”[①]新时代思想政治教育创新发展，需要在遵循规律的基础上坚持守正创新。坚持守正创新，需要结合时代特征、中国大势、学生特点，明确高校思想政治教育工作的评价标准，通过这个航标和指挥棒来积极指引新时代高校思想政治理论课的改革创新方向，推动高校思想政治理论课实现内涵式发展。

助力日常思想政治教育内涵式发展。改革开放以来，尤其是“16号文件”发布以来，高校日常思想政治教育工作取得了长足发展，为高校人才培养提供了重要保障。新时代以来，面对更加复杂多样的外部环境，高校日常思想政治教育面临内涵式发展的时代重任。高校思想政治教育工作质量评价体系的构建，可以洞悉当前大学生思想观念问题，查找高校教师思想政治教育教学缺陷，省察教育主管部门思想政治教育工作不足，并在此基础上消除不利条件、革新教学方法、加强队伍建设、提升管理水平，推动思想政治教育工作发展。

（四）从教育环境层面把握质量评价的价值

一定的思想政治教育总是与一定的环境联系在一起并形成互动。[②]这种互动具有正向效应和负向效应，良好的教育工作环境能够推动思想政治教育创新发展，消极的教育环境则会削弱思想政治教育的育人实效。尤其是在现代社会中，高校思想政治教育面对的是更加开放、更加复杂的国内外环境，如何让社会环境成为高校思想政治教育的必要支撑和有效助力，这也是新时代思想政治教育创新发展的重点课题。科学有效的思想政治教育工作质量评价体系对于研究这一课题具有重要意义。

---

① 习近平主持召开学校思想政治理论课教师座谈会强调 用新时代中国特色社会主义思想铸魂育人 贯彻党的教育方针落实立德树人根本任务［N］. 人民日报，2019-03-19（1）.

② 张耀灿，郑永廷，吴潜涛，等. 现代思想政治教育学［M］. 北京：人民出版社，2006：294.

科学有效的质量评价体系有利于满足人才市场发展需求。高校思想政治教育一方面要坚持以立德树人为根本，培养德智体美劳全面发展的社会主义合格建设者和接班人；另一方面还要深刻理解社会主义市场经济下人才市场的发展需求，即回答中国特色社会主义市场经济条件下，用人单位需要什么样的人才、合格人才需要具有哪些核心素养等一系列基本问题。而对这些基本问题的科学把握，直接关乎青年学生的成长发展，关乎高等教育教学实效，更关乎高校思想政治教育工作的教育实效。科学有效的高校思想政治教育工作质量评价体系作为一个标准，在理念、内容、标准上为青年学生成长发展提供一个参考依据，同时也促进青年学生注重核心素养的养成，使青年学生在自身成长发展过程中实现个人与社会的协调统一发展。

助力营造良好育人氛围。在革命、建设、改革各个历史时期，党的思想政治工作都扮演着重要角色。但是在特殊历史时期，错误的工作方式也给人们带来了负面影响。改革开放初期，教育行政部门积极采取措施，培训教师，改革教材，交流经验，提高教学质量，恢复马列主要理论课的声誉。随着党和国家的高度重视以及学科建设的不断发展，思想政治教育科学水平和声誉不断提升。新时代，科学有效的高校思想政治教育工作质量评价体系，一方面可以通过科学的理念、指标、模型、方法，进一步推动思想政治教育教学、科研、实务工作的科学化；另一方面可以通过科学的评估检验提升思想政治教育工作在社会大众心中的声誉，使思想政治教育工作在全社会的认同中进一步增进教育实效。

二、高校思想政治教育工作质量评价的基本内涵

进入新时代，随着思路理念、体制机制、路径载体、方法手段等各方面改革探索的不断深入，思想政治教育的变化发展快速而显著。高校思想政治教育质量评价围绕思想政治教育工作展开，必须回应思想政治

教育的变化和发展，因此也呈现出了新的实践表现。从政策制度、工作体系、指标设置等多维度梳理和审视，新时代高校思想政治教育质量评价的工作实践主要呈现出以下特点：

（一）以政策文件为根本依据

政策文件是体现和传达中共中央、国务院及其下属机构部门对思想政治教育工作的要求、安排和部署的主要载体，对政策文件的贯彻落实是切实保障党对高校思想政治教育工作全面领导的基本形式。

党的十八大以来，以贯彻落实习近平总书记关于思想政治工作的重要讲话精神为要旨，中共中央、国务院出台了一系列政策文件和制度规定，为高校思想政治教育工作质量评价提供了基本依据。2017年2月，中共中央、国务院《关于加强和改进新形势下高校思想政治工作的意见》（以下简称“31号文件”）强调，“要健全高校思想政治工作评价体系，研究制定内容全面、指标合理、方法科学的评价体系，推动高校思想政治工作制度化”[①]。这为高校思想政治教育质量评价体系的建设提供了重要的动力和支持，比如，它在校园文化、教师考聘、学术评价、队伍建设、网络思政、基层党建等方面提出的要求，为高校思想政治教育质量评价工作的实践展开提供了策略参照和实施准绳。此外，《高校思想政治工作质量提升工程实施纲要》（教党〔2017〕62号），《新时代高校思想政治理论课教学工作基本要求》（教社科〔2018〕2号）等文件也从不同维度为高校思想政治教育质量评价工作的具体实践展开提供了重要依据和参照。同时，党的十九大报告指出，“要全面贯彻党的教育方针，落实立德树人根本任务，发展素质教育，推进教育公

① 中共中央国务院印发《关于加强和改进新形势下高校思想政治工作的意见》［N］.人民日报，2017-02-28（1）.

平，培养德智体美全面发展的社会主义建设者和接班人”①。作为最重要的政策性文件，这既是对思想政治教育目的任务、宗旨使命的深刻阐释，也明确了高校思想政治教育工作质量评价实践的最高目的旨归。

（二）以标准规范为重要抓手

高校思想政治教育工作质量评价经历了从初步萌芽到逐步演进发展的过程。最早依赖一般性的教育评价手段，在20世纪90年代提出了德育工作标准。21世纪初，北京等个别省市开始尝试进行高校思想政治教育的质量测评。2012年，中共中央宣传部、教育部印发《全国大学生思想政治教育工作测评体系（试行）》（以下简称《测评体系》），随后组织2000余所高校开展自测自评，由此拉开了新时代全国高校思想政治教育工作质量评价的序幕。2014年全国性测评之后，教育部更新和出台了多部加强和改进高校思想政治教育工作的“标准”规范，这一系列“标准”规范格式体例虽然不尽相同，但都是对《测评体系》的继承和发展。在内容上，它们通过对高校思想政治教育工作专项指标的不断丰富，细化具化了《测评体系》的评估标准。在形式上，与《测评体系》覆盖大学生思想政治教育的全局不同，它们着眼于高校思想政治教育工作的不同模块，在具体模块中展开推进。更重要的是，在结构上，它们通过进一步确立高校思想政治教育工作质量评价所需的详细标准要求，完善了基本具备进行思想政治教育工作质量测评的要素构成。这些“标准”规范反映了思想政治教育理论与实践的最新成果和发展趋势，成为教育主管部门和学校进行思想政治教育工作体系建设的风向标，是当下乃至今后一段时期开展高校思想政治教育工作质量评价的重要遵循。

从形成逻辑上看，“标准”规范是政策文件的高级形态。它通过对政策文件结构、形式、内容的分解、筛选和提炼，实现对政策要求的精

① 习近平.决胜全面建成小康社会 夺取新时代中国特色社会主义伟大胜利——在中国共产党第十九次全国代表大会上的报告［M］.北京：人民出版社，2017：45.

准化处理，以增强政策文件的可操作性和执行力，提升政策文件的实施效能。有“标准”规范就会有判断是否满足“标准”规范的评价。因此，“标准”规范的制定和更新既是强化政策文件贯彻落实的重要途径，也理应是高校思想政治教育工作质量评价的重要依托。

（三）以事实评价为主体格局

就高校思想政治教育工作质量评价的属性而言，事实评价和效果评价是质量评价的两个重要方面。事实评价也称为工作评价，是围绕工作安排、工作过程、工作投入等进行的评价判断，以反映思想政治教育在规划、设计、组织、实施方面的状况和态势。效果评价是针对工作开展所得的结果和功效进行的把握和评判，根据是否实现思想政治教育的目的任务、使命宗旨而具体展开。总体来说，相较于需要持续分析研判的效果评价，事实评价相对容易，基础设施、工作投入等具体事项观察测量起来也较为方便，因此奠定了当前高校思想政治教育工作质量评价以事实评价为主体的基本格局。

具体来说，《测评体系》高校版中包含的指标体系，绝大部分测评标准要求进行的是事实评价。《高等学校思想政治理论课建设标准》（以下简称《课程建设标准》）包含的5个一级指标，领导体制、机构建设、课程设置、教学改革、教师选配等22个二级指标，39个三级指标，[①]其中事实评价标准所占比例远远超过效果评价标准。《高等学校马克思主义学院建设标准》（以下简称《学院建设标准》）2017年版包含的5个一级指标，机构设置、教学组织、师资配置、科学研究、支部建

① 教育部关于印发《高等学校思想政治理论课建设标准》的通知［EB/OL］.（2015-09-16）［2023-10-06］. http://www.moe.gov.cn/srcsite/A13/moe_772/201509/t20150923_210168.html.

设等17个二级指标，56项具体要求，[①]也呈现出事实评价标准居多的重要特征。此外，在《普通高等学校学生党建工作标准》等“标准”规范的标准体系中，事实评价标准同样是主体。由此可见，以事实评价为主体内容是当前高校思想政治教育工作质量评价的重要格局。

三、新时代高校思想政治教育工作质量评价的主要特征

随着教育实践的发展演变和评价方法的创新完善，高校思想政治教育工作质量评价呈现出定性与定量评价紧密结合，评价标准加速更新完善，多层次复合性评价体系逐步构建、多领域综合性评价格局不断拓展等新的阶段性特征，不仅彰显着一直以来质量评价工作的发展演进，也蕴含着新时代质量评价工作创新完善的趋势和方向。

（一）凸显定性与定量评价的紧密结合

定性评价和定量评价是质量评价的基本方法。定量评价以数据形式呈现测评结果，具有直观性、可比较性，受到测评者的青睐。定性评价注重质性分析，最终依靠评价者的知识、经验和判断得出结论。定性评价和定量评价相结合，是高校思想政治教育工作质量评价的理想方式。首先，这是政策文件的要求。“31号文件”明确了建立健全高校思想政治工作评价体系，必须坚持定性评价与定量评价相结合。其次，这是理论研究的主张。要实现质量评价的科学化、规范化、精确化，必须运用系统思维综合各种评价方法的优势，其中的重要方面就是定性评价和定量评价的结合，如何在实际运用过程中既发挥各自所长又实现优势互补成为评价理论研究的重点内容。最后，这是评价实践的需要。现代评价

① 教育部关于印发《高等学校马克思主义学院建设标准（2017年版）》的通知［EB/OL］.（2017-09-15）［2023-10-06］. http://www. moe. gov. cn/srcsite/A13/s7061/201709/t20170926_315339.html.

理论认为，凡是客观存在的现象，都有其数量方面的存在。[①]这意味着对思想政治教育进行定量评价有着可能性。但是，思想政治教育是做人的工作，要面对人的内心世界和心灵世界，而对人的思想感情及其变化进行数量评价是困难的，人的思想和感情是不可能完全量化的。[②]这就决定了定量评价在思想政治教育工作质量评价中的有限性。因此，在采取定量评价的同时进行定性评价就成为质量评价工作的必然选择。

量化测评和质性分析协同配合是新时代高校思想政治教育质量评价工作落实和提升的鲜明特点。比如，《测评体系》高校版，既有会议次数、听课课时、师生比、学生资助经费占比等量化指标，也有目标宗旨的体现、思路的明确、宣传教育的开展等质性标准，保证了定量评价和定性评价的协同进行。同时，《课程建设标准》等“标准”规范的指标体系，也是同时包含了量化指标和质性指标，实施质与量的双类型评价。定性评价与定量评价相结合，不仅增强了新时代高校思想政治教育工作质量评价的信度和效度，而且提升了评价工作的规范性和科学性。

（二）加速评价标准的完善更新

思想政治教育工作受到多种因素的影响和推动。时代的进步、国家经济社会的发展、党的理论创新、思想政治教育实践改革、学生心理思想行为需求变化等，都会对思想政治教育工作提出新的要求，具体表现为政策制度的与时俱进。特别是习近平总书记的系列重要论述，高屋建瓴，为高校思想政治教育工作的守正创新指明了方向，打开了思路，揭示了规律，保证了新时代高校思想政治教育政策制定的科学性、前瞻性，引领着质量评价工作不断革新。新时代高校思想政治教育工作质量评价必须“从培养中国特色社会主义合格建设者和可靠接班人的高度，

① 糜海波.师德的现代转型及评价［M］.南京：南京大学出版社，2016：88.

② 刘建军.高校思想政治教育工作质量评价的必要性、可行性及其限度［J］.学校党建与思想教育，2018（11）：7.

以立德树人为根本，以理想信念教育为核心，以社会主义核心价值观为引领，以全面提高人才培养能力为关键，聚焦提升高校思想政治工作质量”①。围绕自身的目标任务和宗旨使命，高校思想政治教育质量评价实践的快速发展，突出表现为评价标准的加速更新。

2015年，教育部在原有试行的《课程建设标准》基础上更新了部分指标内容，形成了新版的高校思政课建设标准。2019年，教育部印发新版的《学院建设标准》，取代了原有的2017年版本，对标准内容进行了大幅度的修改和更新。这两个标准的修订变更间隔时间之短，在高校思想政治教育政策发展史上，特别是在“标准”规范的制定史上，是极为少见的，这意味着新时代高校思想政治教育工作质量评价标准有加速更新的趋势。正是由于对时代前进号角的积极响应，质量评价标准这个航标和指挥棒才会快速变化，进而不断指引着高校思想政治教育的改革方向和内涵式发展。

（三）拓展综合性多领域的评价格局

高校思想政治教育工作体系是包含多个子系统工程模块的有机整体，涉及思政课教师、辅导员班主任、专业课教师、管理干部等多元主体，关系到教育主管部门、高校党委行政、院系党政工团等多层组织，覆盖思政课程、课程思政、党团工作、社团活动、校园文化、思政管理等多个环节，内含教材、教学、科研、技术、平台等多个要素。因此，要做好高校思想政治教育工作必须促使每一个主体都能充分履行育人职责，推动每一层组织都能准确定位育人使命，激发每一个环节都能深度释放育人效用，保证每一项要素都能有效发挥育人功能。高校思想政治教育质量评价工作围绕高校思想政治教育工作体系全面展开，因而对各个子系统的评价，必然成为高校思想政治教育工作质量评价的重要组成

① 冯刚.改革开放以来高校思想政治教育发展史［M］.北京：人民出版社，2018：11-12.

部分，这就决定了质量评价要向多领域逐渐拓展的总体格局。

近年来，教育部和各地出台更新的高校思想政治教育工作相关“标准”规范，内容涵盖思政课建设、马克思主义学院建设、人才队伍建设、学科建设、党团组织建设，以及人才培养工作、辅导员能力、教师素质、领导体制机制、心理健康教育、校园文化、实践育人、网络建设、后勤服务、课外活动等多个不同模块，不断拓展着“标准化”的领域，既为建构高校思想政治教育质量评价工作的综合性多领域格局奠定了基础，也为高校思想政治教育工作体系的质量评价不断深化和优化创造了条件。

第二节　高校思想政治教育质量评价的指标体系设计

建立科学有效的质量评价指标体系，是落实高校思想政治教育质量评价体系构建、推进全国高校思想政治教育质量评价工作长效开展的关键环节，对于高等教育事业发展的各类评价工作具有积极的借鉴意义。因此，要重视高校思想政治教育工作质量评价体系的建构，积极探索建构质量评价指标体系的方法与路径，科学设计建构质量评价指标体系，推动质量评价指标体系实现开放式完善、长效性运行与可持续性发展，进而不断提升新时代思想政治教育质量评价工作科学化、专业化水平。

一、以科学理念为引领，建构指标体系整体框架

高校思想政治教育工作质量评价，聚焦于大学生思想政治教育工作的完成度和有效性。因此，质量评价指标体系的建构既要关注高校思想政治教育工作开展的情况，又要注重工作开展的成效，并将二者的评价指标统一于指标体系的设计建构之中。以科学理念为引领，合理选取指标内容，确立评价基本标准，建构质量评价指标体系整体框架。

（一）呼应时代与实践要求，明确指标体系建立依据

在中国特色高等教育发展的新时代，高校思想政治教育工作也在与

时俱进，不断实现新的突破与发展。高校思想政治教育工作历来受到党和国家的高度重视，尤其是党的十八大以来，关于高校思想政治教育工作的政策文件、建议要求等频频颁布与提出，在理论与实践中为高校思想政治教育工作的科学发展提供了坚实基础和有效依据。高校思想政治教育工作质量评价内含于高校思想政治教育工作的发展之中。因此，这些体现时代与实践发展要求的政策文件、建议要求等是建立质量评价工作指标体系的基础和依据。

首先，中央、部委、省市地区教育主管部门等在高校思想政治教育工作方面的要求、标准及发布的相关政策文件等是建构高校思想政治教育工作质量评价指标体系的理论依据。诸如《关于加强和改进新形势下高校思想政治工作的意见》（中发〔2016〕31号）、《普通高等学校辅导员队伍建设规定》（教育部令〔2017〕43号）、《高校党建工作重点任务》（组通字〔2018〕10号）、《普通高等学校学生党建工作标准》（教党〔2017〕8号）、《高校思想政治工作质量提升工程实施纲要》（教党〔2017〕62号）、《新时代高校思想政治理论课教学工作基本要求》（教社科〔2018〕2号）、《高等学校学生心理健康教育指导纲要》（教党〔2018〕41号），等等，都是指导高校思想政治教育工作的重要政策文件，不断深入研究并深刻分析其内在要求，是推动质量评价指标体系建构的重要理论基础。因此，指标体系选取的主要条款和核心要素，要充分重视相关上位文件的规定与要求，从上位文件的规定要求中合理取材，以在理论上达成评价主客体对评价指标内容、范围、标准以及重要性的最大共识，在实践上促使指标体系的建构实现有据可循、有章可依。

其次，以习近平同志为核心的党中央对高校思想政治教育工作有过诸多重要论述，其深刻内涵及精神实质是指导高校思想政治教育工作质量评价指标体系建构的时代要求。习近平总书记在全国高校思想政治工作会议上强调："要坚持把立德树人作为中心环节，把思想政治工作贯穿教育教学全过程，实现全程育人、全方位育人，努力开创我国高等教育事业发展新局面。”[①]党的十九大报告指出：“要全面贯彻党的教育方针，落实立德树人根本任务，发展素质教育，推进教育公平，培养德智体美全面发展的社会主义建设者和接班人。”[②]这就是要求思想政治教育工作要始终围绕“落实立德树人根本任务，培养德智体美劳全面发展的社会主义建设者和接班人”[③]的育人目标，坚持正确的政治方向，为党和国家事业发展培养合格建设者和可靠接班人。科学合理评价高校思想政治教育工作质量是办好中国特色社会主义高校，落实立德树人根本任务的关键环节。因此，紧紧围绕党和国家对高校思想政治教育工作的总体要求，在指标体系的设计建构中，充分突出核心要素与主要条款对党的教育方针的贯彻落实，对国家人才培养任务的完成效度，以及对高校立德树人工作的贯穿融合，不断凸显思想政治教育质量评价工作的政治导向。

最后，高校思想政治教育工作相关实践发展状况是质量评价指标体系建构的重要实践基础。一方面，大学生作为高校思想政治教育的主要对象，其思想品德状况是高校思想政治教育工作质量评价的主要内容，新时代大学生的成长发展有着许多新情况、新特点，因而高校思想政治教育质量评价指标体系设计的构建，要关注学生的成长发展需求，找准高校思想政治教育工作与学生成长发展需求的结合点，紧紧围绕大学生全面发展和成长成才的实际需要设计和实施。另一方面，高校思想政治教育工作质量评价指标体系的构建是面向高校整体的，但是不同类型、

① 习近平在全国高校思想政治工作会议上强调 把思想政治工作贯穿教育教学全过程 开创我国高等教育事业发展新局面［N］.人民日报，2016-12-09（1）.

② 习近平.决胜全面建成小康社会 夺取新时代中国特色社会主义伟大胜利——在中国共产党第十九次全国代表大会上的报告［M］.北京：人民出版社，2017：45.

③ 习近平.高举中国特色社会主义伟大旗帜 为全面建设社会主义现代化国家而团结奋斗——在中国共产党第二十次全国代表大会上的报告［M］.北京：人民出版社，2022：34.

不同发展水平的高校在实际工作层面具有差异性，因而指标体系的标准制定、指标体系的内容选择，在紧扣新时代中国特色社会主义事业合格建设者和可靠接班人培养目标要求的同时，要尊重高校差异化特点，充分考量不同类型高校发展与培养人的实践状况，以标准的客观性与内容的全面性，支撑在统一标准下差异性结果存在的可能性，进而保障高校思想政治教育工作质量评价的实效性。因此，指标体系的建构，要遵循实事求是基本原则，尊重高校差异化特点，结合多年来高校思想政治教育工作的具体实践经验，与时俱进，总体设计高校思想政治教育工作质量评价指标体系，并重视指标体系的不断完善。

（二）依托层次分析法，合理建构指标体系框架

层次分析法是指将一个复杂的多目标问题作为一个系统，分解总日标为多个准则，进而将准则分解为多个指标的若干层次，通过定性指标和模糊量化方法算出层次单排序和总排序，以优化解决实际复杂问题的方法。高校思想政治教育工作是一个复杂的系统工程，其质量评价工作也涉及诸多方面的内容和准则，依托层次分析法建构高校思想政治教育工作质量评价指标体系，结合思想政治教育工作具体实践经验对指标内容进行分层和赋权，将相对宏观的思想政治教育目标分解为不同层级的实践内容与可验成果，是推动质量评价工作科学化、专业化的重要理论逻辑。

合理依托层次分析法建构指标体系整体框架，首先要从整体上把握高校思想政治教育工作的相关内容，以全面性与重点性相统一的思路，综合考虑指标体系建构的一级指标要素，力争既涵盖高校思想政治教育工作的相关内容，又抓住重点，突出新时代高校思想政治教育工作的重点内容，形成既内容完备又重点突出的各个指标层级。同时，结合实践与时代要求，在整体内化高校思想政治教育工作质量评价客观依据的基础上，分析质量评价指标体系构建应当重点考虑的相关核心要素，以实

践与理论逻辑相统一的总体思路，将高校思想政治教育各方面的实践工作分类概括、抽象升华为精练适当的理论表述，形成质量评价指标体系的文本维度。比如，思想政治理论课和日常思想政治教育是高校开展思想政治教育的主渠道和主阵地，必然是质量评价指标体系的重要组成部分，要求指标体系构建要以之为基础构建一级指标。同时，与高校思想政治教育工作相关的体制机制、队伍建设、环境塑造与保障体系，事关高校思想政治教育工作开展的实际状况，也是构建指标体系必须考虑的重要内容。因此，设计高校思想政治教育工作质量评价指标体系必须围绕思想政治理论课、学生党建与日常思想政治教育、组织领导与治理架构、队伍建设、协同育人环境、条件保障等六个方面展开，以之为高校思想政治教育工作质量评价的基本标准维度，在整体上为评价工作提供对照检查范畴。

此外，本着工作评价与效果评价相结合的理念，指标体系的构建不仅要关注思想政治教育工作的开展状况，也要考量思想政治教育工作开展的实效。比如，在关注高校思想政治教育工作运行显性指标的同时，也要重视思想政治教育的长期培育、社会认可与反馈情况，在涉及基本原则和安全底线的事项上建立负面清单等。因而，兼顾高校思想政治教育工作评价与效果评价的共同推进，思想政治教育工作运行情况、培育效果、社会认可及负面清单等方面也需要纳入质量评价指标体系，总体上为把握高校思想政治教育工作的开展实效提供参照范畴。因此，建构高校思想政治教育工作质量评价指标体系，不仅包括检验工作推进的基本标准体系，也包括检验工作效果的实效指标体系，二者相辅相成，在以评促建、以评促改的整体思路下，共同发挥积极作用，凸显指标体系构建系统性与针对性的统一。

（三）批判传承与开放创新相结合，赋予不同层级内容

高校思想政治教育工作质量评价指标体系的设计建构是既有迹可循

又与时俱进的长期性、系统性工程，建构指标体系的整体框架与充实指标体系的具体内容统一于指标体系建构的实践操作中。在细化充实指标体系的过程中，要以指标体系的整体框架与一级指标层为基准，在不同层级内容选取与确定时，既要坚持对传统经验的批判性继承，又要开放思路，结合时代与实践发展的要求，开拓创新，把握关键要素，优化内容选取，实现从宏观指标项到微观实操指标项的全面解构与细化完善。

尊重历史传统，坚持批判性继承，要合理借鉴以往指标体系建构过程的有效经验。具体来说，在对一级指标解构与细化的过程中，要结合以往指标项选取的相关经验，重视指标的可测性，即将对高校思想政治教育工作某方面的要求，转化为可操作、可检测、可显现的行为、语言和文本，以便于通过一定的方式方法，得出可描述的评价结论。比如，高校思想政治教育工作队伍建设层面的细化指标项，可参考《普通高等学校辅导员队伍建设规定》，该文件在辅导员、班主任的职责内容和队伍建设等方面有着具体的条款与规定，经过简明化的文字处理，可以提炼为指标体系所用的关键量化指标。同时，微观层面的实操指标项要具备一定的操作合理性，既要避免指标内容过于抽象，无法施测，也要避免面面俱到，过于繁琐，还要在逻辑上遵循上下层级一致、同一层级不同项互斥的原则，选取并确定适当的指标内容。比如，2012年出台的《全国大学生思想政治教育工作测评体系（试行）》高校版，是建立在以上选取原则基础之上的现有成果，可以作为建构质量评价指标体系的重要借鉴。

与时俱进，坚持开放性创新，要求指标体系的设计既要符合时代与实践发展要求，也要兼收并蓄，合理借鉴其他方面评价指标体系建构的思路与方法，充分实现指标体系设计的开放性、持续性与发展性。进入中国特色社会主义新时代，党和国家对时代新人的培养提出了更高要求。因而，高校思想政治教育工作质量评价指标体系设计应满足时代新人培养要求，顺应信息时代发展潮流，着眼教育现代化的宏伟目标，深刻把握新形势下大学生思想政治教育面临的新机遇、新挑战以及青年学生在各方面的新特征，避免质量评价脱离实际、脱离学生、脱离时代。比如，2018年全国教育大会上提出，“要努力构建德智体美劳全面培养的教育体系，形成更高水平的人才培养体系”①，体育、美育和劳动教育已然成为学校育人的重要内容，就应当纳入日常思想政治教育的指标中。同时，充分借鉴其他方面评价指标体系建构的有益经验，重视提升评价主体的信息素养、技术能力和专业水平，恰当处理定性评价与定量评价的关系，坚持标准制定不过高、指标确定不过细、体系构建着眼长远的整体思路，确保高校思想政治教育工作质量评价指标体系切实可行，可持续发展。

二、重视理论与实践互动，提炼具化指标要素

高校思想政治教育工作质量评价指标体系既服务于实践，也来源于实践，并在实践检验中不断完善和发展。指标体系各要素是理论与实践良性互动的产物与成果。因此，构建指标体系，选取指标要素，要结合多年来高校思想政治教育工作开展的实践经验，科学分析以往指标体系构建的理论成果，在理论升华与实践深化的良性互动中进一步提炼具化指标要素，全方位多层次表述指标体系内容，建构稳定性与发展性相统一、全面性与针对性相统一、内涵性与开放性相统一、前瞻性与动态性相统一的指标体系。

（一）体现实践工作灵活性，坚持基本指标与参考指标相结合

高校思想政治教育工作质量评价指标体系围绕考查与评价高校思想政治教育的实践工作与实践效果进行整体构建，因而基于高校思想政治

① 习近平在全国教育大会上强调 坚持中国特色社会主义教育发展道路 培养德智体美劳全面发展的社会主义建设者和接班人［N］.人民日报，2018-09-11（1）.

教育工作的系统性与复杂性，指标体系建构要落地落实，就要在观照实践经验与以往理论成果的基础上，提炼具化有对照、有范围，全面性与重点性相结合，基础性与灵活性相统一的指标要素，坚持基本指标与参考指标相结合，为全面评价高校思想政治教育实践工作提供有效依据。

习近平总书记强调："思想政治理论课是落实立德树人根本任务的关键课程。"[①]思想政治理论课作为高校思想政治教育的主渠道，是检验高校思想政治教育工作质量与立德树人任务落实状态的重要基础。因而，思想政治理论课是质量评价指标体系的核心要素，与思想政治理论课相关的实践活动等要率先纳入指标体系的基本指标系统，比如思想政治理论课教育教学、形势政策教育等。但同时要注意基本指标的建立只是为评价工作初步开展提供了一个可对照的较大范畴，具体的评价实践如果只是基于基本指标，则容易模糊不清甚至有所偏颇。因此，要以基本指标为基点，结合各类高校思想政治教育具体实践工作经验，针对性提炼并灵活设计相应具化的参考指标，以便为各类高校在思想政治教育实践工作中开展自评自查提供相应的范围和指导。这里的参考指标是指精确性与模糊性相统一的范围性指标条款，既包括实践上精确的标准要求，也包括理论上建议的标准范畴。以思想政治理论课教学为例，比如，各类高校都要统一开设全校思想政治理论课，把思想政治理论课建设列入学校事业发展规划中。按照党和国家对高校思想政治教育工作的要求，结合以往思想政治教育工作评价实践与理论总结，这项要素是高校思想政治教育工作开展的基础，是高校在具体实践上必须要实现的标准要求。而思想政治理论课教学的另一项具化指标，如思想政治理论课推行中班教学，班级规模原则上应在100人以内。把思想政治理论课作为学校重点课程建设，有条件的院校同时应作为重点学科建设。以各类

---

① 习近平主持召开学校思想政治理论课教师座谈会强调 用新时代中国特色社会主义思想铸魂育人 贯彻党的教育方针落实立德树人根本任务［N］. 人民日报，2019-03-19（1）.

高校的客观基础与发展实践为考量，这项要素就着重突出理论上的建议要求，为高校评价实践提供一定参考。整体上，基本指标点明方向与范畴，参考指标具有灵活性与广泛性，依据相应实践变化可以作出调整，二者有机结合，是指标体系稳定性与发展性的统一。

（二）重视实践操作可比性，坚持合格性标准与特色性标准相统一

高校思想政治教育工作质量评价指标体系构建形成的测评标准是面向高校整体的，因而基于高校在实践发展过程中所形成的不同类型、规模和风格，指标体系的建构也须及时呼应，在设计选取要素标准过程中，充分重视各类高校的客观现状，尊重差异性，既为各类高校提供一般合格化的要求，又为其提供特色示范性的标准，实现合格性标准与特色性标准的统一，推动各类高校对标争先，在实践中不断提升思想政治教育工作水平。

高校思想政治教育工作质量，主要通过思想政治理论课的主渠道、日常思想政治教育的主阵地以及相关的体制机制、队伍建设、环境塑造与保障体系等方面体现出来，因而这些方面的内容是建构高校思想政治教育质量评价指标体系的基础和一级指标层次，以这几方面内容为基准，进一步细化指标要素，结合实践经验提炼相应合格性标准，明晰合规性操作，是高校思想政治教育质量评价工作能形成统一标准体系的必然要求。但基于各个高校类型、规模和特色的差异，如果一味使用相同标尺进行统一要求，难免不切实际，因而只能以相似类型、规模和特色的学校为主体，建立相对一致的标准体系和对标项目，类型、规模相似的高校开展思想政治教育评价工作都可以之为参照，对标对规，进行常规性工作的自评自查。比如，以学生党建与日常思想政治教育为切入点，在党团与班级建设二级指标下，按规定发展学生党员，校、院组织员、基层单位党委委员列席学生党支部组织生活会和党员发展会。这就是合格性的标准，是一般高校在党团建设过程中要做到的合规操作、规

定动作。但同时也要清楚，质量评价指标体系不是泛化的教条，而是具体的实际依据，因而不仅要有合格性标准，也要有体现高校办学育人特色与差异化的特色性标准。一方面是在有相对一致标准的维度下，对同一类型的高校使用相同标尺，只在具体细节上有所区分，而对差异较大的高校，则通过不同的标尺，在坚持立德树人总目标的要求下，充分考虑工作实效性，反映高校办学育人的特色和差异。另一方面是要突出特色指标，通过特色性的标准充分肯定并支持高校思想政治教育工作的优秀典型与好经验、好做法，并在实践中加强宣传推广，形成以点带面的良性循环。同样以党团建设为例，在全体党员中开展“不忘初心、牢记使命”主题教育，这一项就为高校凸显自身特色提供了发展空间，为评价工作能够在实践中充分挖掘优秀典型与良好经验提供契机。整体上，合格性标准为高校合规操作提供参照，特色性标准为高校争先创优提供空间，二者有机结合，是指标体系全面性与针对性的统一。

（三）尊重实践系统开放性，兼顾内部评价要素与外部监测要素

高校思想政治教育工作质量评价是兼顾对思想政治教育工作开展情况与开展实效的整体性评价，因而指标体系建构既要注重设计实践系统内部诸要素自评与互评的指标项，又要合理选取系统整体要素，引入第三方对高校思想政治教育工作质量进行整体测评，实现内部评价要素与外部监测要素的统一，以保障高校思想政治教育工作质量评价的长效运行。

高校思想政治教育工作质量评价是以高校思想政治教育领域为主要范围的，涉及高校思想政治教育工作整体的复杂的系统，其内部包含诸多类型的主客体。教育主体之间、教育主体与受教育者之间以及教育客体相互之间都存在评价与被评价的关系。要实现这些评价主客体之间的良性互动，质量评价指标体系的建构就要充分尊重教育的多主体与教育客体，深刻认识到教育的多主体和教育客体对同一问题的看法和判断不

是由一方定性，而是需要相互印证的。[①]以质量评价的重要对象——思想政治理论课教师与学生为例，指标体系既要充分关注到学生对自身在学能力素养增值的自我评估，也要重视对思想政治理论课教师敬业度和满意度的测评，并不断提供多维度评价方式和信息获取的方式来支撑最后评价结果的科学合理呈现。因而，指标体系建构要关注高校思想政治教育系统内部，在尊重内部评价主客体的基础上，引导评价系统内部主体之间、主体与客体之间的自评与互评，以评促建、以评促改，从内部结构上不断推动指标体系标准和要素的完善。同时，高校思想政治教育工作质量评价是以高校为整体对象的，因而质量评价不仅要包括内部要素评价，以实现自我更新升级，也要充分考虑高校工作所带来的社会影响，关注第三方对高校思想政治教育工作质量的评价与反馈，从外部促进高校思想政治教育工作质量评价的完善发展。因而，指标体系设计选取的评价主体与测评方式，不仅要有自我评价和上级主管部门评价，还要包括第三方评价，比如，开展第三方雇主对高校毕业生思想状态、发展能力等方面的评价，将其纳入指标体系的测评要素中。这样以外部客观视角监测高校思想政治教育在育人方面的成效，有利于评价指标体系的建构更为全方位、多角度和立体化，进而切实保障质量评价指标体系的长效运行。整体上，内部评价要素是高校思想政治教育工作有效开展的内在动力，外部监测要素是推动其实践工作发展的外在助力，二者有机结合，是指标体系内涵性与开放性的统一。

（四）强调实践内容动态性，重视预防性要素与改进性要素统一建构

高校思想政治教育工作质量评价指标体系以高校思想政治教育实践为评价基础，旨在以评价防风险，以评价促改进，因而指标体系的建构既要从源头建设监测指标项，又要反映存在的问题，提供整改指标项，

---

① 冯刚，严帅.新时代大学生思想政治教育工作质量评价的方法和路径［J］.国家教育行政学院学报，2019（5）：46-53.

实现预防性监测与改进性测评的有机结合。

高校思想政治教育工作的实践场域、协同环境与保障条件等方面是思想政治教育工作顺利有效开展的支撑条件，因而指标体系建构从这些方面着手，设计相关预防性指标要素，落实好主基调的奠定与主色调的打底工作，对于思想政治教育工作防微杜渐，甚至是成效倍增，意义重大。比如，日常思想政治教育作为高校思想政治教育工作的主阵地，涉及思想理论教育和价值引领、党团和班级建设、学风建设、学生日常事务管理、心理健康教育与咨询工作、职业规划与就业创业指导、社会实践与志愿服务等多个方面，其中多数工作直接涉及学生的利益诉求，如果管控与处理不当，就容易产生矛盾冲突，导致不良后果。因而以心理健康教育与咨询的基本指标为切入点，在总结提炼各类高校相关经验基础上，建立校、院、学生班级、宿舍四级心理健康教育工作网络，兼顾学生心理危机预防与干预体系的具体的预防性要素，在常规评价中多重视、多预防，为高校思想政治教育工作开展形成良好的人文环境。同时，即使有预防系统，高校思想政治教育工作在实践中也难免会出现一些问题，有问题就要有发现有改进，这样才能在解决问题的过程中更好地反思，更好地促进实践的良性发展。因而，指标体系的建构要对高校思想政治教育工作可能存在的问题加以体现，并督促整改，既要通过建立负面清单，提供整改指标项，又要重视评价的反馈，将反馈意见的吸纳情况作为指标要素，监测改进的推进情况。比如，以意识形态引领与安全稳定为主要内容建立负面清单，在分析多年来各高校实际存在过的问题与难点的基础上，对各类问题进行提炼总结，按照严重等级进行不同程度划分，形成具体的指标要素，以之为依据，督促不同高校按实际情况由上级主管部门建立负面清单数据库，动态监控实践工作中存在的难点问题，以之为警戒，实现对高校思想政治教育工作的整体判断。帮助高校在了解把握整体状况、分析问题、解决问题、从改进到进一步做好提前预防的良性循环中，不断提高思想政治教育工作质量。整体上，预防性要素为高校思想政治教育工作开展实施防微杜渐，改进性要素为思想政治教育工作质量螺旋上升提供基点，二者有机结合，是指标体系前瞻性与动态性的统一。

三、综合运用多种方法，优化测评方式与评价过程

建构高校思想政治教育工作质量评价指标体系，促进评价实践的有效推进，可靠数据来源是基础，专业的评价主体、合理的评价标准、长效的运行机制是保障。因此，要综合运用多种方法收集有效数据，获取测评内容；充分采纳相关专家经验，制定合理测评标准；引入第三方评价机制，确保测评方式合理客观；将定性描述与量化统计相结合，科学描述测评结果，全方位深层次多角度优化测评方式与评价过程，以推进质量评价实践长效、可持续发展。

（一）有效运用多样的数据收集方法

高校思想政治教育工作质量评价指标体系要建构完备，既需要丰富全面的指标要素内容，也需要支撑具体评价过程的实践数据信息。因而，在指标体系建构过程中，优化并深化运用多种类型的数据采集方法，系统收集更全面客观的测评内容，为评价实践的开展提供全面有效的数据信息，是质量评价指标体系建构的题中应有之义。

一方面，要批判继承以往评价工作的好经验、好做法，合理深化运用其中可以为质量评价指标体系建构与完善所用的信息收集方式方法。多年来，在思想政治教育工作实践领域开展的具体评估、测评工作等，都积极借鉴并采用了在教育评价、心理测评领域相关的信息收集方式与方法，收效明显，比较常见的有材料审核、实地考察、满意度或认可度测评等方法。材料审核主要是由参与评价的单位提供与测评条目相关的文本材料信息，以供评价主体验证、审核。比如，与高校思想政治教育

工作顶层设计相关的内容，多数以材料文本的形式保存下来，这样在评价过程中就要通过材料审核的方式，同时注意审核的材料多以测评年度前两年的材料为主，各类数据取测评年度前两年的平均值。实地考察主要是指采取走访访谈、问卷调查等方式。比如，与思想政治教育工作相关的有明确上级文件规定的思想政治理论课教师配齐、辅导员与学生配比等项目，就要通过实地走访访谈的形式进行评价验证。满意度或认可度测评主要是指采取问卷调查、座谈会访谈等方式。比如，涉及教师的职业素养评价、学生心理健康测评等问题就需要通过问卷调查、座谈会访谈的方式得出评价结果。另一方面，与时俱进，开拓创新，积极适应信息科学技术发展的大趋势，在学科交叉中深化运用数据采集的方法，进一步深度融合大数据技术，建立系统完备的测评数据库。比如，以高校政治安全稳定为主题，建立负面清单数据库等，不仅有助于对高校政治安全实施动态监控，也为高校思想政治教育评价工作开展提供了清晰便捷的数据，对于推动质量评价工作科学化、专业化意义重大。

（二）充分采纳相关专家评价经验

建构高校思想政治教育工作质量评价指标体系，为各类高校提供可以参照的实践工作测评标准，就涉及一个测评标准如何定、如何用的基本问题。由于思想政治教育工作以人为对象的特殊性以及专业化发展时间较短的客观性，思想政治教育行业内专家的经验相比于客观化的标准在评价的过程中更能发挥重要作用。因而，在建构质量评价指标体系的过程中，要充分重视专家经验，合理采纳并有效运用；同时也要把握好吸收有益经验与尊重客观实际的适度张力，避免陷入纯粹经验论的误区，在实践深化与理论升华的过程中不断优化指标要素。

在依托层次分析法建构指标体系整体框架后，要选取具化的指标要素、标准为评价实践所运用，就涉及分析各要素重要程度，确定适当标准以具化指标体系的问题。基于在实践中选择思想政治教育工作质量的子要素，对其进行相互比对，并明确其相对重要性、在操作上存在的困难性，以及思想政治教育工作发展的特殊性。在构建思想政治教育工作质量评价指标体系的要素权重时，要灵活运用德尔菲法进行专家调查问卷咨询，结合相关专家经验与判断来完善子要素的因子权重，以形成科学性与人文性兼备的指标体系。德尔菲法是一种兼备资源利用充分性、最终结论可靠性与最终结论统一性的专家调查法，一方面能够充分全面地吸收不同专家的实践经验与理论认识，同时充分发挥专家的独立性，避免专家判断受各种复杂因素的影响；另一方面经过对专家意见的多轮反馈与集中整理，能够进一步实现收集意见的综合性、客观性与统一性。具体到实践操作层面，首先要选择经验丰富、有代表性的专家团队，以确保子因素权重获得的可靠性与呈现的认可度；其次通过对思想政治教育工作新情况、新发展实践数据的分析整理归纳提炼，选取适当的子因素条款，制作权重征询意见表，发放到各位专家手中，并为专家提供背景资料和赋值说明，以供各位专家确定分值；最后，汇总专家意见并反馈，在经过多轮的意见反馈与集中整理后，得到近似统一的分值取向，将最终的较为一致的专家汇总意见作为指标体系因子权重的重要依据，在此基础上修订分值，形成最终子因素的权重呈现。每个指标要素的权重系数反映其对思想政治教育工作的重要程度，权重系数高也就意味着相关因素的重要性突出，高校思想政治教育工作在实践中就需要对这些方面进行重点关注或者加强。

（三）合理引入第三方评价机制

高校思想政治教育工作是一个复杂的系统，在建构评价体系的过程中，涉及多个主体，充分尊重多主体的评价是当今时代评价工作发展的趋势，也是对相关多元化信息的积极反馈。建构高校思想政治教育工作质量评价指标体系，对高校思想政治教育工作进行科学合理评价，也要充分尊重并适应这种趋势，合理引入第三方评价的有效机制，对评价实践过程进行综合性系统性的反馈，对指标体系实施动态监测，及时修正完善。

第三方评价主要是指被评价对象之外的主体所进行的评价，具体到高校思想政治教育工作领域，就是指外在于高校思想政治教育系统内部各要素的，来自外部的评价。比如外在于学校、教师、学生等的第三方用人单位、专业评价机构等。第三方评价因其外在性与无利益相关性而具备客观性强、要求严格的优点，但同时也因为这种外在性，所评价的客体总是复杂而庞大的，就表现出组织工作繁杂、耗费人力时间多等缺点。因此，在评价实践中，往往第三方评价与系统内部的自评互评相统一，在最大程度提升评价客观性的同时，注重评价的实效性与目的性。指标体系建构的目的是要给高校思想政治教育质量评价实践提供可以运用的测评标准、依据和方式方法，不仅涉及“评什么”的问题，也关乎“谁来评”的问题。因此，指标体系关注的评价主体，不仅包含存在于思想政治教育系统内部的各主体，也包含合理引入的第三方评价机制。比如，委托第三方开展雇主常规调查，测评学生的思想动态与发展潜能等。同时，在实践中，充分重视第三方评价的信息反馈，将反馈信息的吸纳落实情况作为监测指标，以评促改，以查促进。评价的目的不在于看打分高低，或是评先进落后，而是在于不断地加强和改进实践工作，形成以评促建、以评促改的良性机制。因此，质量评价工作在了解把握高校思想政治教育系统内部各要素现状的同时，要充分重视来自第三方的评价，重视上级巡视、巡察等专项工作中对思想政治教育部分的整改反馈，关注主管部门、毕业生用人单位以及毕业学生的信息评价与反馈，将反馈意见的吸纳落实情况作为进一步工作的监测指标，以开放的视野促进高校思想政治教育工作质量评价指标体系不断完善，保障高校思想政治教育工作质量评价的科学客观、长效运行。

（四）定性描述与定量统计相结合，细化分类测评结果

高校思想政治教育工作质量评价指标体系，不仅是高校思想政治教育工作“怎么评”和“评什么”的参照依据，也是展现评价对象到底“怎么样”的检测工具。因而，质量评价指标体系在呈现评价对象“怎么样”的过程中，要优选处理所收集数据信息的恰当方法，将定性描述与定量统计相结合，充分发挥二者的互补优势，形成符合实际的综合性判断，以更好地为实现评价目的服务。

任何事物都是质和量的统一体，量的差异分析在一定程度上反映了事物质的不同，基于量的分析结果具有简洁、抽象的特点，在进行定量分析的过程中往往要借助定性的描述，来说明呈现结果的具体含义。因此，指标体系在致力于呈现评价对象“怎么样”的过程中，要将定性描述与定量统计相结合，坚持精确性与模糊性相统一，全面呈现高校思想政治教育工作质量的评价结果。举例来说，就是围绕对高校思想政治教育工作质量评价建立起的层次分析结构，以二级指标下的具体实施子要素为评价的具体对象，一方面，采用定性分析的方法，将与评价对象相关的描述性资料，比如访谈记录、审核材料等进行验证、分类、归纳、汇总等，并依靠逻辑分析，作出整体性的评判。但基于这些描述性资料的不确定性，以及定性分析受主观因素的影响，在进行定性分析的过程中要充分考虑各高校活动实施背景等客观因素。另一方面，充分采用定量分析的方法，比如测试师生满意度的调查问卷等，运用数学与统计分析的方法，推导出有价值的数据以供评价得出可靠结论。最后，在对具体实施子要素进行分析评判后，以二级指标为基点，对高校思想政治教育工作开展的情况进行等级评判，以量化的数据标准对应相应的等级要求，比如，在二级指标下有 6 条子要素，经过评定后的数据与子要素相符的数量小于等于 6 的不同情况，都会有不同的等级与之对应。整体上，将量化标准与定性描述相结合，并通过带有语言描述的等级量表展

现出不同的评价结果，比如A、B、C、D或优秀、良好、合格、不合格四个等级，在精确性与模糊性相统一的过程中，科学合理呈现测评结果，促进质量评价工作的规范化、科学化。

第三节　高校思想政治教育质量评价的发展审思

高校思想政治教育工作质量评价在继承以往宝贵经验的基础上，不断适应高校思想政治教育工作创新发展的新要求，而其自身也在经历一个不断发展的过程。把握高校思想政治教育工作质量评价的发展趋势，是推动这项工作研究和实践深入发展的重要内容。把握高校思想政治教育工作质量评价的发展趋势，需要立足高校思想政治教育工作实际，面向国家现代化发展，坚持多学科研究视角，进一步提升高校思想政治教育工作质量评价相关研究和实践的发展水平。

一、深化质量评价的学理探讨

新时代以来，思想政治教育质量评价问题引发学界关注。围绕这一课题，学界对思想政治教育质量评价的概念厘定、重大意义、基本原则、知识借鉴、理论基础、时代特征、方式方法、模式构建、人文关怀等方面进行了广泛而又深入的探讨。然而，思想政治教育本身具有鲜明的实践性，在实践的创新探索中，思想政治教育基础理论也在创新发展，其中关于质量测评的理论研究也会随着实践的发展而不断深化。比如这些学理探讨在继承中国共产党思想政治教育质量评价宝贵经验的基础上，对高校思想政治教育工作质量评价和高校思想政治教育结果质量评价进行全面深化研究，紧紧围绕高校思想政治教育工作“怎么看”“怎么评”“怎么干”等问题展开持续研究，从高校思想政治教育工作的需求侧、供给侧和管理侧三个角度构建评价机制，激发思想政治教育持续发展的内生动力。总体上讲，未来关于高校思想政治教育质量评价的学理研究在范围上将更加广泛、视角将更加丰富、内容将更加精细化，在此基础上推动高校思想政治教育质量评价研究朝着科学化、时代化的方向持续迈进，为高校思想政治教育实践创新发展提供更多的智力支持，同时相关学理研究也会在实践的检验和发展中得到进一步的深化。

二、丰富质量评价的多元内涵

新时代随着高校思想政治教育的创新发展，质量评价的内涵也将进一步丰富，它将不局限于对工作过程本身以及青年学生受教育实效的评价，教师的综合评价也将成为质量评价的重要内容。新时代背景下，高校师德师风建设成为教师综合评价的重要内容，同时也成为高校人事制度改革、教师队伍建设等方面的重要着力点。从全国高校思想政治工作会议到中共中央、国务院印发的《关于加强和改进新形势下高校思想政治工作的意见》，再到全国教育大会，以习近平同志为核心的党中央高度重视教师队伍建设，尤其是在2019年全国学校思想政治理论课教师座谈会上，习近平总书记对思政课教师提出的“六个要”，为新时代高校教师综合评价提供了重要遵循，这不仅是对高校思想政治理论课教师的基本要求，更是全过程、全方位育人过程中对所有教师的基本要求。在高校教师综合评价中如何贯彻和落实这些基本要求，如何将其量化为具体指标，如何把这些评价成果同高校教师队伍建设及教师职业发展紧密结合起来，都是新时代高校思想政治教育工作质量评价的重要关注点。

三、创新质量评价的技术手段

在思想政治教育工作质量评价的发展进程中，新技术手段的运用和研究是一个重要内容，它直接关乎思想政治教育工作质量评价的科学化和时代化。当前，大数据技术被广泛应用于哲学社会科学研究之中，相关实践探索和学理研究为高校思想政治教育工作质量评价提供了宝贵经验。一方面，通过大数据技术记录下来的关于思想政治教育各要素的丰富信息，为思想政治教育科学研究和分析提供了资源基础。新时代智能互联网不断创新发展，在此技术影响下，相关领域的质量评价越来越多地开始运用大数据思维和大数据技术。高校思想政治教育工作质量评价在适应时代特征的基础上，也将自觉运用大数据思维和大数据技术，通过分析思想政治教育相关信息，进一步深化对效果的评价和预测。另一方面，大数据技术为思想政治教育工作质量评价提供了新的方式方法。高校思想政治教育质量评价的方式方法直接关乎评价结果的科学性，随着思想政治教育实践的创新发展以及交叉学科的深入交流，大数据思维在思想政治教育中的应用越来越受到关注，尤其是在质量评价领域，通过数据分析、数学建模、模拟技术等方式，将进一步提高高校思想政治教育工作质量评价的科学化水平。但是，如何有效结合大数据思维和大数据技术，如何推进思想政治教育相关指标的量化，如何制定样本框和选取有效样本，如何进一步借鉴相关学科的大数据分析方法，需要进一步深化研究，这些重要问题都是未来运用大数据开展高校思想政治教育工作质量评价的重要着力点。

四、推进质量评价的比较研究

新时代思想政治教育研究视角越来越丰富，相关比较研究也在深化发展。在高校思想政治教育工作质量评价研究中，比较研究也逐渐成为研究热点，相关研究将不断深入。高校思想政治教育工作质量评价的比较研究主要包括三个层面。首先，将更加注重思想政治教育工作质量评价的国别比较研究。在相关研究中，学界已经开始关注不同国别质量评价的实践探索和理论研究。未来的高校思想政治教育工作质量评价研究也将进一步深化国别比较研究，通过文明互鉴、文化交流进一步提升质量评价工作的科学性。其次，将更加注重思想政治教育同相关学科的比较研究。就学科发展而言，思想政治教育学科需要同其他学科交流互鉴，在交叉学科研究视域下进一步丰富基础理论和研究方法，为高校思想政治教育工作质量评价提供科学理论支撑；就实践探索而言，思想政治教育是高校人才培养的重要路径，需要同其他工作协同育人，高校思想政治教育工作质量评价要同其他工作的质量评价交流互鉴，进一步提升质量评价工作的协同性。最后，将更加注重思想政治教育工作质量评价学理与工作之间的比较研究。高校思想政治教育工作质量评价的科学化发展，离不开扎实充分的理论研究，也离不开积极深入的实践探讨，要进一步加强理论研究队伍与实践工作队伍的交流与合作，通过学理与工作的对比研究，进一步推进思想政治教育工作质量评价的可操作性。

第九章 提升思想政治教育的治理能力

全面深化改革的总目标是完善和发展中国特色社会主义制度，推进国家治理体系和治理能力现代化。思想政治工作作为治党治国的重要方式，也需要在理论和实践相结合中不断完善和增强思想政治教育治理体系和治理能力的现代化。思想政治教育治理水平的提高与治理能力的提升是内在一致的。

有效的思想政治教育治理通过制定政策、配置资源、推动改革和创新、监督和评估等方式，能够为思想政治教育活动提供有序的组织架构、规范的运行方式和动态的调节方式，确保思想政治教育活动科学有序的推进，从而为思想政治教育效果和质量的提升提供支持与保障。思想政治教育治理作为教育系统的一部分，本身也是推动教育事业发展的内生动力，有利于促进思想政治教育系统整体的健康发展，推动思想政治教育向着更高水平不断发展。分析思想政治教育治理的生成逻辑与基本内涵、探究思想政治教育治理的时代价值与功能效用，有利于科学把握思想政治教育治理的本质，同时要在治国理政中不断发挥思想政治教育的作用，不断增强思想政治教育的治理能力，推动思想政治教育系统的科学化运行。

第一节　思想政治教育治理的生成逻辑与基本内涵

思想政治教育治理的生成体现了理论逻辑、历史逻辑与现实逻辑的统一，其基本内涵包括：从育人理念上看，体现治理的核心精神——多一些治理，少一些统治；从主体来看，多元主体组成育人共同体；从权力的运行向度来看，多元主体是平行的，通过协商共同发挥作用；从空间上看，涉及多个领域、多个环节、多个层级，更加注重体系建构和协同联动；从时间上看，具有持续性、动态性和发展性。

一、思想政治教育治理的生成逻辑

国家治理现代化的提出体现了我们党对人类社会现代化规律的认识进入一个新境界，标志着我国社会主义现代化事业进入一个新阶段。“治理现代化的理念要求渗透于经济社会发展的各个领域，为不同领域的创新发展提供了思想智慧与实践思路。”[①]这一治国理政的创新理念在意识形态工作领域的贯彻必然要求思想政治教育的治理转向，即从思想政治教育到思想政治教育治理的创新发展。

首先需要说明的是，“治理”这个概念在广义和狭义两个层面使用。

① 冯刚.治理视域下高校思政队伍专业化建设的理论与实践［J］.学校党建与思想教育，2020（9）：4.

广义的治理即治国理政，是伴随国家和政府的诞生而出现的人类政治实践活动，所以，治理活动、治理经验、治理理论存在于古今中外。在这个使用意义上，思想政治教育与思想政治教育治理是一个含义，或者说二者之间有着延续性。

狭义的治理是一个现代政治概念，一个表征着政治现代性的范畴。20世纪90年代，西方首先提出“多一些治理，少一些统治”，这一理念逐步在世界范围内兴起，成为世界主要国家政治变革的取向，并为联合国等重要国际组织接受，逐渐从学者讨论的学术概念变为政治家所采纳的执政理念，在实践中不仅有国家治理而且有全球治理。质言之，不断从统治走向治理，是人类在全球化时代新的政治发展趋势。本章是在这个意义上使用治埋概念，探讨思想政治教育治理的基本内涵、现代化目标等，认为思想政治教育治理与思想政治教育之间的关系是在延续性基础上的发展性、创新性，即思想政治教育治理是思想政治教育工作在现有基础上通过结构性创新实现内涵式发展。

由上可知，思想政治教育治理的生成逻辑蕴含在国家治理的提出背景中，体现了理论逻辑、实践逻辑与现实逻辑的统一以及目标导向和问题导向的统一。

第一，从理论逻辑来看，思想政治教育治理的生成是因势而新，是国家治理现代化的题中应有之义。国家治理是对国家统治和国家管理的扬弃，统合了政治统治和公共管理两大职能，即通过治理活动为国民提供公共秩序和增进公共利益两大“公共服务”。换言之，国家治理的“善治”目标是要达到社会可持续发展（增长）与可持续稳定（长治久安），并在此基础上持续改善民生（即人民生活质量的提高）和民权（即公民权利的实现），以满足人民美好生活的需要。思想政治教育治理是达到“善治”目标的重要力量，是实现国家长治久安必不可少的力量。一方面，思想政治教育治理活动的效能本身就是国家治理效能的组成部分，其效能突出体现在保证党在意识形态领域的领导权和话语权，维护我国意识形态安全，保证高校稳定有序，从而为维护社会大局的稳定、国家的长治久安奠定基础。另一方面，人民对美好生活的向往中包括更好的教育，提供更好的教育需要推进教育事业的现代化，而我国教育事业的现代化离不开思想政治教育的现代化，现代思想政治教育通过把服务社会与服务国民结合起来，把提高思想政治道德素养与满足人的全面发展需要结合起来，助力“善治”目标的达成。

第二，从实践逻辑来看，思想政治教育治理的生成是因时而进，是在新的起点上谋求自身稳定和发展的内在要求。习近平总书记在中共十八届三中全会第二次全体会议上指出：“这次全会在邓小平同志战略思想的基础上，提出要推进国家治理体系和治理能力现代化。”[①]1992年，邓小平在南方谈话中说：“恐怕再有三十年的时间，我们才会在各方面形成一整套更加成熟、更加定型的制度。”[②]自1984年思想政治教育学科成立，经过40多年的发展，有必要对思想政治教育治理体系和治理能力进行系统总结和梳理，站在全面深化改革的新起点上，落实《中共中央关于坚持和完善中国特色社会主义制度 推进国家治理体系和治理能力现代化若干重大问题的决定》提出的“坚持改革创新”的要求，举改革旗、打创新牌，明确前进方向，通过改革创新的集成联动，保持思想政治教育治理体系、治理能力的稳定性和延续性的同时不断增强发展性和创新性，推动思想政治教育治理体系更加成熟、更加定型。

第三，从现实逻辑来看，思想政治教育治理的生成是因事而化，是应对社会转型期系统风险、复杂挑战的必然要求。习近平总书记指出：“不发展有不发展的问题，发展起来有发展起来的问题，而发展起来后出现的问题并不比发展起来前少，甚至更多更复杂了。”[③]现代社会日益

① 中共中央文献研究室. 十八大以来重要文献选编：上［M］. 北京：中央文献出版社，2014：547.

② 邓小平文选：第三卷［M］. 北京：人民出版社，1993：372.

③ 习近平谈治国理政：第二卷［M］. 北京：外文出版社，2017：82.

发展成为复杂社会，阶层分化、多元利益诉求涌现，通信技术的日新月异不仅让人与人的交往范围在扩大，而且带来公共领域的结构性转型，使得社会矛盾点多发，矛盾燃点降低。现代社会不仅是复杂社会，而且是风险社会，各种风险往往不是孤立出现的，很可能是相互交织并形成一个风险综合体，即矛盾呈现关联叠加发展趋势。面对系统风险、复杂挑战，完成“善治”目标需要政府、市场、社会等多元主体的合作互动，同时，需要“运用制度威力应对风险挑战的冲击”[①]。对当前思想政治教育工作来说，一个重要课题就是如何正确认识和妥善处理我国发展起来后在人们的思想政治道德领域不断出现的新情况新问题，对新问题不能出于路径依赖用老思路和老套路解决，需要提高政策供给能力和执行质量，靠制度化解各种风险挑战。

二、思想政治教育治理的基本内涵

由上可知，历史经验的延展性和现实挑战的复杂性交互作用促成了思想政治教育治理的生成，国家治理现代化的推进向思想政治教育治理现代化提出了要求，也提供了契机和支持，赋予其丰富的理论内涵。

从思想政治教育到思想政治教育治理的发展过程首先是外延拓展，指相较于传统思想政治教育，思想政治教育治理更加突出以下三方面的工作领域拓展和工作质量的提升，或者说以下三方面的工作是思想政治教育治理改革、治理效能提升的主要增量。

第一，现代化强国是生态文明强国，这就要求思想政治教育治理在生态文明建设中积极作为。随着现代化内涵的工业化、城市化的推进，人与自然的矛盾日益凸显，生态危机成为现代社会的重大危机，生态文明建设成为我国“五位一体”总体布局的重要一环，生态治理是全球治

① 中共中央关于坚持和完善中国特色社会主义制度 推进国家治理体系和治理能力现代化若干重大问题的决定［N］. 人民日报，2019-11-06（1）.

理的重要议题，思想政治教育治理承担着“提高全民生态文明意识。积极培育生态文化、生态道德，使生态文明成为社会主流价值观，成为社会主义核心价值观的重要内容”[①]的任务。

第二，现代化强国是网络强国，这就要求思想政治教育治理更加积极地投身于维护网络安全的系统工程中，推动工作逻辑从“+互联网”到“互联网+”。习近平总书记指出：“有些人企图让互联网成为当代中国最大的变量。”[②]面对西方敌对势力借助网络形成对我国意识形态安全的战略攻势，思想政治教育治理不仅要守好网络阵地，而且要让网络空间成为提升治理效能的最大增量。一方面，目前崇尚自由、自治、共享、匿名的网络空间存在规范真空、内容芜杂，导致网民出现行为失范、信仰危机等问题，消解了思想政治教育在物理空间的治理效能，思想政治教育治理必须进一步统筹线下和线上工作，使网络空间清朗起来。另一方面，要把我国建设成网络强国，除了有自己过硬的信息技术，还要有繁荣发展、积极健康、向上向善的网络文化，做好网上文化育人的工作是一项长期任务，需要思想政治教育治理久久为功。

第三，现代化强国是负责任的大国，这就要求思想政治教育治理要有“到国外去做思想政治工作”的视野。习近平总书记反复强调，我们要统筹国内国际两个大局来谋划改革事业，要积极参与全球治理，为全球治理贡献中国智慧和力量，提高我国在全球治理中的话语权。思想政治教育工作者不仅要让国内人民知道党和政府为人民做了什么、还要做什么，而且要让世界知道中国人民为人类文明进步作出了什么贡献、还要作出什么贡献。“我们要主动发声，让人家了解我们希望人家了解的

① 中共中央、国务院关于加快推进生态文明建设的意见［EB/OL］.（2015-04-25）［2023-10-06］.https：//www.gov.cn/gongbao/content/2015/content_2864050.htm.

② 中共中央文献研究室.习近平关于社会主义文化建设论述摘编［M］.北京：中央文献出版社，2017：42.

东西，让正确的声音先入为主。”[①]在改变了“落后就要挨打”的状况基础上，改变“不发声就要挨骂”的被动局面。面对国际上关于中国的负面舆论，必须予以及时的澄清和有力的反驳，既为我国发展获取有利的国际环境，也避免国内人民尤其是青少年被这些错误言论蒙蔽。习近平总书记提到党的十八大以来，每次出访都要讲中国道路的历史渊源和现实基础、中国梦的背景和内涵、中国和平发展的理念和主张，还在不少国家主流媒体发表署名文章，“这就是做思想舆论工作，就是到国外去做思想政治工作”[②]。

从思想政治教育到思想政治教育治理的变化过程更是内涵式发展，在保证延续性的基础上实现面向未来的创新。思想政治教育治理这一概念强调的是治理视域中的思想政治教育，具有如下丰富的理论意涵：

第一，从育人理念上看，体现治理的核心精神：多一些治理，少一些统治。首先，治理强调更少的强制，更多的同意、认同。习近平总书记在学校思想政治理论课教师座谈会上提出：“要坚持政治性和学理性相统一，以透彻的学理分析回应学生，以彻底的思想理论说服学生，用真理的强大力量引导学生。”[③]即以说理换同意，以认同换服从。其次，治理强调寓管理于服务之中，以服务换服从。党的十八大提出了建设学习型、服务型、创新型马克思主义执政党。思想政治教育治理作为党治国理政中一项极端重要的工作，必然伴随党的自身建设突出服务型特点，这就要求教育方式、工作方式、管理方式、活动方式等更加符合服务人的需要的规律。再次，治理强调以人为目的，对主体更多地赋能。实际上，服务的理念反映了思想政治教育治理突出人文关怀，从以事为

① 中共中央文献研究室.习近平总书记重要讲话文章选编［M］.北京：中央文献出版社、党建读物出版社，2016：228.

② 中共中央文献研究室.习近平总书记重要讲话文章选编［M］.北京：中央文献出版社、党建读物出版社，2016：228.

③ 习近平谈治国理政：第三卷［M］.北京：外文出版社，2020：330.

中心到以人为中心，顺应着我国现代化从偏重“物的逻辑”走向注重“人的逻辑”，即从实现物的丰富到追求人的全面发展。“国家治理现代化在实践推进中始终关照人本身的发展，重视促进人的全面发展以带动国家治理的全面进步，透溢着以人民为中心、以人为本的价值理念。”① 当我们说现代化的核心是人的现代化时，不光是指人的现代化是实现社会各领域现代化的前提和基础，更重要的是指人的现代化需要的满足是人类社会现代化发展的目的。如果我们只是从社会的现代化需要人的现代化的角度理解思想政治教育治理转向的必要性和重要性，实际上还是把人当手段，而不是目的。换言之，思想政治教育的治理转向是对传统思想政治教育育人模式如下不足的超越：侧重于服务社会经济发展的需要，多少忽视了教育者和受教育者自身的发展诉求，限制了思想政治教育的价值提升和功能的完全发挥，让一些受教育者错误地认为思想政治教育只是“要我学”，而不是出于“我要学”。在治理视域下，思想政治教育工作强调通过培育现代公民素质，开发人的主体潜力，满足人的多元需要，丰富人的生命内涵，促进“人以一种全面的方式，也就是说，作为一个完整的人，占有自己的全面的本质”②。对教育者来说也是如此，在治理视域下，“高校思政队伍专业化建设必须重视队伍成员作为生动丰富的主体自身的现代化需求，秉持以人为本的价值理念”③。当以人的现代化为基点推动思想政治教育治理的现代化，以满足人的现代化需要为着力点推动治理主体的能力提升，实际上体现了治理所强调的对主体更多赋能的要求。因为契合教师和学生自身的发展需要，能够有效激发他们的内生动力，最大程度调动他们的积极性、主动性和创造

① 冯刚.治理视域下高校思政队伍专业化建设的理论与实践［J］.学校党建与思想教育，2020（9）：5.

② 马克思恩格斯全集：第四十二卷［M］.北京：人民出版社，1979：123.

③ 冯刚.治理视域下高校思政队伍专业化建设的理论与实践［J］.学校党建与思想教育，2020（9）：5.

性，实现教师主导作用和学生主体作用相统一。

第二，从主体来看，多元主体组成育人共同体。除了专职的思想政治理论课教师和高校党政工作者、共青团干部、辅导员、班主任、心理健康教育教师等多种职务类别的人员，2020年《教育部等八部门关于加快构建高校思想政治工作体系的意见》中提到的育人力量还包括：校内，“全面推进所有学科课程思政建设”涉及的各类课程老师，需要提高开展思想政治教育意识和能力的研究生导师；校外，“各地区各部门负责同志”“领导干部、‘两院’院士等专家学者、各方面英雄模范人物”“国家勋章和国家荣誉称号获得者、最美奋斗者、改革先锋、时代楷模等新时代先进人物”①等。可见，思想政治教育治理既重视校内育人资源的挖掘和整合，也重视校外育人资源的发掘和利用，是对习近平如下重要讲话精神的贯彻落实：“要建立党委统一领导、党政齐抓共管、有关部门各负其责、全社会协同配合的工作格局，推动形成全党全社会努力办好思政课、教师认真讲好思政课、学生积极学好思政课的良好氛围。”②思想政治教育治理推动构建政府、社会、学校、家庭协同联动的育人共同体，认为任何一方的缺席都是思想政治教育木桶上的短板。

第三，从权力的运行向度来看，既包括自上而下，也包括自下而上，强调的是一个双向互动的过程，在治理过程中多元主体是平行的，共同发挥作用。首先，与统治的权力运行方向总是自上而下，是权力的单向管理不同，治理是从自上而下的纵向式管控到双向互动或者平行的横向互动。习近平总书记在指导全面深化改革时强调：“要坚持把自上而下的改革和自下而上的改革结合起来，鼓励地方、基层、群众积极探

① 教育部等八部门关于加快构建高校思想政治工作体系的意见［EB/OL］.（2020-04-22）［2023-10-06］.https：//www.gov.cn/zhengce/zhengceku/2020-05/15/content_5511831.htm.

② 习近平谈治国理政：第三卷［M］.北京：外文出版社，2020：331.

索。”[①]具体指导思想政治理论课的改革创新时，强调要坚持教师的主导作用和学生的主体作用相统一。要坚持教师的主导作用，给自下而上的改革提供运行空间，就是“要在思政课建设发展和改革创新中赋予一线思政课教师以充分的话语权，鼓励和保障一线思政课教师通过多种途径‘发声’，确保他们在教学中遇到的问题和困难能够及时反馈，在思想引导、价值引领、理论教育方面的好思路、好做法能够通过合理程序上升为可复制、能推广的模式和经验”[②]。其次，统治主要是通过发号施令进行管理，治理则主要通过确立共同目标、协商合作的方式进行共治。当我国现代化的逻辑从一开始注重“物”到突出“人”，与之相应的是，思维方式也从主客体逻辑转向了主体际逻辑，与主客体逻辑相比较，主体际逻辑更尊重平等协商。对统治、管理来说，服从是重要原则，而对治理来说，凝聚共识、形成利益共同体至关重要。思想政治教育治理强调坚持教师的主导作用和学生的主体作用相统一，共建课堂教学、校园文化等，共享思想政治教育的治理成果，即育人活动的结果既满足教育对象成长成才的需要，也满足教育者事业发展的需要，同时满足社会对人才的要求。

第四，从空间上看，思想政治教育治理涉及多个领域、环节和层级，并非一项单一性、单向性工作，所以要更加注重体系建构和协同联动。“在现代高度组织起来的社会，复杂的系统几乎无所不在；任何一种社会活动都会形成一种系统，这个系统的组织建立、有效运转就会成为一项系统工程。”[③]高校思想政治教育工作是一项复杂的系统工程：从工作主体来讲，既包括以思政课教师为代表的校内专职力量，又包括以

---

① 中共中央文献研究室.习近平总书记重要讲话文章选编［M］.北京：中央文献出版社、党建读物出版社，2016：106-107.

② 冯刚.激发思想政治理论课改革创新的深层力量［J］.学术论坛，2020，43（2）：121.

③ 钱学森.论系统工程［M］.长沙：湖南科学技术出版社，1982：108.

地区领导、模范人物为代表的校外兼职力量；从涉及环节来讲，包括教学、科研、服务、宣传等，思想政治教育致力于人才培养，同时，人才培养中的各个环节又都需要加强思想政治教育；从工作阵地来讲，既包括思想政治理论课这一主渠道，又包括日常思想政治教育这一主阵地。所以，相较于传统思想政治教育，新时代思想政治教育治理更加注重系统性、整体性和协同性。习近平总书记指出："治理和管理一字之差，体现的是系统治理、依法治理、源头治理、综合施策。"[①]思想政治教育治理就像洪水治理一样，突出源头治理、上下协同治理、综合治理。洪水治理要求治理主体既要负责好自己流域的防洪工作，又要克服分段治理带来的本位主义的局限性，上下游要通力合作，既要治河道也要治水土流失、温室气体效应等，才能避免顾头不顾尾的木桶效应。同理，思想政治教育治理突出大思政视野下的协同合力，包括纵向的大中小学思政课一体化建设，以及横向的家庭、学校、社会、政府的协同联动等，重视家校联动的源头治理作用，解决思想问题与解决实际问题的综合施策。

第五，从时间上看，治理过程具有持续性、动态性和反思性。首先，思想政治教育治理是一个不断运行、循环往复的过程，是实践创新、理论创新与制度创新不断相互促进、运用反馈、自我完善的过程，体现了马克思主义认识论"实践——认识——再实践——再认识"的循环过程。其次，人的思想政治素质的形成与发展不是一蹴而就的，需要长期、连贯的培养，所以，思想政治教育治理是一个前后接续、螺旋上升、动态变化的过程。更重要的是，每个时代都有对"新人"的需求，对"新人"的思想政治素质的要求不是一成不变的，要以与时俱进的动态性保持目标体系、内容体系、手段体系的开放，党的阶段性任务为治理目标、马克思主义中国化的最新理论成果为内容体系、现代信息技术

① 中共中央宣传部.习近平总书记系列重要讲话读本［M］.北京：学习出版社、人民出版社，2016：224.

的不断发展为治理手段等提供动态更新的要求和支持。比如，在思想政治教育治理目标上，不管是对党员干部还是对青年学生，都要求德才兼备。但在不同的现代化阶段，对德才的具体要求有所不同。在追求站起来的阶段，强调的是英勇善战、不怕牺牲；在追求富起来的阶段，突出的是又红又专，锐意改革；在实现强起来的新阶段，对干部强调信念坚定、为民服务、勤政务实、敢于担当、清正廉洁，突出了理想信念坚定和担当意识。对青年学生强调德智体美劳全面发展，突出了创新意识和使命意识等。最后，思想政治教育治理要以动态性、反思性的视角全面审视整个体系现代化建设过程。习近平总书记在谈到干部工作时，强调要实行动态管理，保持一池活水。[①]思想政治教育治理队伍建设也应实行动态管理，比如，“通过对高校思政队伍建设的动态性监测，及时发现队伍建设过程中与实践和时代发展不相适应的不足，解决队伍建设过程中存在的真实问题，形成监测与反馈及时交互的动态性评价体系，保障高校思政队伍专业化建设的持续性和长效性”[②]。

① 中共中央文献研究室. 习近平总书记重要讲话文章选编［M］. 北京：中央文献出版社、党建读物出版社，2016：71.

② 冯刚. 治理视域下高校思政队伍专业化建设的理论与实践［J］. 学校党建与思想教育，2020（9）：5.

第二节　思想政治教育治理现代化的特征与时代价值

思想政治教育治理在新时代发展中，逐渐彰显出独特的现代化特征，具体可以通过治理体系和治理能力这两方面理解和探索。同时，思想政治教育治理能够为各领域的改革奠定制度自信的人心基础，为各领域制度体系的改革和完善发挥价值导向和政治保证作用，也能够通过培育时代新人、现代公民为各领域改革发展提供源源不断的人才支撑，助推中国之制的优势转化为中国之治的成就。客观看待思想政治教育治理的现代化特征与时代价值，有利于科学认识和把握思想政治教育治理发展的内在规律。

一、思想政治教育治理现代化的特征

思想政治教育治理现代化的目标是提高育人质量和治理效能，包括治理体系和治理能力两方面的现代化。思想政治教育治理体系是中国特色社会主义制度在意识形态治理领域的具体化，是由思想政治教育各要素、各环节、各层次构成的有机系统，《教育部等八部门关于加快构建高校思想政治工作体系的意见》里提到了理论武装体系、学科教学体系、日常教育体系、管理服务体系、队伍建设体系、评估督导体系。这些体系要素通过决策领导体制、管理运行机制、队伍保障机制、监督评估机制等实现动态运行、持续发展。

“思想政治教育治理体系的现代化进程，离不开系统完备、科学规范、运行有效的制度机制建设。”[①]可见，思想政治教育治理体系现代化的主线是制度化、制度建设。“随着中国特色社会主义实践的深入发展，我们越来越认识到制度机制建设在国家各项事业发展中的重要意义。对于思想政治教育治理也是如此。”[②]邓小平在改革开放之初强调民主制度化、法律化的意义不因领导人的改变而改变，不因领导人的看法和注意力的改变而改变。可见，制度化是程序获取稳定性的一种进程，通过制度化可以减少随意性，推进思想政治教育活动的常态化。习近平总书记在全面深化改革的新起点上强调，“运用制度威力应对风险挑战的冲击”[③]。可见，制度化也是程序获得自洽性的一种进程，使各项制度具备应对各类风险挑战的适应性。一方面，通过制度化建设保证党和政府对思想政治教育工作的要求和部署能得到执行，改变以文件落实文件的方式；另一方面，通过制度化建设把党和政府对思想政治教育工作的高度重视和大力支持转化为激发、调动和支撑思想政治教育治理主体积极性、主动性和创造性的现实力量。

以制度化为主线，思想政治教育治理体系现代化需要具备的核心要素是科学性、规范性、系统性、整体性和可操作性。

第一，科学性，强调思想政治教育治理体系要体现规律性、增强适应性、保证长效性。思想政治教育学科的建立是迈向科学化、专业化的重要一步，经过多年建设发展，取得了丰富成果，但“就目前情况而言，高校思想政治教育尤其是日常思想政治教育在很多人眼里还是经验

① 冯刚.推进新时代思想政治教育治理体系现代化［N］.中国教育报，2020-03-19（5）.

② 冯刚.推进新时代思想政治教育治理体系现代化［N］.中国教育报，2020-03-19（5）.

③ 中共中央关于坚持和完善中国特色社会主义制度 推进国家治理体系和治理能力现代化若干重大问题的决定［M］.北京：人民出版社，2019：50.

性的工作，从内容到手段、从任务到机制、从人员构成到评价体系等等反映出的科学性、系统性、专业性都不够”[①]。按照达尔文的经典定义，科学就是搜集材料找出规律。马克思恩格斯就是以人类历史实践为基础，通过研究丰富的历史材料提炼出唯物史观的。我们应该学习运用马克思主义的历史研究方法，从我国思想政治教育丰富的实践经验中提炼规律性的东西，将之变为成熟定型的制度体系。同时，要适应时代变化，改革不适应实践发展要求的体制机制，不断构建新的体制机制，保证制度体系适应时代发展的要求，符合我国现代化事业的发展规律、党的执政规律、现代人的发展规律和认知学习规律等，使思想政治教育尤其是日常思想政治教育由经验性工作上升到规律性工作层面，提高专业化水平和精准施策水平。这也是为什么相较于思想政治工作，思想政治教育更加注重理论基础和基础理论研究，关注研究内容的稳定性和持续性，努力构建一个科学化的学科理论体系的原因。[②]此外，增强思想政治教育治理体系的科学性和适应性，要特别注意把当前工作和长治长效结合起来，不仅以实际问题为中心，增强体系的针对性，体现实效性，而且要面向未来，提升体系的预见性，体现创造性，不仅保证体系的行之有效，而且要做到行之久远，因为政策体系“不能随便‘翻烧饼’”[③]。

第二，规范性，反映的是思想政治教育治理体系的本质是规范权力运行和育人工作的一系列制度和程序。通过提高治理体系的规范性，保证思想政治教育工作的常态化、程序化、规范化和责任化。制度建设就是为思想政治教育活动的常态化、规范化提供清晰的程序和明确的规

① 冯刚．治理视域下高校思政队伍专业化建设的理论与实践［J］．学校党建与思想教育，2020（9）：4.

② 冯刚，曾永平．“思想政治工作”与“思想政治教育”概念辨析［J］．思想理论教育，2018（1）：42-46.

③ 中共中央文献研究室．习近平总书记重要讲话文章选编［M］．北京：中央文献出版社、党建读物出版社，2016：103.

则。随着教育对象的多样化、教育治理主体的多元化、教育实践活动的丰富化，我们越来越需要规范思想政治教育实践活动。习近平总书记指出，学校思想政治教育“要坚持统一性和多样性相统一，落实教学目标、课程设置、教材使用、教学管理等方面的统一要求”①。学者们普遍认为，治理强调责任与回应，所以，思想政治教育治理体系的现代化必然要求意识形态工作责任制的建设，使得责任主体很明确，主体的责任范围很明晰，如此才可以做到该履行的职责必须履行，该承担的责任必须承担，该发声的就要发声，不能推诿，以免造成木桶效应。哪个环节出问题就追究哪个环节管理主体的责任，避免扯皮，从而保证整体效能的发挥。

第三，系统性，强调思想政治教育治理体系是一个逻辑严密、环环相扣、相互协调的制度体系，这就需要既解决现有思想政治教育治理体系的碎片化问题，克服治理活动中存在的分散封闭、职能重叠、内容重复等问题，使教育呈现出递进性，符合人的学习规律，也解决衔接无序、留有空白的问题。习近平总书记对党建工作的方法论指导适用于思想政治教育治理体系的建设，他强调要善于系统设计，不能头痛医头，脚痛医脚，使矛盾和问题越积越多，要“在标准上严格起来，在内容上系统起来，在措施上完善起来，在环节上衔接起来，做到不漏人、不缺项、不掉链，使存在的问题能及时发现，发现的问题能及时解决，解决一个问题能举一反三、触类旁通”②。

第四，整体性，强调思想政治教育治理体系的改革完善不是各领域、各环节各自为政、分散用力，要构建能促成多元教育治理主体形成合力、优势互补、取得协同效应的治理体系。这是因为新形势下各种威胁我国国家安全和社会安定的挑战的联动效应明显，既需要对症下药，

① 习近平谈治国理政：第三卷［M］.北京：外文出版社，2020：331.

② 中共中央文献研究室.习近平总书记重要讲话文章选编［M］.北京：中央文献出版社、党建读物出版社，2016：231.

又需要综合施策，需要思想政治教育打造协同效应来有效应对挑战、处置矛盾、化解风险，提升治理的全面性、协调性和可持续性。马克思在谈到现代经济分工协作的价值时指出，个体劳动者由分工协作体系整合产生了比个体生产力之和更大的新的集体生产力，“不仅是通过协作提高了个人生产力，而且是创造了一种生产力，这种生产力本身必然是集体力”[①]。思想政治教育多元的治理主体由无机分工到有机协同，也会产生整体性的思想治理“生产力”。在守正创新过程中，我们应该围绕培育时代新人这一中心任务，努力在重要领域和关键环节的改革上取得新突破，同时要注意改革的耦合性，要“使各项改革举措在政策取向上相互配合、在实施过程中相互促进、在改革成效上相得益彰，发生化学反应，产生共振效果”[②]。

第五，可操作性，强调思想政治教育治理体系要具备针对性、指导性和可行性，制定的制度政策要有效管用、简便易行，可落实也可监督。习近平总书记强调：“不管建立和完善什么制度，都要本着于法周延、于事简便的原则，注重实体性规范和保障性规范的结合和配套，确保针对性、操作性、指导性强。”[③]提高针对性就要研究新情况新问题，顾全面抓重点，治标更治本。提高指导性就要让政策体系更具明确的政策导向，有具体规划、具体部署、具体要求。提高可行性就要紧密结合工作实际和条件制定目标任务体系，改革既要尽力而为，也要量力而行，不能提条件不支持解决的任务。“我们的政策举措出台之前必须经过反复论证和科学评估，力求切合实际、行之有效、行之久远，不能随

① 马克思恩格斯全集：第二十三卷［M］.北京：人民出版社，1972：362.

② 中共中央文献研究室.习近平总书记重要讲话文章选编［M］.北京：中央文献出版社、党建读物出版社，2016：104.

③ 中共中央文献研究室.习近平总书记重要讲话文章选编［M］.北京：中央文献出版社、党建读物出版社，2016：53.

便‘翻烧饼’。”[①]要有效管用就要有实体规范也要有配套保障，“政策不配套，实践当中必然疙疙瘩瘩，也就谈不上形成合力”[②]。要有效管用既要有约束机制也要有激励机制，加强评估监督和绩效考核。通过健全责任追究机制，加强对制度执行的约束。通过建立定期评估机制，不仅能及时分析查找存在的问题和原因，也能发现可以制度化的新的有效经验，对做得好的工作者进行激励。要简便易行就要分解任务、明确责任，对治理主体科学定岗定责、合理分配任务。强调可操作性是为了突出制度落实，要求治理主体真抓实干、求真务实，在落实制度的要求上下功夫，确保各项制度落地生根，避免制度、政策只写在纸上、只挂在墙上、只锁在抽屉里，形同虚设，让效果大打折扣。

思想政治教育治理能力是思想政治教育治理体系在贯彻落实中的应用化和主体化，如果说思想政治教育治理体系现代化是指要建立系统完备的思想政治教育政策体系、运行有效的体制机制的话，那么，思想政治教育治理能力现代化就是指不断提高政策执行的效力和质量，它取决于治理主体贯彻落实制度政策要求、履行相应功能职责以达成治理目标的思想政治素质和业务能力。当前，推进思想政治教育治理能力现代化的要点有三：一是要落实习近平总书记对思想政治理论课教师提出的六个要求，即政治要强、情怀要深、思维要新、视野要广、自律要严、人格要正。二是要把强化制度执行力作为提高治理能力的重要内容，把制度执行力作为考核评估的重要指标。因为制度的生命力在于执行，在推进治理现代化的过程中要避免制度执行力不足成为影响治理效能的“短板”。三是要着眼于人的现代化需要和规律培养治理主体的素质能力，将能力要求与满足主体全面发展的现代化价值诉求相结合，才能激发主

① 中共中央文献研究室.习近平总书记重要讲话文章选编［M］.北京：中央文献出版社、党建读物出版社，2016：103.

② 中共中央文献研究室.习近平总书记重要讲话文章选编［M］.北京：中央文献出版社、党建读物出版社，2016：104.

体的内生动力，才能调动主体的积极性、主动性和创造性。

二、思想政治教育治理的时代价值

国家治理现代化的提出为思想政治教育的治理转型提供了动力和契机，也为思想政治教育治理的价值赋予了新的时代内涵。思想政治教育治理对推进国家治理现代化具有如下基本价值：

（一）为各领域的改革奠定制度自信的人心基础

当前，思想政治教育治理的一个重要任务是“加强制度理论研究和宣传教育，引导全党全社会充分认识中国特色社会主义制度的本质特征和优越性，坚定制度自信”①。因为坚定制度自信是坚持和完善中国特色社会主义制度、推进国家治理现代化的民心基础和力量源泉，没有制度自信不可能有对制度的坚持和完善。习近平总书记明确指出：“必须完整理解和把握全面深化改革的总目标，这是两句话组成的一个整体，即完善和发展中国特色社会主义制度、推进国家治理体系和治理能力现代化。这里面有一个前一句和后一句的关系问题。前一句，规定了根本方向，我们的方向就是中国特色社会主义道路，而不是其他什么道路……后一句，规定了在根本方向指引下完善和发展中国特色社会主义制度的鲜明指向。两句话都讲，才是完整的。”②这就告诉我们推进国家治理现代化是为了完善和发展中国特色社会主义制度，完善和发展是在坚持和巩固已有的成熟定型的根本制度的基础之上。思想政治教育治理通过讲好中国制度故事，教育引导国民充分认识我国国家制度和治理体

---

① 中共中央关于坚持和完善中国特色社会主义制度 推进国家治理体系和治理能力现代化若干重大问题的决定［M］.北京：人民出版社，2019：43.

② 中共中央文献研究室.习近平关于协调推进“四个全面”战略布局论述摘编［M］.北京：中央文献出版社，2015：82.

系的显著优势，增强制度自信，学校思想政治教育把制度自信的种子播撒进青少年心里，从而为巩固我国社会主义制度提供人心基础。

（二）为各领域制度体系改革完善提供价值导向与思想导向

如前所述，治理是一个表征政治现代性的范畴。我们需要注意现代性的三个层次：第一个层次是现代化的一般共性，比如，工业化、城市化、市场化、法治等，是所有完成现代化转型的国家都需要完成的任务、尊重的规律，更多体现的是工具理性，侧重技术性的因素。第二个层次是社会主义现代化的一般规律，凸显的是与资本主义现代化的不同，主要体现了现代化的价值理性，提示我们现代化不等于资本主义化，更不等于西方化，侧重意识形态因素。第三个层次是中国特色社会主义现代化的特殊规律，改革开放40多年来，我国逐渐探索形成了一种既不同于西方资本主义又不同于传统社会主义的现代化模式，强调的是在我国历史传统和国情的基础上内生演化形成的中国特色，中国特色的现代性在文化领域得到最生动的体现，突出体现了现代化的民族文化因素。思想政治教育治理保证我国现代性叙事的社会主义性质和鲜明的中国特色。如果说在现代治理理论视野中，“治理体制和治理行为主要体现国家的工具理性，……在社会政治生活中，治理是一种偏重于工具性的政治行为”[①]，那么，广义的治理、一国的治国理政活动必然具有价值理性、意识形态性。思想政治教育是我们党的优良传统和政治优势，是其他一切工作的生命线，为工具理性的国家治理行为赋予中国特色社会主义的价值理性，保证“我国国家治理一切工作和活动都依照中国特色社会主义制度展开”[②]。从工具理性的角度看，国家治理需要具备民主、互动、责任、回应、透明、动态、反思的特点，从价值理性

① 俞可平.论国家治理现代化［M］.北京：社会科学文献出版社，2015：2.

② 中共中央关于坚持和完善中国特色社会主义制度 推进国家治理体系和治理能力现代化若干重大问题的决定［M］.北京：人民出版社，2019：2.

看，我国的国家治理需要保持中国特色社会主义性质、爱国主义精神、社会主义核心价值观的取向等。比如，高校思想政治教育是我国教育事业保持社会主义办学方向的重要力量。

（三）为各领域改革发展提供源源不断的人才支撑

通过培育时代新人、现代公民为各领域改革发展提供源源不断的人才支撑，助推中国之制的优势转化为中国之治的成就。当代美国社会学家英格尔斯指出："一个国家，只有当它的人民是现代人，它的国民从心理和行为上都转变为现代的人格，它的现代政治、经济和文化管理机构中的工作人员都获得了某种与现代化发展相适应的现代性，这样的国家才可真正称之为现代化的国家……人的现代化是国家现代化必不可少的因素。它并不是现代化过程结束后的副产品，而是现代化制度与经济赖以长期发展并取得成功的先决条件。"[①]实现党的治理现代化的目标任务，关键在党，关键在人。因为任何工作都需要人来做，人的政治立场、政治素质、思想素质、道德素质决定着工作的性质、方向和成效。思想政治教育治理是做人的工作，是塑造人的政治、文化、道德人格的教育工作，通过培育全体国民，形成与社会主义现代化相适应的思想政治素质、道德文明素质，推动多元治理主体获得现代治理能力，尤其是为国家培养一代又一代德智体美劳全面发展的社会主义建设者和接班人，培养一代又一代拥护中国共产党领导和我国社会主义制度、立志为中国特色社会主义奋斗终生的有用人才，为我国的现代化事业提供源源不断的人才第一资源。我们党治国理政是"立志于中华民族千秋伟业"，所以，必须通过思想政治教育把下一代教育好，培养青年学生树立正确的理想信念、价值理念和道德观念，引导他们成为党的领导和社会主义制度的坚定拥护者、社会主义主流意识形态的积极支持者、社会主义核

① 阿历克斯·英格尔斯，等.人的现代化［M］.殷陆君，编译.成都：四川人民出版社，1985：8.

心价值观的模范践行者。实际上，时代新人不仅是我国国家治理现代化事业的参与者和推动者，也是我国治理成就，尤其是教育领域治理成就的最大受益者、获得者。概言之，思想政治教育治理通过理论和教育的方式，不仅为治理现代化培养一支赢得主动的高素质的干部队伍和现代公民，而且为现代化治理培育赢得未来的时代新人。

综上所述，如果将我国比喻为一艘航行在现代化大海之上的巨轮，那么，一路上总会遇到惊涛骇浪、冰山暗礁、漩涡潜流的挑战，思想政治教育治理通过思想教育、政治引导、价值引领在“帆多”的争论中发挥“锚定”作用，保证各领域治理体系在完善过程中不受干扰，始终坚持中国共产党这位“船长”的坚强领导，始终沿着中国特色社会主义“航线图”，保持共产主义“航向”。正如陈独秀所言：“主义制度好比行船底方向，行船不定方向，若一味盲目的努力，向前碰在礁石上，向后退回原路去，都是不可知的。我敢说，改造社会和行船一样，定方向与努力二者缺一不可。”①

① 陈独秀．主义与努力［J］．新青年，第八卷四号，1920-12-01.

第三节　以思想政治教育治理推进国家治理现代化

推进国家治理体系与治理能力现代化，是国家治理积极呼应不断成长发展的社会，形成全面性与优越性、开放性与发展性、特色性与长效性相统一的国家治理现代化格局的渐进性过程。思想政治工作作为治党治国的重要方式，其治理能力的提升与国家治理水平也具有密切联系。应当挖掘思想政治教育治理中蕴含的价值作用。在中国特色社会主义国家治理现代化进程中，思想价值引领深刻融入制度完善进程，深刻融入中国道路发展，思想政治教育应当在治国理政中充分发挥思想价值引领作用。同时，将集体主义精神贯穿于国家治理现代化的全过程，从而实现思想政治教育的思想引领、凝聚共识、动员力量、优化协同的功能。

一、将思想价值引领充分融入各项制度完善过程

《中共中央关于坚持和完善中国特色社会主义制度 推进国家治理体系和治理能力现代化若干重大问题的决定》指出："坚持和完善中国特色社会主义制度、推进国家治理体系和治理能力现代化，是全党的一项重大战略任务。"[①]我国国家治理体系和治理能力是中国特色社会主义制

① 中国共产党第十九届中央委员会第四次全体会议公报［N］. 人民日报，2019-11-01（1）.

度及其执行能力的集中体现。推进国家治理体系和治理能力现代化，就是积极呼应不断成长发展的社会，在时代与实践发展的进程中，转化优势的国家制度体系为优越的国家治理效能，形成全面性与优越性、开放性与发展性、特色性与长效性相统一的国家治理现代化格局的渐进性过程。思想价值引领在国家治理现代化进程中发挥着引领方向、凝聚共识、动员力量、优化协同的重要功能。因而，进入中国特色社会主义新时代，在坚定“四个自信”的基础上，继续凝练思想价值引领的时代要义，在“中国之治”中彰显思想价值引领的中国智慧，对于持续推进国家治理现代化、实现中华民族伟大复兴具有重要意义。

中国特色社会主义制度是国家治理现代化的顶层建构，是国家治理体系与治理能力现代化的基本遵循，坚持和完善中国特色社会主义制度，是推进国家治理现代化的基础保障。思想价值引领是完善制度和优化顶层设计的根基，将思想价值引领贯穿于党的领导制度的完善过程，凝结于人民当家作主制度的深化过程，凸显于经济制度优化的发展进程，协同优化各项体制机制，是保障中国特色社会主义制度始终把握正确导向，彰显社会主义优越性的基础。因而，思想价值引领要始终深刻融入制度完善进程，推动建立全面性与优越性相统一的中国特色社会主义制度体系，以“中国之制”优化“中国之治”，形成全面性与优越性相统一的国家治理现代化思路。

（一）思想价值引领贯穿于党的领导制度的完善过程

“党政军民学，东西南北中，党是领导一切的。”[①]在中国革命、建设、改革的各个时期，党的领导始终贯穿全过程、辐射各领域，发挥着基础与核心的作用。党的领导事关中国特色社会主义发展前途，国家治理现代化的领导与核心力量是中国共产党，因而，党的领导制度体系的

① 习近平.决胜全面建成小康社会　夺取新时代中国特色社会主义伟大胜利——在中国共产党第十九次全国代表大会上的报告［M］.北京：人民出版社，2017：20.

健全完善对国家治理现代化进程具有根本性的影响。党的领导制度体系涵盖党的执政能力与水平提升，先进性与纯洁性建设，学习、服务和创新能力提升等多个层面，这多个层面的完善和发展有一条贯穿始终的主线，就是思想价值引领。以马克思主义的科学精神内涵及中国特色社会主义理论与实践独特智慧为核心的思想价值引领，在党的领导制度健全过程中，不断夯实党的领导根基，激发党的领导创新活力，整体性地提升党的领导水平。

贯穿于党的领导制度完善过程的思想价值引领，是对马克思主义无产阶级政党理论的深刻理解与概括总结，是对中国特色社会主义理论创新与实践发展坚持党的领导的深化认识与科学表达。“坚持党的集中统一领导，坚持党的科学理论，保持政治稳定，确保国家始终沿着社会主义方向前进”①，是我国国家治理体系的显著优势，继续保持并更好发挥这一优势是中国特色国家治理现代化的题中应有之义。党的领导制度的健全完善是坚持党的集中统一领导的前提基础，思想价值引领贯穿于党的领导的制度健全过程，就是以马克思主义的立场、观点、方法指导党的自身建设、理论创新与发展实践，以中国特色社会主义理论与实践良性互动的经验智慧融贯于党的领导全过程、各环节、各领域，始终强化保持党的先进性纯洁性，促进党的学习、服务、创新能力的提升，进而在实践中不断提升科学执政、民主执政、依法执政的能力和水平。思想价值引领从领导核心的重点领域确保国家治理现代化的社会主义根本方向，确保国家治理现代化进程始终保持政治清明、大局稳定。

（二）思想价值引领凝结于人民当家作主制度的深化过程

中国特色社会主义民主政治的本质和核心是人民当家作主，始终保障人民当家作主的地位是中国特色社会主义发展的内在要求。我国国家

① 中国共产党第十九届中央委员会第四次全体会议公报［N］. 人民日报，2019-11-01（1）.

治理现代化是在中国特色社会主义框架内的治理现代化，是既反映人类社会历史发展规律、又具有中国特色的治理体系和治理能力现代化，因而，推动国家治理现代化的过程是在充分肯定并尊重人民是历史“剧中人”与“剧作者”地位的基础上，深化社会主义人民民主本质的过程，人民当家作主制度的深化发展也是推动中国特色国家治理现代化不断进步的重要内容。人民当家作主制度体系是与人民民主专政这一国体相适应的政治制度体系，涵盖以人民代表大会制度为核心的多种保障人民当家作主、保障人民中心地位的制度和体制机制。以马克思主义的科学精神内涵及中国特色社会主义理论与实践独特智慧为核心的思想价值引领，凝结于凸显人民价值地位的人民当家作主制度的深化过程，从理论与实践层面充分尊重人民主体地位，肯定人民群众社会历史参与者和建设者的身份，激发人民群众创造热情与活力，引导人民群众为建设社会主义现代化强国、实现中华民族伟大复兴不懈奋斗。

凝结于人民当家作主制度深化过程的思想价值引领，是马克思主义对人类社会历史发展规律的深刻认识与人类社会未来发展趋势的明智判断，是中国特色社会主义理论与实践坚持以人民为中心的经验总结。“坚持人民当家作主，发展人民民主，密切联系群众，紧紧依靠人民推动国家发展”[①]，是我国国家治理体系的显著优势，继续保持并更好发挥这一优势是中国特色国家治理现代化的核心要求。国家治理现代化要实现适应性与优化性变革，就要深刻认识到人民群众不是国家治理现代化的被动接受者，而是重要参与者。要紧紧依靠人民来推动国家发展，推动国家治理现代化进程，就要不断发展人民民主，深化人民当家作主制度体系。思想价值引领凝结于人民当家作主制度体系的深化过程，就是在对马克思主义关于人民是历史创造者的理论深刻认识的基础上，灵活运用历史唯物主义与辩证唯物主义的思维和方法，结合中国革命、建

① 中国共产党第十九届中央委员会第四次全体会议公报［N］. 人民日报，2019-11-01（1）.

设与改革的历史实践和理论创新成果，不断深化对人民的客观性、整体性、时代性和发展性认识，以优越的制度保障人民中心地位，以科学的思想理论武装人民头脑，以先进的价值观念凝聚人民共识，引导人民自觉投身于中国特色社会主义建设与发展实践，凝练升华人民的实践与理论创新成果，形成实践发展与制度深化的良性互动机制。思想价值引领从中国特色社会主义发展基础力量的角度确保国家治理现代化进程群众基础稳固、人力资源可靠、精神动力充足。

（三）思想价值引领凸显于经济制度优化的发展进程

公有制为主体、多种所有制共同发展，按劳分配为主体、多种分配方式并存，社会主义市场经济体制等基本经济制度，是中国特色社会主义生产力蓬勃发展的基石，是推动国家治理现代化进程的重要物质保障。国家治理现代化进程是统筹推进“五位一体”总体布局、实现全面现代化的科学进程，经济治理现代化是国家治理现代化的重要支撑和环节，国家治理现代化内在地包含经济治理现代化，深刻反映在经济制度优化发展的动态过程中。以马克思主义的科学精神内涵及中国特色社会主义理论与实践独特智慧为核心的思想价值引领，凸显于这一系列经济制度的建构与发展进程中，不断夯实经济制度的社会主义根基，提升经济制度与社会实践及时代发展相适应的能力与弹性，激发经济制度优化发展与国家治理现代化的正向反馈。

凸显于经济制度优化发展进程的思想价值引领，是对马克思主义社会发展阶段理论的深刻认识，是中国特色社会主义理论与实践坚持贫穷不是社会主义，要不断解放和发展生产力的深化表达。“坚持公有制为主体、多种所有制经济共同发展和按劳分配为主体、多种分配方式并存，把社会主义制度和市场经济有机结合起来，不断解放和发展社会生产力”[①]，是我国国家治理体系的显著优势，继续保持并更好发挥这一优势是中国特色国家治理现代化的重要内容。推动国家治理现代化内在地要求推动经济治理现代化，在不断优化发展中国特色社会主义经济制度体系的进程中，实现更高质量、更高水平的经济发展。思想价值引领凸显于经济制度优化的发展进程，就是要在经济领域不断加深对马克思主义社会发展阶段理论的理解，清醒认识到社会主义社会是实现共产主义的必经阶段，体现社会主义与共产主义性质的经济形态必然是以公有制为基础的，中国特色社会主义集社会主义本质与共产主义未来于一身，经济上的公有制属性不容动摇，公有制与按劳分配的主体地位必须长期坚持；同时，要结合对中国社会发展客观实践与时代发展客观要求的认识，尊重并利用生产力发展的客观规律，实事求是坚持多种所有制与多种分配方式并存，健全完善与社会主义制度完美融合的市场经济体制，对实践和时代发展要求进行积极反馈，不断创新发展马克思主义中国化的实践成果。思想价值引领从中国特色社会主义发展物质基础的角度确保国家治理现代化进程经济实力强大、物质力量雄厚。

二、将集体主义导向贯穿于国家治理现代化进程

我国国家制度和治理体系具有坚持党的集中统一领导、坚持以人民为中心、坚持全国一盘棋和坚守共同理想信念等多方面的显著优势，这其中贯穿着集体主义的价值主线。推进国家治理现代化始终着眼最广大人民的根本利益，确保改革成果更多更公平地惠及全体人民，全体人民是中国治理视域下最大的真实集体。因此，在国家治理现代化进程中要始终坚持集体主义导向，深刻理解在国家治理中坚持集体主义的基本内涵，正确把握和处理国家、集体与个人三者之间的利益关系，在国家治

① 中国共产党第十九届中央委员会第四次全体会议公报［N］.人民日报，2019-11-01（1）.

理方式中不断彰显集体主义的社会功能，在推进国家治理现代化中坚持培育集体主义精神，以更加完善的中国特色国家治理体系来保障国家治理能力的实现。

我国国家制度和治理体系具有坚持党的集中统一领导、坚持以人民为中心、坚持全国一盘棋、坚守共同理想信念等多方面的显著优势，集体主义是贯穿其中的价值主线，凸显出集体主义在理论和实践层面对中国社会发展的积极意义。因此，深刻理解国家治理坚持集体主义的基本内涵，发挥集体主义在国家治理中的价值功能，积极培育和弘扬集体主义精神，对于推进国家治理体系和治理能力现代化具有重要的现实意义。

（一）在国家治理中坚持集体主义的基本内涵

集体主义贯穿于中国特色社会主义建设的伟大实践，是基本价值导向之一。毛泽东在《论十大关系》中就国家、生产单位和生产者个人之间的关系强调："必须兼顾国家、集体和个人三个方面，也就是我们过去常说的'军民兼顾''公私兼顾'。"[①]在《读苏联〈政治经济学教科书〉的谈话》中，毛泽东指出，"个人利益服从集体利益，暂时利益服从长远利益，局部利益服从全局利益"[②]，主张在集体利益基础上，实现个人利益与集体利益的辩证统一。改革开放以来，邓小平明确肯定了在社会主义条件下人们追求正当个人利益的合理性，因为"人是需要一些个人利益来从事生产的"[③]，社会主义集体主义"决不是说可以不注意个人利益"[④]，鼓励人们多劳多得，"提倡按劳分配，承认物质利益，

① 毛泽东文集：第七卷［M］.北京：人民出版社，1999：28.

② 中共中央文献研究室.建国以来重要文献选编：第十三册［M］.北京：中央文献出版社，1996：760.

③ 邓小平文选：第二卷［M］.北京：人民出版社，1994：351.

④ 邓小平文选：第二卷［M］.北京：人民出版社，1994：175.

是要为全体人民的物质利益奋斗"[①]，这是社会主义市场经济与社会主义集体主义相统一的具体表现。弘扬集体主义精神是社会主义精神文明建设的重要内容，1996年通过的《中共中央关于加强社会主义精神文明建设若干重要问题的决议》强调社会主义道德建设要以集体主义为原则。2006年10月，党的十六届六中全会首次提出建设社会主义核心价值体系，这一思想体系蕴含了丰富的集体主义思想，为社会主义意识形态建设树立了新的标杆。党的十八大以来，习近平总书记多次强调要加强集体主义教育，指出："始终代表最广大人民根本利益，保证人民当家作主，体现人民共同意志，维护人民合法权益，是我国国家制度和国家治理体系的本质属性，也是我国国家制度和国家治理体系有效运行、充满活力的根本所在。"[②]我国国家治理是一种以人的需要满足和发展进步为目标的治理模式，国家、集体与个人是国家治理中最重要的主体，应该坚持什么样的价值导向来平衡三者之间的关系，这是在国家治理过程中必须回答的问题。

1.在国家治理中准确把握集体主义的三个层次

第一，大公无私，即毫不利己，专门利人，把集体利益放在首位。随着人民对美好生活需求的不断提高，他们不仅期待高质量、高效率的治理，而且对于产品供给和治理成果也提出了更高要求。对于国家来说，为了满足人民对美好生活的新期待，举一国之力统筹顶层设计和分层对接，统筹制度改革和制度运行，这不是个人能够做到的，这使得大公无私精神具有了坚实的物质基础。就个人而言，在社会主义革命、建设、改革时期，不乏像黄继光、雷锋、孔繁森、黄大发等这样"大贤秉高鉴，公烛无私光"的楷模，为了维护国家和人民利益，无私无畏，甚至舍己为人，用"我将无我"的精神树立了道德的丰碑。第二，先公后私。这一层次提倡当个人利益与集体利益发生矛盾时要顾全大局，先集

① 邓小平文选：第二卷［M］.北京：人民出版社，1994：337.

② 习近平谈治国理政：第三卷［M］.北京：外文出版社，2020：123.

体后个人。“我国国家制度和国家治理体系始终着眼于实现好、维护好、发展好最广大人民根本利益，着力保障和改善民生，使改革发展成果更多更公平惠及全体人民。”[①]针对治理领域出现的碎片化、割裂化、条块化等问题，需要加强整体谋划，提升治理的系统性和协同性，使个人的目标与集体利益的要求相契合。第三，公私兼顾。国家治理现代化重视人本身的发展，自然会尊重个人的正当利益需求。集体主义并不否认个人正当利益，而是在保障社会整体利益的前提下，实现个人利益和社会整体利益的有机结合。改革开放使社会主义制度的“公”与市场经济的“私”交融，既发挥市场在资源配置中的决定性作用，又更好发挥政府作用，推动经济高质量发展。在毫不动摇巩固和发展公有制经济的同时，也鼓励、支持、引导非公有制经济发展，“促进非公有制经济健康发展和非公有制经济人士健康成长”。在个人方面，“鼓励勤劳致富，保护合法收入，增加低收入者收入，扩大中等收入群体，调节过高收入”[②]。这些都是公私兼顾的重要体现。

2.在国家治理中将集体主义与为人民服务相结合

为人民服务是马克思主义世界观、人生观在思想道德上的反映，是无产阶级本质特征的重要体现，对于这一点马克思、恩格斯就曾指出无产阶级革命的出发点就是为绝大多数人谋利益，列宁在其基础之上进一步揭示了一切以私有制为基础的旧道德的实质是“人人为自己，上帝为大家”[③]，同时指出与资产阶级的道德相反，无产阶级的共产主义道德原则是“人人为我，我为人人”[④]。中国共产党的建立、发展和壮大，其全部历史和实践的根本价值取向都是以人民为中心，为人民服务。因

① 习近平谈治国理政：第三卷［M］.北京：外文出版社，2020：123.

② 中共中央关于坚持和完善中国特色社会主义制度 推进国家治理体系和治理能力现代化若干重大问题的决定［N］.人民日报，2019-11-06（1）.

③ 列宁选集：第一卷［M］.北京：人民出版社，2012：42.

④ 列宁全集：第三十一卷［M］.北京：人民出版社，1960：104.

而中国特色社会主义制度下的国家治理过程，也是中国共产党始终坚持为人民服务的过程。道德治理是国家治理的重要内容，以为人民服务为核心，以集体主义为原则，是新时代公民道德建设的重要内容，二者统一于道德治理的时代性要求之中，也呈现出二者在社会主义道德建设中的内在一致性。第一，二者在本质上是一致的。社会主义的集体主义是为人民服务的集体主义，社会主义道德是人民群众的道德。人民是最大的集体，为人民服务也就是为全体人民这个大集体服务，是否以人民为中心、为人民服务是衡量社会主义集体主义的重要价值标尺。第二，二者表现的内容和要求是一致的。为人民服务是社会主义道德建设的核心，强调一切工作要以人民群众的根本利益为出发点和落脚点，个人利益包含在人民利益之中，正如马克思所说："只有在集体中，个人才能获得全面发展其才能的手段。"[①]集体主义同样也强调在处理个人与集体的关系时要从人民和集体的利益出发，社会是人的社会，个人是社会的个人，集体为个人成长提供了社会土壤，没有集体利益的发展和集体价值的实现，个人利益和个人的价值也就无从谈起。

3. 在国家治理中正确处理集体主义与社会主义市场经济的关系

加快完善社会主义市场经济体制是推进国家治理现代化的重要维度。中国特色社会主义市场经济作为社会经济运行和发展的形式，并不改变公有制在我国经济制度中的主体地位，发展社会主义市场经济与坚持集体主义在根本上是一致的，坚持集体主义价值导向是发展社会主义市场经济的内在要求。第一，加快完善社会主义市场经济体制的根本目的在于更好发挥市场在资源配置中的决定性作用，使人尽其才、物尽其用，充分发挥劳动者的生产积极性和创造性，提高劳动生产率，逐步实现共同富裕，推动社会全面进步。第二，坚持集体主义价值导向可以更好地克服市场经济的缺陷和不足。市场经济不是万能的，自身也有缺陷和不足。如果更加注重效率，却容易忽视公平，加剧社会贫富差距。市

① 马克思恩格斯全集：第三卷［M］.北京：人民出版社，1960：84.

场经济虽然可以激发不同利益主体的积极性与创造性，但市场行为的自发性和趋利性容易引起拜金主义、极端个人主义、小团体主义等不良现象，这就需要通过集体主义价值教育规避市场经济的负面效应，规范市场主体行为，完善公平竞争制度，使资源得到最佳配置。所以，在加快完善社会主义市场经济体制的过程中，同样需要坚持集体主义价值导向。

（二）在国家治理方式中彰显集体主义的社会功能

集体主义的社会功能是指集体主义从理论和实践等方面对社会进步与发展所产生的积极作用和影响。马克思指出："批判的武器当然不能代替武器的批判，物质力量只能用物质力量来摧毁；但是理论一经掌握群众，也会变成物质力量。"[①]在国家治理中，集体主义不仅是协调个人与集体利益、凝聚社会集体共识、促进社会治理共治共享、维护社会安定团结的有效办法，也是防范治理进程中个体自我利益至上风险，化解社会矛盾的有效方式，它不仅在社会主义革命和建设时期发挥了重要作用，而且在我国面对世界百年未有之大变局、全面深化改革关键时期仍发挥着力量凝聚、组织动员和行为规范的功能。

1."集中力量办大事"的力量凝聚功能

集体主义对一个国家和民族的成员具有凝聚、集聚功能，使每个社会成员体会到个人与国家、集体休戚与共的关系，唤起人们内心的共鸣感和聚合感，并将这种内心状态转化为实践行动，从而实现有效的社会治理。中华民族的凝聚力自古有之，汤因比曾说过："就中国人来说，几千年来，比世界任何民族都成功地把几亿民众，从政治文化上团结起来。他们显示出这种在政治、文化上统一的本领，具有无与伦比的成功

① 马克思恩格斯选集：第一卷［M］.北京：人民出版社，2012：9.

经验。”[①]进入新发展阶段，治理环境复杂，治理诉求繁杂，国家治理不仅需要面对更加多元的社会思潮，而且还要解决在深化改革过程中可能出现的思想混乱局面，在这个过程中，集体主义思想发挥了重要的凝聚作用。在国内层面，由于个体价值标准和道德观念的差异，相互间容易产生冲突，易导致社会无序状态，必须找到社会成员在价值认同上的最大公约数，使人们认同主流意识形态的价值观，把“小我”主动融入“大我”之中，朝着共同的目标奋斗。在国际层面，随着民族共同体理念不断深入，民族凝聚力越来越成为国与国之间竞争的重要因素。民族凝聚力可以提高国家影响力和竞争力，赢得国际话语权，也可以在参与国际合作和文化交流时以国家利益为重，讲好中国故事，传播好中国声音。简言之，集体主义凝聚作用能保证中国办大事，而且能办成许多国家办不了的大事。

2.“全国一盘棋”的组织动员功能

社会组织动员作为国家治理的一种方式，是组织社会成员参与公共事务的重要手段。集体主义的组织动员功能表现为对个人与个人、个人与集体之间错综复杂关系的有效协调和整合，通过公共利益把人民群众团结起来。国家治理能力是国家制度的集中体现，中国特色社会主义制度的结构体系和显著优势决定了它可以形成强大的组织力和动员力，把一切人力、物力、财力都组织调动起来，统一组织，统一行动，全国上下快速高效反应，这既体现在决策的制定上，也体现在贯彻的速度上，更体现在社会各方的快速行动上。在抗击新冠疫情这场没有硝烟的战争中，14亿中国人民一呼百应，创造社会动员的奇迹，展现了国家高效的组织动员能力，得到了国际社会的充分肯定，世界卫生组织总干事谭德塞赞叹道：“我一生中从未见过这样的动员。”中国速度、中国效率令世界叹服，这得益于国家制度的优越性，得益于我们有强大的主心骨——

① A·J·汤因比，池田大作.展望二十一世纪——汤因比与池田大作对话录［M］.荀春生，朱继征，陈国梁，译.北京：国际文化出版公司，1985：294.

党的领导。习近平总书记曾讲过："鞋子合不合脚，只有穿的人才知道。"[①]中国在这场疫情防控的大考中证明了我们的制度是符合我国实际的，我们的党是值得人民信赖的。在制度的感召下，在党的领导下，车马炮各展其长，一盘棋大局分明。

3."日用而不觉"的行为规范功能

国家治理现代化过程是公民个体现代化与社会现代化的双向互动的过程，公民作为国家治理的重要主体，其参与社会治理能力的强弱关系到治理效能的高低。而集体主义的行为规范功能表现为依托道德、舆论、法律等手段规范人的行为，通过形成正确导向引导人坚持为实现集体利益而奋斗，积极参与并改善社会治理实践。第一，社会的健康有序发展离不开道德规范的价值引导，集体主义的行为规范功能主要就是靠此种"软"约束实现的。道德是一种无形的约束力量，是人们在自发的基础上形成的一种规范意识，如果集体主义仅仅停留在抽象的思想观念上，而没有明确的规范要求，就很难把思想行为引导到正确的轨道上来，就可能出现个人主义、小团体主义。所以，集体主义的要求必须以内在规范的形式表现出来，把他律变成自律，外在的约束变成内在的自觉。第二，舆论约束是集体主义功能发挥的重要途径。通过报纸、电视和微博、微信等方式进行宣传教育，运用大数据、云计算对人们进行有针对性的思想教育，从而引导其养成识大体顾大局的觉悟，同时拥有确保自己的正当利益不受侵害的意识。第三，集体主义也需要靠法律的"硬"约束来保证实施。市场经济是逐利的经济体系，个体有自身的利益要求，但是市场有序稳定是决定个体利益实现的关键，这时法律就成了维护整体、约束个体的依据和保障。法治关乎国家治理能否取得合法性基础和效能提升，再完善的法律制度也无法规范社会生活的各个领域，再完美的德行也难以保证全面自律的行为，因此在国家治理过程中需要运用法治思维和法治方式来维护社会的公平正义，使集体主义成为

① 习近平谈治国理政：第三卷［M］.北京：外文出版社，2020：124.

人们日用而不觉、外显而不察的行为准则。

三、通过自身现代性构建推进中国式现代化发展

思想政治教育的治理最终要指向思想政治教育的时代化发展，在新的历史方位下，思想政治教育通过治理方式实现自身的现代性建构，要将这一过程和成果融入中国式现代化进程之中。具体而言，既要积极向内审思，把握思想政治教育现代性的生成理路和现代性建构的逻辑进路等关键环节，更要向外通过持续、深入的现代性建构发挥和彰显其在中国式现代化中的作用与功能，为全面建成社会主义现代化强国、实现第二个百年奋斗目标，以中国式现代化全面推进中华民族伟大复兴提供坚实的政治保障、深厚的文化滋养和持续的精神力量。

（一）为中国式现代化提供坚实的政治保障

“党政军民学，东西南北中，党是领导一切的。”[①]中国式现代化一方面需要思想政治教育为其提供坚实的政治保障；另一方面思想政治教育同样也需要在中国式现代化中进行现代性建构，通过中国式现代化的理论宣传及阐释培养社会主义合格建设者和接班人，巩固党对中国式现代化的领导地位。

第一，巩固党对中国式现代化的领导地位。“党的领导直接关系中国式现代化的根本方向、前途命运、最终成败。党的领导决定中国式现代化的根本性质，只有毫不动摇坚持党的领导，中国式现代化才能前景光明、繁荣兴盛；否则就会偏离航向、丧失灵魂，甚至犯颠覆性错

① 习近平.决胜全面建成小康社会 夺取新时代中国特色社会主义伟大胜利——在中国共产党第十九次全国代表大会上的报告［M］.北京：人民出版社，2017：20.

误。”[①]巩固党对中国式现代化的领导地位不仅赋予了思想政治教育新的使命任务，而且也是思想政治教育为中国式现代化提供政治保障的首要任务，需要通过思想政治教育现代性建构充分肯定受教育者的主体性地位，通过多样、立体的教育教学方式增进受教育者对“为什么是中国共产党”即党的执政地位的正确认识，从恢弘壮阔的百年党史中深刻把握“中国共产党为什么能”这一时代之问，积极号召和带领受教育者更为主动地投身社会主义现代化建设。

第二，推进中国式现代化理论宣传及阐释。“理论只要说服人，就能掌握群众；而理论只要彻底，就能说服人。”[②]推进理论的宣传及阐释是发挥理论说服人这一功能的应有之义。在中国式现代化理论宣传中，思想政治教育者肩负着如何把理论讲深、讲透、讲活的重要使命，既要为“大道理”寻求“小切口”，也要从“小故事”中发掘“大视野”，让受教育者真学真懂真信真用马克思主义。思想政治教育现代性建构是实现上述要求的关键实践进路，主要通过不断激发教育者的自我意识增强其对具体的思想政治工作责任的认识深度和重视程度，自觉提高政治站位、道德素质、教学水平，确保完成好赓续红色基因，为党育人、为国育才的重要任务。

第三，培养社会主义合格建设者和可靠接班人。人是中国式现代化不断前进的根本力量，中国式现代化的未来寄托在当代中国青年身上。从这一角度看，思想政治教育能否完成好立德树人根本任务，为中国式现代化培育一批社会主义合格建设者和可靠接班人，就是一种更为深层的政治保障。具体来看则需要在思想政治教育现代性建构中坚持以人为本，关心青年、关爱青年的基本理念，以立体的思想政治工作体系建设、合理的现代信息技术应用、多元化的思想政治教育队伍组建为青年

① 习近平在学习贯彻党的二十大精神研讨班开班式上发表重要讲话强调 正确理解和大力推进中国式现代化［N］. 人民日报，2023-02-08（1）.

② 马克思恩格斯文集：第一卷［M］. 北京：人民出版社，2009：11.

提供动态化、精准化、高质量的思想政治教育内容供给，培育既有坚定理想信念又肯砥砺奋斗，坚决拥护中国共产党领导的新时代好青年。

（二）为中国式现代化提供深厚的文化滋养

“思想政治教育是具有文化底蕴、体现文化内涵的一项系统工程，实现着政治性、科学性、人文性的高度统一，表现出强烈的渗透、融入、过程性特点。”[①]思想政治教育与文化之间有着密切关联，思想政治教育本身就是一种文化现象，是以文化人、文化育人的重要载体和特殊表现形式，也是推进文化自信自强、精神文明建设、文化强国建设的重要力量。从内容上看，中华优秀传统文化、革命文化、社会主义先进文化是思想政治教育的重要资源，为思想政治教育活动的开展提供了无形的文化场域。思想政治教育现代性建构不仅旨在让受教育者在理性认识和看待东西方文化差异的基础上增强文化自信、增进文化认同、树立文化自觉，而且也能在此基础上为中国式现代化提供深厚的文化滋养。

一是有助于实现思想政治教育的文化自觉。“文化自觉是一个艰巨的过程，首先要认识自己的文化，理解所接触到的多种文化，才有条件在这个已经在形成中的多元文化的世界里确立自己的位置。”[②]实现思想政治教育的文化自觉是文化现代性的内在要求，要从反思的角度对思想政治教育的内容、载体、环境等要素进行文化层面的主动的价值筛选与判断，把握思想政治教育文化发展的现代规律，主动营造良好的思想政治教育文化氛围、文化环境、文化生态，进一步体现和彰显思想政治教育的人文属性。

二是有助于促进物质文明和精神文明的协调发展。“物质贫困不是

① 冯刚.新时代中国特色社会主义思想政治教育的创新发展［J］.中国高等教育，2018（Z1）：29.

② 费孝通.反思·对话·文化自觉［J］.北京大学学报（哲学社会科学版），1997（3）：22.

社会主义，精神贫乏也不是社会主义。”[①]思想政治教育现代性建构应当主动承担起促进物质文明和精神文明协调发展的责任，以中国式现代化的现代性为尺度对当前社会中存在的消费主义、享乐主义、历史虚无主义等社会思潮进行批判性审视，根据当前的文化发展态势和文化传播趋势，在文化产业发展、文化产品生产过程中发挥出思想政治教育在公共文化服务中的重要作用，满足受教育者日益增长的精神文化需求，不断提升文化获得感、满足感、幸福感，促进精神生活层面的共同富裕。

三是有助于挖掘中华优秀传统文化的现代价值。中华优秀传统文化是中华民族五千多年文明历史传承下来的文化精髓，也是思想政治教育的富矿，具有重要的时代价值。中华优秀传统文化通过与马克思主义基本原理的结合能够实现文化的现代性转化，从而形成中国式现代化的文化形态。思想政治教育现代性建构要求进一步发掘、传承、弘扬中华优秀传统文化中既符合中国式现代化本质要求、基本特征，也符合社会主义核心价值观的思想精华，一方面能够形成相应的思想政治教育内容和文化载体，另一方面也能够为思想政治教育文化学的建立提供内在支持，并且从整体上看还能够更好地发挥出中华优秀传统文化的深层力量，助力中华民族现代文明建设。

（三）为中国式现代化提供持续的精神力量

“今天，中国人民更加自信、自立、自强，极大增强了志气、骨气、底气，在历史进程中积累的强大能量充分爆发出来，焕发出前所未有的历史主动精神、历史创造精神，正在信心百倍书写着新时代中国发展的

① 习近平.高举中国特色社会主义伟大旗帜 为全面建设社会主义现代化国家而团结奋斗——在中国共产党第二十次全国代表大会上的报告［M］.北京：人民出版社，2022：22-23.

伟大历史。”[①]当前中国式现代化的一切成果靠的就是广大人民群众在中国共产党的领导下通过发挥历史主动精神，脚踏实地、砥砺前行、真抓实干所取得的，深刻体现出马克思主义的人民性。思想政治教育现代性建构与中国式现代化同频共进，通过进一步激发受教育者的历史主动性为中国式现代化提供持续的精神力量。

第一，凝聚思想共识，增进对中国式现代化的认同。认同是发挥历史主动性的重要前提，主要分为政治认同、思想认同、理论认同、情感认同四个维度。增进受教育者对中国式现代化的认同是思想政治教育现代性建构的重要目标之一，需要通过现代信息技术选取生动形象、贴近生活的实际案例，选用分众化、精准化的宣传方式，利用多种传播渠道扩大辐射面积、增进实际效果，真实、直观地展现出中国式现代化的历史逻辑、理论逻辑和实践逻辑，深刻感受到中国式现代化道路的来之不易，让受教育者逐渐形成对中国式现代化的政治认同、思想认同、理论认同、情感认同，实现社会价值和自我价值的高度统一。

第二，坚定理想信念，保持忧患意识。中国式现代化是一项没有成熟案例可供借鉴的开创性事业，经济、政治、文化、社会、生态文明等领域的现代化建设必然会遭遇到来自国内外的一系列风险和挑战，只有具备忧患意识才能乘风破浪、行稳致远，为中国式现代化的发展创造稳定的社会环境。思想政治教育现代性建构本身就是在中国式现代化中坚持忧患意识和全局意识的思维产物，进言之，就是要进行主动、及时调整，以自身的现代性建构在当前尖锐、复杂、长期的意识形态领域斗争中占据优势。此外，思想政治教育现代性建构也要时刻保持对受教育者进行正确的思想引领和价值观培育，坚定理想信念，保持忧患意识。

第三，激发内生动力，树立共同体意识。个人主义作为西方现代性的根本特性之一，其本质是对自由的追求和权利的获取。不过随着资本

---

① 中共中央关于党的百年奋斗重大成就和历史经验的决议［N］. 人民日报，2021-11-17（1）.

主义的发展，当前的个人主义逐渐发生异化，表现为把个人利益凌驾于集体利益之上，给思想政治教育带来了严重影响。这种与社会主义核心价值观严重违背的错误的观念被越来越多的青年群体所接受，造成个人权利与义务、自我表现和集体参与的失衡，对历史主动性进行着解构。树立共同体意识是基于唯物史观对西方现代性进行内在超越的基本要求，也是思想政治教育现代性建构的应有之义，既要建立育人共同体，形成整体合力，也要以共同体意识培育为主要内容，让青年真正意识到共同体意识与自身利益的密切关联，更好地发挥历史主动性。

第十章 促进思想政治教育的协同发展

思想政治教育与时俱进的创新发展是内外部因素综合作用的结果。思想政治教育的协同发展是实现思想政治教育横向、纵向拓展的重要方式，也是推动思想政治教育系统整体发展的内生动力的重要构成。思想政治教育的协同发展能够推动思想政治教育系统中人、事、物的协同联动，通过资源的充分利用、教育活动的全面推进、教育创新和改革以及教育质量和效果的提升，促进思想政治教育系统的综合、协调、和谐发展以及思想政治教育系统的整体优化和完善。其中，“三全育人”工作的理论与实践、大中小学思想政治教育一体化建设以及思政课程与课程思政同向同行等相关课题是思想政治教育的协同发展的重要方式，在理论与实践相结合、横向与纵向相结合、动态与静态相结合等视角下对相关问题进行讨论，有利于深刻理解思想政治教育协同发展的重要意义，把握和拓展新时代思想政治教育的协同发展方式，激发思想政治教育多维发展的动力和活力。

第一节　推进“三全育人”综合改革的理论与实践探索

总结基本经验、明晰理论蕴涵、深化实践进路是深刻把握新时代“三全育人”建设内在规律的题中之义。坚持和加强党对高校思想政治工作的全面领导，坚持内涵式发展的路径选择和供给侧着力的建设思路，是多年来推进“三全育人”建设的基本经验。新时代“三全育人”建设是落实立德树人根本任务的实践路径，是遵循思想政治工作规律、教书育人规律、学生成长规律的必然要求，同高校思想政治教育治理内在关联。深化“三全育人”建设需要在优化教学过程、加强队伍建设、创新方式方法等方面继续着力，不断提升教育教学温度，增强思想引领力度，提高立德树人效度。

一、把握“三全育人”综合改革的基本经验

“三全育人”综合改革试点工作已先后完成两个批次，总共设立了8个综合改革试点区、25所试点高校和92个试点院（系）。各试点单位在积极推进“三全育人”建设过程中探索出了各类实践案例，这为思想政治教育创新发展提供了实践支撑、积累了丰富经验。

（一）坚持和加强党对高校思想政治工作的全面领导

习近平总书记在全国高校思想政治工作会议上指出，“办好我国高等教育，必须坚持党的领导，牢牢掌握党对高校工作的领导权，使高校成为坚持党的领导的坚强阵地”①。坚持和加强党对高校思想政治工作的全面领导是推进“三全育人”建设的必然要求，是切实保证“三全育人”建设效果的重要前提。

1.凝心聚力，切实推进制度机制建设

各试点单位党委高度重视“三全育人”建设，在制度机制建设方面取得了丰富成果。第一，抓牢政治建设，着力制度设计。各试点单位党委始终将政治建设摆在首位，通过改进与优化相关制度确保党委领导核心作用的有效发挥，牢牢掌握“三全育人”建设的领导权、话语权，把稳政治方向。第二，加强思想引领，明确目标任务。各试点单位党委通过政策研讨、理论学习等方式认真领会有关会议文件精神，进一步明确“三全育人”目标任务，在思想上达成共识，在行动上步调一致。第三，注重统筹协调，完善工作机制。各试点单位党委通过协同机制建设，进一步增强各级各部门之间的协同性以及各育人主体之间的合作意识，从整体上推动齐抓共管工作格局的加快构建。

2.落实落细，扎实推进责任体系建设

各试点单位党委以责任体系建设为重点，形成了全员认真负责、积极尽责、自觉担责的良好工作氛围，为推进“三全育人”建设提供了重要支撑。第一，坚持效果导向，强化责任落实。各试点单位党委自觉承担主体责任，建立责任清单和相应的问责、追责制度，把责任压实，把育人效果当作检验各育人主体履职担责情况的重要标准。第二，构建责任链条，细化职责分工。各试点单位党委通过建立各环节相扣、各主体

① 习近平在全国高校思想政治工作会议上强调 把思想政治工作贯穿教育教学全过程 开创我国高等教育事业发展新局面［N］. 人民日报，2016-12-09（1）.

相连的责任链条，既理顺了各部门之间、部门内部人员之间的责任划分，又实现了责任交叉，切实做到了人人有责、人人负责。第三，树立责任意识，强化责任驱动。各试点单位党委通过组织开展“三全育人”先进集体和先进个人表彰大会、“三全育人”最美教师评选大会、师德师风教育警示大会等活动进一步激发育人主体的责任意识，使其在育人过程中更有干劲、更能担当。

3.久久为功，坚实推进高校基层党组织建设

做好高校党建工作是加强党对高校领导的内在要求，对推动组织育人建设具有重要作用。第一，加强党支部建设，提供组织支撑。各试点高校党委大力推动院（系）党支部、教工党支部、学生党支部建设，号召党员干部积极参与一线育人工作，发挥基层党支部的战斗堡垒作用。第二，党建带团建，发挥协同效应。在各试点高校党委的领导下，高校共青团坚持把思想政治工作融入团学工作之中，在组织育人、文化育人、实践育人等环节与党组织密切配合，发挥协同效应。第三，党员积极响应，树立典型标杆。各级党组织不断加大对优秀教职工党员“三全育人”先进事迹的宣传力度，树立典型标杆，发挥模范带头作用。

（二）坚持内涵式发展的路径选择

内涵式发展是一种反映、体现事物本质要求、本质特征的发展路径或模式。相较于关注事物“量”的增长的外延式发展来说，内涵式发展关注事物的“质”，直接指向其本质特征的实现。“高等教育内涵式发展道路，是一项以提高质量为核心的系统创新工程，提高质量、优化结构、深化改革、促进公平是高等教育内涵式发展的重要支撑点。”[①]各试点单位坚持内涵式发展的路径选择，立足“三全育人”的本质要求，在育人体系建构、育人动力培育以及育人质量提升等方面取得了一系列实

① 冯刚.提升基层党建工作质量　服务高等教育内涵式发展［J］.中国高等教育，2013（10）：29.

质性进展。

1. 推进一体化育人体系建构

各试点单位根据《“三全育人”综合改革试点工作建设要求和管理办法（试行）》分别从宏观、中观、微观三个层面推进一体化育人体系建构，在省级层面统筹协调家庭、学校、社会三大育人场域形成育人合力，保障与促进育人资源在“大环境”中的科学调配和高效流通；在校级层面以构建“十大育人”体系为工作重点，以整体性、协同性为建设原则，积极整合高校内部育人力量，畅通育人过程，优化育人环境；在院（系）层面结合实际情况，以遵循育人规律、发掘育人元素、彰显育人特色为重点进行体系建构，在实际育人过程中依托体系优势增强育人效果。

2. 充分培育主体的育人动力

动力是对组织、事业前进和发展起促进作用的力量。从系统动力学的角度看，“三全育人”建设离不开动力系统的推动，既有直接推动体系建设和内部要素发展的动力，也有作用于育人主体的动力，不同动力的作用点不同，作用效果也存在差异，而后者即主体的育人动力无疑在整个动力系统中居于更加重要的地位，也因此成为各试点单位在动力系统建构方面的重点。具体实践路径有：通过科研立项、事迹表彰等举措激发育人主体的能动性；通过健全科学的评价机制帮助育人主体找准个人定位，实现以评促建、以评促改；通过构建完善的保障机制为育人主体提供动力支撑。

3. 持续关注育人质量提升

内涵式发展是提升育人质量的必由之路。各试点单位通过推动高校思想政治理论课建设内涵式发展、加强高校思想政治工作主阵地建设等途径为提升育人质量打下了坚实基础。在思想政治理论课建设方面，各试点单位不断优化课程内容，丰富课程形式，建立课程目标体系和质量评价体系，深入推动习近平新时代中国特色社会主义思想进教材、进课堂、进头脑。在课程思政方面，各试点单位坚持点面结合的建设思路，一方面，深入挖掘优势学科、特色专业的思政元素，积极打造课程思政品牌；另一方面，不断强化各专业课程的育人导向，推动课程思政建设全面铺开。

（三）坚持供给侧着力的建设思路

习近平总书记在中央财经领导小组第十三次会议上指出，“供给侧结构性改革的根本目的是提高供给质量满足需要”①。从供给侧着力推进“三全育人”建设是高校立足新发展阶段的必然选择，也是不断适应需求侧新特征、新需要，提升育人质量的重要举措。各试点单位在科学配置供给资源、改善优化育人环境以及确保育人成果有效转化等方面不断探索，取得了显著成效。

1.科学配置育人资源

一是共建育人资源。各试点高校积极同社会各界探讨育人资源共建新模式，加强校企联合建立创业实习基地，依托城乡社区打造社会实践基地，联系爱国主义教育场所拓展第二课堂，扩大资源供给，极大丰富了“三全育人”的实践资源。二是共享育人资源。在“三全育人”建设的引领与带动下，校地合作、校际合作更加频繁，采用多种合作方式在信息资源、技术资源、教学资源等方面实现渠道互通和资源共享。三是整合育人资源。各试点高校以内部资源优化整合为重点深入推动校内治理，通过重组原有育人资源、整合零散育人资源、挖掘潜在育人资源等方式不断提高育人资源的使用率和供给效率。

2.改善优化育人环境

环境也是一种重要的供给资源。供给环境的好坏往往能够对“三全育人”的实际效果产生深远影响。各试点高校以优化内外供给环境为出

---

① 习近平主持召开中央财经领导小组第十三次会议强调 坚定不移推进供给侧结构性改革 在发展中不断扩大中等收入群体［N］.人民日报，2016-05-17（1）.

发点，一是加强课上与课下的双向建设，为学生营造良好的课堂氛围和校园环境；二是促进网上与网下的同向谐振，净化网络空间，维护网络意识形态安全，全力保障学生学习生活有序稳定；三是加强自在与自觉环境建设，在夯实自在环境建设的基础上根据实际工作需要有意识、有针对性地营造自觉环境，为“三全育人”建设提供必要支撑。

3.有效转化育人成果

各试点单位在推进“三全育人”建设过程中形成了一批复制性强、推广性高、实际效果好的育人成果，通过相应措施使这些育人成果有效转化为供给产品。一是通过举行新闻发布会、举办经验分享座谈会等方式把一大批优秀的育人案例推广开来，成为供其他高校参考借鉴的模板；二是不断把“三全育人”建设中形成的可行经验上升为制度机制，在实践中进一步调整优化；三是积极推进育人效果显著、内部反响良好的考核机制、协同机制等的常态化、长效化建设，切实巩固育人成果。

二、新时代高校“三全育人”的理论蕴涵

“三全育人”是对准育人目标、凝聚育人共识、治理育人要素、遵循育人规律、解决育人问题的科学理念和先进模式，具有深刻丰富的理论蕴涵。具体而言，新时代高校“三全育人”指向高校思想政治工作在时空维度的整体化构建、高等教育推进治理现代化进程和高校思想政治工作高质量发展。深入理解新时代高校“三全育人”的理论蕴涵，对进一步落实和深化“三全育人”路径具有指导意义。

（一）“三全育人”是高校思想政治工作立足时空维度的整体化构建

时间和空间是人们探索世界、认知事物、把握规律的基本要素和重要维度，作为主体的人在与客体的相互作用中发挥能动性，彰显人的主体性。正如马克思指出：“时间实际上是人的积极存在，它不仅是人的

生命的尺度，而且是人的发展的空间。”[①]可见，人的成长发展必须在一定时间延展和空间覆盖中进行与展开，而高等教育作为直接指向人的全面发展的重要实践，其推进历程也必须以时间、空间为重要前提，并将人作为活动主体。不但如此，时间和空间也是思想政治教育过程中的两大重要维度，“三全育人”理论的提出，反映出党和国家对高校思想政治工作理论与实践的深刻把握，是将主体、时间、空间相统一的结果。

“三全育人”的基本内涵反映出高校思想政治工作的整体化构建以及在时空维度的拓展深化。首先，“全员育人”的要素是人，强调“三全育人”的主体构成，是全过程育人、全方位育人的队伍基础和人力保障。人的成长和发展是教育的出发点与归宿点，教育主体、对象都是动态发展的人，育人更是教育的本质所在。“全员育人”是将学校、家庭、社会和学生相连接所形成的育人机制。立足于高校，教育与管理之间虽然存在明确的职责划定与界限之分，但二者都应充分发挥育人作用。“全员育人”强调在关心学生身心发展的基础上，打通教育与管理之间的育人分隔，使全体教职员工成为育人主体，形成“人人育人”的局面。其次，“全程育人”的要素是时间，强调“三全育人”具有持续性和阶段性，是全员育人和全方位育人的连接和依托，包含着全员支持、全方位覆盖的内在要求。时间反映的是事物的连续关系，是连接过去、现在与未来的关键，“全过程育人”强调时时用力、久久为功，反映了人的思想观念系统是非线性的动态开放系统这一规律认知。最后，“全方位育人”的要素是空间，强调“三全育人”具有全面性和整合性，是全员育人和全过程育人的延伸拓展和保障。时间是人的实践活动的持续，空间成为人的实践活动的广延。空间作为物质存在的客观实在形式，也反映了事物之间的并存关系。全方位育人强调处处育人、育人处处，以育人空间的全面性实现育人成效的全面性，要求整合校内与校外、课内与课外、网内与网外等多方育人资源，构建一体化、立体化的

① 马克思恩格斯全集：第三十七卷［M］.北京：人民出版社，2019：161.

育人体系，促进学生德智体美劳全面发展。总而言之，“三全育人”是将育人主体、育人时间与育人空间相结合形成的有机系统，不论立足马克思主义哲学的“社会时间与社会空间”，或是从教育学“时空建构”的角度，还是从教育过程理论来看，“三全育人”的提出都有其内在遵循依据和时空价值，而归根结底，“三全育人”是高校思想政治工作因事而化、因时而进、因势而新的产物，反映了高校思想政治工作整体化构建的内在要求。

（二）“三全育人”与新时代高校思想政治教育治理具有内在耦合

党的十九届四中全会提出：“坚持和完善中国特色社会主义制度、推进国家治理体系和治理能力现代化，是全党的一项重大战略任务。”①面对国家治理现代化的时代命题和“双一流”建设的战略要求，高等教育在推进治理现代化的过程中不断引进治理思维、吸纳治理智慧、采用治理方略以及改革完善体制机制，这也对高校思想政治教育治理提出了新的要求。高校思想政治教育治理以国家治理制度体系为展开依据，以服务国家治理为重要目标，围绕立德树人的根本任务，以培养国家发展所需的时代新人为目标导向，在高校党委的领导下，协调各方、协同发力。高校思想政治教育治理涉及多领域、多环节，具有复杂性、多变性特征，需要治理主体的多元性、运行的多维性以及协同的联动性。新时代高校“三全育人”既是推进新时代高校思想政治教育治理的重要抓手，也反映了高校思想政治教育的治理形态。

首先，新时代高校“三全育人”是站位于高校思想政治教育整个有机系统的宏观性战略。新时代高校“三全育人”充分吸纳了“系统治理”和“综合治理”的科学思维，具体表现为“五育”目标的全面性、育人共同体的协作性、各方资源运行的有序性，囊括全时段、覆盖全领

① 中共中央关于坚持和完善中国特色社会主义制度 推进国家治理体系和治理能力现代化若干重大问题的决定［N］. 人民日报，2019-11-06（1）.

域，注重横纵联动协同。其次，新时代高校“三全育人”也是建立在积极主动思维模式上的有序高效的运行系统。新时代高校“三全育人”将育人的主体、过程、范围相联结，强调要在动态发展中不断回应人才培养的新需求和新问题，以学生为中心创新具体实施路径，将实践成果及时转化成制度成果，促进思想政治工作效能化、长效化推进。最后，新时代高校“三全育人”还是以内在的反思性状态保障自身处于不断修正、改进和完善的螺旋式上升的过程，高度重视管理、评估和督导。[①]如，全过程育人正向前延伸，推进大中小一体化育人，向后、向外可以向终身教育、全面教育发展，实现育人永远在路上。综而述之，新时代高校“三全育人”充分反映出治理的一体化视角、积极性思维和反思性特点，本质上是高校思想政治工作的治理形态和应然状态，因而对于推进高等教育治理现代化具有不容替代的价值。

（三）“三全育人”以高校思想政治工作创新发展的规律为根本遵循

规律是事物及其现象之间内在的、本质的、必然的联系。列宁曾指出：“规律的概念是人对于世界过程的统一和联系、相互依赖和总体性的认识的一个阶段。”[②]对规律的把握也有赖于对事物的本质揭示和矛盾把握。思想政治教育作为一项特殊的社会实践活动，同样具有其内在规律。2016年12月，习近平总书记在全国高校思想政治工作会议上指出：“做好高校思想政治工作，要因事而化、因时而进、因势而新。要遵循思想政治工作规律，遵循教书育人规律，遵循学生成长规律，不断提高工作能力和水平。”[③]“三大规律”既坚持和反映了思想政治教育的基本

① 冯刚，高山，等.新时代高校思想政治教育治理论［M］.北京：中国社会科学出版社，2021：74-79.

② 列宁全集：第五十五卷［M］.北京：人民出版社，2017：126.

③ 习近平在全国高校思想政治工作会议上强调 把思想政治工作贯穿教育教学全过程 开创我国高等教育事业发展新局面［N］.人民日报，2016-12-09（1）.

规律，也是对新时代高校思想政治工作具体规律的最新表达，而“三全育人”的提出与发展也始终以“三大规律”为根本遵循。

首先，“三全育人”遵循思想政治工作规律。“三全育人”使校内校外、课内课外、网内网外相贯通，彼此成为一体化育人空间。同时，做到显性教育与隐性教育相结合、解决思想问题与解决实际问题相结合、广泛覆盖与分类指导相结合，在一定程度上可纾解“社会发展要求与个体发展需要的矛盾、主导性教育与自主性接受的矛盾、教育正面影响与环境不良影响的矛盾”①，激发高校思想政治工作高质量发展的内生动力。其次，“三全育人”遵循教书育人规律。“三全育人”要求专兼职思想政治工作者和党务工作者、其他学科教师和科研人员、行政管理人员、后勤服务人员都成为育人主体，做到教书和育人相统一、言传和身教相统一。知识传授与思想政治教育之间需要建构科学的体制机制，因为“许多力量融合为一个总的力量……和它的单个力量的总和有本质的差别”②，而“全员育人”则是致力于发挥多元育人主体的协同效应，实现教书育人的最优效果。最后，“三全育人”遵循学生成长规律。人的思想观念在发展过程中兼具量的积累的渐变性和质的异化的突变性，“三全育人”要求全时段检视分析学生思想品德发展情况，不间断实施思想价值引领；同时根据不同成长阶段特点构建递进式育人体系，实现不同年级、学段的科学衔接；兼顾思想政治素质与知识增长、道德养成的内在联系，将个人的成长发展与社会进步密切相连。总而言之，“三全育人”既是在高校思想政治工作的理论与实践探索中得出的，也是在遵循思想政治教育规律、不断深化育人理论而形成的。

---

① 冯刚，彭庆红，佘双好，等.新时代高校思想政治教育学原理［M］.北京：人民出版社，2021：27.

② 马克思恩格斯选集：第三卷［M］.北京：人民出版社，2012：505.

三、新时代高校“三全育人”的深化路径

进一步深化新时代高校“三全育人”综合改革，需在全面总结既往经验的基础上，顺应新要求、针对重难点、选用好方法、结合新技术，落实立德树人的根本任务，坚持政治导向和目标导向；不断完善体制机制，强化制度导向和效果导向；在多元主体互动中拓展实践，遵循问题导向和创新导向；从而推动高校思想政治工作更好地适应和满足学生成长诉求、时代发展要求和社会进步需求。

（一）在落实立德树人中推进“三全育人”的发展

百年大计、教育为本，学校教育、育人为本，德智体美劳、德育为先。这是中国共产党历经百年沧桑、创造伟大成就、保持青春特质的重要缘由和宝贵经验，为实现中华民族伟大复兴提供了源源不绝的人才支持和精神力量。党的十八大以来，以习近平同志为核心的党中央深化这一规律性认识，多次强调“把立德树人作为教育的根本任务”[①]，“要把立德树人成效作为检验教育事业一切工作的根本标准”[②]。立德树人与“三全育人”存在密切联系，二者是高度契合的。一方面，“育人”是“三全育人”核心，即立德树人是“三全育人”的出发点和落脚点；“全员全程全方位”则是着力点和发力点，是落实立德树人根本任务的方法理路。另一方面，新时代立德树人具有非常突出的整体性，主要表现为所立之德的整体性、所树之人的整体性以及实现过程的整体性。因此，新时代高校“三全育人”要以整体性思维落实立德树人的根本任务，打破时间、空间乃至主体时空的各种限制，实现统筹推进、相互补充、协

① 习近平谈治国理政：第四卷［M］.北京：外文出版社，2022：339.

② 习近平在北京大学考察时强调 抓住培养社会主义建设者和接班人根本任务 努力建设中国特色世界一流大学［N］.人民日报，2018-05-03（1）.

同育人。

具体而言，高校系统内部的“全员育人”要求高校全体教职工都应将立德树人视为根本任务，把立德树人成效作为检验自身工作的根本标准，树立育人意识，提升育人能力，有机联动、并向而行，在完成本职工作中对大学生进行直接或间接的政治观念培塑、思想价值引领和道德规范传导等。“全过程育人”则要从时间维度将立德树人贯通于学校办学治校全过程、教师教育教学全过程和学生成长成才全过程，覆盖从入学到毕业全时段，建构起进阶式育人时序。“全方位育人”则要将立德树人内化于办学治校各领域、渗透进教育教学各环节、调动校内外多方资源、反映在人才培养各方面，从而引导大学生立大德、守公德、严私德，着力培育德智体美劳全面发展的社会主义建设者和接班人，着力培养担当民族复兴大任的时代新人。总而言之，全员育人、全过程育人、全方位育人尽管概念界说不同，但在实际操作中是无法分离的教育整体，归根结底是遵照新时代党的教育方针，把立德树人融入思想道德、文化知识、社会实践教育各环节，构建目标明确、内容完善、标准健全、运行科学、保障有力、成效显著的高校思想政治工作体系，使其贯通学科体系、教学体系、教材体系、管理体系，形成大思政工作格局。

（二）在完善体制机制中提升“三全育人”的效果

有效的制度与机制是实现新时代高校“三全育人”不断深化发展的重要保障和有力支撑。我们应当着眼于“三全育人”的动力机制、运行机制和评价机制的发展与完善，从过程性、动态性、整体性角度提升“三全育人”的实现效果。

首先，要构建和完善“三全育人”的动力机制。新时代高校“三全育人”工作是持续育人、持续发展的动态过程，需建立以内生动力为主、外驱动力为辅的动力系统，做到全程育人绵绵用力不间断、整体发展与时偕行不停滞。一方面，“三全育人”肇始于自上而下的政策文件，应继续增强制度规范的执行力，将“三全育人”纳入高校巡视整改、“双一流”建设、教学科研评估范围，将立德树人、师德师风作为高校教职工述职评议、职称职务晋升、评优争先标准，推进综合改革试点遴选和教学改革课题立项。另一方面，同外驱动力相比，内生动力是更为重要、更深层次、更加长效的力量。激发内生动力，关键在于挖掘育人主体的内生动力，既要选树表彰育人模范，运用物质激励与精神激励，又要在育人过程中引导教育者增进对教育对象的关切，对教育内容之真、教育结果之善、教育过程之美的理念认同和自觉追求，使其将立德树人与教书育人理念深植于心，并转化为内在驱动。

其次，要构建和完善“三全育人”的运行机制。“三全育人”是牵涉各类育人主体、协调多方育人资源的系统工程，易产生运行不畅、资源浪费、专业性不强等问题。应根据《高校思想政治工作质量提升工程实施纲要》《普通高等学校“三全育人”综合改革试点建设标准（试行）》等文件，厘清不同育人体系的责任主体及其具体任务。一方面，要引导具有多重责任的主体探寻不同类型工作结合点，合理配置育人资源，科学设计育人活动。例如，导师可通过带领学生开展田野调查，共时态实现科研育人和实践育人。另一方面，要注重育人共同体建设，合理配备育人专兼职队伍，加强不同责任主体交流对话，增进彼此信任与尊重，知晓对方目标和难点，加强信息和资源的共享流通，实现协同协作、同向同行、互联互通。此外，经费保障、政策保障、环境保障作为运行条件也需纳入考量之中。

最后，要构建和完善“三全育人”的评价机制。质量评价具有“指挥棒”作用，事关实践活动的发展方向和实际成效。要贯彻对照《深化新时代教育评价改革总体方案》，着眼“评什么”和“怎么评”的问题，以立德树人成效为根本标准，以大学生获得感为重要标准，集合专家智慧，采用德尔菲法，构建多层次复合型的质量评价体系，凝练可操作可量化的质量评价指标，坚持过程评价和结果评价相统一、分类评价和综合评价相统一、定性评价和定量评价相统一、主观评价和客观评价相统一。需要认识到，评价本身不是目的，应注重评价结果的应用，将其纳入“双一流”建设成效评估、学科专业质量评价、人才项目评审、教学科研成果评比之中，真正做到以评促改、以评促进。

（三）在多元主体互动中丰富“三全育人”的实践

近些年来，高校思想政治工作整体态势向好，学生思想状况整体健康积极，但仍存在不少盲点堵点亟待解决。在传统高校思想政治工作模式中，高校作为重要教育主体承担主要责任，社会、家庭、学生的育人作用发挥不佳，且缺乏权威评估引导。这种情况在高校系统内部同样存在，部分高校思想政治工作在施教视角下呈现“条块区隔”现象，受教视角下产生“链条断裂”问题，此外，信息时代的到来引致传统灌输式教育效果减弱，教育者主体地位遭遇挑战。可见，“三全育人”既根源于现实问题倒逼，也应在多元主体互动中实现其创新发展。

一方面，新时代高校“三全育人”要坚持以人为本。“三全育人”的对象是具有强烈互动要求和鲜明个性色彩的大学生群体，其认知图式、思维模式和行为方式深受网络影响，应突出以人为本的理念。首先，以主体实际为准，建立教育大数据一体化工作平台，采集储存学生课内课外、校内校外、网内网外的生活模块数据，并“运用特定编码程序甄别内蕴的认知水平、思维模式、情感需求、价值取向等，做好周全的学情分析和教育准备”①；其次，精准掌握学生需求，畅通多元育人主体同大学生的沟通渠道，通过数据分析、日常观察、平等交流，了解学生实际的物质需求和内在的精神需求；最后，精心设计育人过程，以学生需求为切入点，重点采用或综合运用课程、科研、实践、文化、网络、心理、管理、服务、资助、组织等育人模式，优化资源配置，在教

① 冯刚，陈倩.解构与重构：元宇宙对网络思想政治教育的挑战及其应对［J］.探索，2022（3）：172-173.

育者与教育对象双向互动中供给优质内容。

另一方面，新时代高校“三全育人”要增进人文关怀。“三全育人”实践过程中应当展示出人文性和亲和力。“三全育人”要求人人育人、时时育人、处处育人，满足大学生渴望被关注、被重视的情感需要，其存在本身就是饱含温度的高校思想政治工作实践。一方面，丰富育人主体形象，思政课教师、辅导员、班主任、行政管理人员、家长等传统育人队伍应从“冰冷的权威者”转变为“热情的知心人”，还应建立特聘教授和兼职教师制度，欢迎英雄人物、劳动模范、大国工匠等先进代表的加入。另一方面，尊重受教育者的主体地位，坚持贴近实际、贴近生活、贴近学生，做到扎根中国大地、注重学生情感体验、适应信息接受习惯。如通过讲故事形式，加强全媒体联动，上好“疫情防控”思政大课，同时，应在显性教育与隐性教育相结合、解决思想问题与解决实际问题相结合、广泛覆盖与分类指导相结合中增强学生获得感。总而言之，“三全育人”的路径深化归根结底要通过全员参与、全时贯穿、全域协同来实现，实现优势资源整合，构建宏观一体化育人体系，打造微观一体化育人实践载体，形成一体化育人合力。

第二节　推进大中小学思想政治教育一体化建设

习近平总书记在学校思想政治理论课教师座谈会上提出："要把统筹推进大中小学思政课一体化建设作为一项重要工程，推动思政课建设内涵式发展。"①这一重要论述为思想政治教育改革创新提供了方向和指引。大中小学思想政治教育一体化建设在加强统筹协调的前提下对大学、中学和小学的思想政治教育进行分层设计，使其有机衔接、层层递进，形成横向贯通、纵向连接的育人共同体。

一、大中小学思想政治教育一体化建设顺应教育现代化

党和国家关于大中小学思想政治教育一体化的认识经历了一个由浅至深、逐步推进的过程。2004年印发的《关于进一步加强和改进大学生思想政治教育的意见》中"高等学校各门课程都具有育人功能，所有教师都负有育人职责""形成全党全社会共同关心支持大学生思想政治教育的强大合力"等表述已经显示出整体、协力的理念。2005年印发的《关于整体规划大中小学德育体系的意见》明确了小学、中学、大学的德育目标、内容、课程、开展途径，明确了整体统筹、分层培育的方向

① 习近平.思政课是落实立德树人根本任务的关键课程［M］.北京：人民出版社，2020：27.

和举措。2010年颁布的《国家中长期教育改革和发展规划纲要（2010—2020年）》提出“构建大中小学有效衔接的德育体系”“树立系统培养观念，推进小学、中学、大学有机衔接”的构想，“衔接”一词强调了不同教育学段的内在联系。2013年教育部召开立德树人工程研讨会，提出五个统筹，其中之一就是统筹设置好小学、初中、高中、本专科、研究生五个学段。2017年发布的《关于深化教育体制机制改革的意见》提出“构建以社会主义核心价值观为引领的大中小幼一体化德育体系”，明确以社会主义核心价值观来凝聚和串联大中小学德育，推动一体化建设向纵深发展。在2019年召开的学校思想政治理论课教师座谈会上，习近平总书记强调：“在大中小学循序渐进、螺旋上升地开设思想政治理论课非常必要，是培养一代又一代社会主义建设者和接班人的重要保障。”[①]其中“循序渐进、螺旋上升”点明了一体化设计的要义。进入新时代，我们不仅要倡导思想政治理论课的一体化，更要将这种全方位、系统化的思维纳入整个思想政治教育，推动思想政治教育的大中小学一体化建设；不仅要在思想政治理论课，还要在日常思想政治教育、德育以及涉及人全面发展的方方面面整体布局、分段设计，科学有效地构建适合不同年龄段学生的思想政治教育体系，使大中小学各个学段的思想政治教育既各有侧重又相互联系，更好地实现全员育人、全过程育人、全方位育人。

教育现代化关键在于人的现代化、人的全面发展。纵观历史，党始终把立德树人作为促进人全面发展的中心环节和重要手段。立德树人是中国教育现代化的核心，培养德智体美劳全面发展的社会主义建设者和接班人是中国教育现代化发展的方向和目标。推动我国教育的跨越式发展、实现教育的现代化，必须打通大中小学各个阶段的思想政治教育，探索一体化建设的内在理路。首先，立德树人是一项复杂的系统工程。要将立德树人贯穿各个领域、各个环节，必须健全立德树人系统化落实

① 习近平谈治国理政：第三卷［M］.北京：人民出版社，2020：329.

机制。大中小学思想政治教育一体化建设坚持各个学段的纵向衔接和家庭、学校、社会的横向贯通，坚持课内课外的深度融合，坚持德育、智育、体育、美育、劳育并举，搭建起统筹协调的机制，使立德树人工程得以在现实中顺利推行。其次，在大中小学进行一体化部署是破解当前思想政治教育发展难题的重要手段。当前，思想政治教育领域的不平衡不充分主要体现在大中小学的协同发展不够，各学段出现相互分离的情形。大中小学思想政治教育一体化建设对不同年龄段学生的思想政治教育内容、途径、管理等进行序列化设计，区分层次、突出重点，使大学、中学、小学三者密切承接、相互融入、共同作用，有助于思想政治教育的均衡、健康发展，助力提高教育现代化水平。最后，在培养德智体美劳全面发展的社会主义建设者和接班人的过程中，大中小学思想政治教育一体化建设对学生进行联合、一致的观照，发挥“1+1+1＞3”的作用，使学生能够在持续、连贯、有效的教育培养下形成稳定的政治人格、高尚的道德修养、丰富的文化知识和良好的实践能力，从而提升人才培养的质量，更好地实现教育现代化的目标要求。

二、大中小学思想政治教育一体化建设遵循教育发展规律

习近平总书记指出：“要遵循思想政治工作规律，遵循教书育人规律，遵循学生成长规律，不断提高工作能力和水平。”①大中小学思想政治教育一体化建设在内容、方法、评价等方面体现出遵循规律的要求。

大中小学思想政治教育一体化建设的内容安排体现了认知发展规律的要求。人的思想政治素质的形成发展不是一蹴而就的，人首先要从社会实践中获得思想、政治、道德方面的认识，再经过一系列内在矛盾运动，方能形成思想品德认知，这是一个螺旋式上升的过程。这要求教育工作遵循人的认知发展的阶段性和顺序性。一方面，大中小学思想政治

① 习近平谈治国理政：第二卷［M］.北京：外文出版社，2017：378.

教育一体化建设在仔细甄别每个阶段学生的认知水平和接受特点的基础上设计适合不同年龄层学生的思想政治教育内容，不一味重复，也不揠苗助长，而是有所区别、错落有致；另一方面，大中小学思想政治教育一体化建设加强统筹安排，使大学、中学和小学的思想政治教育内容形成一个由表及里、由浅入深、由抽象到具体的循序渐进、相互联系的整体。

大中小学思想政治教育一体化建设在搭建方法体系时也力求遵循规律，体现科学性。首先，人的思维能力是一个由低级到高级、由感性认识到理性认识、由只能依赖具体经验到能够进行逻辑抽象的发展过程。因此，传授思想政治教育内容时要根据学生当下的思维水平去合理地选择教育方法，提高适配性和针对性。例如在小学阶段多采用讲故事、做游戏等形象生动的方法，中学阶段更多使用讨论、情景教学方法，大学阶段可以运用调查研究等方法来激发学生的理性思考。其次，人的需求是一个逐步提高、渐次丰富的过程，思想政治教育要不断寻求方法上的多样多变、创新协同，以满足学生的需要、促进学生的发展。另外，大中小学思想政治教育一体化建设也注重不同学段之间教育方法的承接，比如在中学阶段引入大学的案例分析法、实践调研法等，进行适当的“拔高”，对学生形成启发，引导其追求更高层次的道德品质和理想抱负。最后，大中小学思想政治教育一体化建设也强调一些原则方法在各级学校一以贯之的运用。例如，理论与实际相结合、灌输与疏导相结合、教育与自我教育相结合的方法要贯穿大学、中学和小学教育的始末。

大中小学思想政治教育一体化建设的评价环节同样遵循思想政治工作规律、教书育人规律和学生成长规律。首先，大中小学的评价目标是一致的，各级学校都以“立德树人”作为评价的终极目标。各级学校的评价活动围绕共同目标相互衔接、有序配合，形成科学高效的反馈机制，帮助教育者更及时更全面地了解各类信息和情况，推动思想政治教育发展。其次，大中小学的思想政治教育评价是分层的，又是递进的、相辅相成的。例如，对小学教育效果的评价要到中学才能体现出来，中学的评价在大学方可显现，而对大学新生的评价也反映了中小学的教育效果。由评价到反馈再到作出调整存在一个时间差，所以评价存在延时性。最后，大中小学思想政治教育一体化建设在评价环节追求动态评价和静态评价、过程评价和结果评价的统一，更加关注学生成长的全过程，注重以评价来引领学生更长远的进步；强调用发展的、多元的眼光看待学生的成长成才，以评价的可持续性促进人的发展的可持续性。

大中小学思想政治教育一体化建设是加强思政学科建设的题中之义，从课程设置、教材编排、队伍建设入手进行思想政治教育一体化建设，有助于推动思想政治教育学科迈向一流。

课程深刻影响着思想政治教育的育人效果。大中小学思想政治教育一体化建设要求以更高的站位、更宽阔的视野对思想政治教育课程进行谋篇布局、顶层设计，明确课程目标、理顺课程内容、完善课程标准，从根本上改变大学、中学和小学在课程设计中“各自为政”的现象，形成环环相扣、层级递升的课程体系。如在课程目标方面，大学阶段重在增强使命担当，引导学生矢志不渝听党话跟党走，做社会主义建设者和接班人。高中阶段重在提升政治素养，引导学生衷心拥护中国共产党的领导和社会主义制度，形成做社会主义建设者和接班人的政治认同。初中阶段重在打牢思想基础，引导学生把党、祖国、人民装在心中，强化做社会主义建设者和接班人的思想意识。小学阶段重在启蒙道德情感，引导学生形成爱党、爱国、爱社会主义、爱人民、爱集体的情感，具有做社会主义建设者和接班人的美好愿望。

教材是教育教学的基本载体，是学科育人的重要依托，是学科建设的有力抓手。要打造更具思想性、科学性、民族性、时代性、系统性的学科教材体系，关键在于加强教材的大中小学一体化编排，在教材改革中遵循学科知识的内在逻辑、尊重学生对教学内容的接受程度，在保证不同学段教材内容的连续性与贯通性的同时注重体现一定的梯度和层次，实现大中小学教材的层级跃迁、有序过渡。

打造一支高水平高素质的人才队伍是支撑思想政治教育学科发展的关键。大中小学思想政治教育一体化建设要求教师能够深刻领会思想政治教育的总目标、总要求，对本学段的教育内容钻研精通，对相邻学段的内容熟悉了解；要求大中小学的每一位教师都树立全局观、整体观，有知识视野、国际视野、历史视野，懂得融会贯通、承前启后，能够通过生动、深入、具体的纵横比较，把一些道理讲明白、讲清楚。一体化要求、一体化培养、一体化评价，有助于提升教师队伍的整体素质，优化教师队伍结构，使各个学段教师沟通合作、协同育人，更好地发挥学科育人的效果；有助于组建专业化、一体化的研究队伍，搭建对重大理论问题进行攻关的研究协作平台，丰富学科研究成果。

三、大中小学思想政治教育一体化建设的合力育人体系建设

大中小学思想政治教育一体化建设着眼“三全育人”，将思想政治教育的“横向”和“纵向”结合起来，编织立体化的合力育人网。过去，“一体”“协同”的理念更多聚焦于思想政治教育的横向联结上。例如，在高校内部，思想政治教育不仅要靠教学部门来管，学校的各个部门如组织部门、宣传部门、行政管理部门、后勤部门等都要参与；不仅思想政治理论课教师要管，党政干部、哲学社会科学课教师、辅导员、班主任和后勤服务人员等也要负责。思想政治教育横向的协同还体现在校内校外的协同之中，强调家庭、学校、社会三者的密切联系、通力合作。随着人们对“一体化”认识的逐渐深入，思想政治教育的纵向联结也开始受到关注。大中小学思想政治教育一体化建设本着“整体规划、分层设计、有机衔接、系统推进”的原则，对大中小学各阶段、各板块的思想政治教育内容进行同步设计、同步规划，既体现层次性又加强关

联性，使不同教育学段相互协作、互为补充，串起一个连续一体的育人机制。纵向的一体化建设在阶段性和贯通性之间找到一个平衡，循序渐进、螺旋上升地教导培养，使每个学段的思想政治教育既各有特色又一脉相承。

大中小学思想政治教育一体化建设的真正要旨是构筑纵横结合的立体化、网络化育人新格局。打造这样一种新格局，首要任务是加强顶层设计，在宏观上把准方向、明确目标，整合各类资源、统筹各个阶段，将思想政治教育的每一个要素、每一个过程和每一方参与者都纳入全局来考量，形成一个整体框架。在将宏观架构转化为具体操作时，要把思想政治教育的时间维度和空间维度结合起来，实现两者的交叉、结合。在大中小学的对接融通中要寻求家庭、政府和社会的参与，避免任何一方的“缺席”。要在家庭、学校、社会的合作沟通中渗透“渐进”“分层”的思想，关注学生成长历程，为其营造良好的成长环境。这种纵横结合的立体化布局在时间上覆盖学生成长全过程，在空间上囊括有关各领域，打造校际联动、家校联动、校地联动的齐抓共管、协同配合的机制。这是补齐现有人才培养体系短板、推进教育治理体系和治理能力现代化的有力举措。

第三节　推进大中小学课程思政一体化建设

新时代统筹推进大中小学课程思政一体化建设既是推动思政课内涵式发展的现实要求，也是着力构筑“大思政”工作格局的必然要求。在大中小学统筹推进课程思政建设是一项系统的工程，要遵循教育规律、学生成长规律，结合专业特点、学生学段特点，深入挖掘各类课程和教学方式中蕴含的思想政治教育资源，使各类课程与思政课程同向同行，打好“组合拳”，形成全员、全程、全方位的育人格局。

一、新时代大中小学课程思政一体化建设的内涵

新时代大中小学课程思政一体化建设是以立德树人为根本任务的系统工程，从德智体美劳五育并举的整体性目标出发，统筹大学、中学、小学不同学段的各类课程，将不同学段各具特色的各类课程统一于学生成长发展的全过程，优化目标、整合内容、创新方法，形成大中小学各学段纵向贯通、横向联结的立体化、全程化、发展化的大中小学课程思政一体化育人体系，充分发挥协同育人的合力。

（一）以立德树人为根本任务

新时代大中小学课程思政一体化建设要充分调动各类课程中的思想

政治教育资源，从不同专业、不同课程的角度落实立德树人根本任务，更加深层次地理解教育的目标。立德树人要求新时代大中小学课程思政一体化建设要在知识传授的基础上更加注重价值养成、能力塑造。在知识传授中使不同学段的学生循序渐进地收获专业知识，知晓生活常识，扩展知识边界；在价值养成中要帮助学生树立正确的世界观、人生观、价值观，帮助学生自觉树立马克思主义信仰和中国特色社会主义信念，为学生的成长成才提供强劲的精神动力；在能力塑造中引导学生从各学科专业、各类课程中掌握事物的规律，在理论与实践的结合中塑造品格、锤炼能力，激励学生朝着德智体美劳全面发展的社会主义建设者和接班人而不断努力。

（二）以五育并举为重要目标

新时代大中小学课程思政一体化建设要将五育并举作为重要目标，在不同学段的教学内容上注重五育之间的相互支撑与渗透。比如，在德育中要帮助不同学段学生坚定其理想信念，培育和践行社会主义核心价值观，不断提升学生的政治认同、家国情怀、文化素养、法治意识与道德修养；在智育中要引导不同学段学生提升其思维方式、知识水平以及能力素养，扩展其学科视野，增长其知识见识；在体育中要教育不同学段学生在体育活动中增强体质、锤炼品质、健全人格；在美育中要通过特色课程培育不同学段学生的审美情操，提升审美情趣；在劳育中增强不同学段学生的动手能力，在学习与生活中弘扬劳动精神。

（三）以协同育人为核心理念

协同育人既是“大思政”工作格局的必然要求，同时也是新时代大中小学课程思政一体化建设的核心理念。一方面，既要形成育人共同体，构建大中小学课程育人的大平台，促进思政课程立德树人“关键课程”作用和课程思政立德树人“关键环节”作用的协同发挥。另一方面，又要深入挖掘大中小学各类课程的育人元素，并与课程教学紧密结合起来，充分重视其课堂教学建设，落实到课程目标设计、教学大纲修订、教材编审选用、教案课件编写各方面，贯穿于课堂教学、集体研讨、实训操作、逻辑推演、情景展示、案例分析、比较分析、作业论文等各环节，达到“入芝兰之室久而自芳”的教育效果。

（四）以学段统筹为基本要求

学段统筹作为新时代大中小学课程思政一体化建设的基本要求，是指既要在大中小学课程思政一体化建设中探索一以贯之的教学逻辑，也要尊重不同学段学生身心特点、成长发展、思想认知的规律，形成不同学段各具特色、自然衔接、相互支撑的连续过程。学段统筹要求新时代大中小学课程思政一体化建设注重全过程育人，要注重大、中、小学各学段的衔接，明确各学段课程思政育人的重难点，统筹推进大中小学课程思政的课程目标、教学目标等形成螺旋上升、逐渐过渡、有序递进的纵向体系。

二、新时代大中小学课程思政一体化建设的要素

在新时代大中小学课程思政一体化的建设过程中要重点分析“关键要素”，教材内容、学生成长、教学队伍、评价体系等承担着新时代大中小学课程思政一体化“把关人”的角色，应重点关注这四个方面。

（一）教材内容的连贯性

教材内容是实现新时代大中小学课程思政一体化建设的重要保障，教材内容的连贯性可以划分为纵向和横向两个维度，即在纵向上教材内容要在大中小学中一以贯之、相互衔接，在横向上教材内容要在同一学段相互支撑、相互配合。新时代大中小学课程思政一体化建设需要形成

具有连贯性的教材内容，每个学段的教材内容均要在完成既定教育目标的基础上既要对上一学段的教材内容进行复习、整合式的“承上”，也要对下一学段的教材内容进行铺垫、延伸式的“启下”，促使各学段之间的教材内容“无缝衔接”。

（二）学生成长的延续性

学生成长的延续性体现在要遵循学生的年龄生长、心智成长、道德发展的规律，一方面，要根据学生成长的一般规律以及人才培养目标设立长期教学目标，形成长远的教学规划。伴随着学生的成长发展，学生的学习能力逐渐完善，学习自主性逐渐增强，不同学段的人才培养要呈现出有层次、递进式的过程，形成符合学生成长的纵向的培养路径。另一方面，也要根据学生在不同阶段所展现的学习能力、身心特点、成才需求等方面设置短期教学目标，适时调整教学内容。各类课程的教学设计要注重因材施教、因人而异的原则，提升课程思政对于不同学生的教育延展性。

（三）教学队伍的联动性

大中小学课程思政一体化作为一项系统工程，专业课程及哲学社会科学课程等的任课教师、辅导员、班主任、党务政工干部、共青团干部、心理咨询教师等大中小学课程思政一体化的育人队伍是日常思想政治教育的“生力军”，要形成不同育人力量之间的“联合作战”与“集团作战”。新时代大中小学课程思政一体化的教学队伍应充分重视不同学段、不同学科、不同学校之间的联动。

（四）评价体系的全面性

要充分重视大中小学课程思政一体化评价体系的全面性与多维度，具体体现在两个方面。一方面，要加强评价体系的顶层设计。研究制定科学、全面的大中小学课程思政一体化评价标准，组织各级各类教学指导委员会、学科评议组、专业学位教育指导委员会等专家学者们研究制定评价反馈的指标和体系，科学、合理地激发课程思政在工作机制运行中的内在驱动力。另一方面，要完善评价体系的实施运行。大中小学课程思政一体化评价标准要尽可能地反映出不同地区、不同层次、不同类别之间的特殊性和差异性，将其建设成效与“双一流”建设挂钩，将学生身心健康发展、成长成才全面置于更加重要的地位，从不同的层次、不同的角度激发大中小学课程思政教师、学生等的内生动力。

三、新时代大中小学课程思政一体化建设的优化路径

在新的时代背景下，面对社会环境和不同学段学生心理思想行为的变化，大中小学课程思政一体化的教材体系、教学体系、教学队伍支撑体系、评价体系、监督体系等都应同党和国家事业发展方向和不同学段学生全面发展成长成才的需求相适应，力求形成一套具有持续性、衔接性的运行系统，确保大中小学课程思政一体化得以自我完善、自我更新和自我优化，保证大中小学课程思政一体化持续有效运行，提升其育人质量。

（一）构建新时代大中小学课程思政一体化教材体系

各个学段的课程思政教材应该在专家委员会的指导下，统一编排大中小学各个学段的课程思政教材。首先，应该注重教材内容的整体性原则。大中小学课程思政一体化的各门课程教材均要从不同学科、不同角度、不同学理建构等层面保持内容的协同与贯通。其次，应该注重教材内容的针对性原则。教材内容需要注重层次性与针对性，要充分考虑到不同学段学生身心发展、思维方式以及认识理解能力的差异，由浅入深地设计教材内容，符合不同层次学生的理解和接受能力，分门别类地进

行教材的完善。最后，应该注重教辅资源的配套性原则。教材的设计要与教辅资源相配套。教材与教辅资源要符合不同学段学生的特点，以落实立德树人根本任务为共同的教学目标，形成相互契合、相互支撑的立体化体系。

（二）构建新时代大中小学课程思政一体化教学体系

新时代大中小学课程思政一体化教学体系应形成一套囊括教学方法、教学资源的体系设计。一方面，要形成新时代大中小学课程思政教学方法的一体化，科学、有效的教学方法是实现课程思政育人实效的重要载体，在持续完善课堂教学的基础上，还要着重关注人文方式的涵育作用、借助多学科理论和方法、积极运用新媒体和新技术三个层面。另一方面，要形成新时代大中小学课程思政教学资源的一体化，要利用网络平台形成网络资源库，逐步建立起贯穿大中小学课程思政的资源数据库，形成纸质教材与线上教材、线上教辅相结合的配套资源，形成大中小学共建、共商、共享的教学资源平台。

（三）构建新时代大中小学课程思政一体化教学队伍支撑体系

第一，要为大中小学课程思政一体化教学队伍搭建优质资源交流、学习、共享的平台。一方面，要充分发挥关键教学队伍的“头羊效应”。另一方面，要推动大中小学课程思政一体化教学队伍“抱团发展”。要努力推动形成大中小学课程思政一体化集体备课、教研与培训机制，定期交流、互通有无，汇报科研进展，保证学段之间的流畅衔接。第二，要加强和完善大中小学课程思政一体化教学队伍的培训机制。开展大中小学课程思政教师的岗前培训、在岗培训等，通过培训提高大中小学课程思政教师的师德师风以及教学业务能力。第三，要强化对大中小学课程思政一体化教学队伍的支撑和激励。通过完善大中小学课程思政教师考核评价机制、典型示范机制等，根据各地、各校的实际情况创造有利于大中小学课程思政教师队伍可持续发展的条件，不断提升其专业水平及职业素养。

（四）构建新时代大中小学课程思政一体化评价体系

一是制定科学、多元的评价指标体系。各级学术委员会、学科评议组、行业内教育指导委员会等专家学者要依据各学段学生的身心发展特点形成一以贯之的评价标准，形成以学生满意度为核心的评价指标，充分考虑到教师教学实际以及教学资源分配等因素，可以将大中小学课程思政建设纳入“双一流”建设的监测与评价，将评价指标体系向大中小学的学生们延伸，注重其延续性与动态性。二是要扩大评价主体的范围。要突破新时代大中小学课程思政一体化评价主体的局限性，要将实际参与课程思政教学的不同学段的教师、学生、学校管理人员、学校科研人员等都纳入评价的主体范围中，通过丰富评价主体的方式充分调动课程思政教师、学生、学校相关人员的内生动力。三是要选取合理、有效的评价方法。针对不同主体和不同学段、不同类型教育特点，分类设计、稳步推进，改进结果评价，强化过程评价，探索增值评价，健全综合评价，充分利用信息技术，提高教育评价的科学性、专业性、客观性。

（五）构建新时代大中小学课程思政一体化监督体系

构建新时代大中小学课程思政一体化监督体系既需要加强顶层设计，又需要进行分类指导。首先，要加强统一领导。各级学校要建立党委统一领导、党政齐抓共管、教务部门牵头抓总、相关部门联动、院系落实推进、自身特色鲜明的课程思政建设工作格局。其次，要完善监督指标。要在学生管理、教师管理、校园管理等层面制定相应的监督指标。最后，要形成示范引领。面对不同学段学校、不同课程专业等抓典型、树标杆，推举形成一批课程思政名校、课程思政教学名师以及课程思政精品课、示范课等，在其中体现价值引导，在不同学段的校园内部形成积极、健康、向上的校园氛围，并对不同学段的学生施以潜移默化的影响。

第十一章 完善思想政治教育体系建构

思想政治教育内生动力的激发与思想政治教育体系建构是相互作用的。一方面，思想政治教育的内生动力是思想政治教育系统中内在的、深层次、本质性力量的综合，内生动力的不断激发，必然会推动思想政治教育的层次性、体系化的发展；另一方面，思想政治教育体系的建构需要建立规范性制度、合理配置资源、完善思想政治教育队伍，同时也要从内容、方法、过程、评价等多方面进行科学化构建，这其中涉及的思想政治教育系统的诸多因素，是思想政治教育内生动力产生、发展的基础和来源，也是确保思想政治教育能够得以平稳、持久运行的保障和支撑。党的二十大报告明确提出了“完善思想政治工作体系”的要求，为我们立足新时代新征程进一步提升思想政治工作质量提供了根本遵循。从理论层面看，建构思想政治工作体系源于对思想政治工作规律的深刻把握。从实践层面看，思想政治工作体系因实践需要而不断发展完善。从发展趋势看，要加快构建符合新时代要求的高质量思想政治工作体系，在把握新时代思想政治工作体系建构的生成逻辑的基础上，不断完善新时代思想政治工作体系建构，同时从治理视角出发，破解思想政治教育体系建构中的重要难题，为思想政治教育系统发展提供体系化支撑和动力支持。

第一节　新时代思想政治工作体系建构的生成逻辑

“完善思想政治工作体系”作为新时代思想政治工作的战略要求，是我们把握新时代思想政治工作质量提升的根本遵循。把握新时代思想政治工作体系建构的生成逻辑，从理论和实践两个维度解答思想政治工作体系缘何创立、为何有效、如何发展的问题，对于在新时代进一步完善思想政治工作体系，更好实现思想政治工作功能具有重要意义。

一、思想政治工作体系建构源于对思想政治工作规律的把握

作为一项特殊的教育实践活动，思想政治工作是一个由不同要素按照一定方式结合在一起的系统，这就必然要求我们立足整体来分析思想政治工作的运行机制，以体系化的思维方式揭示提升思想政治工作质量的有效途径。

（一）坚持以习近平新时代中国特色社会主义思想为根本遵循

党的十八大以来，以习近平同志为核心的党中央把做好思想政治工作放在突出位置，召开全国宣传思想工作会议等多个重要会议，提出了构建“大思政”工作格局，形成全社会工作合力等重要论断，为以体系化思维推进思想政治工作提供了学理依据和实践指导。

首先，解答了为什么要构建思想政治工作体系的问题。一是构建思想政治工作体系有明确的学理基础和方法论指导。习近平总书记强调："如果各领域改革不配套，各方面改革措施相互牵扯，全面深化改革就很难推进下去，即使勉强推进，效果也会大打折扣。"[①]从哲学的角度看，习近平总书记多次强调，辩证唯物主义是中国共产党人的世界观和方法论，要坚持全面地而不是片面地、系统地而不是零散地、普遍联系地而不是单一孤立地观察事物，这为我们以系统思维、全局观念推进思想政治工作指明了方向。二是构建思想政治工作体系基于明确的现实需要。面对世界百年未有之大变局和国内改革发展全局，思想政治工作承担了"两个巩固"的根本任务和举旗帜、聚民心、育新人、兴文化、展形象的职责使命。面对新形势新任务，习近平总书记强调，高校思想政治工作只能加强不能削弱，只能前进不能停滞，只能积极作为不能被动应付。有效发挥思想政治工作的功能，就必须按照系统的观点去思考，建构一个包括课程、实践、文化、组织、管理、服务在内的一体化工作体系。三是构建思想政治工作体系具有重要的实践价值。习近平总书记强调，学校思想政治工作不是单纯一条线的工作，而应该是全方位的。在此基础上，把握思想政治工作与人才培养的关系，思想政治工作体系与人才培养体系的关系，明确加强思想政治工作体系建设是形成高水平人才培养体系的重要内容。

其次，明确了构建什么样的思想政治工作体系的问题。一是从运行机制上实现"全"，实现全员配合、全过程贯穿、全方位协同。把思想政治工作贯穿教育教学全过程，把立德树人内化到大学建设和管理各领域、各环节、各方面，就需要健全全员、全过程、全方位育人工作体系。全员配合指的是从人力上讲，所有人都负有育人职责；全过程配合指的是从时间上讲，形成一以贯之的育人流程；全方位协同指的是从机

① 习近平.关于《中共中央关于全面深化改革若干重大问题的决定》的说明［N］.人民日报，2013-11-16（1）.

制上讲，形成实现人的全面发展的合力。二是从构成形态上实现“融”，形成“网上网下、五育并举”的良性局面，有效发挥融入式、嵌入式、渗入式的协同效应。三是从功能发挥上实现“通”，把思想政治工作贯穿党的建设和国家治理各领域各环节各方面，充分发挥思想政治工作生命线作用。

最后，回答了怎样构建思想政治工作体系的问题。一是加强和完善党对思想政治工作的领导，在顶层设计中突出完善思想政治工作体系的要求。习近平总书记在全国高校思想政治工作会议上强调：“办好我国高等教育，必须坚持党的领导，牢牢掌握党对高校工作的领导权，使高校成为坚持党的领导的坚强阵地。”[①]对于如何加强思政课建设的问题，习近平总书记强调要建立党委统一领导、党政齐抓共管、有关部门各负其责、全社会协同配合的工作格局。实践证明，党的领导是办好高等教育的最大政治优势，也是做好思想政治工作的根本保证。二是汇聚工作合力，形成全党全社会共同参与的“大思政”格局。在内部治理体系上，要树立大宣传的工作理念，把宣传思想工作同各个领域的行政管理、行业管理和社会管理更加紧密地结合起来。在协同育人方面，要健全学校家庭社会育人机制，倡导广大家庭弘扬优良家风，帮助孩子扣好人生的第一粒扣子。习近平总书记提出“大思政课，我们要善用之”的明确要求，旨在强调校内校外联动，把“大思政课”上成一门社会大课，通过社会各方参与将其变成一项系统工程。在不同学段配合方面，习近平总书记多次鼓励各地高校要积极开展与中小学思政课共建，共同推动大中小学思政课一体化建设。在党的二十大报告中，习近平总书记又进一步指出要推进大中小学思想政治教育一体化建设。

① 习近平在全国高校思想政治工作会议上强调 把思想政治工作贯穿教育教学全过程 开创我国高等教育事业发展新局面［N］. 人民日报，2016-12-09（1）.

（二）思想政治工作系统性、整体性、协同性发展的内在要求

恩格斯在致约瑟夫·布洛赫的信中指出："历史是这样创造的：最终的结果总是从许多单个的意志的相互冲突中产生出来的，……这样就有无数互相交错的力量，有无数个力的平行四边形，由此就产生出一个合力……各个人的意志……融合为一个总的平均数，一个总的合力，然而从这一事实中决不应作出结论说，这些意志等于零。相反，每个意志都对合力有所贡献，因而是包括在这个合力里面的。"①恩格斯在《自然辩证法》中还指出："我们所接触到的整个自然界构成一个体系，即各种物体相联系的总体"，"它们是相互作用着的，而它们的相互作用就是运动"②。马克思恩格斯的"合力论"和事物之间普遍联系的思想，强调事物发展取决于系统内部各要素以及系统与环境之间多因素的相互作用，为我们科学把握和建构思想政治工作体系的意义和途径提供了方法论的指导。

首先，思想政治工作是由多方面因素相互作用形成的有机整体，因此必然具备系统性特征。"指导思想""教育目标"和"领导管理体制"从宏观意义上共同构成了思想政治工作的设计实施体系。思想政治工作的指导思想规定了该工作的方向，是全部教育活动应遵循的基本准则，决定了思想政治工作的发展方向和实践路径，也是新时代思想政治工作改革、发展的根本依据。思想政治工作的教育目标决定了其应该选择的教育内容，要想取得工作的实效性，一个基本的前提就是确立正确、合理的目标。思想政治工作的领导管理体制决定了其资源配置方式，特别是在思想政治工作队伍的建设和思想政治工作的支持保障方面具有重要作用。

其次，思想政治工作有效运行要以各部分协调运行为基础，因此必

① 马克思恩格斯选集：第四卷［M］.北京：人民出版社，2012：605-606.

② 马克思恩格斯选集：第三卷［M］.北京：人民出版社，2012：952.

然具备整体性特征。思想政治工作虽然由诸多要素共同组成，且目标、内容、教育者和教育对象等要素都具有自身的功能，但其最佳效果的形成并不是各要素功能简单相加就可以达成的。只有在服从整体目标和功能的前提下，充分调动各组成要素的积极作用，并使其密切配合、协同运作，才能共同形成育人合力，发挥整体效能。这是统一调配各类思想政治工作资源的必然要求，也是建构高质量思想政治工作体系的题中之义。

最后，思想政治工作发挥最大效能要以形成合力为基础，因此必然具备协同性特征。做好思想政治工作是一项系统工程，必须保证各要素深度融合，体制机制实现全方位协调。一方面，从涉及主体上看，社会、学校、家庭教育要形成合力，思想政治工作“网上”与“网下”要形成合力，思想政治工作者与教育对象要形成合力，思想政治工作传统方法与新媒体手段要形成合力等。另一方面，从体制机制上看，要做到协同育人与各司其职的统一，形成全员协同、全过程贯通、全方位渗透的运行模式，建立适应工作需求的动力机制、协同机制、保障机制、评价机制。

（三）思想政治工作体系是思想政治工作功能发挥的前提和基础

思想政治工作体系是一个有机联系的系统整体，从横向看，包括思想政治工作各组成体系，如目标体系、实践体系、保障体系。从纵向看，包括思想政治工作各领域体系，如机关、社区、学校、农村、军队等。这些组成部分相互联系、结合、作用及排列组合的方式是否合理，决定了思想政治功能是否能充分发挥。因此，体系化是思想政治工作加强改进、创新发展的着力点，也是思想政治工作功能实现的本质要求。建构体系的目的是发挥“整体大于部分之和”的效用。从系统科学的角度看，这体现的是结构与功能的关系。“同样或相近的部分，按不同结构组织起来，系统的功能有优劣高低之分，甚至会产生性质不同的功能。这是结构对功能的决定作用。”①在思想政治工作“如何做”这个层面，建构思想政治工作体系需要以系统化思维来考虑和推进工作，把全局性谋划和整体性推进作为提升工作质量的必由之路。一方面，对于思想政治工作各要素的合理安排，可以使其形成一种充分衔接、相互耦合的运行方式，促使教育机制互联、教育功能互补、教育力量互动，实现整体效果最优化。另一方面，只有在服从思想政治工作整体目标和功能的前提下，充分调动各组成要素的积极作用，并使其密切配合、协同运作，才能实现全主体参与、全要素配合、全过程协同，取得“1+1>2”的效果。从工作实践的角度讲，当前，世界范围内思想文化相互激荡，我国社会思想观念深刻变化，思想政治工作中存在的问题、产生问题的原因也是多方面的。人的思想既受所接受的思想政治工作的影响，也必然会受到社会环境和网络信息的影响，后者的影响往往还呈现出明显的个体差异特征。特别是在全媒体时代，信息的生产和传播方式都发生了根本性变革。来自虚拟和现实、国内和国外、宏观与微观的多重挑战，构筑了一个无所不包、没有边界、动态变化的复杂环境。要应对这些挑战，不能头痛医头、脚痛医脚，而是必须从整体出发，在调动各因素积极作用的同时，注重发挥整体协作优势。

二、思想政治工作体系因实践需要不断发展完善

思想政治工作的实践品格决定了其必须直面新形势新任务，也决定了思想政治工作体系不断发展完善的过程就是不断回应解决现实问题的过程。

（一）源自中国共产党思想政治工作的重要经验

中国共产党自诞生之日起就有了思想政治工作，并坚持把思想政治

① 苗东升.系统科学精要［M］.北京：中国人民大学出版社，2016：29.

工作作为一项系统工程来抓，构建并不断完善思想政治工作体系，取得了丰硕的成果，积累了宝贵的经验，为保证思想政治工作始终有效运行提供了坚实保障。中国共产党百年奋斗中建构思想政治工作体系所取得的经验和成就是我们党的宝贵财富，具有鲜明的中国特色，也是新时代思想政治工作体系进一步发展完善的重要依据。

新民主主义革命时期，我们党就着手建立宣传思想工作的领导机构，为建构思想政治工作体系进行领导管理机制上的准备。党的一大决定设立中央局作为中央的临时领导机构，并由李达分管党的宣传工作，并在党的第一个纲领中明确要求地方委员会“超过十人的应设财务委员、组织委员和宣传委员各一人”。1931年，中共中央发布《关于苏区宣传鼓动工作的决议》，规定苏区各中央局必须有健全的宣传部。1939年，中共中央书记处作出《关于宣传教育工作的指示》，指出要建立各地方党的宣传部工作，并在宣传部下组织宣传委员会。

社会主义革命和建设时期，党和国家领导人高度重视形成宣传思想工作的合力。毛泽东在《关于正确处理人民内部矛盾的问题》中指出：“思想政治工作，各个部门都要负责任。共产党应该管，青年团应该管，政府主管部门应该管，学校的校长教师更应该管。”①1951年，刘少奇在中国共产党第一次全国宣传工作会议上指出：“我们不能仅仅依靠专门的宣传机关去做宣传工作，主要的是领导全体党员以及非党积极分子，党外的共产主义者去做宣传工作。”②在工作的体制机制上，我们党建立了各级地方政权的宣传和统一的新闻宣传机构，完善了宣传工作机构和群众宣传网，宣传工作体系基本健全。

改革开放后，党的工作重心转向以经济建设为中心，提出宣传思想工作要坚持“两手抓、两手都要硬”。1993年，江泽民在全国宣传部长

① 毛泽东文集：第七卷［M］.北京：人民出版社，1999：226.

② 中共中央宣传部.中国共产党宣传工作简史：上卷［M］.北京：人民出版社，2022：281.

座谈会上强调要把宣传思想工作“当作大的建设事业来抓，当作系统工程来抓，使之由虚变实，由软变硬”[①]，对以系统思维做好宣传思想工作提出了要求。2004年，中共中央、国务院印发的《关于进一步加强和改进大学生思想政治教育的意见》指出，“高等学校各门课程都具有育人功能，所有教师都负有育人责任”，“全社会都要关心大学生的健康成长，支持大学生思想政治教育工作”[②]。文件的出台，为集全社会之力做好大学生思想政治教育作出了要求。

进入新世纪，人民网、新华网、中国网等中央重点新闻网站以及千龙新闻网、东方网、南方网等地方新闻网站建设迈上新的台阶，为在新形势下占领宣传思想工作的网上阵地，形成“网上”“网下”工作合力打下了基础。2009年，中国网络电视台开播，成为传统媒体积极占领互联网新媒体阵地的重要标志。

党的十八大以来，思想政治工作取得了历史性成就，发生了历史性变革。习近平总书记主持召开哲学社会科学工作座谈会、全国宣传思想工作会议、全国高校思想政治工作会议、文艺工作座谈会等重要会议，并发表一系列重要讲话，党对思想政治工作的领导得到空前加强，党政齐抓共管、宣传部门组织协调、有关部门和人民团体分工负责，全党全社会共同参与的思想政治工作大格局初步形成。

（二）符合因事而化、因时而进、因势而新的发展趋势

思想政治工作体系的建立与不断完善和因事而化、因时而进、因势而新的历史进程是分不开的。

首先，思想政治工作体系的生成是因事而化，这个“事”指的是百

① 中共中央宣传部.中国共产党宣传工作简史：下卷［M］.北京：人民出版社，2022：425.

② 教育部思想政治工作司.加强和改进大学生思想政治教育重要文献选编（1978—2008）［M］.北京：中国人民大学出版社，2008：346.

年变局和世纪疫情交织下的风险挑战。党的十八大以来，我国意识形态领域已经发生了全局性、根本性转变，但总的来看，意识形态领域还存在不少挑战，思想政治工作面临的挑战更加严峻、承担的任务也更加繁重。例如，全媒体手段的开放性颠覆了社会意识形态话语权的传统构建方式，导致舆论生态、媒体格局、传播方式发生深刻变化，由此带来的社会思想文化和意识形态领域情况比以往任何时候都更加复杂。再比如，当今世界，各国对人才的争夺日益激烈，而人才之争就是思想之争，培养社会主义建设者和接班人依旧面临敌对势力渗透争夺的挑战，这就要求思想政治工作不断创新、凝聚合力，以解决不断涌现的新问题和新挑战。

其次，思想政治工作体系的生成是因势而新，这个"势"指的是中华民族伟大复兴的历史大势。党的二十大报告明确提出："从现在起，中国共产党的中心任务就是团结带领全国各族人民全面建成社会主义现代化强国、实现第二个百年奋斗目标，以中国式现代化全面推进中华民族伟大复兴。"①此外，党的二十大报告还把"丰富人民精神世界"作为中国式现代化的本质要求之一。因此，要着重研究如何以体系化建设为切入点更好地发挥思想政治工作的作用，将完善思想政治工作体系作为抓总工程，更好发挥其贯通和牵引作用，为实现以中国式现代化全面推进中华民族伟大复兴的使命任务提供更强的思想保证和精神动力。

最后，思想政治工作体系的生成是因时而进，这个"时"指的是我们现在正处于全党全国各族人民迈上全面建设社会主义现代化国家新征程、向第二个百年奋斗目标进军的关键时刻。面对新任务新使命，思想政治工作也面临着新的机遇和挑战。一方面，推进中国式现代化，就必须大力发展社会主义先进文化，加强理想信念教育，促进人的全面发

① 习近平．高举中国特色社会主义伟大旗帜　为全面建设社会主义现代化国家而团结奋斗——在中国共产党第二十次全国代表大会上的报告［M］．北京：人民出版社，2022：21.

展，这是思想政治工作围绕中心、服务大局新的历史契机。另一方面，思想政治工作还存在一些亟待解决的问题，特别是在治理结构、制度机制等方面不适应新形势要求的问题逐步凸显，亟须加以改进。以上各种情况，有的是长期存在的问题，有的是新形势下产生的问题，但都是新时代我们为什么要完善思想政治工作体系、怎样完善思想政治工作体系必须予以回应的问题。

（三）处于治党治国的重要方式的特殊地位的内在要求

中共中央、国务院印发《关于新时代加强和改进思想政治工作的意见》，首次提出将思想政治工作作为治党治国的重要方式。这既是思想政治工作生命线地位在新形势下的进一步强调，又是完善思想政治工作体系的新机遇和新要求。

首先，要以治理思维推进思想政治工作深度融入党的建设全过程，全面提升管党治党水平。一方面，要将思想政治工作贯穿党建全过程，也是思想建党、理论强党的过程，构建一个能够充分激发各级党组织工作活力的一体化工作体系，体现系统治理、源头治理、综合施策的要求。另一方面，要将思想政治工作测评结果纳入落实全面从严治党主体责任情况监督检查和巡视巡察内容。按照党管干部的原则，将思想政治工作测评结果纳入党政领导班子、领导干部综合考核评价内容，并作为各级党组织和党员干部工作考核的重要内容。同时健全监督问责机制，强化思想政治工作督导考核，对履职尽责不力的加大追责力度。

其次，要以体系化思维构建“大思政”格局，将思想政治工作贯穿国家治理始终。一方面，思想政治工作体系化的实现方式要与经济建设和其他工作结合起来，形成融入、渗透、嵌入的存在形态，坚持马克思主义在意识形态领域的指导地位，让党的创新理论深入人心，从而为党和国家提供有力的政治和思想保障。另一方面，用党的创新理论武装全党、教育人民、指导实践是一个环环相扣、逐步推进的过程，也是一个需要进一步健全的体系，需要将整体性和系统性治理思维贯穿于政策设计全过程，既要提高工作站位，在顶层设计和谋篇布局上突出综合施治，又要突出工作摆位，在实现思想政治工作与中心工作的结合上突出协同性和综合性。

第二节 新时代思想政治工作体系多维度的综合建构

思想政治工作是中国共产党的优良传统、鲜明特色和政治优势。中国特色社会主义进入新时代以来，习近平总书记高度重视思想政治工作，围绕思想政治工作发表了一系列重要讲话，阐明了一系列理念方法，采取了一系列重要措施，这对进一步完善新时代思想政治工作体系表达了新期待、提出了新要求、指明了新方向。完善新时代思想政治工作体系建构，要着力在系统性、整体性、协同性、科学性上下功夫、见成效。

一、增强思想政治工作顶层设计的系统性

思想政治工作是一切工作的生命线。2021年7月，在中国共产党成立一百周年之际，中共中央、国务院印发了《关于新时代加强和改进思想政治工作的意见》，这一文件既总结了过去又谋划了未来，体现了中国共产党百年来开展思想政治工作的一系列科学性、规律性认识，是新时代加强和改进思想政治工作的纲领性文件。党的二十大报告对思想政治工作作出了新部署，强调要“用社会主义核心价值观铸魂育人，完善思想政治工作体系，推进大中小学思想政治教育一体化建设。坚持依法治国和以德治国相结合，把社会主义核心价值观融入法治建设、融入社

会发展、融入日常生活”[①]。

进一步明确思想政治工作的重要地位。无论是在革命、建设还是改革时期，思想政治工作始终与党的建设同向同行、同频共振，与经济建设和其他各项工作结合起来，贯穿国家治理各领域各方面各环节，共同为党和国家的工作大局服务，为党和国家中心工作提供有力政治和思想保障。历史和实践证明，只有充分发挥思想政治工作的功能和作用，经济建设、政治建设、文化建设、社会建设、生态文明建设各项工作才能形成强大动力，焕发出勃勃生机。当今世界正经历百年未有之大变局，我国正处于全面建设社会主义现代化国家、全面推进中华民族伟大复兴的关键时期，必须坚持以习近平新时代中国特色社会主义思想为指导，加强和改进思想政治工作，促进全体人民在思想上精神上紧紧团结在一起，更好汇集起攻坚克难、开拓前行的磅礴伟力，为中国式现代化提供强大精神动力。在新时代中国特色社会主义伟大实践中，在中国共产党的坚强领导下，思想政治工作在党的建设实践和国家治理实践中发挥了重要作用，已经成为治党治国的一种重要方式，这是中国共产党对思想政治工作的高度凝练和时代表达。从“生命线”到“治党治国的重要方式”，体现了党对思想政治工作的功能定位、战略地位的认识不断深化，也彰显了对思想政治工作规律的深刻把握。

进一步完善思想政治工作的体制机制。随着外部环境、教育对象、方法手段的不断变化，思想政治工作的传统理念和经验办法日显乏力，那种仅靠单一项目、力量和手段以及因分工过细、条块分割等原因造成协同不足的负面效应日益显现。因此，需要完善新时代思想政治工作体系，加强内部系统以及内外系统之间的协同配合，突出各育人系统之间的共同作用，着力完善各育人系统协同攻关、联动协作、合力育人的体

---

① 习近平.高举中国特色社会主义伟大旗帜　为全面建设社会主义现代化国家而团结奋斗——在中国共产党第二十次全国代表大会上的报告［M］.北京：人民出版社，2022：44.

制机制，强化正向效应牵引、减少互斥内卷损耗、保持步调和谐一致，充分发挥协同效应，形成有序的组织结构，推动思想政治工作体系不断健全、治理能力不断增强、育人质量整体提升，朝着落实立德树人根本任务的共同目标合力前进。同时，建立健全相应的领导机制、运作机制、评估机制与保障机制，依靠制度的规范性、稳定性和制约性，不断提高管理上的可操作性。

进一步丰富思想政治工作的科学方法。党的思想政治工作伴随着党和国家事业的发展不断与时俱进、开拓创新，在继承和发扬优良传统的同时，积极探索符合时代要求的工作内容和方法，在长期实践中形成了一系列科学的规律性认识。提升思想政治工作质量，促进思想政治工作深入发展，需要认识、把握和遵循科学规律，运用科学方法。第一，坚持显性教育与隐性教育相统一，如果离开隐性教育，显性教育就会显得单一枯燥，不能得以内化，而如果离开显性教育，隐性教育也会失去依托，教育力度不够。只有将二者紧密、有机结合起来，思想政治工作才能充分发挥作用。第二，坚持解决思想问题和解决实际问题相结合，思想问题和物质利益是紧密相连的，解决这些问题，大道理固然要讲清讲透，更重要的是必须把它同解决实际问题结合起来，只有这样，才能进一步将思想政治工作抓实抓细。第三，坚持广泛覆盖与分类指导相结合，针对企业、农村、机关、学校、社区、网络等不同主体的特性，采取不同的方法、制定不同的策略，因时、因地、因人、因事制宜开展工作，增强思想政治工作的针对性。

二、增强思想政治工作整体布局的整体性

思想政治工作具有整体性和系统性，不是支离破碎的组合。只有立足于整体性，才能实现系统设计、整体推进、融合发展。这就要求既要在思想政治工作的谋篇布局上突出整体性和系统性，也要在思想政治工

作的手段选择、主体建构与方式运用上突出综合性与协同性。

加快构建思想政治工作大格局。思想政治工作是一项系统性工程，涉及众多要素和不同方面。新时代加快构建思想政治工作大格局，要统筹协调各方力量，形成纵向到底、横向到边、层次立体、全面覆盖的工作格局。因此，要促进思想政治工作内部各要素之间、思想政治工作与其他环节及相关工作之间的统筹协调，实现各司其职又同向同行，由“各自为政”向“协同联动”转变，凝聚各方力量着力破解综合性难题。第一，完善党委统一领导、党政齐抓共管、宣传部门组织协调、有关部门和人民团体分工负责、全党全社会共同参与的思想政治工作大格局。第二，打造专兼结合的工作队伍，配齐配强思想政治工作骨干队伍，充实优化兼职工作队伍，不断壮大志愿服务工作队伍。第三，用好各级各类文化设施和阵地，充分发挥其在思想教育和服务群众中的作用。第四，建立健全内容全面、指标合理、方法科学的思想政治工作测评体系，把“软指标”变为“硬约束”，更好发挥思想政治工作统一思想、凝聚共识、鼓舞斗志、团结奋斗的重要作用。

积极开好新时代的“大思政课”。“大思政课”我们要善用之，一定要跟现实结合起来。思政课不仅应该在课堂上讲，也应该在社会生活中来讲。善用“大思政课”，才能更好立德树人、培根铸魂，更好为党育人、为国育才。第一，从课程建设上而言，习近平总书记指出，“要用好课堂教学这个主渠道，思想政治理论课要坚持在改进中加强，提升思想政治教育亲和力和针对性，满足学生成长发展需求和期待，其他各门课都要守好一段渠、种好责任田，使各类课程与思想政治理论课同向同行”[①]，形成“思政课程+课程思政”的互动局面。第二，从纵向学段设置而言，要按照立德树人根本任务进行总体设计，对大中小学各阶段的教育内容进行同步设计和一体规划，在保持整体性、关联性的同时，使

① 习近平在全国高校思想政治工作会议上强调 把思想政治工作贯穿教育教学全过程 开创我国高等教育事业发展新局面［N］.人民日报，2016-12-09（1）.

不同学段体现的各自教育特点有机衔接，以实现循序渐进、螺旋上升的育人目标，从而推进大中小学思想政治教育一体化建设。第三，就横向而言，持续探索家庭、学校、政府、社会四方协同育人机制，贯彻落实“全员全程全方位育人”的“三全育人”理念，协同发挥不同岗位、不同类别的高校教师育人功能，充分调动其积极性，建立起一支包含思政课教师、专职辅导员、行政管理干部、研究生导师等在内的政工队伍，发挥育人合力。同时，要充分发挥科研、管理、服务和社会实践的协同育人效应，优化系统结构，相互配合衔接，从而使得青年人能够真正“立大志、明大德、成大才、担大任”①，增强志气、骨气和底气，努力成为堪当民族复兴重任的时代新人。

三、增强思想政治工作实施推进的协同性

加强和改进思想政治工作是一项长期任务，需要虚功实做、持之以恒、久久为功，在具象化、细微处下功夫，把这项工作抓在经常、融入日常，以一体化、常态化和长效化协调推进思想政治工作。

打好思想政治工作组合拳。新时代、新征程、新目标对思想政治工作提出了总体要求，责任单位和参与单位都要明确各自的任务要求，逐一抓好落实，打出新时代思想政治工作组合拳。第一，各有关部门要把这项工作摆上重要日程，结合本地区本部门实际，制定和落实责任清单、定期分析报告制度、专题研究和学习的制度。要做到循序渐进、持续用力，确保思想政治工作的连贯性。思想上高度重视、行动上高度负责，做到守土有责、守土负责、守土尽责。基层党组织要时刻绷紧思想政治工作这根弦，耐心细致做好党员群众思想政治工作。第二，各有关部门要在政策的相互衔接、工作的具体实施、评估的反馈检查、经费的

① 习近平在清华大学考察时强调 坚持中国特色世界一流大学建设目标方向 为服务国家富强民族复兴人民幸福贡献力量［N］.人民日报，2021-04-20（1）.

基础保障等方面加强统筹协调，整合资源、集聚力量，共同推动思想政治工作创新发展，开创思想政治工作新局面。另外，针对思想政治工作与新时代新使命不适应的突出问题，进一步理顺体制机制、筑牢基层基础、增强保障力量，推动理论创新、制度创新、方式方法创新和基层工作创新。

抓好思想政治工作关键点。思想政治工作是以人为对象，解决人的思想、观点、政治立场问题，提高人的思想觉悟的工作。其重点对象是党员领导干部和青年学生，因此要紧密结合当前经常性思想工作的发展规律和不同对象的思想实际，提升思想政治工作效能，把握关键环节，灵活开展经常性思想政治工作。党和国家历来高度重视青年发展问题，青年发展的理论和实践样态与整个国家和民族发展的现状与未来息息相关。以青年学生为例，要解决做好青年学生的思想政治工作，一要拓展工作平台，借助“互联网+”，打造网络育人平台，积极开展生动活泼、形式多样的网络思想政治教育活动，吸引、培养熟悉网络、熟练运用新媒体的人才队伍，逐步建设起深受大学生喜爱的网络阵地；二要完善工作体系，把立德树人根本任务融入思想道德、文化知识、社会实践教育各环节，让“人文关怀”“心理疏导”“实践育人”等成为思想政治工作的重要阵地；三要创新工作手段，综合运用课堂理论教育、社会实践锻炼、校园文化熏陶以及网络媒体引导等方式方法，灵活采取“线上+线下”“课内+课外”“校内+校外”等方法，增强教育实效，提高思想政治工作针对性和感染力。

形成思想政治工作一盘棋。思想政治工作扎根于中国大地，扎根于中国特色社会主义事业的伟大实践，扎根于全面推进中华民族伟大复兴的历史进程。思想政治工作必须结合中国发展大势，做到因势而新，针对国家发展过程中出现的现实问题，探索新的思想政治工作机制，提升思想政治工作的质量。思想政治工作不能只是嘴上喊喊、口里说说，必须通过一系列的平台抓手来推进。第一，从思想观念层面看，把治理的思维、观念和方式贯穿思想政治工作全过程，结合党和国家的战略任务安排、中国发展实际、世界发展大势、青年学生特征以及思想政治工作的客观需求，建立系统完备、科学规范、衔接配套、运行有效的制度体系，用制度化手段确保思想政治工作的系统性、整体性、协同性和实效性。第二，从具体实施层面看，中央和地方需要层层递进、保落实、见成效，形成全党全社会共同参与思想政治工作大格局。

四、增强思想政治工作效果评价的科学性

思想政治工作功能作用发挥的大小、效果的好坏需要评价衡量，评价是思想政治工作过程中的重要环节。效果评价是针对工作开展所得的结果和功效进行的把握和评判，根据是否实现思想政治工作的目的任务、使命宗旨而具体展开。效果评价虽然具有困难性，但是否产生效果的信息反馈，对于思想政治工作过程的调整、改进以及思想政治工作自身发展具有十分重要的功能。

明确思想政治工作效果评价的基本原则。进入新时代，随着思路理念、体制机制、路径载体、方法手段等各方面改革探索的不断深入，思想政治工作的变化发展快速而显著。因此，要进一步明确思想政治工作效果评价的基本原则。第一，以政策导向性为基本依据。党的十八大以来，以贯彻落实习近平总书记关于思想政治工作的重要讲话精神为要旨，党中央、国务院出台了一系列政策文件和制度规定，为思想政治教育工作效果评价提供了方向和指引。第二，以内在规律性为重要遵循。要遵循思想政治工作规律、教书育人规律、学生成长规律，既充分考虑思想品德要素知、情、信、意、行的内化与外化，又充分认识知与行不断从旧质到新质循环往复、不断上升的矛盾运动过程，紧紧围绕不同教育对象成长发展需求设计评价标准、内容和方式。第三，以突出实践性为现实要求。既明晰思想政治工作评价开展的实践场域是扎根中国大

地，须始终着眼全局，坚持正确的政治方向；又坚持问题导向，充分理解思想政治工作效果评价开展状况的复杂性和挑战性，须统筹兼顾不同类型、不同主体的思想政治工作，切实改进思想政治工作中存在的实际问题，形成思想政治工作效果评价的长效机制。

确保思想政治工作效果评价的标准统一。就思想政治工作效果评价而言，不同层次、不同地域、不同类型主体的评价标准之间应当存在差异，这是增强评价针对性的客观需要，是避免一刀切的有效方法，也是符合客观实际的必然选择。如果此类基础性的标准不一致、不协调，那么不仅会使接受评价的一方无所适从，还会使评价的实施者失去准绳，难以把握尺度。思想政治工作效果评价既要保证与其他工作评价的整体协同，也要保证自身内部指标的协调一致。不能因为评价模块的划分、评价方案的分类所带来的差异性，而破坏评价指标的整体性和协调性。所以，在未来的发展中，思想政治工作效果评价必须及时进行“标准”规范的修订与变更，进而确保评价标准的协调一致，以保证测评工作的顺利开展。另外，政策文件是制定效果评价标准、推进效果评价实践的重要依据，但不是唯一依据，思想政治工作效果评价工作的基本依据和最终落点还是思想政治工作的实践状况和发展趋势。因此，不能一味地依靠已出台的明确成文的政策文件要求，对其进行机械式的解读和实施，而是要充分发挥各地方、各高校的自主性和能动性，对全国性标准还没有出台或上级政策文件尚未涉及的领域、环节和要素，各地方、各高校要主动按照政策文件的基本精神先行先试，设计本地区、本高校的效果评价标准体系，开展效果评价工作，为上级政策规范的制定积累经验、创造条件，进而实现自上而下与自下而上协同推进思想政治工作效果评价发展的整体格局。

掌握思想政治工作效果评价的基本方法。思想政治工作受到多种因素的影响和推动，时代的进步、国家经济社会的发展、党的理论创新、思想政治工作实践改革、不同主体心理思想行为需求变化等，都会对思想政治工作提出新的要求。特别是习近平总书记的系列重要论述，为思想政治工作的守正创新指明了方向、打开了思路、揭示了规律，保证了新时代思想政治工作政策制定的科学性、前瞻性，引领着效果评价工作不断革新。坚持政治评价与业务评价相统一、客观评价与主观评价相统一、结果评价与过程评价相统一、定性评价与定量评价相统一、精准评价与模糊评价相统一的原则，围绕接受质量、过程、结果等要素，建立多层次复合型、综合性多领域的质量评价体系，发挥质量评价体系的引导作用。基于思想政治工作的系统性与复杂性，效果评价指标体系建构要落地落实，就要在观照实践经验与以往理论成果的基础上，凝练出全面性与重点性相结合、基础性与灵活性相结合的指标要素，为全面评价思想政治工作提供有效依据。

第三节　以治理思维推进思想政治教育体系建构

思想政治教育体系的发展也需要从治理视域进行建构。整体推进思想政治教育治理的系统建构，既是遵循国家治理体系和治理能力现代化建设战略部署的必然要求，又是回应新时代思想政治教育实践发展的现实需要。治理视域下的思想政治教育体系是一项复杂的系统工程，其涉及多元治理主体，覆盖多个治理结构，关系多个治理要素，包含治理效能与多种治理保障。构建新时代思想政治教育体系需要运用系统的哲学的思维方法把国家制度和治理体系的优势转化为思想政治教育体系的优势，做到思想政治教育体系中队伍建设的专业性、内容建构的鲜活性、动力构筑的持续性、方式运用的多样性、质量评价的高效性、制度机制的长效性。

一、建设多元参与协同发力的思想政治教育队伍

作为思想政治教育体系的基础系统，治理主体的结构、质量、能力对于加强思想政治教育体系的系统性、整体性、协同性具有重要意义。打造多元共治的思想政治教育队伍不仅需要划清主体权责，注重主体队伍的专业化建设，而且需要统筹兼顾治理主体的系统构成，在育人共同体中提升多元主体的治理能力。

（一）划清各类主体权责，提升多元主体的治理能力

思想政治教育治理体系的构建是一个各主体共同作用与博弈的过程。为了避免各主体之间此消彼长的零和博弈，必须要划清各类主体权责，强化决策主体的顶层设计力，提升执行主体的政策领悟力和基层组织力，优化引导主体与反馈主体的执行创新力，依托协调主体的运行保障力。①一是强化决策主体的顶层设计力。既要在党中央、各级党委、政府和行政机关中设置高层机构用于制定思想政治教育治理的政策指导与方向引导，如政府部门中的教育行政部门、人力资源和社会保障部门、组织部门、宣传部门、统战部门就是确保顶层设计方案权威的主要力量，又要以系统思维在国家战略层面对思想政治教育体系的治理思路、治理方向、治理目标等方面有整体和长远的设计。同时，还要强调改革的关键领域、先后顺序的系统设计，善于在事关思想政治教育治理的关键要素中完善顶层设计。二是提升执行主体的政策领悟力和基层组织力。既要加深对思想政治教育治理政策规范的认识与理解，融会贯通把握思想政治教育治理的全过程，及时校准治理主体的思想行动，又要压实党要管党、办学治校的主体责任，通过发挥党委班子"一岗双责"和党员干部带头模范的政治引领作用，形成基层战斗堡垒。三是优化引导主体与反馈主体的执行创新力。当前，既要紧密关注作为引导者的思想政治教育工作者对思想政治教育政策的传播方式，又需要准确把握作为反馈者的大中小学生对思想政治教育治理的关切与评价。只有运用治理的主动思维，有序衔接两类主体对思想政治教育政策、规范的执行与创新情况，才能在思想政治教育治理实践中把政策、规范落实落地落细。四是依托协同主体的协调联动力。当前要鼓励社会各类组织、群团与家庭积极参与思想政治教育治理各环节，提高思想政治教育的关注

① 张小飞，李琳.高校思想政治教育治理能力研究［M］.北京：团结出版社，2022：205.

度、认可度、满意度，使其起到丰富、生动、持久、深刻的教育效果与治理效果。

（二）注重主体专业化建设，打造高质量的育人队伍

思想政治教育队伍中主体的素质能力直接影响到思想政治教育体系的质量和效果。因此，提升思想政治教育治理队伍的专业化发展水平要在更新理念、优化结构、能力提升上下足功夫。一是更新理念。在治理视域中，打造思想政治教育队伍是一种新式的教育生态。这种新的教育生态需要突出“以人民为中心”的治理理念，以“多元协商”理念确保治理主体之间的充分沟通。二是优化结构。思想政治教育的开展并不是单打独斗、各自为政的过程，而是在相互协助、共同提升的过程中，形成教育的共同体。因此，优化思想政治教育治理的队伍结构要重点关注年龄结构、专业结构、质量结构，既要发挥老、中、青年群体各自的优势与特点，又要进行专业互补，注意思想政治教育治理主体的数量配比与专业配比。同时在人才选聘之际，也要建立相应的准入机制，重点选拔实干实用人才与高、精、尖专业稀缺人才。三是提升能力。思想政治教育工作者优良的从业能力既包括开阔的思维、扎实的专业基础、较强的科研能力，也包括理论素养与实践素养的协同。而培训往往是丰厚素养的一个重要方式。因此，思想政治教育队伍的专业化发展水平，既要建立在职业标准基础上，更应该建立在培训培养的过程中。这其中包括加强思想政治教育后备人才、新入职教师的岗前培训，强化在职思想政治教育工作者的继续教育培训。

（三）强化主体融合，实现多元主体的协同共治

思想政治教育是做人的工作，思想政治教育体系构建最终也由人来完成。在治理现代化的视域下，思想政治教育治理的多元参与主体彼此交互作用、相互融通，构成了一个思想政治教育协调联动的主体体系。

为了避免各主体开展的思想政治教育相互冲突、相互抵消，各治理主体在交往互动中应加强协同合作。这种协同合作集中表现为个体与个体的协同，组织与组织的协同。就单独的个体而言，在思想政治教育体系的构建中，要找到个体与个体之间相互协同的“契合点”与“关键点”。既要正确认识思想政治理论课教师与班主任、辅导员的协同，又要正确处理好思想政治理论课教师、班主任、辅导员与专业课教师的协同，又要优化重组治理主体，使专职力量发挥治理效能的同时，使“其他各门课都要守好一段渠、种好责任田，使各类课程与思想政治理论课同向同行，形成协同效应”[①]。就组织与组织的协同而言，个人主体在思想政治教育工作中扮演重要角色，但绝不是唯一角色，学校与社会相关部门、家庭在思想政治教育治理工作中都承担着重要职责。因此，要加强校内各部门间、校内与校外相关部门和组织间的横向协同，思想政治教育体系不同层级之间的纵向协同。在横向协同上，要加强学校党委宣传部、组织部、学工部、团委等多个职能部门，教务、人事、科研、后勤等多个处室在构建思想政治教育体系过程中的有效沟通与通力合作，汇聚育人合力。此外，在纵向协同上，要加强各层级、各阶段的协同联动。既要从学校、班级、学校党委行政到职能部门统一思想，完善协同攻关，协作联动，激发包括教师、管理干部、班主任、辅导员和学生在内的各层级力量，又要加强大中小学思想政治教育的有序衔接，在总体上实现上下级、前后阶段的有效互动。[②]

① 习近平在全国高校思想政治工作会议上强调 把思想政治工作贯穿教育教学全过程 开创我国高等教育事业发展新局面［N］.人民日报，2016-12-09（1）.

② 冯刚，高山，等.新时代高校思想政治教育治理论［M］.北京：中国社会科学出版社，2021：83.

二、丰富鲜活立体的思想政治教育内容

作为思想政治教育体系的结构系统，鲜活立体的思想政治教育内容是治理主体在性质、目标、范围上的具体展开。这一组成部分并不是单一的，而是一个有机的整合体，其实质就是对教育对象和受教育者进行思想导向、价值干预和精神影响。当前，丰富鲜活立体的思想政治教育内容有必要对内容各要素进行重组、拓展、组合，构建以政治教育为主导，以价值教育为重点，以规范教育为基础的重点突出、层次清晰，前后衔接、时代感强烈的思想政治教育内容体系。

（一）以政治教育为主导，站稳政治立场

在思想政治教育内容体系当中，政治教育决定了整个思想政治教育内容体系的性质与方向。因此，在开展思想政治教育内容时，不能降低层次、淡化政治，要坚持以政治教育为主导，通过深刻的政治教育养成高度的政治信仰和政治自觉。这就需要我们善于进行政治立场、政治观点、政治纪律等方面的教育。[①]其中的重点就是要把中国的基本国情、党的基本理论基本路线基本纲领基本经验等重大政治问题纳入到政治教育当中。既要做到科学准确把握我国社会主义初级阶段的基本国情，又要深入理解党的基本理论基本路线基本纲领基本经验的精神实质。只有将这种教育紧密与社会政治形势结合在一起，做到“四个正确认识”，才能把准思想政治教育内容的方向，站稳政治立场。

（二）以价值教育为重点，强化思想引领

思想政治教育内容不仅带有政治导向性，而且具有价值功效。这种

① 张耀灿，郑永廷，吴潜涛，等.现代思想政治教育学［M］.北京：人民出版社，2006：261.

价值功效集中反映在思想政治教育者对受教育者的思想引领上。为此，思想政治教育内容必须以理想信念教育为核心、以爱国主义教育为重点、以社会主义核心价值观教育为抓手。首先，理想信念教育是核心。当代中国青年只有以理想信念为依托，才能在锻造本领中明确奋斗方向，勇担责任。习近平总书记反复强调，理想信念是中国青年的“精神之钙”，中国青年缺乏这种钙就会失去安身立命的根本。因而，必须在“四个自信”教育中，坚定当代青年的理想信念，增强前进信心。其次，爱国主义教育是重点。作为中华民族精神的核心，爱国主义教育是动员和鼓舞中国人民团结奋斗的一面旗帜。新时代，在治理现代化视域中，开展爱国主义教育“要在厚植爱国主义情怀上下功夫，让爱国主义精神在学生心中牢牢扎根，教育引导学生热爱和拥护中国共产党，立志听党话、跟党走，立志扎根人民、奉献国家”①。最后，社会主义核心价值观教育是重要抓手。价值观养成教育对于当代中国青年成长成才至关重要。培育和践行社会主义核心价值观“要在勤学、修德、明辨、笃实上下功夫”，要“从知行合一上下功夫”，将“价值观的要求变成日常的行为准则”②。

（三）以规范教育为基础，筑牢思想防线

在思想政治教育内容体系中，规范教育是约束受教育者思想观念和实际行为的重要范畴。这一范畴重点关注“我们应该做什么”以及“我们应该怎么做”。让规范教育成为思想政治教育内容中的常态，需要生活规范、道德规范、法律规范共同助力。首先，用生活规范促成习惯养成是逻辑起点。从心理学视角来看，生活规范教育的核心是要教之“上

① 新时代爱国主义教育实施纲要学习读本编写组.《新时代爱国主义教育实施纲要》学习读本［M］.北京：人民出版社，2022：226.

② 中共中央文献研究室.十八大以来重要文献选编：中［M］.北京：中央文献出版社，2016：8.

所施下所效”，化之“使作善”。行为养正，规范先行。对低年级学生群体抓好日常规范与行为习惯养成教育，一般可通过发放中小学学生守则、树立“八荣八耻”模范标兵等外在手段或他律形式进行规训。其次，用道德规范营造和谐有序环境是逻辑主线。与生活规范不同，道德规范教育关注“我们应该成为什么样的人”以及“我们应该怎么生活”，突出德性在规范教育中的重要价值意义。道德规范教育往往采用灌输或道德评价的方式规范行为主体行为正当与否，其目的就是使受教育者的道德意识在长期的个体道德实践中得到觉醒与升华。对中年级学生进行道德规范教育，既要引导他们自觉遵守爱国守法、明礼诚信、团结友善、勤俭自强、敬业奉献的基本道德规范，又要为中年级学生营造良好的道德成长环境，陶冶道德情感，淬炼道德意志。最后，用法律规范划定行为红线是有效保障。发挥法律规范的保障作用，关键是要把道德规范纳入到法治教育当中。2022年10月16日，习近平总书记在中国共产党第二十次全国代表大会的报告中强调，要“坚持依法治国和以德治国相结合，把社会主义核心价值观融入法治建设”[①]。新时代开展思想政治教育的法治规范教育既要做到向高年级学生群体普及法律知识、培养法律观念、提高法律能力，养成法治观念与规则意识，又要把法治规范教育纳入到道德规范教育全过程，引导高年级学生群体自觉弘扬中华传统美德，遵守社会公德，培育职业道德，注重家庭美德与个人品德。

三、优化协同运行的思想政治教育过程

从治理要素出发，推动思想政治教育的动态运行是为了使思想政治教育系统工程中各个治理要素各司其职、各尽其责，协同运转，最终达

① 习近平.高举中国特色社会主义伟大旗帜　为全面建设社会主义现代化国家而团结奋斗——在中国共产党第二十次全国代表大会上的报告［M］.北京：人民出版社，2022：44.

到“1+1>2”的整体治理效果。一般而言，作为思想政治教育体系的运行系统，思想政治教育治理过程包含目标、动力、环境、资源等诸多要素，是多个要素协同推进、多管齐下的治理过程。因此，在思想政治教育治理的过程中，需要运用治理思维，以立体化、协同化、一体化、系统化方式推动思想政治教育治理目标、动力、介体、资源等构成要件的优化。

（一）以立体化推动共同目标与具体目标的统一

目标是教育者与教育对象之间联系的有效纽结，更是明确思想政治教育治理方向的指南针。思想政治教育运行的成效直接反映在治理目标的实现程度上。思想政治教育治理的目标是一个完备的系统，它既包括涉及方向与原则的共同目标，也涵盖了关涉路径与方法的多个具体目标。为了更好推进思想政治教育的治理过程，要深刻把握目标的整合性与层次性特质。既要认识到思想政治教育的根本目标是将当代青年培养能够担当民族复兴大任的时代新人，又要“克服无组织的状态”①，根据不同治理主体在不同阶段的具体需求准确定位不同群体的具象化目标。具体说来，可围绕思想政治教育治理的教师、学生、学校分别提出不同要求。对教师而言，其目标是要在推动学生健康发展、塑造健全人格上发挥带动效应。对学生而言，其目标是要从历史与现实、国际与国内、集体与个人、目标与行动上提高自身的思想道德水平和政治觉悟，将个人价值融入集体与社会价值当中去。对学校而言，可围绕不同种类、不同层级学校的工作基础和工作情况，落实立德树人根本任务。

（二）以协同化推动内生动力与外源动力的统一

优化思想政治教育治理过程要构建内生动力与外源性动力稳定发力的动力系统。其中激发内生动力，释放主体活力是贯穿思想政治教育治

① 毛泽东选集：第三卷［M］.北京：人民出版社，1991：802.

理过程的决定性力量。为此，要在需求与供给平衡中寻找思想政治教育的内生动力。从需求端来看，要从学生的学习成长需求中激发内生动力。“‘思想’一旦离开利益，就一定会使自己出丑。”[①]思想政治教育治理一旦脱离学生的实际需求，就会失去吸引力、感染力。为此，思想政治教育治理必须围绕主体的内在需求，“坚持在改进中加强，提升思想政治教育亲和力和针对性，满足学生成长发展需求和期待”[②]。从供给端看，要从教师的供给出发，考察思想政治理论课教师的专业能力与专业素养。当前，在国家治理现代化建设的过程中，必须培养与思想政治教育实践工作与理论研究工作同频共振的专业化人才。思想政治教育治理过程中不仅存在内生动力，还存在来自外部场域发生变化形成的外源性动力。这其中主要来自国家治理现代化给思想政治教育治理带来的正向驱动力。因此，思想政治教育治理要积极适应思想政治教育治理的外部环境对思想政治教育客体的改变，努力在客体变化中实现思想政治教育的发展。

（三）以一体化推动主渠道与主阵地的统一

主渠道与主阵地的统一是思想政治教育治理过程中能否取得实际成效的重要因素。新时代，随着国家治理体系和治理能力向各个领域的深入发展，形成了以思想政治教育理论课为主渠道的育人场域和以社团、实践、班级、宿舍、网络等多元场域构成的日常思想政治教育的主阵地。“办好教育事业，家庭、学校、政府、社会都有责任。”[③]当前，为了统筹好思想政治理论课主渠道与日常思想政治教育主阵地，既要主动

① 马克思恩格斯文集：第一卷［M］.北京：人民出版社，2009：286.

② 习近平在全国高校思想政治工作会议上强调 把思想政治工作贯穿教育教学全过程 开创我国高等教育事业发展新局面［N］.人民日报，2016-12-09（1）.

③ 习近平.坚持中国特色社会主义教育发展道路 培养德智体美劳全面发展的社会主义建设者和接班人［N］.人民日报，2018-09-11（1）.

推进大中小学思想政治教育一体化建设，又要丰富和拓展育人方式，运用教书育人、管理育人、服务育人、科研育人、文化育人、实践育人、组织育人系统打造“大思政”育人格局。

（四）以系统化推动内外资源的整合配置

剔除无效资源，挖掘新资源，整合优化思想政治教育资源不仅能提升资源利用效率，而且为解决思想政治教育治理的实践问题提供了更多可选方案。当前，随着教育场域的下沉与扩展，思想政治教育资源在时效度上均出现了新的变化。因此，必须对资源进行立体化配置。既要在人力上强调全员育人，“从宏观、中观、微观各个层面一体化构建育人工作体系，实现各项育人工作的协同合作、同向同行”[①]；又要在时间上强调全过程育人，把思想政治教育工作贯穿整个教育教学、学生管理全过程。同时，还要在空间上强调全方位育人，从科研育人、实践育人、文化育人、网络育人、心理育人、管理育人、服务育人、资助育人、组织育人等维度开发并整合育人资源，与第一课堂贯通互动，把立德树人融入学校建设和管理各领域、各方面、各环节。

四、完善动态反馈的思想政治教育质量评价

思想政治教育服务于国家治理现代化，其质量评价也紧紧围绕国家治理效能优化而设计。2020年，中共中央和国务院印发的《深化新时代教育评价改革总体方案》提出2035年改革目标，形成“富有时代特征、彰显中国特色、体现世界水平”的教育评价体系；思想政治教育的目标是立德树人，引导全社会树立“科学的教育发展观、人才成长观、选人

① 张智.思想政治教育治理体系现代化的价值要义与基本特征［J］.广西社会科学，2021（12）：202.

用人观”[①]。因此，治理视域下的思想政治教育质量评价，要通过动态反馈促进治理效果的提升，以先进的评价理念为引领，以科学的评价标准为准则，以全面的评价指标体系为支撑。

（一）树立先进评价理念

思想政治教育质量评价涉及对人的政治思想等多种非直观因素的分析和掌握。[②]在对思想政治教育质量进行评价前，把握先进的评价理念尤为重要。既要使评价全覆盖，坚持量质兼顾；同时要注重评价理念的改进，坚持以人为本。评价覆盖思想政治教育全过程，兼顾质与量。全覆盖式的质量评价应该从教育者与教育对象的需求出发，对教育活动的各个环节作全面系统评价，不仅要考虑教育目标的科学性，还应注重教育对象的接收效果。与此同时，思想政治教育评价也要加强质与量的结合。实践证明，在思想政治教育的质量评价中，量化评价与质性评价二者缺一不可。量化评价具有直接客观的优势，但忽视了评价者与评价对象的互动。质性评价关注每个教育对象的发展，注意评价中各个因素的实际状况，但达不到直观的效果。两种评价理念优势互补，可在思想政治教育的不同对象间交叉使用。当然，思想政治教育质量评价还要注重评价理念的改进，坚持以人为本。思想政治教育质量评价不仅要证明教育效果，其终极目的是改进。这就要求思想政治教育质量评价要保持动态反思的状态，确保其评价的科学性。同时，教育又是培养人的活动，人的培养理所应当是教育评价的核心。当评价目的转向人的成长后，评价理念则不能以社会需要为准则，而要充分关注人的发展。

① 深化新时代教育评价改革总体方案［N］.人民日报，2020-10-14（1）.

② 冯刚.高校思想政治教育工作质量评价的时代特点与展望［J］.湖北社会科学，2021（1）：161.

（二）确立科学评价标准

思想政治教育评价标准，是传播价值观念必备的核心要素。科学的思想政治教育评价标准要合乎必然性，也要追求应然性。教育评价标准的必然性发端于交往实践的规范形式，这种必然性来自交往的普遍规范。从这个价值逻辑来看，思想政治教育评价标准只有具备了“促进教育的生存和发展”这种必然性，才能使思想政治教育评价标准的主体制定和实施教育政策的行为具有了普遍有效性。思想政治教育评价标准的根据，来自教育评价的主体在教育实践过程中积淀起来的普遍的实践倾向。那格尔（Nagel，S.S.）在《政策研究——整合与评价》一书中从后果评价的角度提出了有用、有效、效益、效率、平等五条原则，他所强调的评价标准如效益、平等就是反映了人类教育实践活动的普遍必然性。思想政治教育的根本目的在于通过科学的评价标准推动社会进步。对“进步”这个概念的理解，正如马克思所说“这个概念决不能在通常的抽象意义上去理解”[①]，而要理解进步的历史含义。因此，思想政治教育评价标准，总是要随着具体实践的发展而持续更新。

（三）制定全面评价指标体系

制定全面的评价指标体系是把握、健全、完善、发展思想政治教育治理现状的基准。当前，要使思想政治教育质量评价指标全面，就必须遵循重要原则，制定思想政治教育治理的评价指标内容体系，高效优化评价指标体系的路径。一是确定评价指标体系的建构原则。设计思想政治教育质量评价的指标体系要遵循科学性、系统性、可操作性准则。既要充分体现党的十九届四中全会以来关于思想政治教育治理相关制度文件的重要精神和重大决策部署，又要让指标的设置全面反映思想政治教育治理的情况，不同层级的指标间要保持较强的逻辑关联。同时对指标

① 马克思恩格斯全集：第四十六卷上册［M］.北京：人民出版社，1979：47.

分解和不同治理主体的治理能力结构的评价指标具有可测度性、比较性，确保评价的针对性和实效性。二是准确选择评价指标。思想政治教育治理的评级指标既要考虑顶层设计，又要体现对不同层面治理主体治理能力的评价。因此大致可围绕评价指标的目标层、对象层、标准层设置一级指标、二级指标、三级指标，并对不同层次的指标作出相应要求。根据目标层可设置思想政治教育治理体系评价和治理能力评价指标；根据对象层可设置队伍体系、任务体系、实践体系、学校层面、职能部门、辅导员兼职队伍、学团干部；根据标准层可设置若干具体的定性要求和定量标准。三是优化评价指标体系的路径。通过对长期从事思政课教学与研究的专家学者、管理人员、学生进行问卷调查和个案访谈，召开研讨会，充分利用专家学者、管理人员和广大学生的感受、知识、经验和智慧，全面优化思想政治教育治理评价指标体系中的三级指标，科学修订三级指标的定性要求和定量标准。

五、健全保障有力的思想政治教育制度机制

构建思想政治教育体系需要借助制度机制的规约作用保障各治理主体及育人力量之间的沟通协作。作为思想政治教育体系的保障系统，思想政治教育制度机制为构建思想政治教育治理体系奠定了坚实基础。因此要辩证认识制度与机制在思想政治教育治理过程中的辩证关系，立体把握制度体系，推动制度优势向治理优势的转变。

（一）辩证把握思想政治教育制度与机制关系

思想政治教育的制度机制由制度和机制两大元素共同组成。其中制度是规范思想政治教育治理活动、思想政治教育治理主体及其关系的系统，它关系着思想政治教育的根本性、全局性、长期性、稳定性问题。机制则是“思想政治教育运行过程中各要素按一定的组合方式而形成的

机理和运行方式”[①]。在思想政治教育制度机制中，两者相互制约、相互作用、相互影响。其中制度决定机制的本质、性质和方向，机制是保障制度实现的条件。一方面，制度是机制的基础，它是机制长期演化的抽象呈现，它规定机制的性质与方向。另一方面，“制度的生命力在于执行”[②]。思想政治教育机制是保障制度实现的具体表现与实施形式。新时代推进思想政治教育体系构建，必须运用制度机制进行保驾护航。

（二）综合设计思想政治教育制度体系

思想政治教育制度是由根本制度、基本制度、具体制度共同构成的完备体系。其中根本制度在思想政治教育制度体系中起着全局指导的作用，它决定着思想政治教育的性质，体现了思想政治教育治理的根本任务。党的十八大以来，为了适应时代进步的需求和个人发展的要求，我们党明确了党的领导、马克思主义在意识形态领域的指导地位、立德树人的根本任务是思想政治教育的根本制度。这些为思想政治教育指明方向、抵制各种错误思潮、培养什么样人的问题提供启迪。此外，为了发挥思想政治教育的优良传统，规约思想政治教育的基础性实践活动，思想政治教育的基本制度在实践过程中孕育而出。这其中包括理论武装制度、文化育人制度、实践育人制度、集中学习教育制度，以及思想政治教育队伍的专业化职业化建设制度。如果说思想政治教育的基本制度反映了思想政治教育的实践方式和主要优势，那么具体制度则是在根本制度与基本制度的基础上，通过问题导向，在解决现实迫切问题中形成的具有重大意义的制度。这种类型的制度往往能够积极回应思想政治教育体系在构建中面临的时代课题与时代问题。具体来看，思想政治教育中的具体制度主要有大中小学思想政治教育一体化制度、思政课程与课程

① 徐志远．现代思想政治教育学基本范畴及其体系构建研究［M］．北京：人民出版社，2022：302.

② 习近平谈治国理政：第三卷［M］．北京：外文出版社，2020：128.

思政同向并行制度、意识形态工作责任制度。

（三）持续完善全方位的长效机制

思想政治教育治理体系的现代化进程，离不开系统完备、科学规范、运行有效的制度机制建设。而制度优势能否转化为治理优势又取决于是否建立了长效机制。作为一个动态运行的过程，思想政治教育机制的功能发挥往往依赖于各构成要素之间的相互衔接、协调运转，依赖于各要素功能的健全。[①]因此，建立长效机制必须坚持以问题为导向，以动态监督为手段，来保障治理各要素的结构关系和运行方式。其中问题导向要求强化问题意识。在思想政治教育体系构建中要解决的主要问题是思想政治教育诸要素与社会治理现代化诸要素、思想政治教育治理内部诸要素的脱节问题。为了解决这一问题，必须在治理主体、治理结构、治理要素、治理效果、治理保障上下足功夫，确保治理主体与思政队伍、治理结构与思政内容、治理要素与思政过程、治理效果与思政评价、治理保障与思政机制的一体化建设。动态监督要求强化质量意识。对思想政治教育体系进行合理监督，能够有效保障思想政治教育的工作实效与整体质量。思想政治教育体系是一个复杂的系统，系统的有序运行涉及多个层面的权力运行机制，只有健全和完善有效的权力运行机制，对各领域和各环节进行有效监督，才能保障思想政治教育体系治理的规范性、法治化与科学性。因此，要通过外部监督给予思想政治教育体系以持续性的预警和刺激，才能提升其内在的反思能力，进而保障思想政治教育治理系统的长效运行。具体来看，关键是要用在党的统一领导下的，全面覆盖、权威高效的监督体系来增强思想政治教育对国家治理实践的影响力。

① 张耀灿，等.思想政治教育学前沿［M］.北京：人民出版社，2006：258.

第十二章 推动思想政治教育守正创新

矛盾是事物发展的动力和源泉，新时代思想政治教育守正创新的实现，必须立足思想政治教育的理论与现实、应然与实然、教育者与教育对象以及思想政治教育活动中的具体矛盾，以内生动力为根本推动力，通过思想政治教育内部各要素之间的生发、转化和凝聚等相互作用，实现思想政治教育既延续传统又恪守正道、保持学科传统和特色，同时实现发展创新。思想政治教育持续创新发展的动力增强，能够使思想政治教育学科始终保持着旺盛的活力。

推动新时代思想政治教育守正创新，促进新时代思想政治教育学科高质量发展，必须把握和遵循新时代思想政治教育学科发展规律。梳理和总结思想政治教育学科40多年创新发展的历程与经验，坚持学科发展的实践导向，需要突出应用意识，重视应用研究和经验研究，强化关于历史和现实的实践研究，从多维度推动新时代思想政治教育学科高质量发展。

第一节　总结思想政治教育学科发展的历程与经验

始终以党的创新理论为遵循，不断适应时代发展特征和中国改革实际，坚持理论与实践的深度融合，思想政治教育学科走过了40多年的创新发展历程。思想政治教育学科的持续创新发展不仅体现在基础理论的深化之中，同时也体现在思想政治教育为中国特色社会主义伟大实践作出的重要贡献与提供的战略价值之中。回顾思想政治教育学科40多年的创新发展历程，思想政治教育学科不断深化理论基础，优化政策制度设计，增进发展内生动力，推动内涵式发展，使思想政治教育的发展更加有积淀、更加有保障、更加有活力、更加有质量，在理论、制度、发展动力和发展模式上系统增进科学化，把思想政治教育的创新发展不断推向新高度。

一、以夯实学科理论基础深化思想政治教育发展根基

中国共产党思想政治教育在革命实践中生成，在建设和改革实践中实现创新发展，为思想政治教育学科奠定了坚实的实践基础和宝贵的经验认识。对中国共产党思想政治教育的经验性认识，经过学科的总结和凝练，不断生成着、创新着学科的基础理论。学科设立40多年来，在理论与实践的深度融合中，思想政治教育理论基础不断深化，为学科创

新发展提供了坚实的理论支撑。

（一）党的创新理论指导思想政治教育理论基础持续深化

思想政治教育学科的创新发展，离不开中国共产党思想政治教育工作的实践探索与经验总结，更离不开中国共产党的创新理论指导。在新民主主义革命时期，毛泽东所做的《中国共产党红军第四军第九次代表大会决议案》以及谭政所做的《关于军队政治工作问题的报告》，均体现了党的创新理论指导思想政治工作创新发展这一优良传统和宝贵经验。思想政治教育学科设立以后，学科的基础理论体系构建坚持以马克思主义理论为指导，自觉将党的创新理论运用于思想政治教育理论与实践的创新深化。作为学科设立后的第一本原理教材，《思想政治教育学原理》明确指出："我们的思想政治工作是有理论指导的，这个理论是马克思列宁主义、毛泽东思想。"[①]这体现出思想政治教育学科的底色与特性，充分展现了政治性与学理性的统一。从根本上讲，学校思想政治教育是马克思主义理论在学校教育实践中的应用，是对中华民族传统美德的传承，是对社会主义精神文明的弘扬，也是我国在意识形态领域中的政治优势所在。[②]经历40多年的发展历程，党的创新理论指导思想政治教育学科理论创新的特点更加突出。《新时代高校思想政治教育学原理》强调："中国共产党在动员群众、武装群众、凝聚群众的实践中，把马克思主义基本原理与中国实际相结合，创造性地提出了一系列理论学说，奠定了思想政治教育科学化发展的重要理论基础。"[③]党的十八大

① 陆庆壬.思想政治教育学原理［M］.上海：复旦大学出版社，1986：1.

② 徐文良.难忘的历程——高等学校思想政治教育的回顾与思考［M］.长春：吉林人民出版社，2008：5.

③ 冯刚，彭庆红，佘双好，等.新时代高校思想政治教育学原理［M］.北京：人民出版社，2021：45.

以来，习近平总书记提出，“把立德树人作为教育的根本任务”[①]，培养“担当民族复兴大任的时代新人”[②]，“培养德智体美劳全面发展的社会主义建设者和接班人”[③]。教育目标的深化发展表明党的教育思想一脉相承、与时俱进，是新时代对“培养什么人”掷地有声的铿锵回应。坚持“立德树人”根本任务，培养德智体美劳全面发展的社会主义建设者和接班人，为思想政治教育学科基础理论的深化提供了重要的滋养。

（二）深入探索思想政治教育科学化的理论内涵

改革开放以来，面对中国特色社会主义伟大实践的创新发展，中国共产党思想政治教育需要适应时代发展需求，探索科学化发展之路。1980年5月，原第一机械工业部工会联合会召开思想政治工作座谈会，提出要把思想政治工作上升至理论，形成一门科学，可以叫作思想政治工作学。[④]在这场大讨论中，钱学森提出“要尽早建立马克思主义德育学”，并对“马克思主义德育学”的科学内涵与学科定位进行了探讨；费孝通也提出了企业思想政治工作的必要性。这场大讨论促进了思想政治工作理论与实践的守正创新。1982年11月，全国党员教育工作会议召开，时任中央书记处书记宋任穷指出：“要逐步形成这样一种观点，思想政治工作是一门科学，是一门治党治国的科学。”[⑤]思想政治工作科学化命题的提出为思想政治教育学科的创建奠定了坚实基础。从1984

① 中共中央文献研究室.十八大以来重要文献选编：上［M］.北京：中央文献出版社，2014：27.

② 习近平.决胜全面建成小康社会 夺取新时代中国特色社会主义伟大胜利——在中国共产党第十九次全国代表大会上的报告［M］.北京：人民出版社，2017：42.

③ 坚持中国特色社会主义教育发展道路 培养德智体美劳全面发展的社会主义建设者和接班人［N］.人民日报，2018-09-11（1）.

④ 孙友余，钱学森，费孝通，等.论思想政治工作科学化［M］.太原：山西人民出版社，1981：27-28.

⑤ 中国思想政治工作研究会，中宣部思想政治工作研究所.改革开放以来思想政治工作大事记［M］.北京：中国人民大学出版社，2007：38.

年学科设立开始，思想政治工作科学化的命题就在学科基础理论的丰富中不断深化，从《思想政治教育方法论》(武汉大学出版社1985年版)、《思想政治教育学原理》(复旦大学出版社1986年版）和《现代思想政治教育学》(人民出版社2006年版)，到《思想政治教育学原理》(高等教育出版社2018年版)、《新时代高校思想政治教育学原理》(人民出版社2021年版）和《新编思想政治教育学原理》(中国人民大学出版社2022年版)，思想政治教育基础理论的研究框架和基本内容不断丰富，为思想政治工作科学化和学科发展提供了理论支持。

（三）不断深化思想政治教育学理构建

思想政治教育不仅是一项工作，更是一门科学。自思想政治教育学科设立以来，在理论与实践的深度融合中，学界自觉肩负起学科学理构建的使命。一方面，思想政治教育实践创新提出学理构建新需求。1994年《中共中央关于进一步加强和改进学校德育工作的若干意见》强调：“思想政治教育是一门科学，有其自身的规律。要把思想政治教育作为人文社会科学的重点学科加强建设，把德育重大问题研究项目列入国家教育科学研究规划和国家哲学社会科学研究规划。要培养和造就一批德育专家、教授、特级教师和理论家。”①经历40多年发展，思想政治教育学科基础理论框架的四梁八柱已经趋于完善，在问题意识与实践导向的作用下，思想政治教育“学术槽”也在进一步扩大。要完成新时代新征程所赋予的新任务，思想政治教育研究和工作范式需要引入社会学、文化学、文本学、叙事学、生态学等不同的视角和理论方法。②面对时代发展进程中青年思想文化特征的变化以及中国改革创新发展实际，思想政治教育的学理构建更加具有开放性，学理建构不断满足实践创新发

① 中共中央文献研究室.社会主义精神文明建设文献选编［M］.北京：中央文献出版社，1996：537.

② 冯刚.思想政治教育学学科发展新论域［M］.广州：中山大学出版社，2022：7.

展之需。另一方面，思想政治教育学科学理构建的自觉与自信越发坚定。在思想政治教育学科发展进程中，如何进一步深化学科专业性、学理性一度成为学界讨论的话题。思想政治教育学科建设必须坚持意识形态性与学术性的统一，尽管两者在现实中是不可分割的，但一定学科的意识形态性是通过特定学术性建构实现的。也就是说，不同学科的意识形态性要通过不同学术性建构得以实现，"学术槽"仍是一个学科生存发展的根基。[①]由此不难发现，对于思想政治教育学科学理构建的自觉与自信是学科发展40多年来不断加强的一个话题。习近平总书记指出："我国广大哲学社会科学工作者要自觉坚持以马克思主义为指导，自觉把中国特色社会主义理论体系贯穿研究和教学全过程，转化为清醒的理论自觉、坚定的政治信念、科学的思维方法。"[②]新时代以来，思想政治教育学界自觉肩负起学科学理深化的使命与担当，在国家改革发展实际中深化思想政治教育的学理认识，使学科学理构建迈上新台阶。

（四）持续深化思想政治教育的规律性认识

思想政治教育学科设立之初就曾遭到其他学科的质疑，思想政治工作有理论吗？这不是一项实践工作吗？对于这些质疑，不断深化思想政治教育的规律性认识就是一个有力的回应。学科发展40多年来，围绕中国共产党思想政治教育工作的基本经验，聚焦不同阶段思想政治教育的阶段性特征，学界对思想政治教育的规律性认识不断深化，党和国家对思想政治教育的规律性意识也不断提升。习近平总书记在全国高校思想政治工作会议上强调："要坚持把立德树人作为中心环节，把思想政治工作贯穿教育教学全过程，实现全程育人、全方位育人，努力开创我

① 张澍军．试论思想政治教育学科前沿的若干重大问题［J］．马克思主义研究，2011（1）：128-135.

② 习近平．在哲学社会科学工作座谈会上的讲话［N］．人民日报，2016-05-19（2）．

国高等教育事业发展新局面”[①]；“做好高校思想政治工作，要因事而化、因时而进、因势而新。要遵循思想政治工作规律，遵循教书育人规律，遵循学生成长规律，不断提高工作能力和水平”[②]。将思想政治教育工作纳入人才培养的开阔视角，并且注重对高校思想政治工作规律的凝练，充分展现着在学科发展进程中，在党和国家的关怀下，思想政治教育工作规律性认识的进一步深化。同时，新时代背景下思想政治理论课建设的规律性认识也进一步提升。习近平总书记在学校思想政治理论课教师座谈会上强调，要坚持政治性和学理性相统一、价值性和知识性相统一、建设性和批判性相统一、理论性和实践性相统一、统一性和多样性相统一、主导性和主体性相统一、灌输性和启发性相统一、显性教育和隐性教育相统一。[③]在此指导下，学界围绕“八个相统一”深入探讨了其中的规律性认识。[④]从一定意义上讲，对思想政治教育规律性认识的深化历程也就是思想政治教育学科成熟和创新的历程，对规律性认识的深化不仅夯实了学科的理论根基，同时为学科的学理性创建提供了鲜明的导向。

二、以创新政策制度设计强化思想政治教育发展保障

思想政治教育的创新发展与相关的政策支撑密不可分。思想政治教育政策是党和国家为实现思想政治教育目标、完成思想政治工作任务而制定的纲领和原则，主要以公文如通知、规定、意见、办法等形式呈现

① 习近平谈治国理政：第二卷［M］.北京：外文出版社，2017：376.

② 习近平谈治国理政：第二卷［M］.北京：外文出版社，2017：378.

③ 习近平谈治国理政：第三卷［M］.北京：外文出版社，2020：330-331.

④ 冯刚.理直气壮开好思政课——把握新时代思政课建设规律［M］.北京：人民出版社，2019：1.

出来。[1]思想政治教育学科自设立以来，思想政治教育政策持续完善，对思想政治教育的目标、内容、方式方法、制度机制、队伍建设等起到了积极的指导作用。这种指导作用不仅仅体现在对具体工作的推动、促进和支撑上，也体现在其中所蕴含的对思想政治教育工作规律的深刻把握中。因此，思想政治教育学科40多年的创新发展历程，离不开相关政策的理论滋养与实践指导。

思想政治教育学科设立以后，面对在社会主义初级阶段对大学生的思想品德应该如何要求这一问题，党中央根据社会和历史发展需要，果断出台政策文件，对思想政治教育的内容、方式方法、队伍建设等提供政策保障。1987年，《中共中央关于改进和加强高等学校思想政治工作的决定》正式印发。首先，明确高等学校人才培养目标，强调："高等学校培养出来的大学生、研究生，应当有坚定正确的政治方向，爱祖国、爱社会主义，拥护共产党的领导，努力学习马克思主义；应当热心于改革和开放，有艰苦奋斗的精神，努力为人民服务，为实现具有中国特色的社会主义现代化而献身；应当自觉地遵纪守法，有良好的道德品质；应当勤奋学习，努力掌握现代科学文化知识。"[2]这里明确了改革开放初期高等学校人才培养目标，同时将思想政治工作目标融入人才培养目标，为思想政治教育的持续发展提供了重要目标依据。其次，为改进学校思想政治工作的内容、形式和方法提供遵循，强调有的放矢地进行马克思主义理论教育和形势政策教育，积极引导学生参与社会实践，把思想政治教育与业务教学工作结合起来，把发扬民主与加强法制纪律教育结合起来，对学生要严格要求、积极疏导，改善学生的学习、生活条

① 冯刚，郑永廷.思想政治教育学科30年发展研究报告［M］.北京：光明日报出版社，2014：415.

② 中共中央文献研究室.十二大以来重要文献选编：下［M］.北京：人民出版社，1988：1410-1411.

件，认真培养学生骨干队伍，加强和改进研究生的思想政治工作。[①]这对进一步提升思想政治教育工作的规律性认识，提高学校思想政治工作科学化水平提供了重要的指导。最后，为马克思主义理论研究队伍和思想政治工作队伍建设提供政策支撑，强调："思想政治教育是一门以马克思主义理论为基础、综合性和实践性都比较强的科学，必须有专职人员作为骨干，并且要培养和造就一批思想政治教育的专家、教授和理论家。"[②]以政策的形式稳步推进思想政治教育队伍建设，为思想政治教育的持续发展提供了重要保障。

思想政治教育学科在经历了第一个10年创新探索后，为适应深化改革、扩大开放和加快社会主义现代化建设步伐的新形势的要求，进一步加强和改进学校德育工作，1994年中央印发《中共中央关于进一步加强和改进学校德育工作的若干意见》，为思想政治教育的创新发展进一步提供政策保障。首先，为德育工作体系创新提供政策保障。随着对思想政治教育工作规律性认识的不断增进，思想政治教育体系化建设成为创新发展的重要着力点，指出："整体规划学校的德育体系。要遵循青少年学生思想品德形成的规律和社会发展的要求，根据德育工作的总体目标，科学地规划各教育阶段的具体内容、实施途径和方法。学生的'五爱'(爱祖国、爱人民、爱劳动、爱科学、爱社会主义）情感，文明的行为习惯，良好的道德品质和遵纪守法意识，科学的世界观、人生观、价值观，社会主义的理想信念，是一个通过教育逐步形成的过程。各种教育内容的深浅和侧重点，要针对不同年龄及学习阶段的理解和接受能力有所不同，逐步提高。"[③]这里要求的体系化建设不仅反映了对规律的

① 中共中央文献研究室.十二大以来重要文献选编：下［M］.北京：人民出版社，1988：1413-1417.

② 中共中央文献研究室.十二大以来重要文献选编：下［M］.北京：人民出版社，1988：1419.

③ 中共中央文献研究室.社会主义精神文明建设文献选编［M］.北京：中央文献出版社，1996：531-532.

重视，也为思想政治教育体系创新提供政策支撑。其次，促进各类学科与课程同德育的有机结合。学校思想政治教育如何加强协同创新，使德育与专业人才培养有机结合，也成为学校思想政治教育创新发展中的一个问题导向，指出："借鉴国外包括发达国家在这方面的经验和做法，在教育改革中积极探索，总结经验，并及时加以规范，形成稳定的机制。高校应积极开设人文、社会科学类选修课程，与马克思主义理论课和思想品德课统筹规划，分工合作。各门课程的建设应体现社会主义的办学方向和全面发展的办学指导思想，教学大纲和教学评估标准要有正确的思想导向。教学主管部门和教研人员要深入教学领域与学生实际，有针对性地发挥教学、科研的德育功能。"①这不仅为学校思想政治教育的协同创新提供了坚实的政策依据，也为新时代课程思政建设提供了宝贵参考。最后，进一步加强思想政治教育学科建设。思想政治教育的创新发展离不开学科建设，而学科建设又离不开党和国家的政策支撑，指出："推动思想政治教育的科研和学科建设。思想政治教育是一门科学，有其自身的规律。要把思想政治教育作为人文社会科学的重点学科加强建设，把德育重大问题研究项目列入国家教育科学研究规划和国家哲学社会科学研究规划。要培养和造就一批德育专家、教授、特级教师和理论家。"②这为思想政治教育学科的创新发展注入了新的活力。

党的十六大以后，为解决学校思想政治理论课实效性不强的问题，党中央责成相关部委开始着手制订加强和改进思想政治理论课建设方案，后来出于全局考虑，2004年10月中共中央、国务院印发了《关于进一步加强和改进大学生思想政治教育的意见》，对大学生思想政治教育的规律性认识进一步提升，同时对整体加强和改进大学生思想政治教

① 中共中央文献研究室.社会主义精神文明建设文献选编［M］.北京：中央文献出版社，1996：535.

② 中共中央文献研究室.社会主义精神文明建设文献选编［M］.北京：中央文献出版社，1996：537.

育提供了新的政策保障。文件明确了加强和改进大学生思想政治教育的基本原则，强调“学校教育要坚持育人为本、德育为先，把人才培养作为根本任务，把思想政治教育摆在首要位置”[①]，并且从发挥各门课程的育人功能、深入开展社会实践、大力建设校园文化、主动占领网络思想政治教育新阵地、心理健康教育等方面，对加强和改进大学生思想政治教育提出新要求。同时，坚持思想政治理论课与日常思想政治教育的协同创新。作为配套文件，2005年2月，中宣部、教育部联合下发了《关于进一步加强和改进高等学校思想政治理论课的意见》，对新形势下加强和改进高等学校思想政治理论课的重要性、指导思想和总体要求进行了系统阐述，确定了新的课程方案（“05方案”）。2005年12月，国务院学位委员会和教育部发布的《关于调整增设马克思主义理论一级学科及所属二级学科的通知》决定在《授予博士、硕士学位和培养研究生的学科、专业目录》中增设马克思主义理论一级学科及所属二级学科，思想政治教育成为马克思主义理论一级学科下设的“马克思主义基本原理”“马克思主义发展史”“马克思主义中国化研究”“国外马克思主义研究”“思想政治教育”等五个二级学科中的一个（2008年增设“中国近现代史基本问题研究”二级学科）。思想政治教育专业名称在本科、硕士、博士三个层次得到统一，思想政治教育的学科建设取得重要进展。

党的十八大以来，以习近平同志为核心的党中央把高校思想政治工作摆在突出位置，作出一系列重大决策部署加以推进。习近平总书记强调：“我国有独特的历史、独特的文化、独特的国情，决定了我国必须走自己的高等教育发展道路，扎实办好中国特色社会主义高校。我国高等教育发展方向要同我国发展的现实目标和未来方向紧密联系在一起，为人民服务，为中国共产党治国理政服务，为巩固和发展中国特色社会

① 中共中央文献研究室.十六大以来重要文献选编：中［M］.北京：中央文献出版社，2006：179.

主义制度服务，为改革开放和社会主义现代化建设服务。”[①]为了进一步加强和改进新时代高校思想政治工作，2016年中共中央、国务院印发了《关于加强和改进新形势下高校思想政治工作的意见》，对新时代高校思想政治工作的基本原则提出重要遵循，强调坚持党对高校的领导，坚持社会主义办学方向，坚持全员全过程全方位育人，坚持遵循教育规律、思想政治工作规律、学生成长规律，坚持改革创新。[②]统揽伟大斗争、伟大工程、伟大事业、伟大梦想，战胜前进道路上的各种风险挑战，必须立足新的时代特点和历史方位。为了对新时代思想政治工作进行系统谋划、作出战略部署，2021年中共中央、国务院印发了《关于新时代加强和改进思想政治工作的意见》，强调坚持守正创新，推进理念创新、手段创新、基层工作创新，使新时代思想政治工作始终保持生机活力，要把思想政治工作作为治党治国的重要方式。[③]思想政治教育学科在理论与实践的深度融合中，进一步坚持问题意识和实践导向，深化思想政治教育基础理论，以《新时代高校思想政治教育学原理》（人民出版社2021年版）、《新编思想政治教育学原理》（中国人民大学出版社2022年版）为代表的一大批研究成果相继问世，新时代思想政治教育学科基础理论创新持续走向深入。思想政治教育政策文件对思想政治教育学科创新发展的支撑作用再一次显现出来。

三、以增强内生动力推动思想政治教育创新发展活力

思想政治教育学科具有突出的理论性和实践性。理论是实践的指

① 习近平谈治国理政：第二卷［M］.北京：外文出版社，2017：376-377.

② 中共中央国务院印发《关于加强和改进新形势下高校思想政治工作的意见》［N］.人民日报，2017-02-28（1）.

③ 中共中央国务院印发《关于新时代加强和改进思想政治工作的意见》［N］.人民日报，2021-07-13（1）.

导，理论又在实践导向中创新并在实践检验中发展。在思想政治教育学科40多年的发展历程中，在理论与实践的深度融合中，思想政治教育持续创新发展的内生动力不断增强，学校思想政治理论课与日常思想政治教育持续创新，使思想政治教育始终保持着旺盛的发展活力。

（一）不断增强学校思想政治理论课的创新动力

思想政治教育专业设立以来，思想政治理论课建设有了强力的学科支撑，在党和国家的指导支持下，结合学科基础理论深化以及实践创新探索，高校思想政治理论课建设持续深化，从“85方案”“98方案”“05方案”到新时代思想政治理论课创新发展，学校思想政治理论课在守正创新中不断满足社会主义国家人才培养需求。尤其是在新时代的背景下，学校思想政治理论课建设取得了显著进展和宝贵经验，高校思想政治理论课建设的规律性认识进一步深化。2019年，中共中央办公厅、国务院办公厅印发的《关于深化新时代学校思想政治理论课改革创新的若干意见》指出：要加强党对思政课建设的领导，严格落实地方党委思政课建设主体责任，推动建立高校党委书记、校长带头抓思政课机制。[①]党对高校思政课建设的领导进一步增强，为人才培养方向提供了坚实保障。同时，坚持扎根中国大地建好高校思政课的自觉与自信不断增强。学校思想政治理论课的生成、发展与创新，离不开中国共产党领导的革命、建设和改革实践，也离不开中华文化的滋养。近年来，全国高校相继开发选择性必修课程，使课程更加体现中国发展实际，展现中华文化魅力，彰显党的历史智慧。以习近平总书记关于学校思想政治理论课建设重要论述为指导，遵循思政课长期以来形成的一系列规律性认识和成功经验，新时代学校思想政治理论课建设取得显著成效，守正创新的动力不断增强。

---

① 深化新时代学校思想政治理论课改革创新［N］. 人民日报，2019-08-15（1）.

（二）不断增强学校日常思想政治教育工作创新动力

日常思想政治教育工作是学校思想政治教育的主阵地，思想政治教育学科发展40多年来，在党和国家的政策指导以及学界的学理深化基础上，学校日常思想政治教育工作持续创新的动力不断增强。2006年7月，教育部颁布了《普通高等学校辅导员队伍建设规定》，从要求与职责、配备与选聘、培养与发展、管理与考核等方面对辅导员队伍建设作出顶层设计，为新时期高校辅导员队伍专业化、职业化发展提供了发展机遇和前进动力。[①]在新时代背景下，教书育人、科研育人、实践育人、管理育人、服务育人、文化育人、组织育人的长效机制持续创新，学校日常思想政治教育工作持续创新的动力不断增强。首先，思想政治教育体制机制持续创新，学校日常思想政治教育的目标设计、运行方式、评价机制更加关照学生成长发展需求。其次，思想政治教育的供给结构持续优化，根据具体需求优化主体结构，根据时代特点优化供给方式，根据自身实际优化资源配置。再次，思想政治工作的文化蕴涵持续增强，将思想政治教育融于文化现象当中，通过文化培育的方式，不断实现“蓬生麻中不扶自直”“入芝兰之室久而自芳”的教育效果。最后，多学科理论与方法的借鉴更加凸显，通过构建学科交叉研究平台、对话平台，思想政治教育在相关学科之间的交流、影响、认可持续增强。学校日常思想政治教育创新发展动力的持续增强，不仅是学科发展40多年理论创新与实践经验的总结，也是思想政治教育学科在不同时代活力的彰显。

（三）不断增强思想政治工作协同创新动力

协同创新是思想政治教育持续发展的重要动力。《中共中央关于改

① 冯刚.高校辅导员队伍专业化、职业化建设的发展路径——《普通高等学校辅导员队伍建设规定》颁布十年的回顾与展望［J］.思想理论教育，2016（11）：4-9.

进和加强高等学校思想政治工作的决定》明确指出："把思想政治教育与业务教学工作结合起来。要按照各个学科的特点，引导学生正确认识在校学习与今后工作之间的关系，解决好为谁服务的问题。"[①]《中共中央关于进一步加强和改进学校德育工作的若干意见》强调："学校各项管理工作、服务工作也要明确育人职责，管理育人，服务育人。按照不同学科特点，促进各类学科与课程同德育的有机结合。"[②]《关于进一步加强和改进大学生思想政治教育的意见》指出："高等学校要充分发挥大学生思想政治教育主阵地、主课堂、主渠道作用。要把大学生思想政治教育摆在学校各项工作的首位，贯穿于教育教学的全过程。要建立和完善党委统一领导、党政齐抓共管、专兼职队伍相结合、全校紧密配合、学生自我教育的领导体制和工作机制。"[③]《关于加强和改进新形势下高校思想政治工作的意见》强调："要健全地方党委抓高校思想政治工作制度，切实加强组织领导和工作指导，坚持和完善党委定期研究、领导干部联系高校等制度，建立部门协作常态机制，形成党委统一领导、党政齐抓共管、职能部门组织协调、社会各方积极参与的工作格局。"[④]2021年《关于新时代加强和改进思想政治工作的意见》强调，要提升基层思想政治工作质量和水平，加强企业思想政治工作，加强农村思想政治工作，加强机关思想政治工作，加强学校思想政治工作，加强社区思想政治工作，加强网络思想政治工作，做好各类群体的思想政治

---

① 中共中央文献研究室.十二大以来重要文献选编：下［M］.北京：人民出版社，1988：1415.

② 中共中央文献研究室.社会主义精神文明建设文献选编［M］.北京：中央文献出版社，1996：535.

③ 中共中央文献研究室.十六大以来重要文献选编：中［M］.北京：中央文献出版社，2006：190.

④ 中共中央国务院印发《关于加强和改进新形势下高校思想政治工作的意见》［N］.人民日报，2017-02-28（1）.

工作。[①]2022年教育部等十部门印发了《全面推进“大思政课”建设的工作方案》，强调：“坚持开门办思政课，强化问题意识、突出实践导向，充分调动全社会力量和资源，建设‘大课堂’、搭建‘大平台’、建好‘大师资’，建设全国高校思政课教研系统，设立一批实践教学基地，推出一批优质教学资源，做优一批品牌示范活动，支持建设综合改革试验区，推动思政小课堂与社会大课堂相结合，推动各类课程与思政课同向同行。”[②]习近平总书记在党的二十大报告中强调：“完善思想政治工作体系，推进大中小学思想政治教育一体化建设。”[③]在党和国家、相关部委的政策文件中，思想政治教育协同创新的必要性得以充分展现；在相关政策文献的支撑下，思想政治教育协同创新发展的动力持续增强。

以实践为导向，坚持理论与实践的深度融合，思想政治教育学科40多年的发展历程中对思想政治教育协同创新的学理研究从未停止，为思想政治教育协同创新增添理论驱动力。1986年版《思想政治教育学原理》就指出：“思想政治教育的组织协调是维系‘合力’的纽带……就学校教育来说，其内部分为思想政治教育、文化教育、体育教育等子系统，这些子系统都要围绕培养又红又专、德智体全面发展的人才这一共同目的，因此，思想政治教育的系统决策，就不能仅仅局限于本系统之内，还必须解决与其他并列系统的组织协调问题。”[④]在思想政治教育学科发展40多年中，学界对思想政治教育内部协同、外部协同、内外协同等认识持续深入。在新时代背景下，学者们围绕思想政治教育的协同创新，在理论与实践的深度融合中进一步深化相关研究。针对思想政治

① 中共中央国务院印发《关于新时代加强和改进思想政治工作的意见》［N］.人民日报，2021-07-13（1）.

② 金正波.建设大课堂 搭建大平台［N］.人民日报，2022-08-26（6）.

③ 习近平.高举中国特色社会主义伟大旗帜 为全面建设社会主义现代化国家而团结奋斗——在中国共产党第二十次全国代表大会上的报告［M］.北京：人民出版社，2022：44.

④ 陆庆壬.思想政治教育学原理［M］.上海：复旦大学出版社，1986：264.

教育协同的具体推进问题，有学者认为，要在“统领”上下功夫，加强党对高校思想政治工作的全面领导，发挥高校党委核心作用，掌握思想政治工作的主导权，形成各部门、各方面齐抓共管的格局；在“融合”上做文章，坚持以学生为中心，全面统筹各领域、各环节、各方面的育人资源和育人力量，发挥好不同育人主体的作用，推动知识传授、能力培养与理想信念、价值理念、道德观念教育的有机结合，以及家庭、学校、社会相互配合；在“创新”上求突破，结合大学生学习生活情况，搭建思想政治教育的新平台，开辟思想政治教育的新渠道，通过协同攻关，妥善解决好高校思想政治教育存在的盲区、断点和难题；在“抓实”上见成效，把“三全育人”、协同创新的要求和理念落实到高校思想政治教育改革创新的全过程中。[①]同时，针对学校思想政治理论课与日常思想政治教育协同育人这一重要课题，有学者指出，思想政治理论课与日常思想政治教育协同育人，主要包括育人目标协同、育人内容协同、育人方式协同、管理评价协同、学科发展协同。实现协同育人，要聚焦思想政治教育的重点难点问题，完善协同育人机制，加强学科研究支撑，打造兼具教学、科研、实践、管理能力的思想政治教育骨干队伍。[②]对思想政治教育协同创新进行学理构建，为思想政治教育协同创新不断增强理论驱动力。

---

① 冯刚，彭庆红，佘双好，等.新时代高校思想政治教育学原理［M］.北京：人民出版社，2021：98-99.

② 冯刚.思想政治理论课与日常思想政治教育协同育人的理论思考［J］.学校党建与思想教育，2017（21）：18-23.

第二节　坚持思想政治教育前沿热点研究的实践导向

思想政治教育热点研究既是思想政治教育创新发展的综合反映，也是推进思想政治教育质量提升的智力支持。思想政治教育热点研究既包括思想政治教育理论研究中的热点，又包括思想政治教育学科发展过程中涉及的重要问题，都需要密切关注思想政治教育的实践发展，体现实践导向。这是由思想政治教育的学科特点所决定的。习近平总书记指出："时代是思想之母，实践是理论之源。"[①]深化新时代思想政治教育热点研究，需要遵循党的教育方针，坚持实践导向，结合时代发展特征、中国改革实践以及学生思想变化的时代特点，把握实践需求，推进成果转化，在理论深化与实践创新的相互作用下实现创新发展。坚持实践导向，既是思想政治教育理论深化的基本要求，又是思想政治教育实践探索的重要着力点，两方面的协同发展对于增强思想政治教育创新发展的内生动力具有重要意义。

一、思想政治教育热点研究实践导向的时代价值

新时代背景下，坚持思想政治教育热点研究具有资政育人的重要功

① 习近平.决胜全面建成小康社会 夺取新时代中国特色社会主义伟大胜利——在中国共产党第十九次全国代表大会上的报告［M］.北京：人民出版社，2017：26.

能，而且可以更加深入地遵循思想政治教育发展规律，进一步增强思想政治教育创新发展的内生动力。

（一）实践导向凸显思想政治教育热点研究的价值旨归

在思想政治教育热点研究中突出实践导向，有助于更好地发挥资政育人功能。一方面，更好地服务于国家发展战略。思想政治教育从来不是脱离国家发展实践的独立环节，它既是国家综合发展实践中的重要一环，又是国家改革发展实践的重要助力。当今世界正经历百年未有之大变局，我国正处于实现中华民族伟大复兴的关键时期。进一步贯彻和落实党的十九届四中全会精神，把握中国改革发展实际，了解国家改革发展实践前沿，在思想政治教育热点研究中深化国家治理体系和治理能力现代化相关问题研究，可以更好地为国家改革创新发展提供智力支持。另一方面，更好地落实立德树人的根本任务。习近平总书记指出："高校立身之本在于立德树人。"[①]落实高校立德树人根本任务，离不开对思想政治教育实践领域的前沿把握。在中国改革发展实践进程中，准确理解国家、高校、学生的时代特征，结合青年学生成长发展的实践导向，不仅可以更好地发挥思想政治教育时代需求，在此基础上寻求思想政治工作贯穿教学全过程的有效路径，有助于提升高校落实立德树人根本任务的针对性和有效性。同时，坚持以实践为导向，将思想政治教育热点研究同中国改革发展实践联系起来，在实践发展中阐释科学理论，在实践探索中提升理论兴趣，有助于帮助青年学生在客观、鲜活、生动的实践中潜移默化地接受科学理论的滋养，增进"四个自信"。

（二）实践导向符合思想政治教育热点研究的基本规律

坚持实践导向是思想政治教育热点研究遵循规律的重要表现。一方

① 习近平在全国高校思想政治工作会议上强调 把思想政治工作贯穿教育教学全过程 开创我国高等教育事业发展新局面［N］. 人民日报，2016-12-09（1）.

面，实践导向符合思想政治教育热点研究理论与实践的互动规律。思想政治教育热点问题之所以能够成为热点，不仅是基础理论持续深化的客观结果，而且是思想政治教育实践的发展需求。基础理论要想成为实践的科学指引，需要坚持实践导向。马克思指出："批判的武器当然不能代替武器的批判，物质力量只能用物质力量来摧毁；但是理论一经掌握群众，也会变成物质力量。理论只要说服人，就能掌握群众；而理论只要彻底，就能说服人。"[①]思想政治教育基础理论的创新发展与功能发挥，离不开思想政治教育工作者的深入理解和有效掌握，离不开思想政治教育工作者的信服与肯定，这就要求思想政治教育热点研究要遵循规律，面向思想政治教育实践实际，在理论与实践的结合中掌握群众。另一方面，实践导向符合思想政治教育热点研究的发展规律。情怀要深、视野要广是习近平总书记对思想政治理论课教师提出的重要要求。[②]这不仅是思想政治理论课教师在教学过程中的基本要求，而且是思想政治教育研究创新发展的规律遵循。思想政治教育研究不仅仅是书斋中的学问，它还需要关心实践领域存在的现实问题，以解决实践领域的难点为己任。坚持实践导向，有利于引导思想政治教育研究关注社会现实、回应实践热点，使思想政治教育热点研究更加具有实践情怀。同时，思想政治教育研究如果脱离实践的视野，也就脱离了相关研究的根基与滋养。坚持实践导向，使相关研究具有更加广阔的研究视角与思维视域，使思想政治教育研究在实践的广阔天地中持续发展，正是对研究规律的把握和遵循。

---

① 马克思恩格斯选集：第一卷［M］.北京：人民出版社，2012：11.

② 习近平主持召开学校思想政治理论课教师座谈会强调 用新时代中国特色社会主义思想铸魂育人贯彻党的教育方针落实立德树人根本任务［N］.人民日报，2019-03-19（1）.

（三）实践导向增强思想政治教育持续发展的内生动力

推动思想政治教育健康、可持续发展，既需要关注外部环境，更需要深入研究思想政治教育本身的内在规律，探索其发展过程中的内生动力。[①]坚持实践导向，对于增强思想政治教育持续发展的内生动力具有重要意义。一方面，回应实践需求有助于激发思想政治教育发展的内生动力。思想政治教育的创新发展包含一个复杂的动力系统，供给与需求是其中的一个重要方面。在思想政治教育研究中坚持实践导向，不仅可以在研究中深化对实践需求的认识和把握，深刻洞察实践需求的成因与发展趋势；而且可以在研究中强化实践意识，激发思想政治教育工作者的工作活力。因此，对于实践需求的回应，是有效把握思想政治教育供给与需求矛盾，使矛盾转换为自身创新发展内生动力的有效方式。另一方面，反映实践实际有助于增强思想政治教育创新发展的内生动力。思想政治教育热点研究是学科理论研究焦点的集中反映，也是思想政治教育实践领域的科学指引。这种科学指引能否真实地反映思想政治教育实践领域的实际，不仅关系学科自身的发展动力，而且关系实践工作者的信任与理解。一方面，真实地反映思想政治教育实践实际，可以直面思想政治教育学科发展中的实际问题，从而使学科聚焦真问题，解决真难题。坚持实践导向，明晰问题意识，在难题攻关中凝聚力量，在难题解决中实现创新深化，这是思想政治教育学科发展的重要驱动力。另一方面，真实地反映思想政治教育实际，可以天然地拉近思想政治教育理论工作者与实践工作者的距离，使思想政治教育实践工作者在被关心、被重视、被理解的认知中增强对理论工作的信任与信心，使思想政治教育实践工作者能够更好地掌握科学理论，实现理论与实践的良性互动，这也是思想政治教育工作者自身提升的重要动力。

① 冯刚．增强高校思想政治教育持续发展的内生动力［J］．中国高等教育，2017（Z2）：25-29．

二、思想政治教育热点研究实践导向的丰富蕴涵

坚持思想政治教育热点研究的实践导向，总体上讲，是以思想政治教育鲜活的实践为标靶，聚焦思想政治教育实践领域的前沿问题，把握思想政治教育实践发展进程中的实际需求，在理论与实践的结合中推进思想政治教育研究成果转化。

（一）聚焦思想政治教育实践前沿

坚持思想政治教育热点研究的实践导向，需要树立前沿意识，把握实践前沿。一方面，聚焦思想政治教育实践发展的最前沿。思想政治教育实践面对的是鲜活的社会成员，不同的时代背景、不同的社会环境、不同的成长阶段，社会成员均会产生新的特点。思想政治教育在直面这些特点的同时，需要不断解决由于这些新特点而产生的新问题。比如，网络环境下思想政治教育如何发挥效用，如何结合新时代青年学生思想热点增强思想政治教育实效，等等。坚持实践导向，就是要站在思想政治教育的前沿阵地，聚焦实践发展中的最新前沿问题。同时，还要关注思想政治教育实践的最新进展。思想政治教育实践探索不仅仅是要解决新问题，还包括对老问题持续地跟进与深化。比如，思想政治教育方法如何更加适应新时代青年学生的时代特点，思想政治教育评价如何适应新时代高等教育的发展要求，等等。坚持实践导向，就是要持续追踪思想政治教育实践领域的传统问题，了解实践探索中取得最新进展，把握思想政治教育实践领域的最新动态。另一方面，聚焦中国改革发展实践的最前沿。思想政治教育是中国改革发展实践中的重要环节，思想政治教育理论深化与实践创新都离不开中国改革发展实践的必要支撑。坚持思想政治教育热点研究的实践导向，就是要准确把握中国改革发展进程中的实践前沿。党的十八届三中全会开启了新时代中国改革发展进程，

包括政治、经济、文化、社会和生态在内的各项内容都在稳步改革进程中。各项改革实践在积极推进中国特色社会主义不断创新发展的同时，也为思想政治教育的创新发展提供了丰厚的滋养和必要的支撑。比如，党的十九届四中全会强调的国家治理体系与治理能力现代化问题，对新时代思想政治教育治理提出了要求。把握国家治理实践中的前沿动态，进而深化思想政治教育治理实践探索与研究，正是在思想政治教育热点研究中坚持实践导向的一个重要方面。

（二）把握思想政治教育实践需求

坚持思想政治教育热点研究的实践导向，就是要准确把握实践发展的现实需求。一方面，把握思想政治教育实践发展的新需求。思想政治教育实践发展进程中，理论引导需求不断凸显。思想政治教育具有很强的政治性，在思想政治教育实践中，面对各种具体问题，如何把握正确的价值导向，正确地贯彻和落实党中央的政策精神，让党的理论创新成果飞入寻常百姓家，都是思想政治教育实践中的现实需求。坚持实践导向，就是要正视这些理论引导需求，在思想政治教育热点研究中深入阐释党的理论创新成果与思想政治教育之间的逻辑关联，使科学理论更加有效地成为实践探索的指引。同时，思想政治教育实践需要有科学的方法论指导，尤其是当思想政治教育对象、环境等因素发生变化的时候，这种方法论的指导需求就会尤其强烈。在思想政治教育热点研究中坚持实践导向，就是要走进思想政治教育实践的第一线，了解思想政治教育实践在创新推进的过程中，存在哪些方法论上的困惑与需求，在此基础上聚力攻关，推进相关研究的针对性和实效性。另一方面，把握思想政治教育实践中教育者与教育对象的新需求。思想政治教育者作为一般意义上的社会成员，具有自身的成长发展需求。比如，如何更加有效地解决自己在工作中的实际问题，如何更好地实现自身的职业发展，如何在实际工作中更好地提升自身的专业素养，等等。在思想政治教育热点研究中坚持实践导向，就是要重视、正视、回应这些需求。同时，时代发展进程中的思想政治教育对象，也具有自身的成长发展需求。习近平指出："思想政治理论课要坚持在改进中加强，提升思想政治教育亲和力和针对性，满足学生成长发展需求和期待。"[①]思想政治教育热点研究也是如此，坚持实践导向，就是要关注青年学生的时代特征，关切青年学生的成长发展需求和期待，使思想政治教育研究更加符合青年学生的思想特征和实践特点，提升相关理论研究与实践探索的有效性和时效性。

（三）理论结合实践推进成果转化

坚持思想政治教育热点研究的实践导向，就是要积极推进理论与实践研究的成果转化。一方面，推进思想政治教育研究成果在实践领域的应用。思想政治教育热点研究成果不仅具有学术价值，而且具有实践应用价值。思想政治教育研究不是为了"研究"而研究，相关研究不仅是为了推进基础理论的深化，同时也是为实践领域提供指引。实际工作中，由于评价体制、地方差异、人员特点等客观因素，思想政治教育的应用价值尚需得到进一步重视。坚持实践导向，就是要让思想政治教育教学与科研人员增强研究成果的应用意识，使研究成果能够更好地应用于解决实际问题，坚持理论价值与应用价值的有效结合，成为思想政治教育创新发展的有力指引。另一方面，推进思想政治教育实践探索的成果转化。中国共产党思想政治教育的创新发展，离不开实践基础上的经验总结和理论升华。在实践基础上，将经验转化为理论，将做法转化为成果，是思想政治教育学科发展完善的重要支撑。在思想政治教育热点研究中坚持问题导向，就是要积极推进思想政治教育实践探索的成果转化，促进思想政治教育实践工作者在落实具体工作的基础上，有意识地加强自身具体工作的成果转化，推进思想政治教育实践研究创新发展。

① 习近平在全国高校思想政治工作会议上强调 把思想政治工作贯穿教育教学全过程 开创我国高等教育事业发展新局面［N］.人民日报，2016-12-09（1）.

同时，需要注意增强思想政治教育实践的成果转化质量。从思想政治教育实践探索，到思想政治教育基础理论的深化，是一个循环往复、复杂系统的科学研究过程。在思想政治教育热点研究中坚持实践导向，就是要提升思想政治教育实践工作者的理论思维和理论素养，提升相关研究的质量，使研究成果做到理论与实践的有效统一。

三、思想政治教育热点研究实践导向的发展趋势

立足中国改革发展实际与思想政治教育鲜活实践，未来思想政治教育热点研究将会更加注重思想政治教育治理体系现代化等问题，重点创新思想政治教育协同机制研究，交叉学科的方法论指导意义将更加凸显。

（一）推进思想政治教育治理体系现代化研究

立足中国改革发展实践以及思想政治教育实践实际，推进思想政治教育治理体系现代化已经成为一个重要课题。国家治理现代化发展要求思想政治教育要完善自身的治理体系。党的十九届四中全会通过的《中共中央关于坚持和完善中国特色社会主义制度 推进国家治理体系和治理能力现代化若干重大问题的决定》指出："发展社会主义先进文化、广泛凝聚人民精神力量，是国家治理体系和治理能力现代化的深厚支撑"，"加强和改进学校思想政治教育，建立全员、全程、全方位育人体制机制"[①]。为了更好地为国家治理体系和治理能力现代化提供支撑，需要从体制机制上进一步完善思想政治教育治理，使思想政治教育治理现代化成为国家治理现代化中的重要环节。深化思想政治教育治理体系现代化研究，需要在评价机制上重点发力。科学的评价机制是思想政治

① 中共中央关于坚持和完善中国特色社会主义制度 推进国家治理体系和治理能力现代化若干重大问题的决定［N］. 人民日报，2019-11-06（1）.

教育治理的重要指引，同时也是激发思想政治教育治理体系现代化发展的重要动力。如何实现思想政治教育评价机制的创新发展，既是思想政治教育研究的热点问题，又是思想政治教育治理体系现代化发展的必然要求。新时代整体构建大学生思想政治教育工作质量评价体系，要在立德树人根本任务中找准质量定位，注重大学生思想政治教育工作质量的内、外两部分协同。在评价实践中，综合运用教师自评、学生评价、督导评价、社会评价等多种方式，推动建立系统科学的评价体系。[①]这些内容的持续研究与应用转化，将会是思想政治教育治理体系现代化研究的重点内容。

（二）加强思想政治教育工作协同创新研究

在思想政治教育热点研究中坚持实践导向，需要进一步加强协同创新研究。协同创新包括横向协同和纵向协同两个方面。一方面，加强思想政治教育部门横向协同创新机制研究。思想政治教育工作涉及众多部门，党团、学工、心理、马院等部门都站在思想政治教育的前沿战线，在日常教育与教学实践中把握思想政治教育前沿问题，凝聚力量，协同攻关，是在实践导向中推进思想政治教育创新发展的重要路径。但是，如何创建满足协同要求、符合各部门实际、体现实践发展特征的协同机制，将是未来思想政治教育热点研究中的重点内容。同时，还要注重提升思想政治教育协同创新质量。改革开放以来，思想政治教育理论与实践研究已经越来越关注协同问题，实践领域也开始尝试和探索协同发展。但是，协同攻关涉及众多影响因素，协同用力已经不仅仅是意识问题，同时也是方法和质量问题。新时代背景下，如何坚持实践导向，提升各部门协同育人质量，也是未来思想政治教育热点研究的一项重点内容。另一方面，加强思想政治教育工作的纵向协同创新研究。在新时代

① 冯刚.改革开放以来高校思想政治教育发展史［M］.北京：人民出版社，2018：107.

思想政治教育实际工作中，涉及不同层级的职能机构和业务部门，如何确保上下一致，协同用力，也是影响协同创新实效的重要因素。因此，以实践为导向，需要进一步加强思想政治教育上下层级的协同机制研究，使不同层级的思想政治教育职能机构和业务部门保持高度一致，有效把握思想政治教育实践的前沿问题。同时，还需要注重增强思想政治教育纵向协同的动力研究。就一般意义而言，思想政治教育工作纵向协同更多的是指导与被指导的被动状态。促进思想政治教育工作纵向协同的主动性，需要解决协同的动力问题。具体而言，如何把握不同层级职能部门的实际特征与发展需求，结合思想政治教育实践前沿，提升思想政治教育工作协同的内在动力，也将是未来实践导向中思想政治教育热点研究的重点内容。

（三）深化思想政治教育治理的交叉学科研究

解决思想政治教育治理研究是思想政治教育学科重要的实践前沿问题，需要进一步加强思想政治教育的学科交叉研究。思想政治教育实践前沿问题具有一定的复杂性，思想政治教育需要积极借鉴相关学科的研究成果与研究方法。一是要进一步加强交叉学科研究方法的运用。思想政治教育内容研究可以涉及众多学科，哲学、社会学、政治学、心理学、管理学、传播学、计算机与大数据等，都与思想政治教育实践具有密切联系。坚持实践导向，需要积极借鉴这些相关学科的研究成果和实践经验，进一步加强研究方法的创新，比如大数据分析方法在思想政治教育实践中的应用，将是实践导向中思想政治教育热点研究的重点内容。二是进一步增强交叉学科研究能力。实践导向中的交叉学科研究，不仅仅是简单的概念挪用，而且需要将交叉学科的研究范式与思想政治教育实践相结合，自觉融入到思想政治教育热点问题研究中，促进思想政治教育队伍掌握交叉学科研究范式，提升其他研究队伍对思想政治教育研究的价值认识与研究融入。三是关注思想政治教育实践领域的交叉学科成果借鉴。思想政治教育实践是中国特色社会主义伟大实践中的重要组成部分，坚持实践导向，思想政治教育要重视其他实践领域的宝贵经验，加强实践环节其他学科成果的借鉴研究。全面深化改革背景下，我国各项实践的改革创新稳步推进，如何增强不同实践领域的协同创新，推进大思政工作格局的协同发展，都将是未来思想政治教育热点研究的重点问题。同时，在中国改革发展进程中，各项实践的创新发展对思想政治教育前沿研究都具有重要借鉴意义，如何进一步推进中国各项改革实践成果在思想政治教育热点研究中的应用，也将是未来思想政治教育研究中的重点议题。重视实践导向维度下思想政治教育的交叉学科研究，其根本目的还是要为我所用，不断丰富和发展思想政治教育学科自身。

第三节　把握思想政治教育学科发展的特质与趋势

一、把握思想政治教育学科发展的时代特质

思想政治教育学科发展的时代特质作为思想政治教育学科发展基本规律在特定时期、阶段的映射，体现了不同历史时期和社会发展阶段对思想政治教育学科所赋予的时代任务和发展要求。把握新时代以来思想政治教育学科发展的基本特质，对于明晰思想政治教育学科未来发展的基本方位和前进方向、进一步推动思想政治教育学科持续发展具有重要意义。

（一）思想政治教育学科发展与党的理论创新同频共进

中国共产党在创新理论过程中不断推进思想政治教育理论创新，同时思想政治教育创新理论也为党继续推进实践基础上的理论创新作出重要贡献。新时代以来，思想政治教育学科发展坚持以习近平新时代中国特色社会主义思想为指导，在学科自主知识体系建构、思想政治理论课建设、理论研究以及学科专门人才培养等方面取得长足进步。

党的十八大以来，以习近平同志为核心的党中央高度重视思想政治教育工作，先后组织召开全国高校思想政治工作会议和学校思想政治理

论课教师座谈会，系统论述了高校思想政治工作的必要性、重要性，着重阐述了新时代高校思想政治工作的目标任务和实践进路，明确提出了思想政治理论课的根本任务、时代价值和基本要求，高度概括了思想政治理论课守正创新的根本遵循与基本原则，为思想政治教育学科发展夯实了理论根基，指明了基本方向。

此外，习近平在其他会议或场合的重要讲话同样对思想政治教育学科发展具有重要的指导作用。习近平在哲学社会科学工作座谈会上提出的“加快构建中国特色哲学社会科学”“加强和改善党对哲学社会科学工作的领导”的重大命题，在党的十九大报告中提出的“加强和改进思想政治工作”的重要指示，在全国教育大会上根据我国教育工作根本任务以及推进教育现代化提出的相关要求，在党的二十大报告中提出的“中国式现代化”“大中小学思想政治教育一体化”的重要概念，在文化传承发展座谈会上强调的“建设中华民族现代文明”“文化主体性”，在致全国优秀教师代表的信中提出的“大力弘扬教育家精神”，在对宣传思想文化工作作出的重要指示中提到的“社会主义核心价值观培育”“社会主义意识形态建设”“思想基础的凝聚与巩固”等，这些均对思想政治教育学科发展具有重要意义，深入推动了思想政治教育的理论创新和实践探索。

（二）思想政治教育学科发展的政策支撑更为立体

思想政治教育学科的设立与发展跟政策支撑密切相关，在发展过程中体现出鲜明的政策导向。相关政策的设计和制定一方面始终坚持问题导向，以当前思想政治教育学科发展的实际情况和社会发展的现实需要为基本考量，始终保持相关政策之间的衔接性、渐进性、稳定性和创新性；另一方面也高度遵循思想政治工作规律、教书育人规律、学生成长规律，与思想政治教育学理研究相辅相成、相互促进。

党的十八大以来，中共中央、国务院先后于2017年和2021年印发

《关于加强和改进新形势下高校思想政治工作的意见》《关于新时代加强和改进思想政治工作的意见》，从党和国家事业发展的战略全局出发，分别对加强和改进新形势下高校思想政治工作以及新时代思想政治工作作出系统部署与整体规划。此外，相关的一系列政策文件，如2015年教育部印发的《高等学校思想政治理论课建设标准（暂行）》，2017年教育部印发的《高等学校马克思主义学院建设标准（2017年本）》，2019年教育部印发的《普通高等学校马克思主义学院建设标准（2019年本）》，2019年中共中央办公厅、国务院办公厅印发的《关于深化新时代学校思想政治理论课改革创新的若干意见》，2021年教育部印发的《高等学校思想政治理论课建设标准（2021年本）》，2022年教育部等十部门印发的《全面推进“大思政课”建设的工作方案》等，从学科建设、课程建设、制度建设、思想引领、人才培养等方面出发，为思想政治教育学科发展提供坚实支撑。由此可见，新时代以来思想政治教育相关政策都是针对思想政治教育学科发展现状而得以科学制定，高度关注学科理论研究和实践探索的重要成果，准确研判学科发展中各要素各环节存在的问题，并给出行之有效、行之有力的解决思路和方法，呈现出体系化、立体式、全方位发展态势。

（三）思想政治教育学科发展的内生动力更为充沛

思想政治教育学科的发展主要受外驱动力和内生动力影响推动。思想政治教育学科发展既要向外寻求可供依靠的外驱动力，也要向内积极探索持续稳定的内生动力。虽然外驱动力和内生动力都是推动思想政治教育学科发展的重要力量，但相较于外驱动力来说，内生动力无疑是更为深层的力量，其源于特定阶段学科实际状况和预期状况之间的张力，二者属于实然和应然的矛盾，构成了学科持续发展的不竭之源。

其一，党的十八大以来，思想政治教育学科发展围绕“培养什么人、怎样培养人、为谁培养人”这一根本问题，以立德树人为引领凝聚育人共识，充分调动和激发思想政治教育者在理论研究、课程讲授、日常工作等方面的主动性，以队伍建设为抓手，不断提升学科发展的内生动力。其二，思想政治教育学科在发展过程中秉承对象思维，聚焦时代新人培育，充分关注青年学生成长成才的现实需要，“围绕学生、关照学生、服务学生，不断提高学生思想水平、政治觉悟、道德品质、文化素养，让学生成为德才兼备、全面发展的人才”①。其三，思想政治教育学科在发展过程中坚持反思思维，既有理论层面的内在审视，也有实践层面的总结回顾，在明确学科功能作用、找准时代定位的基础之上，与马克思主义理论一级学科内的各二级学科进行内部比对，与哲学、教育学、心理学、社会学等传统人文学科进行外部对比，高度关注国外思想政治教育的发展现状，积极吸收好的做法和成熟经验，在对照中找到不足，在补齐中继续发展。其四，思想政治教育学科在发展过程中运用系统思维，动态调整与优化学科整体架构和知识体系，致力营造良好的思想政治教育学科发展生态。

（四）思想政治教育学科发展的创新导向更为凸显

在发展中创新、在创新中发展是思想政治教育学科从创建到发展再到繁荣的关键所在。可以说，坚持创新导向是思想政治教育学科发展40多年来取得一系列成就和成果的重要遵循，也是推动学科持续发展深化的内在要求。党的十八大以来，思想政治教育学科发展的创新导向得到进一步凸显，主要表现在理论研究和实践探索两个方面。

在理论研究方面，思想政治教育理论研究队伍渐成规模，专业化、多样化趋势更加明显，多学科背景、有实务经验的老中青三代思想政治教育专家学者汇集组建学术共同体，不断拓宽研究视野、丰富研究内容、创新研究方法。在其团结奋斗和不懈努力下，思想政治教育基础理论研究、应用性研究、交叉学科研究、比较研究、历史研究等不断深

① 习近平著作选读：第一卷［M］.北京：人民出版社，2023：540.

化，产出了一批具有学科特色、时代特色、中国特色，赢得学界普遍认可，获得良好社会反响，对思想政治教育学科形象建构具有积极影响的高质量学术成果，极大促进了学科研究范式、自主知识体系的建构，学术话语体系的创新发展，有力推动了理论研究与实践探索的有机结合。可以说，思想政治教育理论研究队伍的科学组建与长期建设不仅为增强思想政治教育学科的学理性作出贡献，而且也为思想政治教育理论研究的成果转化、推广和应用提供了坚实支撑。

在实践探索方面，思想政治教育学科发展立足思想政治教育实践，不断总结思想政治教育经验形成规律性认识，并将这些规律性认识进行理论转换，通过理论进一步指导实践。思想政治教育学科发展以高校为重要平台和基本单位，从整体上切实推动全国各地区院校思想政治教育学科建设资源的有效整合与合理配置，积极建立校际协同机制以促进学科发展。思想政治教育学科发展始终关注“人的问题”，坚持以学生发展为中心的基本思想，以思想政治教育的实际育人效果为检验标准，一方面，通过为教师提供良好的成长空间、学习机会、授课环境和科研支持以提升教育教学质量和效果；另一方面，则致力于为学生的学习、生活、就业提供多方面帮助和指导，力求实现队伍建设和学生培养“两手抓”，从而为学科发展积蓄深厚力量。

二、思想政治教育学科发展的趋势展望

40多年来，思想政治教育学界通过持续深入的理论研究和实践探索逐渐形成了一系列规律性认识，进一步明确了思想政治教育学科的地位和作用，切实提升了学科意识、学科自信和学科质量，同时也为开启思想政治教育学科未来发展奠定了基调。进言之，对学科发展未来进行展望既不应当盲目自信，也不能过于保守，而是要以科学的眼光、系统的思维、多重的视角，从党和国家事业发展战略全局的角度进行思考。

（一）明确思想政治教育学科发展的基本面向

40多年来，思想政治教育学科发展始终与社会发展的时代要求相适应，今后必将在中国式现代化进程中坚持高质量发展，为全面推进强国建设、民族复兴伟业提供坚强思想保证、强大精神力量、有利文化条件以及培养时代新人。

学科发展应以中国式现代化为基本面向。习近平总书记指出："中国式现代化的探索就是一个在继承中发展、在守正中创新的历史进程。"[①]中国式现代化为思想政治教育学科发展提供了时空场域并确立了基本面向。思想政治教育学科的建立、跨越式发展应和着我国改革开放的节奏及我国社会变迁的律动，思想政治教育学科发展本身就是中国式现代化的一个重要表征。思想政治教育学科发展坚持以中国式现代化为基本面向，就是不但要发挥出学科的应然作用以服务于中国式现代化，在思想层面上处理好当前和长远、局部和整体、个人和集体之间的利益关系，而且还要从思想政治教育学科长远发展的角度深刻把握中国式现代化的丰富内涵和本质要求，从而确保学科发展既不出现方向性偏差，也不与时代发展相脱节。

（二）学科发展以高质量发展为基本面向

高质量发展不是一句口号，经济、社会、文化、生态等各领域都要以高质量发展作为主题和目标。提升学科质量始终是思想政治教育学科40多年来的主要任务，当前以高质量发展为主要体现。这既包含了学科发展的经验总结和规律认识，也是面向未来进一步发挥学科作用、增强学科发展生命力的必然选择。思想政治教育学科坚持以高质量发展为基本面向，一方面，要坚持实事求是的基本原则。思想政治教育学科的高

① 中共中央党史和文献研究院．习近平关于中国式现代化论述摘编［M］．北京：中央文献出版社，2023：232.

质量发展是一个总体性概念，不是就某一方面或某一部分而谈的，而是要体现在课程、科研、实践等各个方面，根据实际情况科学制定“摸得着”“看得见”的发展规划。另一方面，思想政治教育学科的高质量发展还应当包括学科体系的优化与完善。思想政治教育学科体系化程度但在一定程度上决定了思想政治教育实践有效性，也是衡量思想政治教育学科发展水平的关键指标，需进一步推动课程体系、知识体系、方法体系、队伍体系、话语体系建构，且破除各部分之间横向、纵向壁垒，实现协同发展。

第二，建构思想政治教育学科的科学形象。形象是主体对某一事物相关现象的印象集合。形象的形成是主体根据“前见”即主体在理解对象之前已经存在于头脑中的意识结构进行价值判断的过程。形象往往会在一定程度上对事物的发展产生影响。思想政治教育作为一门科学，必须要具备与之相对应的科学形象。

一是要建构学科的内部形象。思想政治教育学科的内部形象主要包括两个方面：一方面，广义上的内部形象，主要是指其他学科对于思想政治教育学科的印象或评价；另一方面，狭义上的内部形象，指的是马克思主义理论一级学科，尤其是思想政治教育二级学科专家、教师、学生等对思想政治教育学科的印象或评价。思想政治教育学科内部形象建构的关键在于继续推动学科的科学化、学科化、规范化，使其尽快成为我国哲学社会科学中的优势学科；产出受到其他学科以及业界广泛认可的，具有较高理论价值和现实意义的研究成果；在尊重和考虑不同学科属性、功能、作用的前提下，理性推动思想政治教育学科和其他学科之间的融合式发展。

二是要建构学科的公共形象。课程形象、人员形象是学科公共形象的两个重要组成部分。课程形象指的是思想政治理论课的形象，是公众基于先在思想系统对思想政治理论课的存在状态、表现样态、结果形态形成的较为稳定的总体印象和综合评价。人员形象是指公众对思想政治教育者和思想政治教育专业在读和毕业生的整体印象和基本评价。思想政治教育学科公共形象的建构是一个长期过程，应当以课程建设和人才培养为重点，通过提升课程质量培育优秀人才，依托“大思政课”建设扩大社会影响力，逐步扭转部分公众对思想政治教育学科存在的刻板印象。

三是要建构学科的国际形象。作为思想政治教育逻辑起点的人的需要以及不同国家和民族历史发展的多样性分别决定了思想政治教育的普遍性和特殊性，同时也为学科国际形象的建构提供了可能。从学科的角度上看，思想政治教育是一门有着鲜明中国特色的应用型学科，具有特殊性；从教育的角度上看，思想政治教育与世界各国德育功能相近、作用相似，具有普遍性。因此，把思想政治教育学科建设好、理论成果传播好、实践经验总结好是建构学科国际形象的“硬道理”，此外还要进一步加强国际交流，拓宽学术研究的国际视野，让各国关注“中国的思想政治教育”，知道“思想政治教育中的中国”。

（三）推动思想政治教育学科的贯通式发展

无论过去、现在还是未来，思想政治教育学科的发展从来都不是“闭门造车”式的过程，而是一个兼容并蓄、守正创新的过程。思想政治教育学科若要继续保持当前良好发展势头就一定要深入推动与我国古代思想政治教育、马克思主义理论其他二级学科、人文学科、国外思想政治教育的贯通，在“四个贯通”中实现持续创新发展。

其一，与我国古代思想政治教育相贯通。从学科发展的角度上看，思想政治教育学科从正式设立至今只有40多年的历史，不过作为一种社会历史活动的思想政治教育却有着漫长的历史。我国古代思想政治教育虽有一定的历史局限性，但其中关于道德教化、修身治国、尊老爱幼等的部分观点和理念在今天依旧适用。思想政治教育学科发展要实现与我国古代思想政治教育的贯通，必须坚持“古为今用”的基本原则，以当前学科发展的内在要求为导向对我国古代思想政治教育理论进行创造性转化，以时代发展需求为基准对我国古代思想政治教育经验进行提炼与升华，以当下社会实践视角对我国古代思想政治教育内容进行内在审视与合理扬弃。

其二，与马克思主义理论其他二级学科相贯通。思想政治教育作为马克思主义理论一级学科中的二级学科，与马克思主义基本原理、马克思主义发展史等二级学科分别承担相应的任务目标，彼此间是密切配合、相互衔接的关系。思想政治教育是马克思主义的思想政治教育，不但要做到“在马信马”，即坚持马克思主义指导，科学运用马克思主义研究人的思想品德的形成和发展以及思想政治教育规律，而且也要做到“在马言马”，在确保思想政治教育学科独立性的前提下进一步将马克思主义相关研究最新成果与思想政治教育有机结合，推动各二级学科在理论研究、课程体系、人才培养等方面的深度贯通。

其三，与人文学科相贯通。“当前，无论是从科学发展规律还是从学科发展现实看，进一步加大学科交叉研究力度，探索新的研究论域，建设新的分支学科，都是思想政治教育学学科创新发展的必然趋势。”① 思想政治教育学科要实现与人文学科相贯通，一是要在明确学科边界的前提下进一步拓宽研究视野，主动与教育学、政治学、管理学、心理学、传播学等人文学科进行交叉融合，促进思想政治教育理论创新。二是要确保“思想政治教育”“思想政治教育本质”“思想政治教育功能”等重要概念的内涵在其他人文学科研究中得到明确并实现共通，避免因概念泛化或窄化造成交叉融合过程的“错位”“失语”，让思想政治教育从人们眼中的“边缘学科”逐渐成为我国哲学社会科学体系中的重点学科、优势学科、特色学科，获得社会各界越来越多的认可与支持。

其四，与国外思想政治教育相贯通。习近平总书记在哲学社会科学工作座谈会上指出：“对人类创造的有益的理论观点和学术成果，我们

① 冯刚．思想政治教育学学科发展新论域［M］．广州：中山大学出版社，2022：7.

应该吸收借鉴，但不能把一种理论观点和学术成果当成‘唯一准则’，不能企图用一种模式来改造整个世界，否则就容易滑入机械论的泥坑。”①思想政治教育学科发展要实现与国外思想政治教育的贯通，具体来看，一是要进一步明确学科属性与学科定位，把牢意识形态性，在此基础上合理吸收与借鉴国外思想政治教育的学术成果和实践经验；二是要进一步增加专家学者、高校思想政治理论课教师、辅导员、学工干部等思想政治教育工作者定期赴海外学习交流的机会，在学习交流的过程中不断拓宽国际视野，在横向比较中更好地进行思想政治教育实践。

（四）增强思想政治教育学科发展的文化力量

思想政治教育不只是一种政治现象，更是一种文化现象。其是以文化人、以文育人的重要载体和表现形式，是培育和确立文化主体性的关键，在文化的发展、文明的演进过程中发挥着重要作用。质言之，思想政治教育学科发展与文化发展相耦合，必须要充分汲取文化力量以推动学科发展。

首先，增强学科发展的延展性。作为一种生存方式的文化在思想政治教育学科发展过程中具有重要作用，先有“文化的思想政治教育”即思想政治教育学科的设立和发展与当时所处的社会文化环境密切相关，才有“思想政治教育的文化”即思想政治教育文化环境、文化载体等要素。进言之，文化所具有的惯性即文化传统、社会习俗、思想观念等对社会发展的牵制，既会让学科处于相对稳定的状态，但也会在客观上对学科研究范式、知识体系等的创新带来一定影响。因此，思想政治教育学科发展需要辩证看待这种文化惯性，一方面要积极向外拓展，将学科发展与文化发展之间联系起来，通过学科建设解决文化发展中的相关问题；另一方面则要形成良好的思想政治教育学科发展文化环境，通过学科“内循环”带动社会“大循环”。

① 习近平著作选读：第一卷［M］.北京：人民出版社，2023：481.

其次，增强学科发展的流动性。文化并非凝结在某一时刻的固定事物，而是呈现出一种变动不居、时刻流动的状态。现代化、经济全球化不仅导致人的流动、社会阶层的流动更为频繁，而且也通过经济贸易、政治交往等方式促进各样态文化之间的流动，尤其以思想的流动为主。文化或思想的这种流动性深刻影响着思想政治教育的文化环境建设和育人效果，一方面需要在发展过程中充分关注社会文化或思想的流动及背后深层的社会结构变化，在看似没有规律可循的复杂流变中找到内在逻辑、形成规律性认识，以更好地适应社会文化环境的变化；另一方面则要主动融入和适应文化或思想的这种快速流动的节奏，以进一步推动思想政治教育的文化生产和文化传播，最终不断增强以文化人、文化育人的实际效果。

最后，增强学科发展的多样性。“文化这一概念最有价值的特征就是差异的概念，它是事物间对比的而非自身的特质……文化被当作实体是没有用的，不如将其看作某种现象的一个维度，这一维度能关注到境遇化的、具体化的差异。”①如何在文化差异中进一步确立学科发展的自主性并在此基础上实现融合式发展，是思想政治教育学科发展必须直面的问题。从整体上看，思想政治教育学科的未来发展只有在历时性和共时性对比中才能进一步凸显学科的本质属性和时代特质，也只有守住马克思主义根本，保持开放包容的发展姿态，扎根于本国特色的历史文化之中，打开国际视野格局，面向社会多种文化各类思潮，才能在中国式现代化进程中找到学科独特的“存在方式”或“发展之道”，即一条既符合社会发展进步需要和人的全面发展需要，也符合文化发展规律和思想政治教育规律的发展模式，不断提升对中华民族现代文明建设的参与度和贡献度。

① ［美］阿尔君·阿帕杜莱.消散的现代性：全球化的文化维度［M］.刘冉，译.上海：上海三联书店，2012：17.

后　记

内生动力是新时代新征程推动思想政治教育守正创新，实现内涵式高质量发展的关键。思想政治教育内生动力研究也是站在思想政治教育学科新的历史起点上，进一步深化思想政治教育规律性认识的重要议题。本书在《探索思想政治教育发展的内生动力》一书的基础上，结合新时代党和国家事业发展新要求以及思想政治教育新实践，坚持系统思维整体设计思想政治教育内生动力的基本框架，在理论推演和实践总结中进一步凝练完善新时代思想政治教育内生动力体系，厘清思想政治教育内生动力的基础理论和实践创新等核心问题，进而在激发思想政治教育内生动力中更好地为治国理政服务。

本书聚焦新时代思想政治教育内生动力，从理论蕴涵着手，系统梳理了思想政治教育内生动力的时代表征，深入探讨了基础理论、内在规律、文化力量等理念层面，主体力量、数据信息、质量评价等要素层面，以及治理能力、协同发展、体系建构等合力层面的思想政治教育内生动力，揭示了新时代思想政治教育内生动力的多维样态、运行方式和实践机制，形成了系统的思想政治教育内生动力研究。

本书在撰写过程中，除参考了经典著作以外，还借鉴了相关学者的研究成果，书中采用脚注方式进行了说明，在此谨致诚挚的谢意。感谢王振、朱宏强、王莹、曹鹤鸣等各位老师和学生在本书撰写过程中提供的支持、帮助，感谢出版社编辑的辛勤付出。由于时间、精力和篇幅有限，本书一些观点有待进一步深入探讨，对本书的局限和不足只能留待今后补充与修正，也真诚地希望各位专家、读者批评指正。

冯　刚

2025 年 4 月